山西文水县民国纸币

赵立平 编著

山西出版传媒集团　山西人民出版社

图书在版编目（CIP）数据

文水县民国纸币 / 赵立平编著． — 太原：山西人民出版社，2013.3
ISBN 978-7-203-07757-2

Ⅰ．①文… Ⅱ．①赵… Ⅲ．①纸币—货币史—文水县—民国 Ⅳ．①F822.9

中国版本图书馆CIP数据核字(2012)第103544号

文水县民国纸币

编　　著：	赵立平
责任编辑：	刘文哲
装帧设计：	谢　成
出 版 者：	山西出版传媒集团·山西人民出版社
地　　址：	太原市建设南路21号
邮　　编：	030012
发行营销：	0351-4922220　4955996　4956039
	0351-4922127（传真）　4956038（邮购）
E-mail:	sxskcb@163.com　发行部
	sxskcb@126.com　总编室
网　　址：	www.sxskcb.com
经 销 者：	山西出版传媒集团·山西人民出版社
承 印 者：	深圳华新彩印制版有限公司
开　　本：	787mm×1092mm　1/16
印　　张：	49.75
字　　数：	980千字
印　　数：	1-2000册
版　　次：	2013年3月第1版
印　　次：	2013年3月第1次印刷
书　　号：	ISBN 978-7-203-07757-2
定　　价：	500.00元

如有印装质量问题请与本社联系调换

（左为作者　中为戴志强先生　右为刘建民先生）

赵立平

<u>国家高级法官</u>

　　山西省文水县人。毕业于中国政法大学。现就职于山西省太原市中级人民法院，一直从事经济审判工作，任庭长职务。工作之余，爱好收藏。重点收藏民国纸币，从民国时期的四大银行（中央银行、中国银行、交通银行、中国农民银行）到山西省的四小银行（山西省银行、绥西垦业银号、晋绥地方铁路银号、晋北盐业银号），尤其对山西民国纸币的收藏颇有研究。从事收藏二十年来，他倾心整理和研究山西民国地方纸币及其晋商史料。在报刊、博客上多次撰写发表有关收藏方面的文章。他的收藏品还历次参加山西省收藏文物展。现任山西省收藏家协会理事。

戴志强

　　戴志强，原中国钱币博物馆馆长、国家文物鉴定委员会委员，中国钱币学会副理事长。

序

  文水县，是一块人杰地灵的风水宝地。

  文水古今历史上，有两位伟大的女性，一位是中国历史上唯一的女皇——武则天；另一位是被毛泽东主席誉为"生的伟大，死的光荣"的女英雄——刘胡兰。文水县城西南的隐泉山，夏秋季节，满山碧翠，飞泉泻落，据传是子夏的隐居之处，山名即由此而来，城西的陶山，群峰竞秀，美不胜收，相传尧帝曾在此驻足歇息。

  赵立平先生祖籍文水，为国家高级法官，暇时喜好收藏。中国近现代纸币是其强项。尤其对民国四大银行纸币和晋省纸币收藏专题颇有研究，受人称道。本书收录的民国文水县地方纸币，本是他收藏的小课题，出于对故乡的热爱，也得益于乡亲人和之便，凡面世的文水地方纸币，几乎全被他收藏囊中，多年下来大有成就，民国年的文水地方纸币达700余种，创造了一县地方币收藏之最。

  文水县地处太原盆地的边缘，属半平川半丘陵地带，物产丰富，交通便利，民国时期凡农业、手工业、商业都比较发达。赵立平先生所藏文水民国地方纸币，绝大多数属于二十世纪三四十年代，这期间先是阎冯倒蒋失败，晋钞毛荒，晋省各地纷纷发行地方券自救；而后到抗战初年，金融混乱，日伪货币、阎锡山银行货币、共产党根据地货币、地方政权和私商发行的货币，名目繁多，形成了山西货币史上最混乱的状况。山西文水县是山西中部的一个中等县城，在民国一个特定时期出现如此大量的纸币，从品种上、数量上实属罕见，非常难得。在中国近现代货币史中，也是极为罕见的。本书所收录的民国文水地方纸币，肯定也不是当时文水所发行纸币种类的全部，但就此带给我们对那段货币混乱状况的直观认知，也是很有冲击力的。

赵立平先生《山西文水县民国纸币》一书，除在实物的整理、分类和编排上耗费了巨大的精力和心血，他对这些纸币发行的时代背景进行了认真的研究，并对文水县民国时期发行的纸币按行政区划、发行机构进行了详尽分类，全面分析了纸币发行的时代背景、主要特征及用途，以及这些纸币之间的相同点和区别点，特别是在一些学术问题上也提出了独到的见解，《山西文水县民国纸币》一书还第一次将晋省的纸币作了等级评定。这本书无论是从收藏角度，还是从金融研究角度，更具专业性及可读性。对此，我是深感敬佩的。去年中国钱币学会副理事长戴志强先生和会员座谈时，对赵立平先生的文水民国纸币专题十分称赞，之后还询问出版情况。如各地能涌现出更多的象赵立平先生这样，把小专题做精做透，那将是对我国钱币研究事业向深度发展最强的推动力。

刘建民

二〇一一年五月

刘建民：山西省政府参事，国家文物鉴定委员会委员，中国钱币学会学术委员会委员兼古代货币委员会主任，山西省收藏家协会会长。

前　言

　　《山西文水县民国纸币》一书，经过多年的精心准备、筹划，虽然也经历了种种困难和波折，今天终于汇编成帙，以图册的形式和大家见面了。将一个县在一个时期发行的纸币编辑出版一本专著，这在全国来讲还是第一次。这也是我国钱币收藏研究史上的一种新的尝试。

　　工作之余，我喜欢收藏民国纸币，由于我的祖籍是山西省文水县，因而我对家乡文水县在民国时期发行的各种纸币更是情有独钟，长期以来一直致力于家乡纸币的收藏和研究。并想着有机会将我收藏多年的文水民国纸币汇编成册，奉献给大家。如今，《山西文水县民国纸币》一书的出版，了却了我一大心愿。

　　在山西纸币的收藏领域，有一个现象：山西省文水县在民国时期，特别是在民国十三年（1924年）到民国二十七年（1938年）间发行的各种纸币数量、品种居多，明显多于山西的其他县。圈内人士普遍认为山西省文水县在民国时期发行的各种纸币数量可能要多达500多品种，且居全国各县发行纸币品种、数量之首。但在本图录的编辑中，已经被收集到本书的纸币就达700多个品种，而且保守估计这还不是它的全部。所以说文水县在民国时期发行的纸币的品种、数量应该还远远不只这个数。文水县在民国时期究竟发行了多少个品种的纸币？数量有多大？这还是个未知数，有待我们进一步去考证。在本书的编排中可以看到在这些纸币中既包括了山西省银行发行并在文水县流通的纸币，又包括了文水县银号、其他银号、商号、当铺发行的纸币（也称之为私票、县票）、文水各镇各乡发行的纸币，而且更多的是各个村公所发行的纸币（也称之为私票、村票）。有银号发行的、商号发行的、当铺发行的、信用社发行的、也有村镇公所发行的。这个时期，既有国民党政府银行发行的纸币，也有共产党领导下的抗日政府发行的纸币。纸币的发行范围涵盖了文水县全部的四大镇（孝义镇、下曲镇、南庄镇、开栅镇）、八小镇（南武镇、石永镇、徐家镇、大象镇、东城镇、原东镇、西社镇、石候镇）的138个乡镇、村公所，占到全县村镇的70%以上。在一个县发现的纸币品种、数量如此之多，覆盖面如此之宽，这在山西省乃至全国都是罕见的，就连晋商的代表县平遥、祁县、太谷都无可比拟。我在山西民国纸币的收藏和研究中发现山西省的其他县，包括平遥、祁县、太谷这些大县在民国时期发行的纸币远远没有文水县发行的纸币品种多、数量大，其他各县发行的纸币数量现在见到的充其量最多也就一百多个品种。对于这种现象，我们称之为晋商文化及金融发展中的"文水现象"。

　　人们在研究晋商票号的同时，更多关注的是平遥、祁县、太谷等地的晋商票号。而往往忽略了对民国时期山西其他县晋商文化及金融发展的研究。民国时期文水县的纸币发行现象，至今没有见到多少这方面的史料及专著文字介绍。经走访查证，发现有关文水县银号、各个乡镇及每个村政权纸币发行的历史背景、文字记载，见到的、知道的少之又少，对一些文字的东西更是无处可查无处可找，也就是说没有多少人在关注它、研究它。由于本人祖籍是文水县，开始还心存侥幸，曾多次回乡寻觅，然终未如愿。遍访了县镇文史老人一探根源，亦不甚了了。为什么在这个时期文水县地方县、乡镇、村政权发行的纸币品种、数量如此繁多？如此面宽？其存在的背景又是什么？始终是个谜。这在晋商的金融史上留下了一个空白。非常值得人们去挖掘、去发现、去研究。出版这本《山西文水县民国纸币》的目的，就是想抛砖引玉，给大家提供一些实物资料，让更多的人去认识它，了解它，研究它，并完整地去解读山西晋商文化中的"文水现象"。

　　说来也巧，在整理文水县民国纸币时，我无意中还发现了一张民国二十一年文水县城东街"瑞山玉义记"发行的"叁分"面值的纸币（见图166）。一看到纸币上有"东街""山""玉"等字样，我就比较敏感，因为我从小就生活在文水姥爷家，而姥爷的家就在文水县城东街，我姥爷的名字叫"李玉山"。我还知道姥爷在新中国成立前曾经做过粮食生意。难道这一张文水县城东街"瑞山玉义记"的纸币与姥爷有关？为了解开这个谜，我问了母亲，向她了解了姥爷做生意的情况。母亲告诉我，我的姥爷是做粮食生意的，有时也兼做一些口杂生意，字号就叫"瑞山玉记"。我突然想起，在十几年前我曾经从文水姥爷家里收藏了两张姥爷做生意时使用过的名片，上面印的字号好像写着"玉""山"等字样。由于时间长，我也忘了将这两张名片放在什么地方了。为了进一步考证，我用了几天时间把家翻了个底朝天，终于在一叠资料中找到了这两张名片。将名片与这张纸币一对照，发现这张纸币的确与姥爷有关，纸币是姥爷的"瑞山玉记"发行的。这张纸币为绿色，规格：10.4×5.5厘米，上写"瑞山玉义记"，面值：叁分，票面印"文水东街"，盖两枚"瑞山玉记"方形章，发行时间为：民国二十一年，纸币发行编号为：00100，票面图案是"教堂"。纸币背面盖有"文邑瑞山玉记"长形章，由文水东街永和义德记印刷（见图166）。姥爷的名片是竖长形状，名片的右上角写着"晋文东街瑞山玉记"，中间是"李玉山"，在名片的左下角写着"蓝田文水"。名片的背面是空白。俗话说无巧不成书，看到了我们自己家的东西既高兴又激动。真是有心栽花花不开，无心插柳柳成荫。这是我在无意中找到的唯一能够印证一张纸币历史的文字史料。为此，我将这张纸币与姥爷的名片一同汇编进图册，以作纪念。

当前，在收藏界山西民国纸币的收藏越来越热，更多的收藏爱好者加入到山西民国纸币的收藏中来，纸币品种奇缺，收藏难度加大，甚至发展到一币难求。在历次的拍卖会上，山西民国纸币已成为了大家追逐的热点。如在北京2009年的一次钱币拍卖会上，一张平遥日升昌的钱帖被拍到36万元。

在上海的一次拍卖会上一张平遥蔚丰商业银行未曾流通使用的空白钱帖也被拍到几万元。在2010年北京刚刚结束的一场春季拍卖会上四张山西民国时期的早期纸币经过几十轮的竞拍，最后以60多万元成交。为了满足各位藏友及金融界各位专家收藏、研究的需要，特将自己收藏多年的文水县民国纸币整理编辑成册，奉献给大家。希望它能够成为一本关于山西纸币收藏与研究、鉴别与欣赏，具有资料性和可读性的工具书。这也是出版此图册的目的所在。在本书付梓之际，我诚惶诚恐，颇为不安。以我之浅功，议论山西民国纸币，实在是勉力，所以不可避免存在不足，还望专家、藏家雅正。

  在本图册的编辑过程，得到了许多藏友、金融专家的支持和关注。同时也得到了文水县委、县政府的高度重视。原中国钱币博物馆馆长、国家文物鉴定委员会委员，中国钱币学会副理事长戴志强先生为本图册题写了书名，山西省政府参事，国家文物鉴定委员会委员，中国钱币学会学术委员会委员兼古代货币委员会主任，山西省收藏家协会会长刘建民先生为本书作序，在本书的编辑整理中刘建民先生和太原市钱币收藏家胡俊良先生、中国收藏家协会会员、忻州市钱币协会理事王玉根先生、文水收藏家协会副会长兼秘书长张建刚先生为本书提供了纸币及其他实物资料，给予了大力支持和帮助，在此一并谨致谢忱。

赵立平

2011年5月于并州博雅社

编 辑 说 明

为了查找方便，特作说明如下：

一、本图录主要收录的是山西省文水县民国纸币。包括了山西省银行发行并在文水县流通且加盖"文水"字样的省币、文水县银号、商号发行的县币（票）、私票以及文水县乡镇、各个村政权发行的私票、村币（票）。其中也收录了共产党领导下的文水县抗日政府发行的抗币。共计七百余种。它只是民国时期文水县发行纸币的一部分，而不是全部纸币。

二、收录的纸币全部为民国时期发行，除了部分省币外，其他纸币的发行时间主要是民国十三年（1924年）至民国二十七年（1938年）之间。本图录中不包括民国以前文水县票号发行的票帖。

三、关于"借发券"的编排，以往的纸币专著只是泛泛的介绍加盖"借发券"后纸币的发行情况，而往往忽略了纸币加盖前原票的发行情况，有失全面。本图录首次采取了二次编排的方式，首先是将加盖"借发券"的纸币，揭去"加盖"，还原其原票面貌，将其归类到原票发行的村镇部分；然后再将加盖"借发券"后的纸币归类到借发村镇部分。这样就可以客观的、完整的反映了一张纸币发行流通的全部过程。这部分只限于本县辖区内之间的"借发"。由于被加盖"借发"的纸币均未见到其加盖前的原票，所以在编排原票发行情况时只能用加盖票替代。

四、本图录是以文水县现在的行政区划顺序进行编排归类。由于民国时期，文水县的行政区划混乱、多变，一直处于动荡变化状态。而且，在民国期间，共产党领导下的抗日政府与国民党政府相互交叉，行政区划瞬息万变。为此，文水县民国纸币无法按照民国时期的行政区划来分类。为了将纸币的编排规范化，本书是按照现在的行政区划进行分类。

本图录在编辑上是以省、县、乡镇、村顺序编排；在每一部分中，又以时间先后顺序编排；乡镇、村纸币是以文水县现在的行政区划编排，先是乡镇纸币，后是村币（票）；对于村币（票）部分是以英语字母排列为序。

第一部分：山西省银行发行的纸币；

第二部分：文水县政权发行的纸币；

第三部分：文水县地方银号、商号发行的纸币；

第四部分：文水县抗日政府发行的纸币；

第五部分：文水县各个乡镇、村发行的纸币；

五、由于历史的原因，文水县的行政区划不断变化，有些村镇的名称也在变化，所以一些纸币上的村名与现有文水县的村名无法相对，这部分在编排上作了批注。有的村镇在新中国成立后已经划归了其他县管辖，所以在编排时将这部分村镇在民国时期发行的纸币罗列在第五部分的其他村部分。如：一九五四年，政府将文水的原东、原西、固邑、里村、思贤、苗家堡、马家堡划归祁县。将韩武、韩武堡、冀家堡划归清徐县。

汾阳的苍儿会公社和冀村公社的百金堡、西槽头、东槽头、裴会、王家社、阎家社、狄家社、尹家社八个村于一九七一年才划归文水县，所以本图录没有将原苍儿会公社和现在的西槽头乡的纸币作为文水县民国纸币收录。

六、在文水县地图的选用上由于没有文水县民国地图，所以选用了一九六一年编制的文水县地图和现在的文水县地图以作对比。

七、本图录首次对文水县民国纸币进行了评级，依据主要是纸币存世量的多少，以及钱庄、银号的知名度大小。但无绝对标准，仅供参考。对纸币的稀缺度用星级表示，由于文水县民国纸币的存世量普遍少，所以将一般纸币均定为三星，依次定级。

如：★★ 多

★★★ 少

★★★★ 稀少

★★★★★ 极稀

八、本图录收录的所有纸币与纸币实物的色彩相同，大小一致。每一张纸币注明的名称、年份、面值、地名及厂印均以纸币票面为准。

九、本图录收入的纸币以笔者的收藏为主，还有部分是其他藏友的收藏，不甚齐全，又缺少有关参考资料，虽然力求完全，但也难免遗漏。还请收藏家们指教，并提供藏品以补不足。

十、参考资料：

1．《山西文史资料》山西省文史研究馆编辑
2．《中国山西民间票帖》王雪农、刘建民编著
3．《中国钱票》戴建兵编著
4．《文水县志》李培信主编
5．《晋商史料全览》山西省政协《晋商史料全览》编辑委员会著
6．《山西金融大事记》张毅、薛恩廉、张虹著
7．《文水乡土志》成连增、赵克昌编
8．《晋中商帮兴衰史略》侯文正编
9．《山西地方志通讯》山西省地方志编委办公室编辑
10．《清末民国时期的文水私票》陈建民编

目 录

序言
前言
编辑说明
目录
文水县地图 …………………………………………………………… 19
图片 …………………………………………………………………… 21
文水县概况 …………………………………………………………… 26
文水县民国纸币考略 ………………………………………………… 33

第一部分：山西省银行发行在文水县流通的纸币 ………………… 1
第二部分：文水县政权发行的纸币 ………………………………… 5
 一、文水县银号兑换券 …………………………………………… 5
 二、财政局维持金融券 …………………………………………… 18
 三、文水县农村经济维持会 ……………………………………… 24
 四、文水农工银行 ………………………………………………… 45
 五、文水县信用合作社 …………………………………………… 49
第三部分：文水县地方银号、商号发行的纸币 …………………… 107
 一、文水商业公会 ………………………………………………… 108
 二、文水县酒业公会 ……………………………………………… 111
 三、文水裕商银号 ………………………………………………… 126
 四、文水兴华银号 ………………………………………………… 133
 五、协成久银号 …………………………………………………… 136
 六、文水天盛永银号 ……………………………………………… 137

  七、文水信义亨银号 ······ 138
  八、文水万生利钱庄 ······ 142
  九、汇源银号 ······ 143
  十、文水义同和兑换券 ······ 146
  十一、钜兴当 ······ 148
  十二、裕同泰记 ······ 150
  十三、合聚永钱庄 ······ 151

第四部分：文水县抗日政府发行的纸币 ······ 154

第五部分：文水县各个乡镇、村发行的纸币 ······ 158
  一、凤城镇 ······ 159
  二、开栅镇 ······ 259
  三、孝义镇 ······ 282
  四、马西乡 ······ 322
  五、西城乡 ······ 345
  六、南武乡 ······ 389
  七、南庄镇 ······ 431
  八、南安镇 ······ 474
  九、刘胡兰镇 ······ 560
  十、下曲镇 ······ 603
  十一、北张乡 ······ 651
  十二、文水县其它村发行的纸币 ······ 707

索引 ······ 734

后记 ······ 742

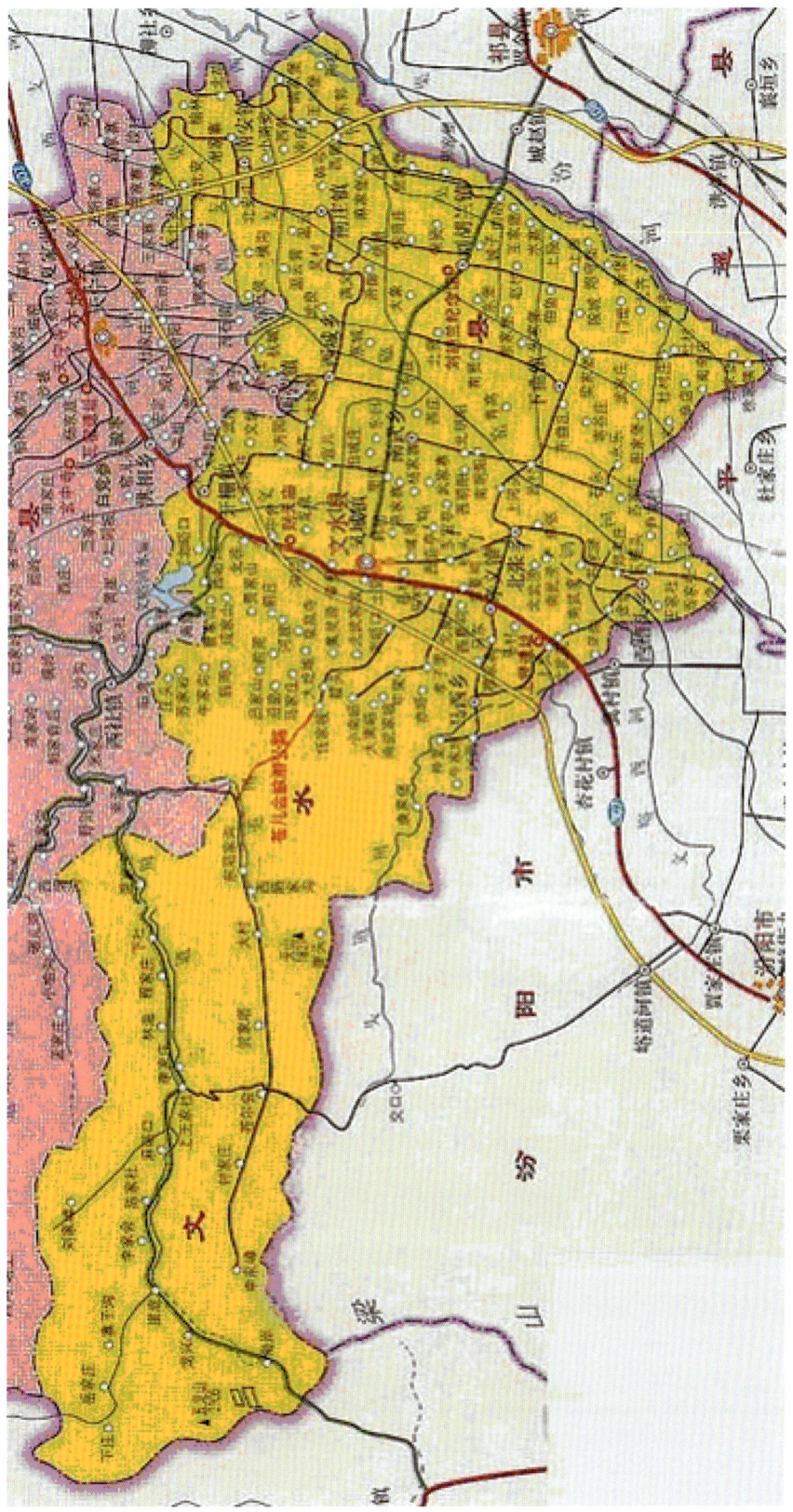

文水县地图

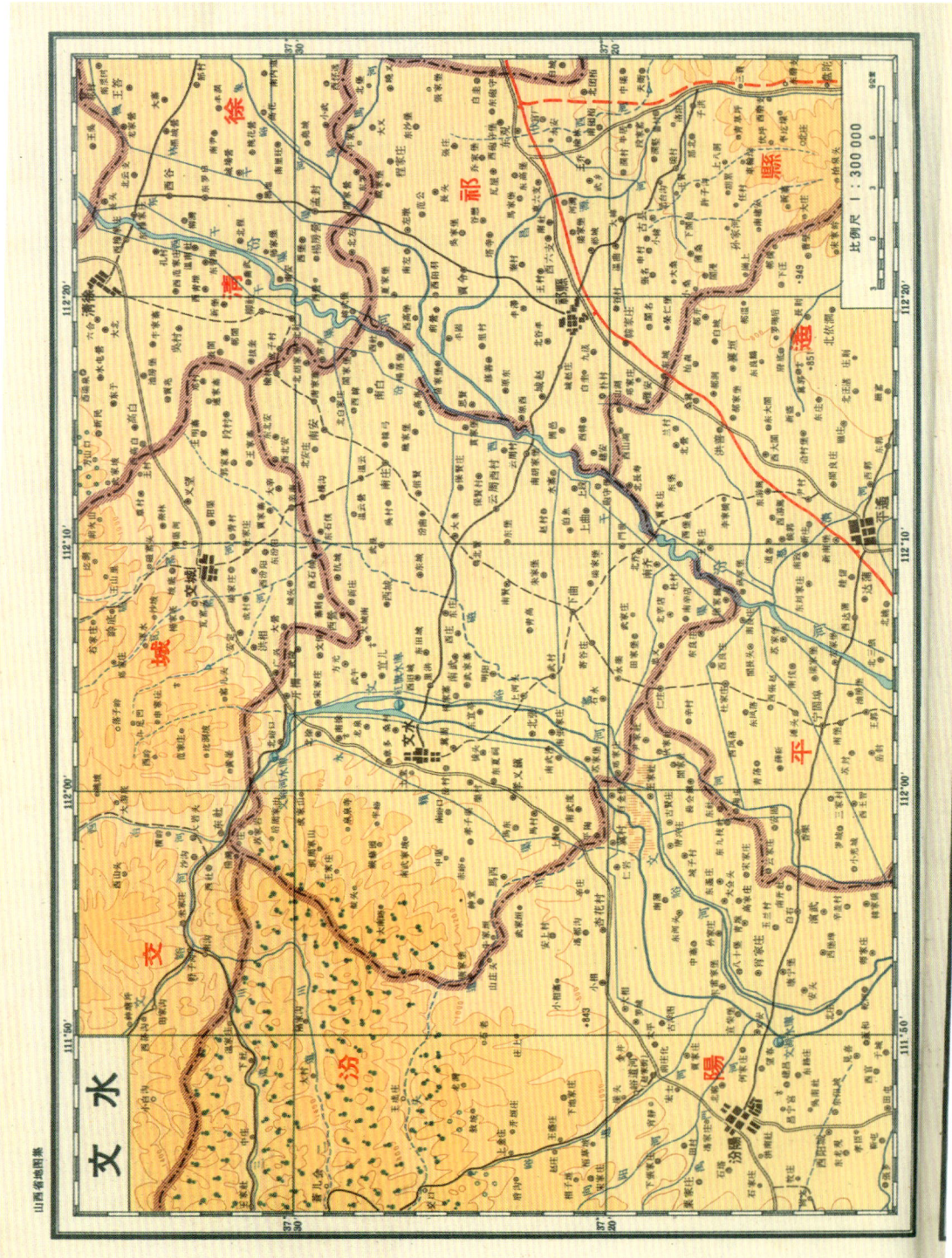

来源：1961年版《山西省地图集》

(图一) 民国二十三年(1934年)文水县长兴银号同仁摄影

(胡俊良先生收藏)

（图二） 民国十六年（1927年）裕商银号同仁摄影

（胡俊良先生收藏）

（图三） 民国十七年(1928年)文水县阖钱行钱市同仁摄影

来源：《文水收藏》创刊号

（图四） 清末民初由文水人经营的北京前门外最大的一座"通三益"海味店

（来原：私人收藏）

（图五）钜源泰银号东家
武福贵先生（1866年–1937年）

（图六）瑞山玉记掌柜
李玉山先生（1903年—1983年）

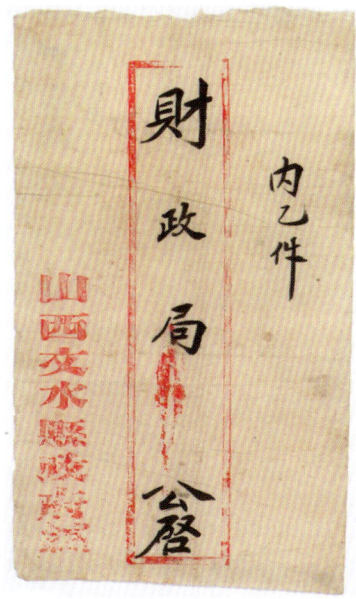

（图七）

文水县概况

【地理位置】

文水县,因"县西文峪河水"为名。位于山西省中部,太原盆地西缘,吕梁市东北隅,东与祁县、平遥隔汾河相望,西枕吕梁山与离石交界,北邻交城、清徐,南接汾阳。全县地貌轮廓呈东西宽、南北窄的狭长条带状,东西长72公里,南北宽30公里,总面积1064.4平方公里。

【行政区划及人口】

全县辖12个乡镇(7个镇、5个乡):凤城镇、开栅镇、南庄镇、南安镇、刘胡兰镇、下曲镇、孝义镇、南武乡、西城乡、北张乡、马西乡、西槽头乡。199个行政村,213个自然村。总人口44万,其中农业人口38.24万。

【气候及农业】

气候属温带大陆性气候。平均降雨量457mm,平均日照2552小时,平均气温10.1度,平均地面温度12.4度,平均无霜期183天,平均风速2米/秒,风向多为南风、北风,气候条件适中,适于农业生产。特定的地理位置和气候环境,造就了丰富的生态资源。粮食作物主要有小麦、高粱、谷子、玉米、豆类、薯类。经济作物主要有棉花、甜菜、油菜和各种蔬菜。从历史上看,农业产业化水平稳步提升,以果蔬加工、牛羊鸡肉加工、乳品加工及白酒生产为特色的龙头企业快速发展,大象鸡肉,"仙塔"果脯,"贤美"、"胡兰乡"牛肉等品牌产品市场占有率不断上升,以粮、畜、果、菜为主导的四大特色农业体系基本建立,文水先后成为国家级商品粮基地县和全省粮食生产、畜牧业生产十强县、优质小麦、玉米、高粱基地县。境内药材资源比较丰富，野生药材品种有甘菜、党参、黄芪、猪苓、枸杞、柴胡、大麻子等50余种。

【自然资源】

文水县境内矿产资源较为丰富，主要有煤、石灰岩、石英石、石棉、铅、银、石膏等，已探明西山煤田74平方公里，储量约14亿吨。境内河流有汾河、文峪河、磁窑河。县境西部山区有头道川河、二道川河、三道川河3条支流。还有瓦窑河、白石河、饮马河三条过境河，在本县流程很短，多数为流域窄、流量小的季节性河流。

【交　通】

交通便利，东可经文祁公路与大运公路、同蒲线相接，西南可经太军公路与陕西省相通。北可经太汾公路（307国道）与省城太原连接。青银高速公路横跨境内。太中银铁路于2011年1月11日正式投入运营，随着文水站的开通运营，改变了文水不通火车的历史。现已形成"两大内外循环，四角对外辐射，十大出境通道，平川村通油路，乡村街道硬化"的三纵四横的公路网络。

【历史沿革】

文水县历史悠久，据从本县上贤、西峪口出土的石斧、石刀、陶器以及穴居房屋等考证，远在新石器时代，先民就在这里定居、生息、繁衍。春秋时期为晋宗室祁氏之田。战国时属赵国，为太陵邑。秦统一中国之后设为大陵县，属太原郡。王莽建立新朝，将大陵县改名为大宁县。北魏太平真君九年"徙寿阳民三千居大陵城西南十里"，改大陵县为受阳县，属太原郡。开皇十年，因境内有文峪河水，"其水波多纹"，更名为文水县。唐朝武则天称帝后，将其故里文水县改名为武兴县，与晋阳并立为京县，神龙元年复为文水县，属太原府。1939年晋西事变后，文水县完全成为中国共产党领导下的地区，属晋西区第八专员公署。1949年，省下设专员公署，文水县属汾阳专员公署。1958年11月，汾阳，文水、交城3县合并为汾阳县、文水县改称文水镇。直到1959年9月3日县分署，恢复文水县建制，属晋中行政专员公署。1971年5月成立吕梁地区革命委员会（现称吕梁市），文水县属之至今。

文水人杰地灵，英才辈出。历代名人有：西汉丞相卫绾，中国唯一女皇武则天、唐时净土宗高僧道绰，被誉为中国十大名将的宋朝大将狄青，元时大儒同继先、同恕父子，五代蜀山南节度使加平章事武漳，理学大家孔天胤，清时总督胡令才……境内有始建于唐代的武则天纪念馆及始建于1956年的刘胡兰纪念馆两处国家级文物保护单位。另有西峪口遗址、上贤遗址、隐唐洞、东岩禅寺、梵安寺塔、狄青庙、石永市楼等众多的古遗址、古建筑。

文水县的行政村一览

文水县乡镇、村境变更：2000年，文水县辖7镇11乡：城关镇、南安镇、开栅镇、南庄镇、刘胡兰镇、下曲镇、孝义镇、沟口乡、宜儿乡、南武乡、西城乡、南白乡、上曲乡、南齐乡、北张乡、西槽头乡、马西乡、苍儿会乡。

2000年12月至2001年4月，文水县基本完成撤并乡镇工作。经山西省人民政府批准，文水县乡镇调整情况如下：

一、将沟口乡和宜儿乡并入城关镇，设立凤城镇。以原沟口乡、宜儿乡及城关镇的行政区域为凤城镇的行政区域，镇人民政府驻城内大陵街118号原城关镇办公楼内。

二、将苍儿会乡并入开栅镇，设立新的开栅镇。以原苍儿会乡和开栅镇的行政区域为新的行政区域，镇人民政府驻开栅村。

三、将上曲乡并入刘胡兰镇，设立新的刘胡兰镇，以原上曲乡和刘胡兰镇的行政区域为新的刘胡兰镇的行政区域，镇人民政府驻刘胡兰村。

四、将南白乡并入南安镇，设立新的南安镇，以原南白乡和南安镇的行政区域为新的南安镇的行政区域，镇人民政府驻南安村。

五、将南齐乡并入下曲镇，设立新的下曲镇，以原南齐乡和下曲镇的行政区域为新的下曲镇的行政区域，镇人民政府驻下曲村。

六、原南庄镇、孝义镇、西城乡、南武乡、北张乡、马西乡、西槽头乡建制保持不变。

另：一九五四年，政府将文水的原东、原西、固邑、里村、思贤、苗家堡、马家堡划归祁县。将大陵庄划归交城。将韩武、韩武堡、冀家堡划归清徐县；一九五六年将平遥县门世划归文水，将祁县炮守堡、上段、段村、新堡划归文水，同年将文水小徐家镇划归平遥县；一九五九年，将文水西石侯划归交城县，将交城的庄头、苏家岩划归文水；一九七一年，将汾阳的苍儿会公社和冀村公社的百金堡、西槽头、东槽头、裴会、王家社、阎家社、狄家社、尹家社八个村划归文水。

文水县现辖12个乡镇：

凤城镇（包括原城关镇、宜儿乡、沟口乡）

（原城关镇）东街、南街、西街、北街、南关村、北关村、私评村、土堂村、岳村、冀周村、韩村、章多村、龙泉村、堡子村、桑村、桑村营村、南徐村、南峪口村。（原宜儿乡）宜儿村、方园村、武午村、大城南村、里洪村、东旧（城）村、西旧（城）村、旧城庄村。（原沟口乡）沟口村、北武家坡村、集灵源村、靛头村、大圪堆村、半峪村、泉泉寺村、任家坡村、马家庄村、沿磨村、吕家山村、前周村、后周村、前庄村、河底村、贾家山村、成家山村、曹家山村、牛家沟村、苏家岩村、庄头村。

开栅镇（包括原苍儿会乡）

（原开栅镇）开栅村、北徐村、中舍村、文倚村、武陵村、宋家庄村、樊家庄村、北峪口村、西峪口村。（原苍儿会乡）苍儿会村、温家庄村、下庄村、程家庄村、林海村、李家庄村、上王家庄村、麻峪口村、陈家庄村、李家会村、崖底村、寨子沟村、岳家庄村、下庄村、龙兴村、海岸村、陷家沟村、大村、贺家塔村、付家庄村、李家嶂村、崖头村。

孝义镇

孝义村、东夏祠村、西夏祠村、北夏祠村、桥头村、乐村、马东村、马村、上贤村、平陶村、南武渡村、北武渡村。

马西乡

马西村、神堂村、穆家寨村（原中庄村）、河西村、牛家垣村、康家堡村、孝子渠村、赤峪村、中渠村、南武家坡村、大南峪村、小南峪村。

西城乡

西城村、东城村、杭城村、武良村、东石侯村、新庄村、新立村。

南武乡（原南武镇）

南武村、东庄村、西庄村、南明阳村、北明阳村、西明阳村、麻家寨村、武家寨村（包括原寨子村）、杨家寨村。

南庄镇

南庄村、韩弓村、麻家堡村、信贤村、汾曲村、洪义村、吴村、温云村、温云营村、横沟村。

南安镇（包括原南白乡）

（原南安镇）南安村、小南安村、北白（家庄）村、谢家寨村、孟家庄村、北胡（家堡）村、榆林村、东北安村、西北安村、北安庄村、（原南白乡）南白（家庄）村、高车村、西社村、杨落堡村、王川堡村、东郭村、西郭村、于（蔚）家堡村、郝家堡村、闫家堡村、西南社村、西韩村。

刘胡兰镇（原大象镇，包括原上曲乡）

（原刘胡兰镇）刘胡兰村、新崖底村（该村原坐落在文峪河出口处，名崖底村。一九五九年因修建文峪河水库，搬迁到云周西村定居，村名未变，后因与苍儿会乡崖底村同名，一九八二年经县人民政府批准更名为新崖底村）、保贤村、保贤庄村、贯家堡村、邢家堡村、云周村、南胡（家堡）村、王家堡村、城子村、大象村、东堡村、北贤村、赵村、索家堡村。（原上曲乡）上曲村、上段村、水寨村、伯鱼村、门世村、炮守堡村、新堡村、段城村。

下曲镇（包括原南齐乡）

（原下曲镇）下曲村、下曲庄村、梁家堡村、南贤村、青高村、朱家堡村、寄谷庄村、武家庄村、石永村、永乐村、苏家庄村、田家堡村、忠义村。

（原南齐乡）南齐村、北齐村、南辛店村、北辛店村、徐家镇村、石家堡村、杜村、杜村庄。

北张乡

北张（家庄）村、南张（家庄）村、上河头村、武村、东宜亭村、西宜亭村、南武涝村、北武涝村、苏家堡村、郑家庄村。

西槽头乡

西槽头村、东槽头村、百金堡村、裴家会村、王家社村、尹家社村、狄家社村、闫家社村。

文水县民国纸币考略

　　文水县历史悠久。远在新石器时代，先民就在这块美丽富饶的土地上定居、生息、繁衍，是黄河文明重要的发祥地之一。春秋时期为晋平陵邑。战国时属赵国，为大陵邑。秦统一中国之后设为大陵县，属太原郡。王莽建立新朝，将大陵县改名为大宁县。北魏太平真君九年改大陵县为受阳县，属太原郡。开皇十年，因境内有文峪河水，"其水波多纹"，更名为文水县。唐朝武则天称帝后，将其故里文水县改名为武兴县，与晋阳并立为京县，神龙元年复为文水县，属太原府。民国二十八年（1939年）晋西事变后，文水县完全成为中国共产党领导下的地区，属晋西区第八专员公署。民国时期文水县实行区村制，共设四个区（区下设镇、村），215个自然村。第一区设在城内，第二区设在下曲镇，第三区设在南庄镇，第四区设在开栅镇。1949年，山西省下设专员公署，文水县属汾阳专员公署。1958年11月，汾阳、文水、交城三县合并为汾阳县，文水县改称文水镇。直到1959年9月3日县分署，恢复文水县建制，属晋中行政专员公署。1971年5月成立吕梁地区革命委员会（现称吕梁市），文水县属之至今。

　　人们一提起晋商，自然会想起山西，想起平遥的日升昌，想起山西祁县的乔家，想起太谷的渠家，想起晋城的谢家。这些著名的晋商大部分又集中在山西省的晋中地区。民国时期，山西的晋中地区既是晋商的聚集地，又是山西的经济文化中心。而人们对晋商的了解更多的还是通过一些影视作品和文学作品。提到晋商，不得不提到山西的票号、山西的金融业。一位欧洲旅行家曾经这样来解读山西人，他认为"山西人为中国的犹太人……山西人具有卓越的商业和大企业精神，当时居于领导地位的金融机关——山西票号，掌握着全国，支配着金融市场……在所有的中国人中，对中国特有的尺、数、度量概念以及基于这种观念的金融倾向最发达的要数山西人"。由于商业资本与金融资本的结合，山西商人成为当时国内商业和金融界一支举足轻重的力量，涌现出了犹如平遥日升昌、文水合聚永、阜丰永等钱庄银号。可见，在当时的山西商人已经执中国金融界之牛耳。

到了民国时期，政府银行与晋商银行都非常的活跃，有官办、商办和官商合办三类。据南京国民政府民国二十四年（1935年）的统计，当时山西的银行共计27家，钱庄182家，银号101家，当铺质店436家，商号兼营钱业22家，山西银号总号有101家。历史背景是：从1912年民国建立到民国二十六年（1937年）"七七事变"之前，全国内战频繁，但在山西这片土地上，很少发生大的战争。山西是晋中各县商帮发展的大后方，与山西相连的绥蒙又是晋中各县商帮长期经营的重要基地。因此，晋中商帮赖此得以继续生存和喘息。这个时期，阎锡山先生在山西执政，主张"山西的实业，不能不办，也不能专靠官办，必须人民负责自动办理"（《阎伯川先生言论辑要》）。从民国元年（1912年）到民国十九年（1930年）中原大战之前，山西形成了较为宽松的环境，山西的民族工业得到了一定的发展，晋中各县商人中投资兴办近代工业者也多起来。民国十九年（1930年）中原大战后，阎锡山先生发动"倒蒋战争"失败，一度下野，蒋介石国民政府严格控制山西经济，致使晋钞毛荒，通货膨胀，又遇世界性经济危机，山西经济极度困难。民国二十一年（1932年），阎锡山先生复出，就任太原绥靖公署主任，提出"造产救国"，制定"十年建设计划"，民国二十二年（1933年）开始实施，所谓"公营事业"即官办经济迅速发展。在金融方面，通过改组山西省银行，开设绥西垦业银号、晋绥地方铁路银号和晋北盐业银号，并由四银行、银号共同设置"实物十足准备库"，垄断了山西的金融。为加快经济发展，启动农村经济，阎锡山先生提出"酵面"理论（见《20世纪30年代晋商的银行》），要求县县办县银号，村村办村信用合作社，县办县总信用合作社。均以山西省银行钞票为"总酵面"，即县银号以借省钞为准备，发行县银号纸币，村信用社向县银号借其纸币为准备，发行村合作券。省银行好比是总酵面，分借各县，作为县银号之基金一部分，连同县银号另筹基金，再起发酵作用，以兑现票（兑现纸币）借给各村，作为村汇兑基金。如此发酵，辗转流行。山西当局为加快发展全省金融，于民国二十一年（1932年）和民国二十二年（1933年）相继成立了县银号和村信用合作社两种金融机构。在这种经济利益的驱动下，山西的社会金融因此而活跃起来。各地先是成立县银号，发行"兑换券"，然后又成立村信用合作社，发行变相货币"信用合作券"。山西各县也借此发行了大量纸币。根据民国二十四年（1935年）国民政府实业部的统计，山西省各县县银号共有总号三十一家，分号一家，共三十二家，并发行"兑换券"四十一万余元。另据资料显示，民国二十二年（1933年），山西政府决定成立县信用合作社，先由四个县试办县信用合作社，发行"合作券"，后来又有十六个县成立了信用合作社。到民国二十六年（1937年）山西省总共有二十个县715个村成立了信用合作社，并发行了"信用合作券"。按照章程规定，这一时期的"合作券"只能在本县流通，而且不能兑现法币，是一种极为特殊的货币形式。

　　提到山西的金融业，又不能不提到山西的文水县。文水县作为原晋中地区的一个老县，它与祁县、太谷、平遥相邻（1971年行政区划将文水县从晋中划归吕梁）。文水人自古以来就勤劳俭朴，思维敏捷，精于计算，善于经商。据《文水县志》记载，清代至民国时期，文水县远出外地经商者多达一万余人，故有"商多远出"之称。县内商业大多分布于农村之"四大镇"、"八小镇"。历代志书多有记载。明《永乐大典》谓之"其民俭朴"；《山西通志》为"民素刚劲，俗尚俭朴，勤力稼穑，颇尚文学"；清康熙《文水县志》为"劲而轻生，俭而趋利，浇朴相半，勤则其天性也"；清光绪《文水县志》为"男重耕读,女勤纺织,俗尚节俭,商多外出"。长期以来文水县经商从业人员众多。宣统元年(1909年)编纂的《文水县乡土志》记载,1903年(光绪二十九年)文水经商人员13974人,约占成年人的1/5,仅在京经营干鲜果、海味店的就有2000余人。北京前门外最大的一座"通三益"海味店(见图四),前门外大栅栏、内城西羊牌楼各大水果干果店均系文水人经营。民国二十二年(1933年),文水县内商铺已经达到190家,从业人员1146人,商品输出输入都逐年增加。民国十四年(1925年)全县输入商品(棉花、布匹为主)总值66.5万元(银元),输出商品(米粮、皮张为主)总值10.9万元。到民国二十四年(1935年)输入总值增长到76.8万元,输入总值41.3万元。分别增长了15.7%和79%。据有关学者研究,近代山西商业人口比例达25%以上。至晚清,文水县从商人口已占27%,遍布各行各业,超过了山西省的总平均数。现在的山西省省会太原市经营粮油食品的行业,也基本上都被文水人垄断。晋商的进一步发展及壮大也对文水的经济起了巨大的推动作用。当铺、钱庄银号的发展是商业发展的一个重要标志。文水县当铺、钱庄银号是在商品货币经济逐渐发展的情况下,从商品中逐步分化出来的。据有关资料记载,文水县金融业的发展由来已久,文水县是山西当铺、钱庄银号发展较多较快的县份之一。早在明万历年间,城内西街就成立"阜丰永",除经营粮食外,亦兼钱行,放贷得利。到乾隆十三年(1748年)文水城乡已有当铺90余家。道光二十八年(1848年)、咸丰五年(1855年)已先后在文水城内成立了合聚永钱庄(见图143)、阜丰永钱庄。特别是到了民国时期,文水县的金融业得到了迅速的发展。

文水县城南大街的合聚永钱庄成立于道光二十八年(1848年),是山西境内成立较早的几个钱庄之一,与山西银号的鼻祖——平遥的日升昌银号是同一个时期。合聚永早先的业务无从可考。据《中国实业志》记载,到民国二十三年(1934年),它的存、放款在本地居第五和第四位,但其收益增长一直领先于当地同行。从现有的纸币上可以看出，合聚永在当时不仅发行使用自己的纸币，为了达到资金尽快周转，还向文水县银号借发纸币（见图144—145）。可见，当时合聚永的存、放款业务量是非常之大。讲求信用，取信于人，是合聚永成功的一个重要因素。以发行纸币为例（见图143），民国二十年（1931年）以后，当地发行纸币的金融字号很多，这些纸币发行以后，有的流通不广，有的不能按时兑现，甚至有的被持券人挤兑而垮台，最后坑了百姓。而合聚永发行的纸币，讲究诚信，信用度高，随时无条件兑现。顾客去兑换时，经办人员和颜悦色，热情办理，所以合聚永的纸币，人们愿意接受，不仅在县城吃的香，就是在农村，也是名声远播。至抗战爆发的八十多年间，合聚永和它的历代经营管理人内外兼修，经历了风风雨雨的考验，为股东们创造了可观的效益，也在文水的金融史上留下了色彩浓重的一笔。

文水县五大钱庄、银号之一的钜源泰钱庄，于民国七年（1918年）创立于文水县城内南大街。钜源泰钱庄（见图022—024）还是山西省银行在文水的寄庄。东家武福贵（1866—1937），冀周村人，出身官宦之家，善于经商，曾任山西省银行协理和总营业，全面负责银行的业务工作，被誉为三晋金融实业家。民国十五年（1926年），他在文水集股开办了兴华银号、同济银号，同时经营钜兴当铺（见图140—141）、钜兴粮店，总资本达数万元，名震周围各县，是文水金融票号中举足轻重的第一号人物，对文水县当地的经济繁荣起到了一定的促进作用。民国二十一年（1932年），因其对文水的经济发展贡献较大，又是个乐善好施的大善人，文水县商会联同各大钱庄和店铺，向他赠送了"博施济众"和"维护商业、协助金融"两块牌匾，悬挂于大宅院的大门之上。

文水县是全省设立农工银行较早的县城之一，文水农工银行于民国十二年（1923年）在县城南街成立，资本金为51500元。民国二十三年（1934

年）时，文水农工银行的放款金额为 64368 元，存款金额为 27163 元，其特点是资本金额较大，放款的周期较长。该银行除了进行存款放款外，也发行过"流通券"。已经发现的"流通券"面额有铜元拾枚、铜元伍拾枚、民国十三年（1924 年）发行的壹元等（见图 041—044）。其他业务则和钱庄银号相同。

根据"酵面"理论，文水县银号是民国二十三年八月（1934 年 8 月）在县城北街成立，资本额是 31350 元，到民国二十四年（1935 年）共发行"兑换券"45519 元。民国二十三年（1934 年）发行了面额为壹角、贰角、壹圆纸币。民国二十四年（1935 年）发行了面额为壹角、贰角纸币（见图 004—015）。

民国二十四年（1935）年，文水县信用合作社成立，各个村的信用合作社也相继发行了"信用合作券"。发行的纸币面额有伍分、壹角、贰角、伍角（见图 047—050）。山西省总共有 715 个村合作社发行了"合作券"。文水县有多少个村发行了"信用合作券"，由于无文字记载，所以不得而知。但从收录的这些"信用合作券"票面上可以看到，发行"信用合作券"的村镇，都分布于本县的第一区和第三区。没有见到第二区和第四区村镇发行的"信用合作券"。也可以看到各村的"信用合作券"设计风格基本相同。所以可以断定，成立村信用合作社是由政府当局选择决定的，各村的"信用合作券"也是由政府当局统一面值，统一设计，统一印刷，统一发行。在本图册中共收录了文水县 31 个村发行的"信用合作券"。其中有民国二十四（1935年）年由县信用合作社统一发行的"信用合作券"，还有民国二十五（1936年）年至二十六年（1937 年）各村发行的"信用合作券"。村合作券，均以村土地为担保，变不动产为动产，每亩可发行"合作券"壹元。

据《中国实业志》记载：文水县除了原有的几大老银号、钱庄外，民国十四年（1925 年），兴华银号（有限公司）在县城南街成立，资本金为

120000元，并发行了纸币（见图125—127）；民国十五年（1926年），同济银号（有限公司）在县城北街成立，资本金为43400元；民国十八年（1929年），长兴银号（合资银号）在县城南街成立，资本金为20000元。

据记载，在民国时期，文水县城当时金融业中的银号、钱庄还有县城南街的晋康银号、溥利银号、汇源银号（见图135—136）、长慎和钱庄（见图025—027）、乾一钰钱庄（见图040）、义生庆银号（见图223）、义成协银号、广和永钱庄、协纯庆钱庄、长盛川钱庄、志积成钱庄（见图364）；西街的裕商银号（见图121—124）、宝巨隆钱庄；北街的俊源茂钱行、宝善钱庄等。还有史料上没有记载的文水信义亨银号（见图130—133）、协成久银号（见图128）、万生利钱庄（见图134）、义同和钱庄（见图138—139）、裕同泰记（见图142）、天盛永银号（见图129）等等。而在各乡镇、村以各种名义发行纸币的银号、信用社、村公所就更不计其数。在这些钱庄、银号中又数兴华银号、长兴银号、长慎和钱庄、合聚永钱庄、钜源泰钱庄这五家规模大、资金多。

本县的钱庄除开展存款、放款、汇款等金融业务以外，大多同时经营其他行业的业务。例如阜丰永经营的是粮行，长慎和与合聚永合伙经营的是棉花，钜源泰则是在县城东街和太谷县同时开设粮行。

提到文水县的钱庄、银号，就不能不提一下文水县的账庄。作为一个特殊时期出现的特殊产物，账庄的出现，很大程度上活跃了当时文水的金融市场。据《中国实业志》记载，山西的账庄仅仅存在于一个地方，那就是文水县。本县的账庄在早期只做放账业务，并且不纳入钱业同行，因此性质相当独立。账庄的主要业务虽然是放款，但是因为资金有限，业务范围不广，所以有时也会吸收一些存款，以便于资金周转。据《文水县志》记载，清朝咸丰三年（1853年）已有文水人在京城开设账庄。在清朝光绪四年（1878年），文水志积成账庄在县城南街开业，该账庄系合资经营，有4400元资本；民国五年（1916年），聚德祥账庄在县城南街开业，该账庄系合资经营，有7400元资本，到了民国十四年（1925年）时，该账庄进行了改组经营。同年，豫泽通账庄开业，有10000元资本；民国二十年（1931年），瑞和账庄（见图037）在文水县南关成立，合资性质，资本金18000元；民国二十一年（1932年），保兴账庄（见图039）在文水县城内北街成立，资本6000元。至此,本县共有五家账庄，拥有的资本总额为45800元。本县的账庄到了民国二十年（1931年）前后处于鼎盛时期，各乡镇、村也相继成立了账庄。本县账庄发放贷款的资金，除了自有资本外，大部分都是从县城的银行、银号、钱庄以6—8厘的月利借来的资本。账庄同时也在吸收存款，设在县城的账庄虽然比设在乡镇的账庄吸收的存款要多，但是其数额要明显低于银行和钱庄。账庄的存款利率与银行、钱庄的一样，活期的不计息，定期的一般为6厘，最高为8厘，年利率一般为8厘，最高为1分。放款是账庄的主要业务，据《中国实业志》记载，民国十九年（1930年）以前，本县账庄的放款主要以商业客户为主，但是由于那一年货币跌价，商业很不景气，因此账庄就改变了放款方向，转向农民放款。连续有两年时间，农业收成都较好，到民国二十一年（1932年）时，给农民的放款数额大增。后来由于水灾旱灾经常发生，农业收成不佳，放款数额就逐年递减下来。本县农村的账庄比县城的要多，这些账庄大多是独资，规模虽然小，但与县城的银行银号往来密切。这些账庄的资本均为2000元左右，从业人员为5人以下，拥有的存款特别少，放款资本主要依靠自有资本以及从县城银行借款。放款利率浮动较大，一般为1分5厘，也有1分8厘、2分、2分5厘的，甚至有3分和4分5厘的。放款对象大部分是农民，以房产地产抵押居多，同时也为农村的商号、店铺和手工业者放款。文水的账庄除了放款外，也发行了自己的纸币，如文水南庄镇的通记账庄（见图420）、文水信贤村的瑞成久账庄（见图443）、文水原西村的汇川账庄（见图698—700）、文水县信贤村义生永账庄（见图444）。到了民国二十七年（1938年），文水县被日军侵占后,这些账庄便相继倒闭了。

　　金融发达，私票行用自然也就相当活跃。文水的私票发行起于何时，已无从考证。从已经找到的实物资料看，清朝同治十年（1871年），文水南街已有广沅号、广沅魁发行钱帖。进入民国以后私票发行继续不断，虽经历届政府多次限制、禁止，然而因管理不严，有禁无止。民国二年（1913），财政部拟定了《商业银行条例》，限制商业银行发行，但是该条例并无多少作用；民国三年（1914），财政部发布了《关于严禁官私私立银钱行号私发纸币致各省民政长训令》；民国四年（1915），财政部又发出《取缔纸币条例》；民国十八年（1929），财政部又发布布告《取缔地方钱庄、商号私发纸币》；民国二十二年（1933），财政部致函各省市政府函《重申禁止钱庄商号私发钞票》。清代至民国二十六年（1937年）以前，特别是进入民国以后，各级地方政府对私票也都采取了禁止的态度，颁布了一系列的法规和法令，但因政局混乱，政府纸币经常崩溃，因而基本上是查禁时绝迹，过一段时间就又卷土重来。甚至，有一些县级的政府却往往从各自地方的经济利益和政治利益出发，而作出一些准许地方发行私票的举动。山西省政府通令各钱庄、银号限期一律收回所发行的货币，并授权省银行加发纸币（见《省金融志初稿》）。从民国八年（1919年）开始，文水县境内流通山西省银行发行的纸币（老省钞），与银元等值。到民国十九年以后（1930年），流通山西省银行发行的纸币（新省钞）（见图01—03）。此外，文水县境内先后流通的还有中国银行、中央银行、交通银行、中国农民银行四大行发行的纸币。同时，流通的还有山西省银行、晋绥地方铁路银号、晋北盐业银号、绥西垦业银号四小行发行的纸币。民国二十七年（1938年），日寇侵占文水县后，敌占区内流通日伪"中国联合准备银行"发行的纸币；乡村和边远山区流通文水抗日民主政府发行的纸币。民国十九年（1930年）中原大战后，山西省银行滥印滥发纸币，晋钞也从开始发行时的与银元等值，走向贬值。由于晋钞的贬值，文水市场上人们利用晋钞与银元之间比价的变化，大量买卖银元，从中盈利。由于晋钞缺少信用，民众拒绝使用，为此，民国十九年（1930年）后，文水县的私票发行显著增加。民国二十一年（1932年）山西省当局在主要各县设立的典当业也可以发行纸币，所以金融更加混乱。精通钱行利弊的钱行老板、左右文水政局的各界士绅都在各自所在、所管的银号、钱庄、账庄以及商业铺号加大私票的发行力度。与此同时，本县城乡大小商业铺号、账庄、作坊及部分摊贩也插入了私票发行的队伍。尤其是遍布全县的乡镇及大小村政权，为了解救金融危机，也巧立名目，起用各种名称发行各自的私票及地方流通券，并且只允许在当地流通，有的规定在一年左右期间收回，以解决临时性的困难。当时文水全县215个村庄，除了山区20多个小村庄外，大部分村都进行私票发行。文水县王川堡是平川的一个小村（当时全村不足20户），也借用别村印好的私票加盖借发章作为自己所出的票子发行（见图487—489）。发行单位几乎遍及各行各业，从财政局、县银号直到打饼子卖油麻花的，开香油铺的和卫生馆都发行私票。如：东固邑村欲宏粮庄发行的兑换券（见图679）、北张家村恒源茂花厂发行的纸币（见图624）、下曲镇卫生医馆发行的兑换券（见图608—610）、南庄镇的恒记货庄发行的兑换券（见图426），就连石侯镇的福贵烟店也发行了纸币（见图351）。直到民国二十五六年（1936—1937年）私票发行泛滥全县，达到顶峰。可以说民间私票的发行对活跃市场、促进地方经济发展起到一定的作用。但是，到了后来受经济利益驱动也出现了假借繁荣地方经济之名，滥发钞票非法敛聚财富的情况。这些无序发行的各种各样稀奇古怪的民间私票，更加加剧了近代货币制度的混乱。一旦发行者失去了兑现能力，则挤兑倒闭风潮时有发生，造成地方金融的混乱，流弊颇多，因而遭到政府的严令取缔。到民国二十六年（1937年），文水县在很长一段时间里这种私票、村票一直广为流通。一直到民国二十七年（1938年）文水私票发行才得以终止。但是虽经民国政府多次整顿，民间私票却一直未能禁绝。到了民国二十九年（1940年），山西省政府仍然下令各县银号发行纸币。据此，文水县的金融业在当时还是比较发达、比较活跃的。据不完全统计，现在发现民国时期文水县境内发行的纸币就达700多个种类，可以说是全山西省乃至全国发行纸币最多的县，晋商的代表县祁县、平遥、太谷都无可比拟。

　　文水私票发行泛滥，原因有四：其一，民国十九年（1930年）中原大战后，省银行大量发行纸币，搜刮民财，造成晋钞毛荒，通货膨胀，百姓遭殃。所发纸币顷刻之间成为一堆废纸，因此人们对军阀的信任还远不如对当地有实力富户的信任，这样就使得地方私票在民间更加广泛地流通。其二，农村遭灾，农民求贷无门，只能求借私票，可以暂时救急。其三，物价飞涨，不少人乘机捞财。早期私票发行者亲身尝到了甜头，认为出票子就是生财之道，无本求利，就能发财。其四，一些钱庄、银号发行纸币是为了增加店号的资金周转。这些民间私票的发行，一方面缓解了政府货币面额大市面找零困难的问题，另一方面消费者可以持本店发行的小额私票来店购物，参与市场流通，促进本店经营发展。私票发行的结果就是坑害老百姓，到抗日战争开始，大部分私票在群众手里就成了废纸。也有的商号因发行私票被群众挤兑倒闭。在我的这部分藏品中，有一些纸币，从它们的流转上我们就能看到在当时群众手中的纸币到后来就如同废纸一样，俯拾皆是。在乡下收集这部分纸币时，经常可以看到有些老乡用这些纸币不是糊裱了房顶，就是用它糊裱了"笸箩"，真是害人不浅。可以看出，有些纸币就是从这些"笸箩"上揭下来的，上面的痕迹还在。

　　从文水县发行的县票、村票（私票）的名称看，花样繁杂，五花八门。乡镇、村公所发行的纸币有信用合作社、信用合作券、农村救济券、维持金融券、金融维持券、农产维持券、农产合作社、农产兑换券、村公所借发券、村公所信用券等。有的只印有某某村村公所。其他银号、商号发行的纸币主要是借发券、代兑券、兑换券、兑现券、金融券等。甚至有的直叫其名，如：福贵烟店（见图351）、恒源茂花厂（见图624）、裕隆实业商行（见图154）等。

进入民国后，纸币的版式也一改清代的竖版券（也称门帘券）为新式横版券。票幅样式如同现代的流通钞票，票幅稍小，面额也较小，币面文字一般不用毛笔填写，较为规范。虽然也有竖版券出现，但也是很少部分，绝大部分还是横版券。在收藏的文水县民国纸币中，也只发现有三四种纸币为竖版券。如：文水西旧城村协同心民国十五年（1926年）发行的兑换券（见图229—230）、文水文倚村德合全民国十五年（1926年）发行的兑换券（见图262）。这部分纸币难得一见，比较珍贵。在纸币的版式方面，还发现有的纸币在发行了一段时间后，由于种种的原因进行了改版（见图297、549），这部分纸币虽然不多，但也反映了在当时纸币的发行是比较随意的。

关于加字券，也叫暗记券。在收藏的文水县民国纸币中，还有一种奇特的现象，就是发现有很大一部分银号、钱庄发行的纸币票面上存在着加盖。并且在同一种纸币上有不同的加盖，有文字加盖，有数字加盖，还有图案加盖。有些纸币的背面还有用毛笔的手写行用背书。特别是在县银号及一些比较大的银号、钱庄发行的纸币上，这种文字加盖的情况尤为突出。从发现的纸币上看，有的银号纸币上加盖的文字已经多达二十种（见图124）。望文品味，那些文字和号码似乎与纸币毫无关系。那么，为什么纸币上要印上这些文字？作用如何呢？究其原委，我发现这与我国金融业的领券制度有关。什么是领券制度？纸币发行有直接发行和间接发行之分。特许银行发行自己的钞券为直接发行，领券制度属于间接发行。据《领券制度》一文记载，所谓领券制度，就是指无货币发行权的银行、银号、钱庄或其他金融机构因需按一定条件，通过协议订立合同向有货币发行权且发行纸币的银行领用定额的钞券，并在券面上加暗记标示的间接发行管理制度。在领券制度下，发行纸币的银行在钞券上加印双方认可的暗记，代表向其领用钞券的银行、钱庄或其他金融机构共同负责发行和兑换的钞券。兑进的暗记券由发行银行按不同暗记，分别整理后通知有关领券行庄以现金调回，再对外发行。其利益共享，风险共担。银行、钱庄可以通过暗记能够辨别此种钞券是由哪家行庄所领用以及回笼情况，但社会上只认为这是发行银行的钞券，却不知此券是由哪些行庄领用的。也因此这些加盖汉字或英文或数字形式特点符号的钞券被银行、钱庄定义为暗记券。所以暗记券是特指，也可称领用券或加字券。这种暗记券在民国时期被中国银行、交通银行大量的使用。据史料记载，两大银行加盖文字、英文、数字的加字券多达几百个品种。可见，当时加字券的使用范围还是比较大的。中、交两行的领券制度，不仅限于银行同业，还推广到了其他银号、钱庄。文水民国纸币的加字券，是不是也借鉴了国家的领券制度？二者是否有关联？文水纸币上的这些加盖，究竟是由哪些银号、商铺领用发行？这还有待我们去考证和研究。在文水的民国纸币中，发行加字券多的银号、钱庄，往往就是那些在文水实力较大的银号、钱庄。如文水裕商银号发行的"伍角兑换券"，现在见到的加盖就多达二十个字（见图124）、文水县财政局发行的"壹圆维持金融券"见到的加盖也有六个字（见图018），这也许还不是加字的全部。对于这些银号、钱庄发行加字的纸币，我认为就有点领用券的性质，即一些没有纸币发行权、资金少的银号、钱庄、商号为了发行纸币而向本县较大一点的银行、银号领用借发，加字后进行纸币的发行。但是在一些村政权发行的村币上也发现有加字，虽然数量不多，但这又是起什么作用？难道农村的小商小贩也在领用借发？这也正说明各家银号、钱庄纸币滥印滥发。总之，有一点可以肯定，同一种纸币中的每一个加字应该是代表一个发行批次。加字券中的每一个加字，应该就是个暗记，它分别代表了每一个领用发行纸币的银号、商铺。它也应该是纸币在流通中区别于其他加字券的符号。还有一种可能是纸币在流通行用中的一种信誉背书。这在民国四大银行纸币的流通使用中也是常见。中国独创的领用暗记券制度是中国的特色，也是特定时期社会的产物。

在研究文水纸币加字券的同时，还发现了一个有趣的现象。在文水纸币的加字券中，虽然它们每个字都是独立的个体，但是把它们放到一起你可以从中发现这些所加的文字之间有着一种特殊的联系。在研究民国四大银行的加字历史时，发现它们的加字基本上是以借发银行、钱庄名字中的某一个字为准。如加盖"③通"，即领用借发单位是"上海通易信托公司"、加盖"④大"，即领用借发单位是"上海大中银行"等等。而文水的加字券，其所加盖的文字既不是某个单位的名号，也不是什么吉祥语。而是一些极其普通的文字。如文水裕商银号发行的"伍角兑换券"，发现其加盖的字就有"光、阴、须、有、限、兼、追、直、程、问、进、虽、学、宜、急、无、穷、并、起、而"（见图124）。虽然这些字让人一看，好像它们之间也没有什么关联，但是如果仔细的琢磨，发现把它们放在一起，稍作调整，原来它们可以编排成一段激励人们上进的语句，而且还是一段让人励志的祝福，并透视出了纸币发行人的一种文化艺术气息。虽然现在还证明不了这些加盖的字就是它的全部，试探着对这些字进行了编排，可以排列成"光阴虽有限须急起直追，学问而无穷宜并进兼程"。这也许是银号发行人加盖这些字的本意吧！

文水县纸币上的图章多姿多彩，形态各异，在一些纸币的背面加盖上也显示出发行人富有的聪明才智。加盖的图章集艺术装饰、人文教化和防止伪造三种作用于一身，图章文化中同样突出了以物寓意的特点，构成了中国地方纸币的强烈民族特色。为了能让这些加盖既要有文化艺术内涵，又要有防伪功能，他们在加盖设计上不仅使用加盖字号章外，还设计了各种的图像章，比如手持喜帖的赐福天官（见图201）、满面春风讨人喜欢的和合二仙

(见图 557），在方寸之间被刻画得惟妙惟肖，寓意财运亨通、财源广进、和气生财；宝鼎、花篮、花瓶、聚宝盆、画戟、玉盘、葫芦、蝴蝶（见图243）、鱼、元宝、树叶等，也都在雕刻艺人的手下表现得生动细腻。树叶型图章寓意"树业"，有建立和成就事业的意思（见图 208）；戟、鱼图章寓意"吉庆有余"；画戟、玉盘、花瓶一起寓意"吉庆平安"（见图 386）等等。甚至在小小纸币背面设计了文字章，如《朱子家训》章，将"黎明即起，洒扫庭除，要内外整洁。既昏便息，关锁门户，必亲自检点。一粥一饭，当思来处不易，半丝半缕，恒念物力维艰。宜未雨而绸缪，毋临渴而掘井……"，尽显其中（见图 588）。这些印章形状方圆长扁皆有，镌刻精巧细腻，将图形与店号相糅合，图文并茂，浑然一体，既可满足防伪核对的需要，又给人以美的感受，不失为一种具有时代感的文化艺术品。

更值得一提的是文水县发行的"借发券"，它是文水金融业的首创，也是文水县土生土长特有的产物。民国时期，文水县钱行间的借发现象相当普遍。借发券，就是利用过去留下来的其他银号、商号的纸币和旧票，加盖本银号、商号的"借发"章后重新加以利用的所谓"借发票"。我们发现在文水县银号与银号之间，商号与商号之间，村与村之间，都在借发纸币。从现有的票面看，有跨县的银号、商号之间的借发（见图 677）、有跨乡镇的村与村之间的借发（见图 474）、有同乡镇同村之间的借发（见图 470），就连老银号合聚永也向县银号借发纸币（见图 144—145）。在山西省，借发券这种纸币流通中的特有现象，只出现在文水县。从现有的实物资料来看，山西的其他县还没有发现这种借发现象。这种钱行之间的借发，说明在当时文水县的金融业是非常活跃的。也可以说是民间金融混乱的产物，正说明文水纸币的频发滥用比其他县更加严重。文水金融业的这种"借发"，还有一种怪现象，使人不得其解，就是被加盖"借发"的纸币，虽然都是利用了过去留下来的其他银号、商号的纸币和旧票，但均未见到其被加盖前原票的流通。

有一点可以肯定，这些被加盖"借发"的纸币的原票绝不是专门用来被加盖"借发"使用。那为什么不见原票的流通,这又是一个谜。文水金融业的这种"借发"现象，其存在的原因是什么？背景是什么？还没有见到有关的专著介绍，有待人们去研究和探讨。在研究这部分"借发票"时，应该从两方面来看，一方面，既要揭去"加盖"看原票，去研究它的本来面貌，研究其开始发行纸币的情况，研究它原来的发行背景。另一方面，也要研究它加盖"借发"后纸币的发行情况。这样就可以客观的、完整地反映一张纸币发行流通的全部过程。

借发券，与前面所述的领用制度中的加字券借发是否有关联？我认为还是有本质的不同。加字券，也叫暗记券。既然是暗记，那行外人是不知道这种加字券是由哪家银号、钱庄领用借发的。而我们说的借发券，它的发行是公开的。谁家借发，加盖谁家的借发章。行外人是一目了然的。所以说，借发券不是领用制度下的加字券。另外，在一些纸币上还有加盖"万镒庆代兑"、"同义长代兑"字样。这些纸币等同于早期民间票帖中的"兑帖"，它们也是此号出、彼号兑的民间信用货币，是"兑帖"的遗存。

在文水县一些大的银号发行的纸币上，有时特地加盖某一地名。这些加盖地名的纸币，既不像前面所述的加字券，又不像钱行之间的借发券，更不属于代兑券。它加盖的是实名，而不是暗记，所以它不是我国领用制度中的加字券。它仅仅加盖地名，而不明确是借发，它也不是借发券。它只是加盖地名，没有特定的代兑钱庄、商号，所以它不是代兑券。所以我认为这些纸币应该是大的银号为它设在各地的代理分号发行使用的纸币，是总号与分号的关系。如：文水裕商银号在纸币上加盖"西城村"字样（见图121）、文水农工银行在纸币上加盖"石侯"地名（见图041—042）。而且文水县的一些大银号发行的纸币上基本上都有地名加盖，如：文水兴华银号（见图125）、文水信义恒银号（见图348）、合聚永钱庄（见图143）等。

从所代表的币值币种看，种类繁多，币值各异，有的印有兑换省银行银元票，早期的印有通用银元、现洋，拾角换银元壹圆。有的有意含糊其辞，只印十足兑换。这个时期的票面上常见的"足十角兑省钞壹圆"、"专利给我，成整随兑"、"集零兑整"、"补助找结"。从发行担保上看，不少私票印有农田壹亩担保壹元、贰亩担保壹元等。从纸币发行的面额看，也比较乱。在流通中见到的大部分是角票、分票，大多是伍分、壹角、贰角、伍角、壹圆等面额的纸币，甚至还出现有壹分（见图459）、贰分（见图611）、叁分（见图612）和柒分（见图614）面额的纸币。拾圆、伍拾圆面额的纸币很少。如文水县北胡家堡村的万生利发行"壹分"纸币、民国二十一年（1932年）文水县永乐村义和恒宏记兑换券发行"贰分"、"叁分"、"柒分"的纸币。这些都说明和反映了此时山西民间金融业发行的纸币，已经成为了当时山西金融货币发行的一个从属部分。为什么发行的纸币多见于小面额？据专家分析这是各个村、店在商业流通中因为辅币奇缺，找零困难。在此背景下，所以各个银号、商号纷纷自行印制各种小面额纸币以解燃眉之急。这也反映了当时的一种金融状况。

从票面设计的内容看大部分纸币印刷比较正规，票面印刷精美，常见的图案有奔驰的火车和航行的轮船，以及国内外的城市建筑风景等。可与中央流通币相媲美。纸币上的火车、轮船、近代风格的建筑、工厂、港口、车站、铁路等，反映了当时中国人对近现代工商业的追求和向往，透视了二十世纪初期中国社会的深刻变迁。但是也有一些纸币纸质粗糙，有的连发行年度及货币编号都没有，或者是所有纸币的编号都一样（见图447-451）。从印刷质量上看，是以石印为主。纸币印刷厂也很多，有本地印刷的，也有在外地印刷的。民国十年（1921年），文水县商会会长麻履青的儿子在北街开设石印馆，除了承揽一些印刷物外，大量承印私票。民国十九（1930年）年，以河南人王豪基为经理，以神池人周姓为东家，在城内南街开办"文兴书局",从业人员 17 人,该店有石印机、铅印机各一台,承印各种抄本、文件和商号私票。这个时期,私票印刷行管理松弛,发行也开始走向膨胀趋势。从现有的实物中发现承揽印刷纸币的有文水和合石印局、文水东街永和义德记石印局、文水文惠石印馆、文水义和恒石印厂、文水义和石印局、文水文兴书局、范华印刷厂、晋文和合书局、祁邑文和斋、平遥驻清德泉印刷馆、太原大国民印刷厂、太原成文斋、太原文华印刷厂、敦化印刷社、太原西北印刷厂、北平前门外门框胡同目宝增局、太原撷萃石印馆、天津北马路华东石印局等。

从发现的地方县、村纸币来看,全部是以地名印成钱钞发行,这也是中国纸币发行史上的一个奇特现象。这种可以流通的纸币由不同的村、店承兑,大多数地名券只能本村流通,这些地名券受到流通区域限制。但有些信誉好的村币也可跨县流通使用。如:民国二十四年(1935 年),文水西社镇大顺源发行的贰角券,背面加盖"祁县停兑"字样(见图 518)。虽然在纸币上加盖了"祁县停用"字样,但也说明这种纸币曾经在祁县境内流通过。

民国二十七年(1938 年)初,文水县抗日民主政府成立。党组织派顾永田出任县长。顾永田带领"工卫队"建立了区、乡、村三级抗日政权,吸收地方上具有爱国抗日热情的知识分子参加政权领导。成立了"农救会"、"妇救会"、"儿童团"等抗日群众团体,实施我党发布的抗日救国十大纲领。民国二十八年三月(1939 年 3 月),政府当局为了"饿死、困死八路军",对八路军和山西新军的筹粮派款、兵员补充,作了许多限制和规定。为粉碎国民党的阴谋,文水县抗日民主政府决定发行"地方金融流通券"。在民国二十七年(1938 年),为了发行货币,工卫旅在交城县山里的东社村成立了印刷厂,并由在原太原印刷厂当过工人的工卫旅一连连长那文英同志担任厂长。"文水地方金融流通券"是以文水县经济委员会的名义,由县政府财政科发行。壹元流通券相当于银洋壹元。"地方金融流通券"的发行,使得共产党领导的军队经费、粮饷有了新的来源，地方上征派购物也有了保障，而且对发展生产、兴办教育、回赎土地、清偿债务以及县区、村政权的经费支出都有了款项保障。另一方面用以兴修水利，发展生产。特别对活跃乡村经济、抵制伪币，打破日本侵略者和国民党对抗日根据地的经济封锁，起了重要的作用。正如《山西工人武装自卫旅简史》所述："文水地方金融流通券，不但为群众回赎土地办了好事，抵制了伪币，也满足了工卫旅、八路军的部分经费需要……文水人民为抗日而付出的经济负担是十分重大的。"文水县牺盟分会发动会员积极协助政府发放流通券并帮助贫困农户解决生产和生活上的困难。这样，提高了广大农民的生产积极性，促进了生产的发展。文水县发行的"文水地方金融流通券"，有壹角、贰角和壹圆三种面值。民国二十八年（1939年）底，根据形势的发展，地方金融流通券停止了印刷发行。为了不让群众吃亏，抗日政府决定，把投放到市场上的"文水地方金融流通券"全部收回。至此，大部分流通券得到回收。"文水地方金融流通券"在发行流通了短短一年多的时间后也完成了它的使命。这也是共产党领导下的抗日政府在文水县境内唯一发行的一次钱币，比较珍贵（见图146—148）。

  据查证，一个县的地方纸币单独编辑成册这在全国还是第一次。在本图册的编辑过程，我翻阅了大量的历史文献资料，并借鉴了一些专家、学者的观点，力求做到系统、全面。本图册第一次将地方纸币的编辑与地方行政区划相结合。并将地方行政区划的历史演变反映了出来。由于没有什么经验可鉴，用来参考的有关文水县民国纸币发行的历史资料稀缺，加上本人的收藏也非常有限，致使本图册在编撰方面不可避免地存在遗漏、短缺。也许有些数据、背景资料以及一些观点存在错误，所以，不妥之处还请藏家、金融界的专家们多多指教。即便如此，经过沧桑岁月的洗礼，随着时间的流逝，能够完好地流传保存下来的纸币实物已是凤毛麟角，实属不易。在我的藏品中，有些纸币的品相良莠不齐，不尽如人意，虽然已经非常的破旧，甚至"残"不忍睹，但是为了客观反映历史，还原历史，作为一个历史的见证，我还是收藏了它。文水县民国纸币虽然早以退出了流通领域和历史舞台，但作为在我国半殖民地半封建社会中长期活跃于货币流通领域的独特货币形态，其在历史上发挥的作用值得现代金融经济研究者及钱币收藏者深入地研究探讨。虽然本图册录入的文水民国纸币已达七百多个品种，但也不可能穷尽所有，有些珍稀纸币难以寻觅，还有待于今后不断地充实。

赵立平

二〇一一年五月

第一部分

山西省银行发行在文水县流通且加盖"文水"字样的纸币

山西省银行筹建于民国七年（1918），民国八年（1919）八月一日正式成立开始营业。首任总经理为祁县人、原大德恒票号经理阎维藩，协理是齐梦彪。但阎维藩上任不到一年就离去，由阎锡山的叔丈人徐一清继任。省银行的性质，按其章程规定为"股份有限公司"。预计总资本300万元，开业时实收117万元。股本来源：一是接受官钱局的财产；二是用军政府"劝募"的借款转为省银行股金；三是省政府的拨款。1930年（民国十九年），山西省银行发行晋钞达7500万元。发行的晋钞面值有壹角、贰角、壹圆三种，并加盖不同县名。从现有发现的纸币看，只有民国十九年发行的晋钞上加盖有"文水"地名。

编　　　号：001
票　　　面：山西省银行
面　　　额：壹角
票面地名：加盖"文水"
票面年份：民国十九年（1930年）
图　　　案：楼阁
背　　　面：英文红签、盖"wenshui"
印　　　刷：北平印刷局
图　　　色：黑色
规　　　格：10.6×6cm
稀缺度：★★★

编　　　号：002
票　　　面：山西省银行
面　　　额：贰角
票面地名：加盖"文水"
票面年份：民国十九年（1930年）
图　　　案：村景
背　　　面：英文黑签、盖"wenshui"
印　　　刷：北平印刷局
图　　　色：绿色
规　　　格：11.2×6.4cm
稀缺度：★★★

编　　　号：	003	背　　　面：	英文黑签、盖"wenshui"
票　　　面：	山西省银行	印　　　刷：	北平印刷局
面　　　额：	壹圆	图　　　色：	棕色
票面地名：	加盖"文水"	规　　　格：	14.6×7.2cm
票面年份：	民国十九年（1930年）	稀缺度：	★★★
图　　　案：	山水		

第二部分

文水县政权发行的纸币

一、文水县银号兑换券

文水县银号是民国二十三年八月（1934年8月）成立，其资本额是31350元，到民国二十四年（1935年）共发行兑换券45519元。民国二十三年（1934年）发行了壹角、贰角、壹圆纸币，民国二十四年（1935年）发行了壹角、贰角纸币。

编　　　号：004
票　　　面：文水县银号兑换券
面　　　额：壹角
票面年份：民国二十三年（1934年）
图　　　案：牌楼
背　　　面：加盖"文水县银号"长条章
印　　　刷：西北印刷厂
图　　　色：橘黄色
规　　　格：9.8×5.6cm
稀　缺　度：★★★

编　　　号：005
票　　　面：文水县银号兑换券
面　　　额：贰角
票面年份：民国二十三年（1934年）
图　　　案：亭阁
背　　　面：加盖"文水县银号"长条章
印　　　刷：西北印刷厂
图　　　色：绿色
规　　　格：10.3×6cm
稀缺度：★★★

编　　　号：006
票　　　面：文水县银号兑换券
面　　　额：壹圆
票面年份：民国二十三年（1934年）
图　　　案：园林
印　　　刷：西北印刷厂
图　　　色：红色

背　　　面：加盖"文水县银号"长条章，另加盖"文水县银号图记"章、一枚椭圆章
规　　　格：13.8×7.4cm
稀缺度：★★★★

编　　号：007
票　　面：文水县银号兑换券
面　　额：壹角
票面年份：民国二十四年（1935年）
图　　案：双塔
背　　面：加盖"文水县银号"长条章
印　　刷：西北印刷厂
图　　色：棕色
规　　格：9.4×5.4cm
稀 缺 度：★★★

编　　　号：008
票　　　面：文水县银号兑换券
面　　　额：贰角
票面年份：民国二十四年（1935年）
图　　　案：亭阁
背　　　面：加盖"文水县银号"长条章
印　　　刷：西北印刷厂
图　　　色：紫色
规　　　格：9.4×5.4cm
稀　缺　度：★★★

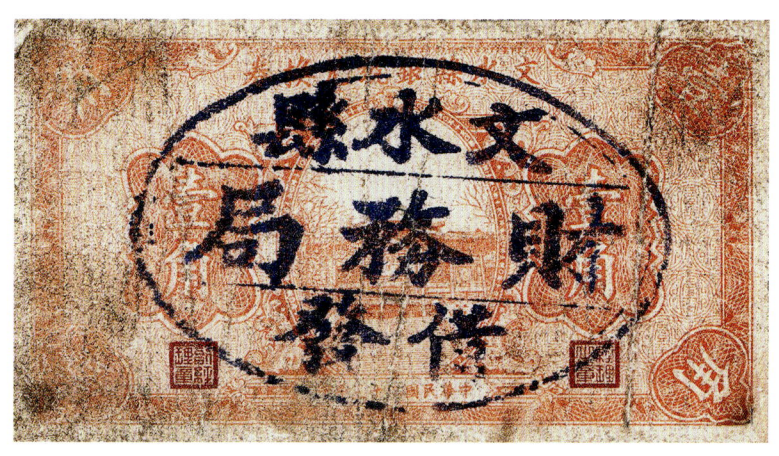

编　　　号：009
票　　　面：文水县银号兑换券
面　　　额：壹角
票　　　面：加盖"文水县财务局借发"
票面年份：民国二十三年（1934年）
图　　　案：牌楼
印　　　刷：西北印刷厂
图　　　色：橘黄色
规　　　格：9.8×5.6cm
稀 缺 度：★★★★
　　　注：此券为文水县财务局借发

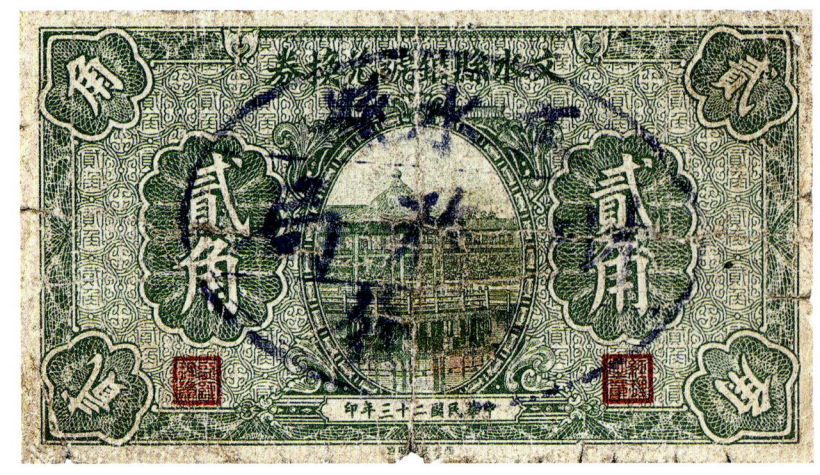

编　　　号：010
票　　　面：文水县银号兑换券
面　　　额：贰角
票　　　面：加盖"文水县财务局借发"
票面年份：民国二十三年（1934年）
图　　　案：亭阁
印　　　刷：西北印刷厂
图　　　色：绿色
规　　　格：10.3×6cm
稀　缺　度：★★★★
　　　　注：此券为文水县财务局借发

编　　号：011	背　　面：加盖"文水县银号"长条章；另加盖"文水县银号图记"章、一枚椭圆章
票　　面：文水县银号兑换券	
面　　额：壹圆	
票　　面：加盖"文水县财务局借发"	
票面年份：民国二十三年（1934年）	规　　格：13.8×7.4cm
印　　刷：西北印刷厂	稀缺度：★★★★
图　　案：园林	注：此券为文水县财务局借发
图　　色：红色	

编　　　号： 012
票　　　面： 文水县银号兑换券
面　　　额： 壹角
票　　　面： 加盖"文水县财务局借发"
票面年份： 民国二十四年（1935年）
图　　　案： 双塔
印　　　刷： 西北印刷厂
图　　　色： 棕色
规　　　格： 9.4×5.4cm
稀 缺 度： ★★★★
　　　　　　注：此券为文水县财务局借发

编　　号：013
票　　面：文水县银号兑换券
面　　额：贰角
票　　面：加盖"文水县财务局借发"
票面年份：民国二十四年（1935年）
图　　案：亭阁
印　　刷：西北印刷厂
图　　色：紫色
规　　格：9.4×5.4cm
稀 缺 度：★★★★
　　　注：此券为文水县财务局借发

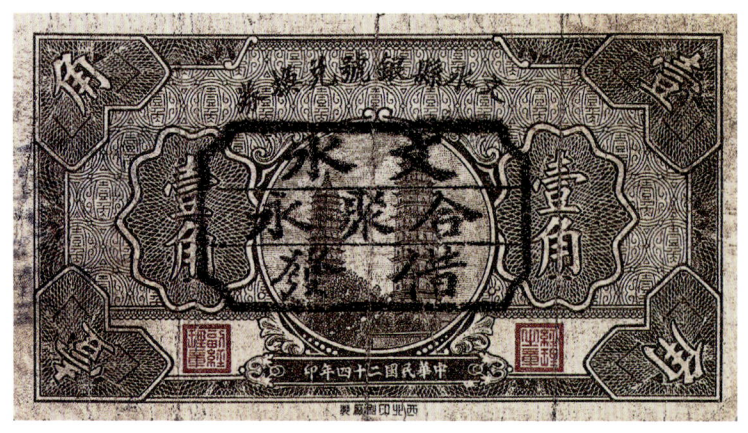

编　　号：014
票　　面：文水县银号兑换券
面　　额：壹角
票　　面：加盖"文水合聚永借发"
票面年份：民国二十四年（1935年）
图　　案：双塔
背　　面：加盖一枚椭圆章、一枚图像章
印　　刷：西北印刷厂
图　　色：棕色
规　　格：9.4×5.4cm
稀 缺 度：★★★★★
　　　注：合聚永钱庄，是当时文水县五大钱庄、银号之一。是与山西平遥县日升昌银号同一个时代的银号。其实力在文水县堪称第一。此券为文水合聚永借发。

编　　号：015		背　　面：	加盖"文水县银号"长条章；另加盖"文水县银号图记"章、一枚椭圆章、一枚图像章
票　　面：文水县银号兑换券			
面　　额：壹圆			
票　　面：加盖"文水合聚永借发"			
票面年份：民国二十三年（1934年）		规　　格：13.8×7.4cm	
图　　案：园林		稀缺度：★★★★★	
印　　刷：西北印刷厂		注：此券为文水合聚永借发。	
图　　色：红色			

二、财政局维持金融券

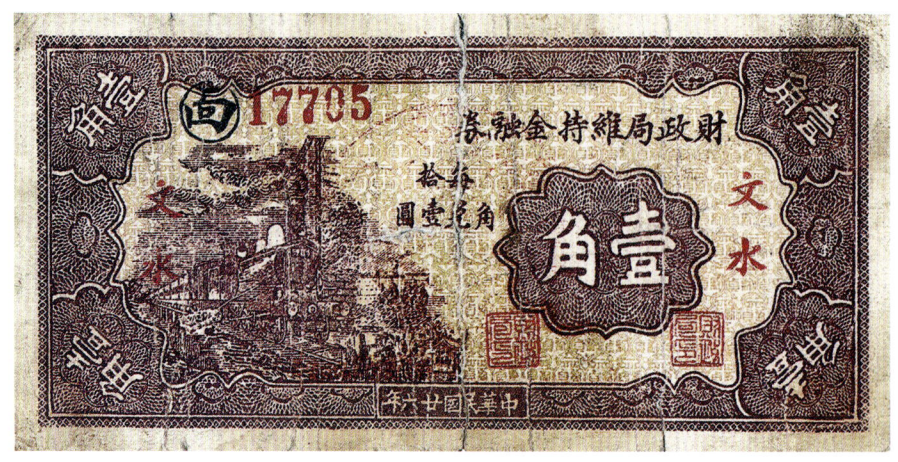

编　　号：016
票　　面：财政局维持金融券
面　　额：壹角
票面地名：加盖"文水""面"
票面年份：民国二十六年（1937年）
图　　案：火车
背　　面：加盖"文水财政局图记"章
图　　色：棕色
规　　格：11.4×5.8cm
稀缺度：★★★

编　　号：017
票　　面：财政局维持金融券
面　　额：贰角
票面地名：加盖"文水""通"
票面年份：民国二十六年（1937年）
图　　案：火车
背　　面：加盖"文水财政局图记"章
图　　色：蓝色
规　　格：11×5.6cm
稀 缺 度：★★★

编　　　号：018
票　　　面：财政局维持金融券
面　　　额：壹圆
票面地名：加盖"文水""古""惟""市""币""互""上"
票面年份：民国二十六年（1937年）
图　　　案：火车
背　　　面：英文红签、加盖"文水财政局图记"章
图　　　色：紫色
规　　　格：15.3×6.9cm
稀　缺　度：★★★

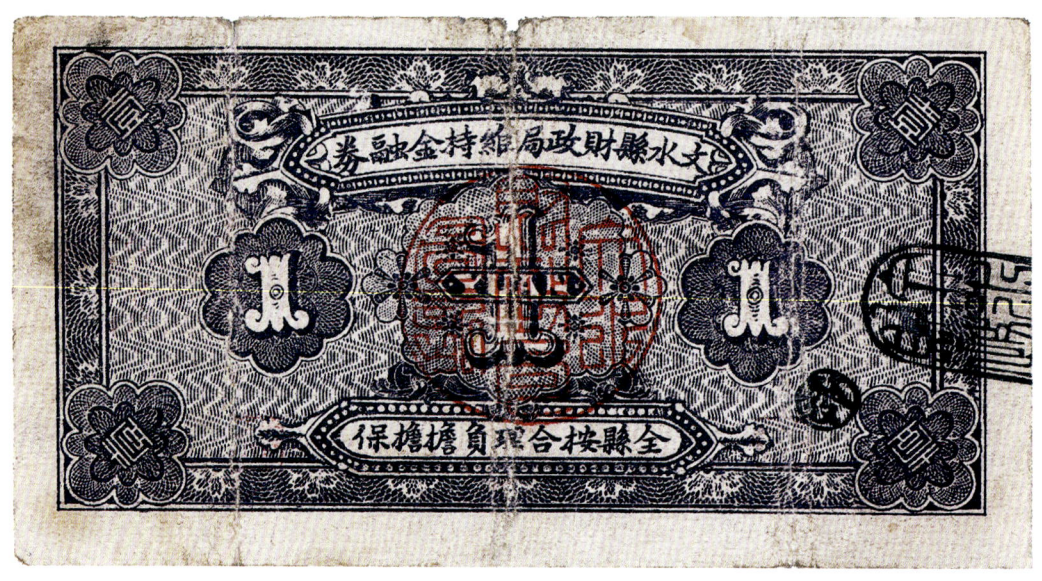

编　　　号：019
票　　　面：财政局维持金融券
面　　　额：壹圆
票面地名：加盖"文水县""金""融""持"
票面年份：民国二十六年（1937年）
图　　　案：洋楼
背　　　面：加盖"文水财政局图记"章、一枚椭圆章
图　　　色：棕色
规　　　格：13.3×7.3cm
稀 缺 度：★★★
　　　注：其中一枚为民国二十七年加盖二十六年

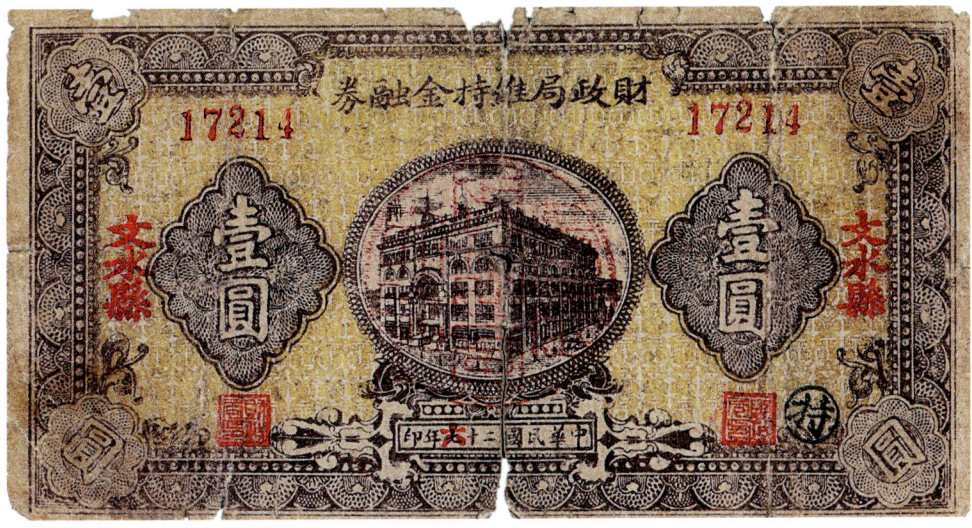

三、文水县农村经济维持会

编　　号：020
票　　面：文水县农村经济维持会
面　　额：壹角
票面年份：民国二十一年十一月（1932年11月）
图　　案：桥梁、火车
印　　刷：太原文华胶板印
图　　色：棕色
规　　格：10.1×5.8cm
稀　缺　度：★★★

编　　号：021
票　　面：文水县农村经济维持会
面　　额：贰角
票面年份：民国二十一年（1932年）
图　　案：亭阁
印　　刷：太原成文斋印
图　　色：绿色
规　　格：11.4×6.3cm
稀 缺 度：★★

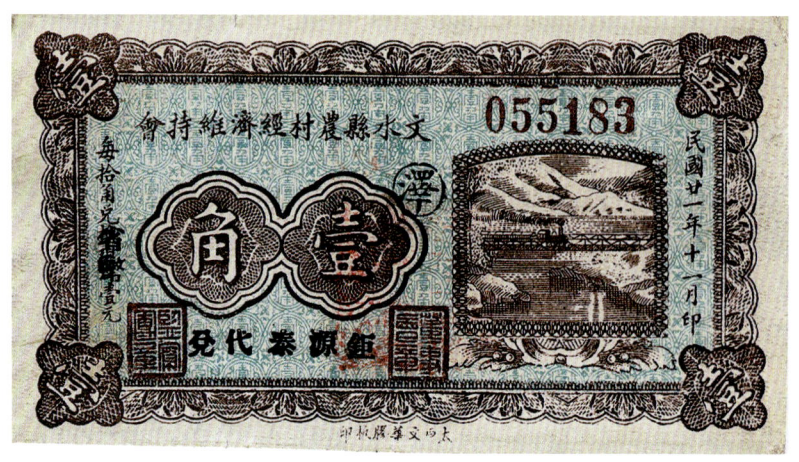

编　　号：022
票　　面：文水县农村经济维持会
面　　额：壹角
票　　面：加盖"钜源泰代兑"；盖"泽"
票面年份：民国二十一年十一月
　　　　　（1932年11月）
图　　案：桥梁火车
背　　面：加盖"钜源泰记"章
印　　刷：太原文华胶板印
图　　色：棕色
规　　格：10.1×5.8cm
稀　缺　度：★★★★

注：民国七年（1918年）山西省银行在文水的寄庄——钜源泰钱庄创立于文水县城内南大街。钜源泰钱庄，是当时文水县钱庄、五大银号之一。其总资本达数万元，名震周围各县。东家武福贵是文水金融票号中举足轻重的第一号人物。此券为钜源泰代兑。

编　　号：023
票　　面：文水县农村经济维持会
面　　额：贰角
票　　面：加盖"钜源泰代兑"；盖"润"
票面年份：民国二十一年（1932年）
图　　案：亭阁
背　　面：加盖"钜源泰记"章
印　　刷：太原成文斋印
图　　色：绿色
规　　格：11.4×6.3cm
稀缺度：★★★★
注：此券由钜源泰代兑。

编　　号：024
票　　面：文水县农村经济维持会
面　　额：壹圆
票　　面：加盖"钜源泰代兑"；盖"得"
票面年份：民国二十一年（1932年）
图　　案：楼亭
背　　面：英文黑签、加盖"钜源泰记"章
图　　色：绿色
规　　格：12.3×6.7cm
稀缺度：★★★★
　　注：此券由钜源泰代兑。

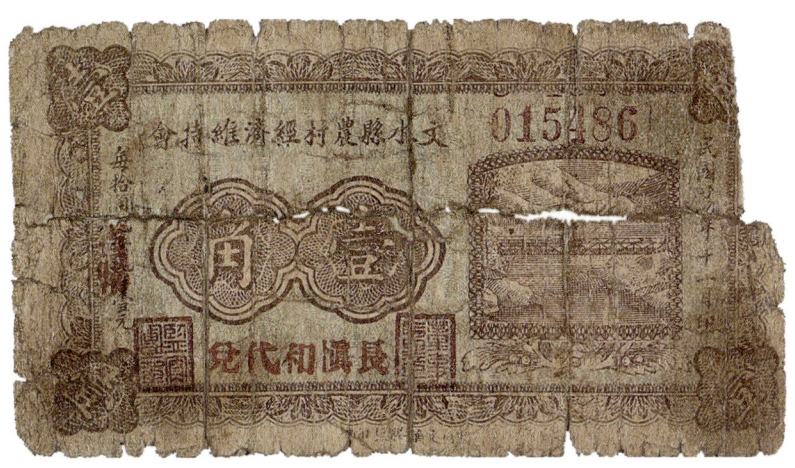

编　　　号：025
票　　　面：文水县农村经济维持会
面　　　额：壹角
票　　　面：加盖"长慎和代兑"
票面年份：民国二十一年十一月（1932年11月）
图　　　案：桥梁、火车
印　　　刷：太原文华膠板印
图　　　色：棕色
规　　　格：10.1×5.8cm
稀 缺 度：★★★★
　　　注：长慎和钱庄，是当时文水县五大钱庄、
　　　　　银号之一。此券由长慎和代兑。

编　　　号：026
票　　　面：文水县农村经济维持会
面　　　额：伍角
票面地名：加盖"长慎和代兑"
票面年份：民国二十一年十一月（1932年11月）
图　　　案：洋楼
背　　　面：加盖"长慎和银号"章
印　　　刷：太原文华胶板印
图　　　色：绿色
规　　　格：11.3×6.2cm
稀　缺　度：★★★★
　　　注：此券由长慎和代兑

编　　　号：027
票　　　面：文水县农村经济维持会
面　　　额：壹圆
票　　　面：加盖"长慎和代兑"
票面年份：民国二十一年十一月（1932年11月）
图　　　案：楼亭
背　　　面：英文黑签、加盖"长慎和银号"章
图　　　色：绿色
规　　　格：12.3×6.7cm
稀　缺　度：★★★★
　　　　注：此券由长慎和代兑

编　　　号：028
票　　　面：文水县农村经济维持会
面　　　额：壹角
票　　　面：加盖"兴华银号"、"晋"
票面年份：民国二十一年十一月（1932年11月）
图　　　案：桥梁、火车
背　　　面：英文黑签、加盖椭圆章
印　　　刷：太原文华胶板印
图　　　色：棕色
规　　　格：10.1×5.8cm
稀　缺　度：★★★★
注：兴华银号是当时文水县五大钱庄、银号之一。此券由兴华银号代兑

编　　号：029
票　　面：文水县农村经济维持会
面　　额：伍角
票　　面：加盖"兴华银号"、"通"
票面年份：民国二十一年十一月（1932年11月）
图　　案：洋楼
背　　面：英文黑签
印　　刷：太原文华膠板印
图　　色：绿色
规　　格：11.3×6.2cm
稀缺度：★★★★
　　注：此券由兴华银号代兑

编　　　号：030
票　　　面：文水县农村经济维持会
面　　　额：壹圆
票　　　面：加盖"兴华银号"、"财"
票面年份：民国二十一年（1932年）
图　　　案：楼亭
背　　　面：英文黑签、加盖"兴华银号"章
图　　　色：绿色
规　　　格：12.3×6.7cm
稀　缺　度：★★★★
　　　注：此券由兴华银号代兑

编　　　号：031
票　　　面：文水县农村经济维持会
面　　　额：壹角
票　　　面：加盖"农工银行"
票面年份：民国二十一年十一月（1932年11月）
图　　　案：洋楼
背　　　面：加盖两枚椭圆章
图　　　色：棕色
规　　　格：10.4×5.4cm
稀　缺　度：★★★
　　　　注：此由为农工银行代兑

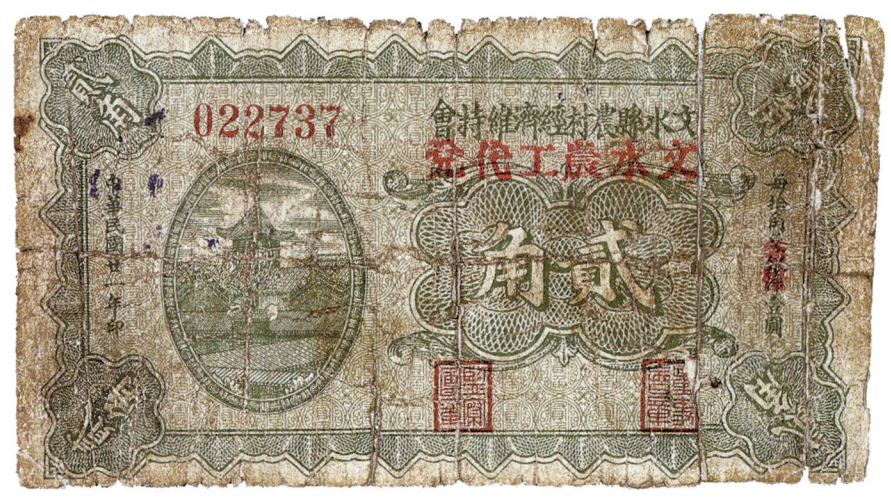

编　　　号：032
票　　　面：文水县农村经济维持会
面　　　额：贰角
票面地名：加盖"文水农工代兑"
票面年份：民国二十一年（1932年）
图　　　案：亭阁
印　　　刷：太原成文斋印
图　　　色：绿色
规　　　格：11.4×6.3cm
稀　缺　度：★★★
　　　　注：此券由农工银行代兑

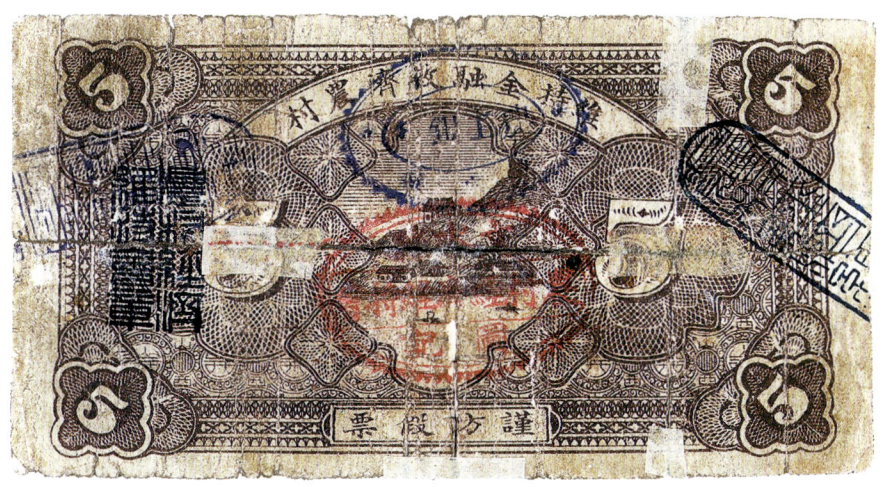

编　　号：033
票　　面：文水县农村经济维持会
面　　额：伍角
票　　面：加盖"文水农工代兑"
票面年份：民国二十一年十一月（1932年11月）
图　　案：洋楼
背　　面：加盖"农村经济维持会"章
印　　刷：太原文华膠板印
图　　色：绿色
规　　格：11.3×6.2cm
稀 缺 度：★★★★
　　　　　注：此券由农工银行代兑

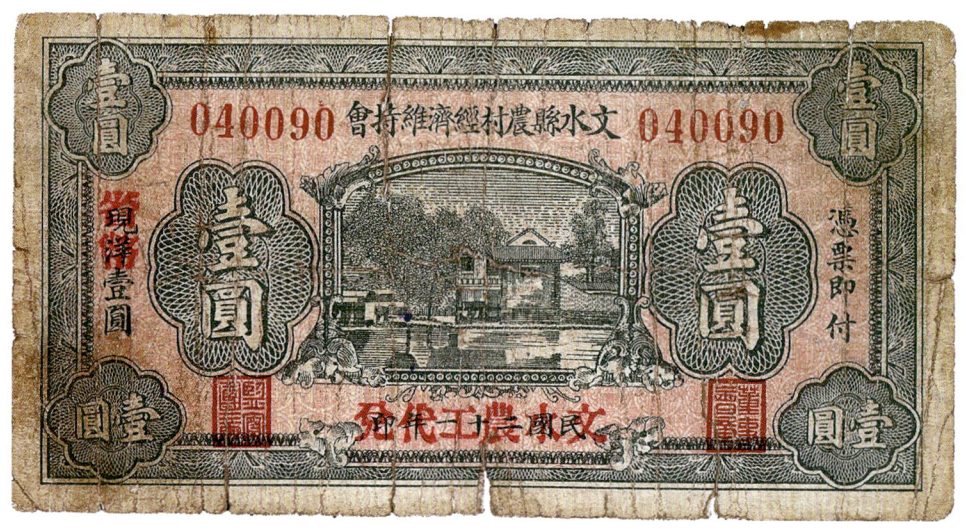

编　　号：034
票　　面：文水县农村经济维持会
面　　额：壹圆
票　　面：加盖"文水农工代兑"
票面年份：民国二十一年（1932年）
图　　案：楼亭
背　　面：英文黑签、加盖"农村经济维持会"章
图　　色：绿色
规　　格：12.3×6.7㎝
稀缺度：★★★★
　　　　注：此券由农工银行代兑

编　　号：035
票　　面：文水县农村经济维持会
面　　额：壹角
票　　面：加盖"兴泰花栈兑"、"丁"
票面年份：民国二十一年十一月（1932年11月）
图　　案：桥梁、火车
背　　面：加盖椭圆章
印　　刷：太原文华胶板印
图　　色：棕色
规　　格：10.1×5.8cm
稀 缺 度：★★★
　　　　注：此券由兴泰花栈兑

编　　　号：036
票　　　面：文水县农村经济维持会
面　　　额：壹角
票　　　面：加盖"信源永代兑"
票面年份：民国二十一年十一月（1932年11月）
图　　　案：桥梁、火车
背　　　面：加盖"信源永"章
印　　　刷：太原文华膠板印
图　　　色：棕色
规　　　格：10.1×5.8cm
稀　缺　度：★★★
　　　　注：此券由信源永代兑

编　　　号：037
票　　　面：文水县农村经济维持会
面　　　额：贰角
票　　　面：加盖"瑞和银号代兑"、"和"
票面年份：民国二十一年（1932年）
图　　　案：亭阁
印　　　刷：太原成文斋印
图　　　色：绿色
规　　　格：11.4×6.3cm
稀 缺 度：★★★
　　　注：此券由瑞和银号代兑

编　　　号：038
票　　　面：文水县农村经济维持会
面　　　额：贰角
票　　　面：加盖"德和公"、"壬"
票面年份：民国二十一年（1932年）
图　　　案：亭阁
背　　　面：加盖"农村经济维持会"章
印　　　刷：太原成文斋印
图　　　色：绿色
规　　　格：11.4×6.3cm
稀　缺　度：★★★
　　　　注：此券由德和公代兑

编　　　号：039
票　　　面：文水县农村经济维持会
面　　　额：伍角
票　　　面：加盖"保兴号代兑"、"礼"
票面年份：民国二十一年十一月（1932年11月）
图　　　案：洋楼
背　　　面：加盖"保兴号记"章、图像章
印　　　刷：太原文华胶板印
图　　　色：绿色
规　　　格：11.3×6.2cm
稀　缺　度：★★★
　　　　注：此券由保兴号记代兑

编　　号：040
票　　面：文水县农村经济维持会
面　　额：伍角
票　　面：加盖"乾一钰代兑"
票面年份：民国二十一年十一月（1932年11月）
图　　案：洋楼
背　　面：加盖"农村经济维持会"章
印　　刷：太原文华胶板印
图　　色：绿色
规　　格：11.3×6.2cm
稀　缺　度：★★★
　　　注：此券由乾一钰代兑

四、文水农工银行

　　文水县是全省设立农工银行较早的县城之一，文水农工银行于民国十二年(1923年)在县城南街成立，资本金为51500元。民国二十三年(1934年)时，文水农工银行的放款金额为64368元，存款金额为27163元，其特点是资本金额较大，放款的周期较长。该银行除了进行存款放款外，也发行过流通券，其它业务则和钱庄银号相同。

编　　　号：041
票　　　面：文水农工银行
面　　　额：铜元拾枚
票面地名：加盖"石侯"
图　　　案：面额
图　　　色：棕色
规　　　格：10.8×6.2cm
稀缺度：★★★
　　注：此券由文水农工银行石侯分号发行

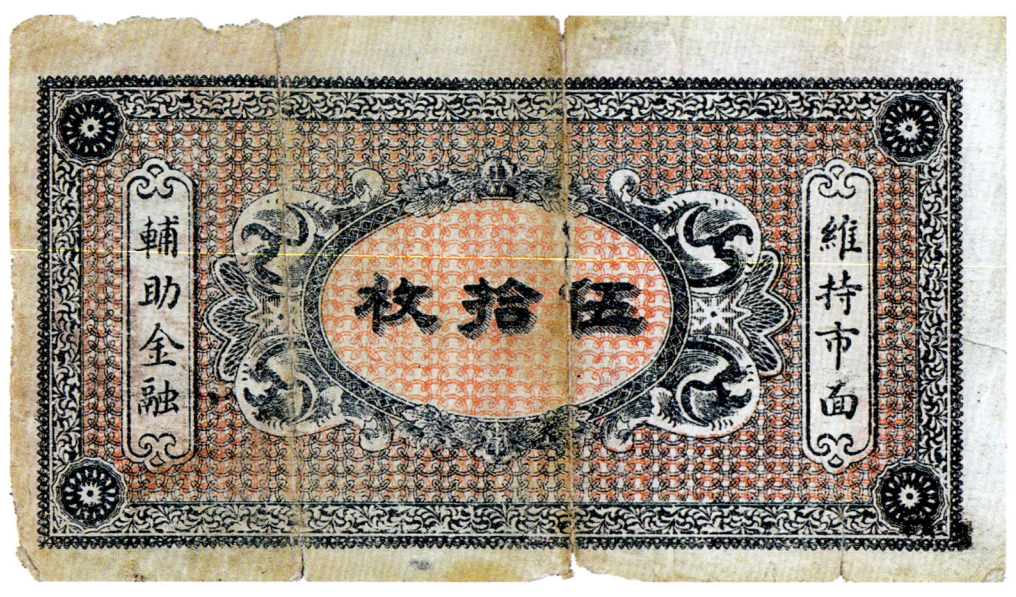

编　　　号：042
票　　　面：文水农工银行
面　　　额：铜元伍拾枚
票面地名：加盖"石侯"
图　　　案：面额
图　　　色：蓝色
规　　　格：13×7.5cm
稀　缺　度：★★★★
注：此券由文水农工银行石侯分号发行

编　　号：043
票　　面：文水农工银行
面　　额：壹圆
票　　面：加盖"寅发"
票面年份：民国十三年（1924年）
图　　案：火车
图　　色：绿色
规　　格：12.4×7.2cm
稀缺度：★★★

编　　号：044
票　　面：文水农工银行
面　　额：壹圆
票面地名：加盖"长"
票面年份：民国二十七年（1938年）
图　　案：火车
图　　色：绿色
规　　格：12.4×7.2cm
稀缺度：★★★

五、文水县信用合作社

民国二十四年（1935年），文水县总信用合作社成立，发行变相货币"信用合作券"。各个村相继发行了信用合作券。村信用合作社合作券，是以村土地为担保，变不动产为动产，每亩可发行合作券壹元，老百姓所有交易都使用之。券面额定为：伍分、壹角、贰角、伍角四种。发行后，强制民众所有一切交易借贷，一律通用。无论何人不得拒绝收受，违者由村处罚。

民国时期文水县行政区划设为四个区，第一区设在城内；第二区设在下曲镇；第三区设在南庄镇；第四区设在开栅镇。

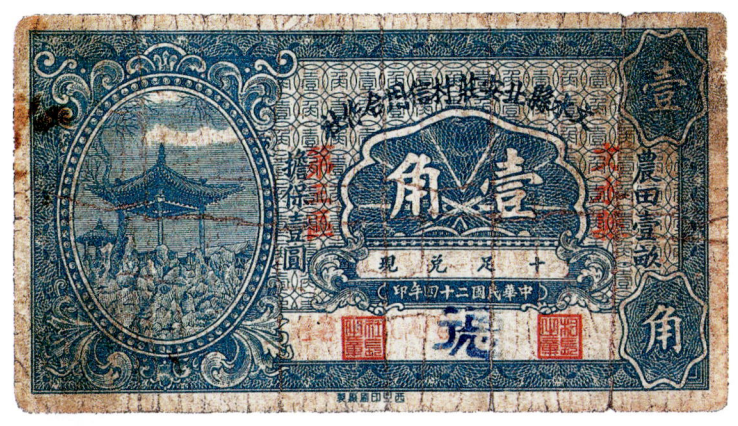

编　　号：045
票　　面：文水县北安庄村信用合作社
面　　额：壹角
票面地名：加盖"文水县第三区"
票面年份：民国二十四年（1935年）
图　　案：亭阁
印　　刷：西北印刷厂
图　　色：蓝色
规　　格：9.3×5.3cm
稀缺度：★★★

编　　　号：046
票　　　面：文水县北安庄村信用合作社
面　　　额：贰角
票面地名：加盖"文水县第三区"
票面年份：民国二十四年（1935年）
图　　　案：亭阁
印　　　刷：西北印刷厂
图　　　色：绿色
规　　　格：9.3×5.3cm
稀　缺　度：★★★

编　　　号：047
票　　　面：文水县北胡家堡村信用合作社
面　　　额：伍分
票面地名：加盖"文水县第三区"
票面年份：民国二十四年（1935年）
图　　　案：亭阁
印　　　刷：西北印刷厂
图　　　色：棕色
规　　　格：9.3×5.3cm
稀缺度：★★★

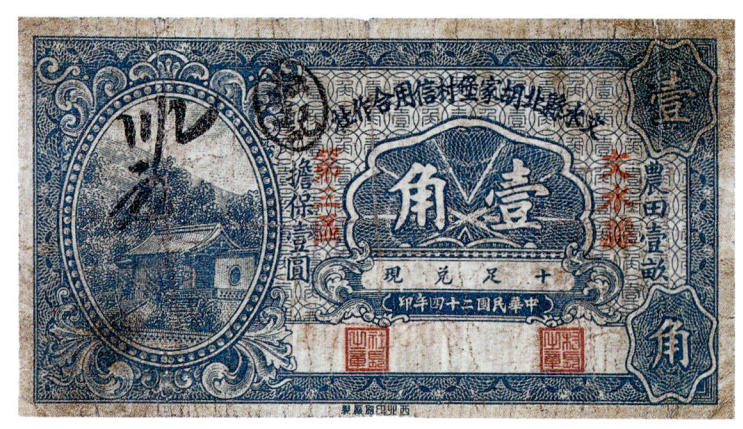

编　　　号：048
票　　　面：文水县北胡家堡村信用合作社
面　　　额：壹角
票面地名：加盖"文水县第三区"
票面年份：民国二十四年（1935年）
图　　　案：亭阁
印　　　刷：西北印刷厂
图　　　色：蓝色
规　　　格：9.3×5.3cm
稀　缺　度：★★★

编　　　号：049
票　　　面：文水县北胡家堡村信用合作社
面　　　额：贰角
票面地名：加盖"文水县第三区"
票面年份：民国二十四年（1935年）
图　　　案：亭阁
印　　　刷：西北印刷厂
图　　　色：绿色
规　　　格：9.3×5.3cm
稀　缺　度：★★★

编　　号：050
票　　面：文水县北胡家堡村信用合作社
面　　额：伍角
票面地名：加盖"文水县第三区"
票面年份：民国二十四年（1935年）
图　　案：亭阁
印　　刷：西北印刷厂
图　　色：红色
规　　格：10.2×5.7cm
稀缺度：★★★★

编　　　号：051
票　　　面：文水县堡子村信用合作社
面　　　额：伍分
票面地名：加盖"文水县第一区"
票面年份：民国二十四年（1935年）
图　　　案：亭阁
印　　　刷：西北印刷厂
图　　　色：棕色
规　　　格：9.3×5.3cm
稀　缺　度：★★★

编　　　号：052
票　　　面：文水县堡子村信用合作社
面　　　额：壹角
票面地名：加盖"文水县第一区"
票面年份：民国二十四年（1935年）
图　　　案：亭阁
印　　　刷：西北印刷厂
图　　　色：蓝色
规　　　格：9.3×5.3cm
稀　缺　度：★★★

编　　　号：053
票　　　面：文水县堡子村信用合作社
面　　　额：贰角
票面地名：加盖"文水县第一区"
票面年份：民国二十四年（1935年）
图　　　案：亭阁
印　　　刷：西北印刷厂
图　　　色：绿色
规　　　格：9.3×5.3cm
稀 缺 度：★★★

编　　　号：054
票　　　面：文水县东宜亭村信用合作社
面　　　额：伍分
票面地名：加盖"文水县第一区"
票面年份：民国二十四年（1935年）
图　　　案：古楼
背　　　面：加盖"文水东宜亭村信用合作社"章
印　　　刷：西北印刷厂
图　　　色：棕色
规　　　格：9.3×5.3cm
稀　缺　度：★★★

编　　　号：055
票　　　面：文水县东宜亭村信用合作社
面　　　额：壹角
票面地名：加盖"文水县第一区"
票面年份：民国二十四年（1935年）
图　　　案：古楼
背　　　面：加盖"文水东宜亭村信用合作社"章
印　　　刷：西北印刷厂
图　　　色：蓝色
规　　　格：9.3×5.3cm
稀 缺 度：★★★

编　　　号：056
票　　　面：文水县东宜亭村信用合作社
面　　　额：贰角
票面地名：加盖"文水县第一区"
票面年份：民国二十四年（1935年）
图　　　案：古楼
背　　　面：加盖"文水东宜亭村信用合作社"章
印　　　刷：西北印刷厂
图　　　色：绿色
规　　　格：9.3×5.3cm
稀 缺 度：★★★

编　　　号：057
票　　　面：文水县乐村信用合作社
面　　　额：伍分
票面地名：加盖"文水县第一区"
票面年份：民国二十四年（1935年）
图　　　案：塔
印　　　刷：西北印刷厂
图　　　色：棕色
规　　　格：9.3×5.3cm
稀 缺 度：★★★

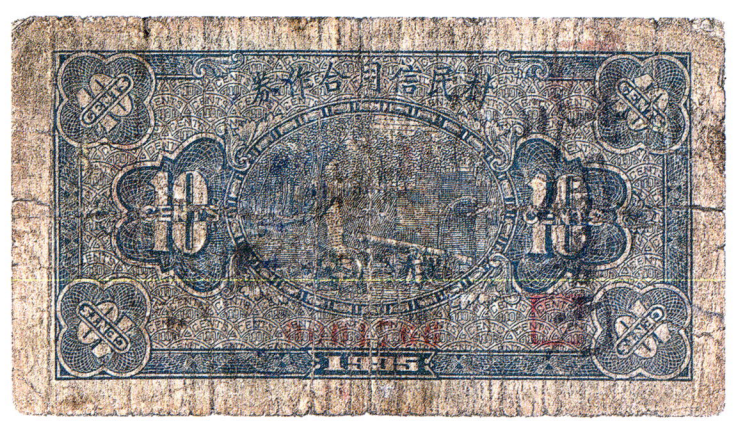

编　　　号：058
票　　　面：文水县乐村信用合作社
面　　　额：壹角
票面地名：加盖"文水县第一区"
票面年份：民国二十四年（1935年）
图　　　案：塔
印　　　刷：西北印刷厂
图　　　色：蓝色
规　　　格：9.3×5.3cm
稀　缺　度：★★★

编　　　号：059
票　　　面：文水县乐村信用合作社
面　　　额：贰角
票面地名：加盖"文水县第一区"
票面年份：民国二十四年（1935年）
图　　　案：塔
印　　　刷：西北印刷厂
图　　　色：绿色
规　　　格：9.3×5.3cm
稀　缺　度：★★★

编　　　号：060
票　　　面：文水县韩村信用合作社
面　　　额：伍分
票面地名：加盖"文水县第一区"
票面年份：民国二十四年（1935年）
图　　　案：牌楼
印　　　刷：西北印刷厂
图　　　色：棕色
规　　　格：9.3×5.3cm
稀　缺　度：★★★

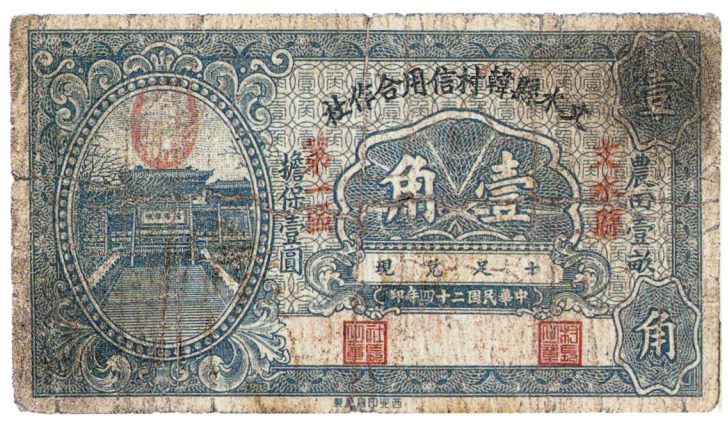

编　　　号：061
票　　　面：文水县韩村信用合作社
面　　　额：壹角
票面地名：加盖"文水县第一区"
票面年份：民国二十四年（1935年）
图　　　案：牌楼
印　　　刷：西北印刷厂
图　　　色：蓝色
规　　　格：9.3×5.3cm
稀　缺　度：★★★

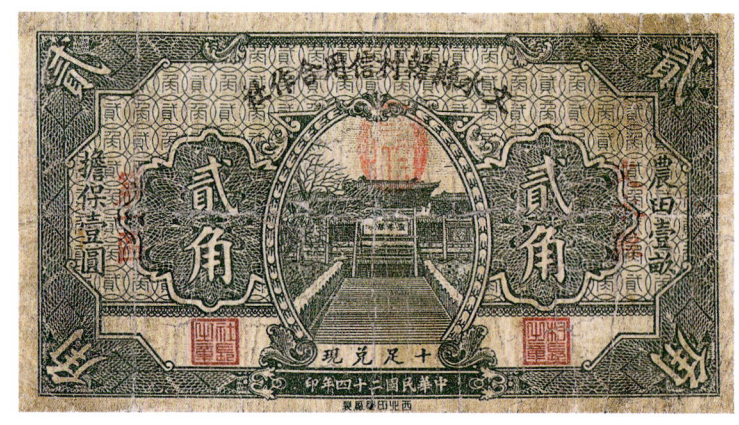

编　　　号：062
票　　　面：文水县韩村信用合作社
面　　　额：贰角
票面地名：加盖"文水县第一区"
票面年份：民国二十四年（1935年）
图　　　案：牌楼
印　　　刷：西北印刷厂
图　　　色：绿色
规　　　格：9.3×5.3cm
稀 缺 度：★★★

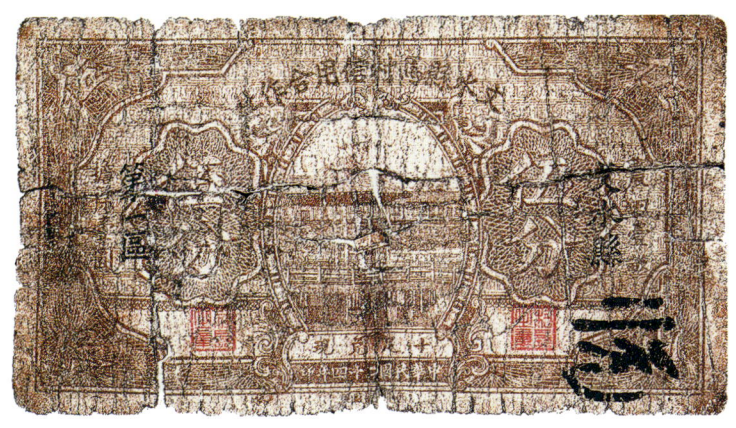

编　　号：063
票　　面：文水县马村信用合作社
面　　额：伍分
票面地名：加盖"文水县第一区"
票面年份：民国二十四年（1935年）
图　　案：亭阁
印　　刷：西北印刷厂
图　　色：棕色
规　　格：9.3×5.3cm
稀 缺 度：★★★

编　　　号：064
票　　　面：文水县马村信用合作社
面　　　额：壹角
票面地名：加盖"文水县第一区"
票面年份：民国二十四年（1935年）
图　　　案：亭阁
印　　　刷：西北印刷厂
图　　　色：蓝色
规　　　格：9.3×5.3cm
稀　缺　度：★★★

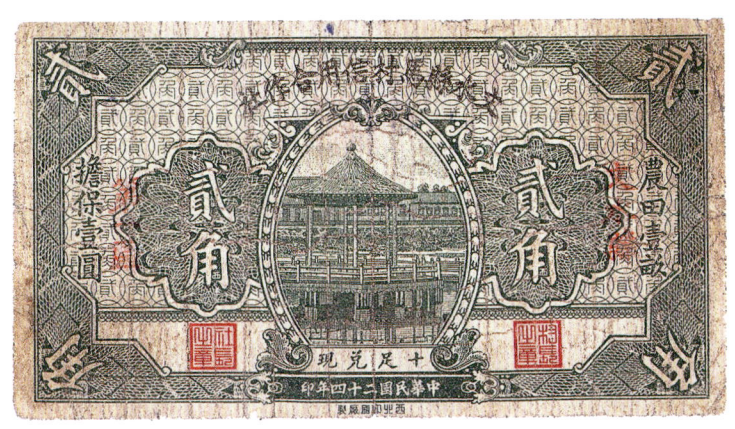

编　　　号：065
票　　　面：文水县马村信用合作社
面　　　额：贰角
票面地名：加盖"文水县第一区"
票面年份：民国二十四年（1935年）
图　　　案：亭阁
印　　　刷：西北印刷厂
图　　　色：绿色
规　　　格：9.3×5.3cm
稀　缺　度：★★★

编　　　号：066
票　　　面：文水县马村信用合作社
面　　　额：伍角
票面地名：加盖"文水县第一区"
票面年份：民国二十四年（1935年）
图　　　案：双塔
印　　　刷：西北印刷厂
图　　　色：红色
规　　　格：10.2×5.7cm
稀　缺　度：★★★★

编　　　号：067
票　　　面：文水县马东村信用合作社
面　　　额：伍分
票面地名：加盖"文水县第一区"
票面年份：民国二十四年（1935年）
图　　　案：塔
印　　　刷：西北印刷厂
图　　　色：棕色
规　　　格：9.3×5.3cm
稀 缺 度：★★★

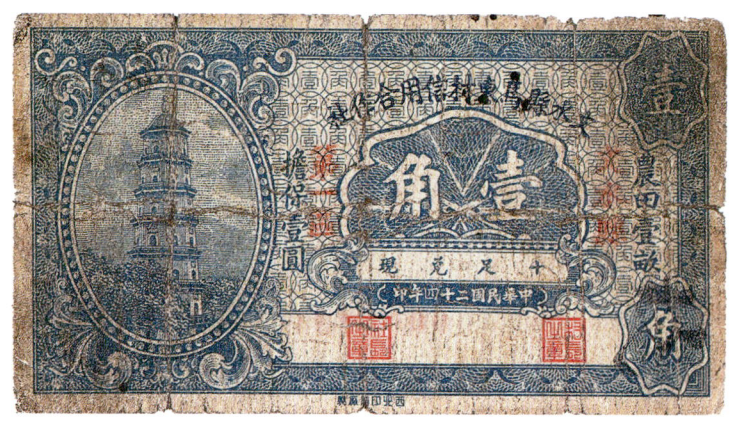

编 号：068
票 面：文水县马东村信用合作社
面 额：壹角
票面地名：加盖"文水县第一区"
票面年份：民国二十四年（1935年）
图 案：塔
印 刷：西北印刷厂
图 色：蓝色
规 格：9.3×5.3cm
稀 缺 度：★★★

编　　　号：069
票　　　面：文水县南庄镇村信用合作社
面　　　额：伍分
票面地名：加盖"文水县第三区"
票面年份：民国二十四年（1935年）
图　　　案：园林
印　　　刷：西北印刷厂
图　　　色：棕色
规　　　格：9.3×5.3cm
稀 缺 度：★★★

编　　　号：070
票　　　面：文水县南庄镇村信用合作社
面　　　额：壹角
票面地名：加盖"样本"
票面年份：民国二十四年（1935年）
图　　　案：塔
印　　　刷：西北印刷厂
图　　　色：蓝色
规　　　格：9.3×5.3cm
稀 缺 度：★★★

编　　　号：071
票　　　面：文水县南庄镇村信用合作社
面　　　额：贰角
票面地名：加盖"文水县第三区"
票面年份：民国二十四年（1935年）
图　　　案：亭阁
印　　　刷：西北印刷厂
图　　　色：绿色
规　　　格：9.3×5.3cm
稀　缺　度：★★★

编　　　号：072
票　　　面：文水县南武度村信用合作社
面　　　额：伍分
票面地名：加盖"文水县第一区"
票面年份：民国二十四年（1935年）
图　　　案：树、桥
印　　　刷：西北印刷厂
图　　　色：棕色
规　　　格：9.3×5.3cm
稀　缺　度：★★★

编　　　号：073
票　　　面：文水县南武度村信用合作社
面　　　额：壹角
票面地名：加盖"文水县第一区"
票面年份：民国二十四年（1935年）
图　　　案：树、桥
印　　　刷：西北印刷厂
图　　　色：蓝色
规　　　格：9.3×5.3cm
稀　缺　度：★★★

编　　　号：074
票　　　面：文水县南武度村信用合作社
面　　　额：贰角
票面地名：加盖"文水县第一区"
票面年份：民国二十四年（1935年）
图　　　案：树、桥
印　　　刷：西北印刷厂
图　　　色：绿色
规　　　格：9.3×5.3cm
稀　缺　度：★★★

编　　号：075
票　　面：文水县南武度村信用合作社
面　　额：伍角
票面地名：加盖"文水县第一区"
票面年份：民国二十四年（1935年）
图　　案：古楼
印　　刷：西北印刷厂
图　　色：红色
规　　格：10.2×5.7cm
稀　缺　度：★★★★

编 号：076
票 面：文水县南安村信用合作社
面 额：伍分
票面地名：加盖"文水县第三区"
票面年份：民国二十四年（1935年）
图 案：古楼
印 刷：西北印刷厂
图 色：棕色
规 格：9.3×5.3cm
稀缺度：★★★

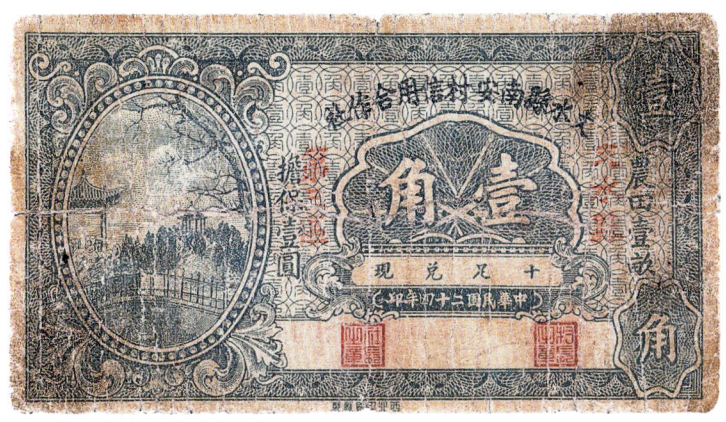

编　　　号：077
票　　　面：文水县南安村信用合作社
面　　　额：壹角
票面地名：加盖"文水县第三区"
票面年份：民国二十四年（1935年）
图　　　案：亭阁
印　　　刷：西北印刷厂
图　　　色：蓝色
规　　　格：9.3×5.3cm
稀　缺　度：★★★

编　　　号：078
票　　　面：文水县南安村信用合作社
面　　　额：贰角
票面地名：加盖"文水县第三区"
票面年份：民国二十四年（1935年）
图　　　案：双塔
印　　　刷：西北印刷厂
图　　　色：绿色
规　　　格：9.3×5.3cm
稀 缺 度：★★★

编　　　号：079
票　　　面：文水县南安村信用合作社
面　　　额：伍角
票面地名：加盖"文水县第三区"
票面年份：民国二十四年（1935年）
图　　　案：楼阁
印　　　刷：西北印刷厂
图　　　色：红色
规　　　格：10.2×5.7cm
稀　缺　度：★★★★

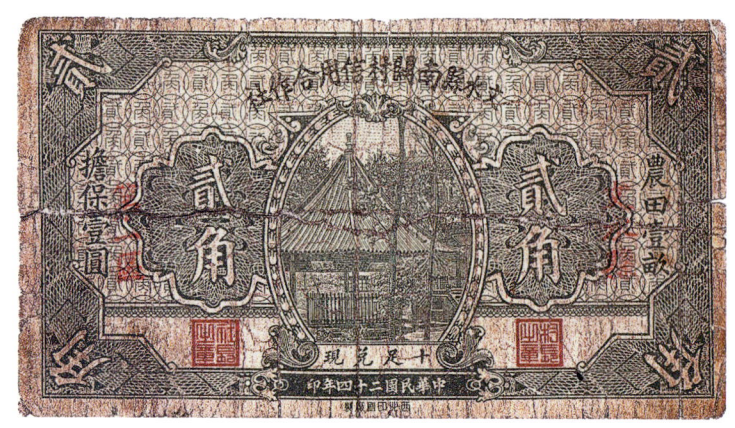

编　　　号：080
票　　　面：文水县南关村信用合作社
面　　　额：贰角
票面地名：加盖"文水县第一区"
票面年份：民国二十四年（1935年）
图　　　案：亭阁
印　　　刷：西北印刷厂
图　　　色：绿色
规　　　格：9.3×5.3cm
稀 缺 度：★★★

编　　　号：081
票　　　面：文水县私评村信用合作社
面　　　额：贰角
票面地名：加盖"文水县第一区"
票面年份：民国二十四年（1935年）
图　　　案：亭阁
印　　　刷：西北印刷厂
图　　　色：绿色
规　　　格：9.3×5.3cm
稀　缺　度：★★★

编　　　号：082
票　　　面：文水县桑村信用合作社
面　　　额：伍分
票面地名：加盖"文水县第一区"
票面年份：民国二十四年（1935年）
图　　　案：塔
印　　　刷：西北印刷厂
图　　　色：棕色
规　　　格：9.3×5.3cm
稀 缺 度：★★★

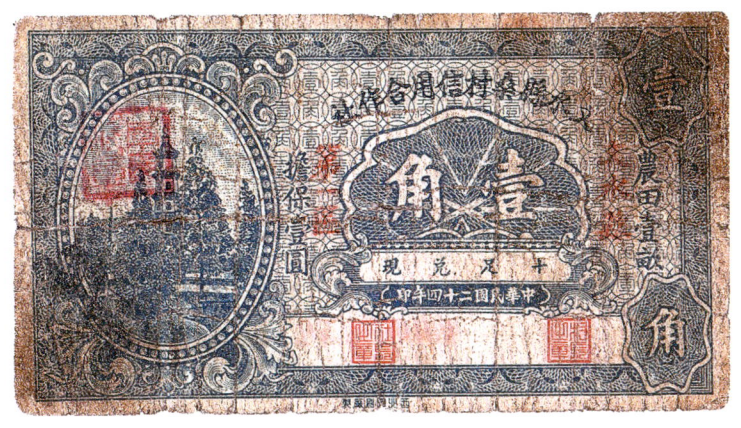

编　　　号：083
票　　　面：文水县桑村信用合作社
面　　　额：壹角
票面地名：加盖"文水县第一区"
票面年份：民国二十四年（1935年）
图　　　案：塔
印　　　刷：西北印刷厂
图　　　色：蓝色
规　　　格：9.3×5.3cm
稀缺度：★★★

编　　　号：084
票　　　面：文水县武家寨村信用合作社
面　　　额：伍分
票面地名：加盖"文水县第一区"
票面年份：民国二十四年（1935年）
图　　　案：塔
印　　　刷：西北印刷厂
图　　　色：棕色
规　　　格：9.3×5.3cm
稀　缺　度：★★★

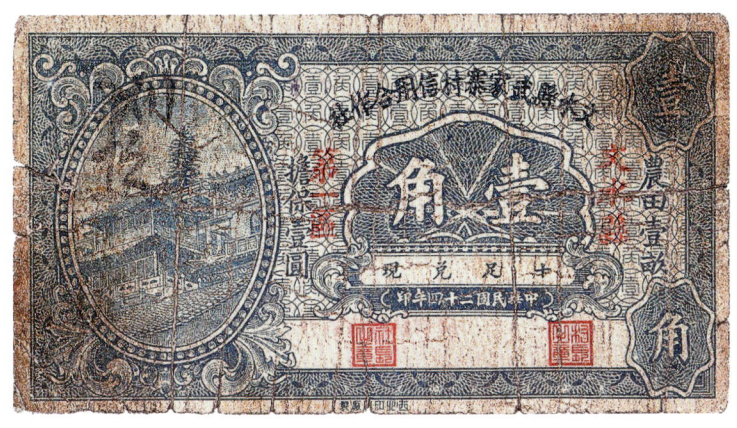

编　　　号：085
票　　　面：文水县武家寨村信用合作社
面　　　额：壹角
票面地名：加盖"文水县第一区"
票面年份：民国二十四年（1935年）
图　　　案：亭阁
印　　　刷：西北印刷厂
图　　　色：蓝色
规　　　格：9.3×5.3cm
稀 缺 度：★★★

编　　　号：086
票　　　面：文水县武家寨村信用合作社
面　　　额：贰角
票面地名：加盖"文水县第一区"
票面年份：民国二十四年（1935年）
图　　　案：亭阁
印　　　刷：西北印刷厂
图　　　色：绿色
规　　　格：9.3×5.3cm
稀 缺 度：★★★

编　　　号：087
票　　　面：文水县信贤村信用合作社
面　　　额：伍分
票面地名：加盖"文水县第三区"
票面年份：民国二十四年（1935年）
图　　　案：塔
印　　　刷：西北印刷厂
图　　　色：棕色
规　　　格：9.3×5.3cm
稀　缺　度：★★★

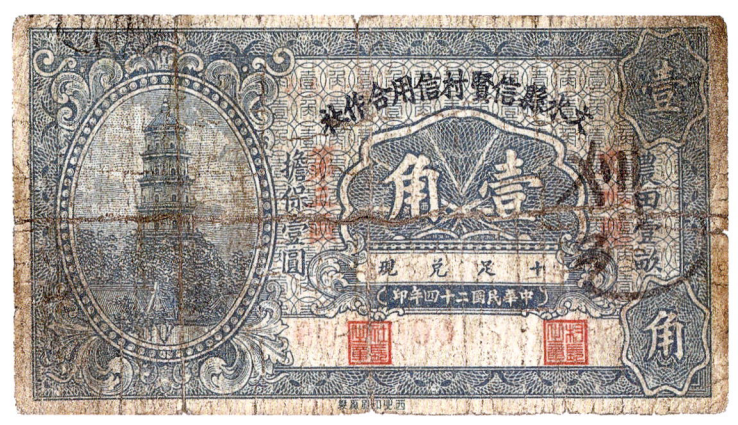

编　　　号：088
票　　　面：文水县信贤村信用合作社
面　　　额：壹角
票面地名：加盖"文水县第三区"
票面年份：民国二十四年（1935年）
图　　　案：塔
印　　　刷：西北印刷厂
图　　　色：蓝色
规　　　格：9.3×5.3cm
稀 缺 度：★★★

编　　　号：089
票　　　面：文水县西宜亭村信用合作社
面　　　额：伍分
票面地名：加盖"文水县第一区"
票面年份：民国二十四年（1935年）
图　　　案：亭阁
印　　　刷：西北印刷厂
图　　　色：棕色
规　　　格：9.3×5.3cm
稀 缺 度：★★★

编　　　号：090
票　　　面：文水县西宜亭村信用合作社
面　　　额：壹角
票面地名：加盖"文水县第一区"
票面年份：民国二十四年（1935年）
图　　　案：亭阁
印　　　刷：西北印刷厂
图　　　色：蓝色
规　　　格：9.3×5.3cm
稀 缺 度：★★★

编　　号：091
票　　面：文水县西宜亭村信用合作社
面　　额：贰角
票面地名：加盖"文水县第一区"
票面年份：民国二十四年（1935年）
图　　案：亭阁
印　　刷：西北印刷厂
图　　色：绿色
规　　格：9.3×5.3cm
稀 缺 度：★★★

编　　　号：092
票　　　面：文水县西社镇村信用合作社
面　　　额：伍分
票面地名：加盖"文水县第三区"
票面年份：民国二十四年（1935年）
图　　　案：亭阁
印　　　刷：西北印刷厂
图　　　色：棕色
规　　　格：9.3×5.3cm
稀缺度：★★★

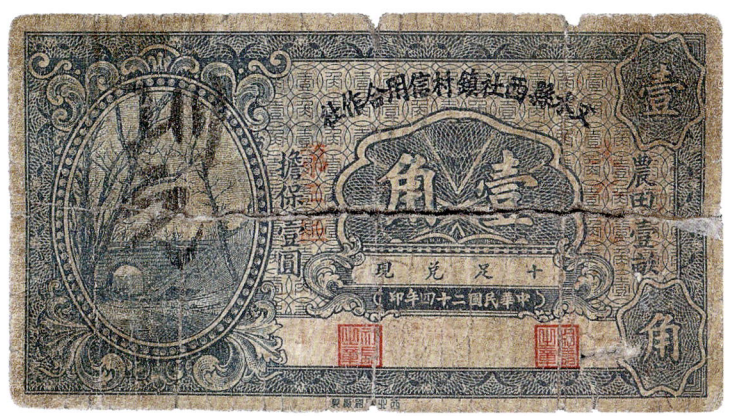

编　　　号：093
票　　　面：文水县西社镇村信用合作社
面　　　额：壹角
票面地名：加盖"文水县第三区"
票面年份：民国二十四年（1935年）
图　　　案：树、桥
印　　　刷：西北印刷厂
图　　　色：蓝色
规　　　格：9.3×5.3cm
稀 缺 度：★★★

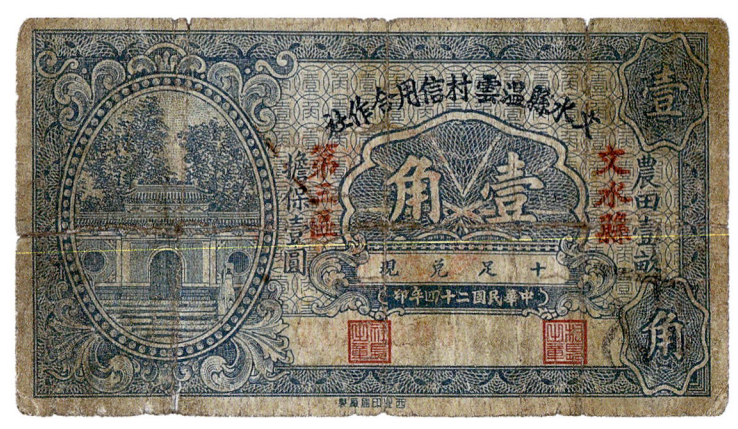

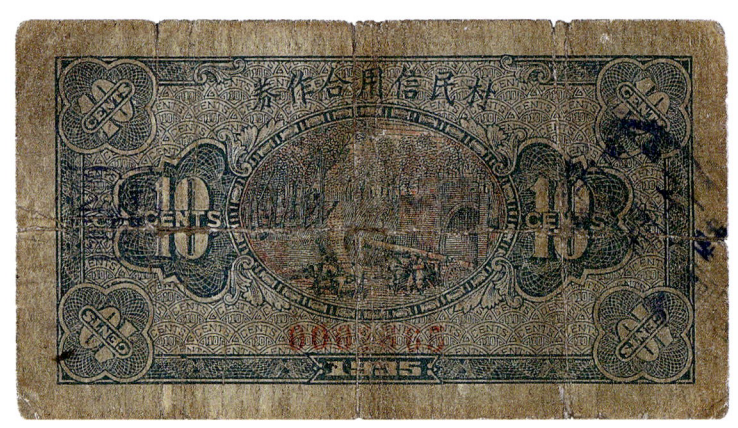

编　　　号：094
票　　　面：文水县温云村信用合作社
面　　　额：壹角
票面地名：加盖"文水县第三区"
票面年份：民国二十四年（1935年）
图　　　案：寺庙
印　　　刷：西北印刷厂
图　　　色：蓝色
规　　　格：9.3×5.3cm
稀　缺　度：★★★

编　　　号：095
票　　　面：文水县温云村信用合作社
面　　　额：贰角
票面地名：加盖"文水县第三区"
票面年份：民国二十四年（1935年）
图　　　案：寺庙
印　　　刷：西北印刷厂
图　　　色：绿色
规　　　格：9.3×5.3cm
稀　缺　度：★★★

编　　　号：096
票　　　面：文水县温云村信用合作社
面　　　额：伍角
票面地名：加盖"文水县第三区"
票面年份：民国二十四年（1935年）
图　　　案：亭阁
印　　　刷：西北印刷厂
图　　　色：红色
规　　　格：10.2×5.7cm
稀 缺 度：★★★★

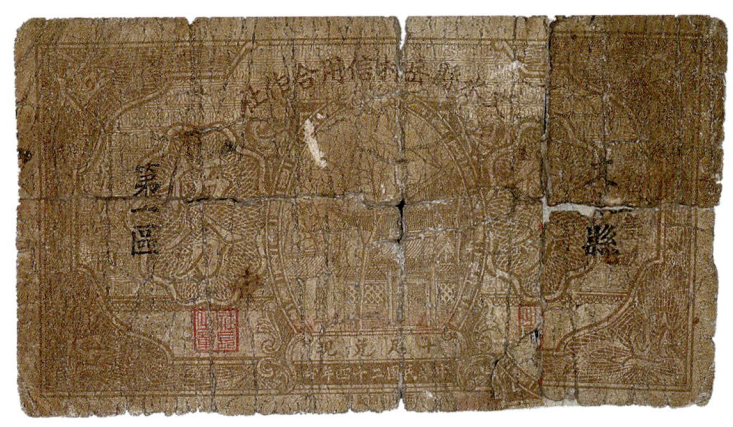

编　　　号：097
票　　　面：文水县岳村信用合作社
面　　　额：伍分
票面地名：加盖"文水县第一区"
票面年份：民国二十四年（1935年）
图　　　案：亭阁
印　　　刷：西北印刷厂
图　　　色：棕色
规　　　格：9.3×5.3cm
稀　缺　度：★★★

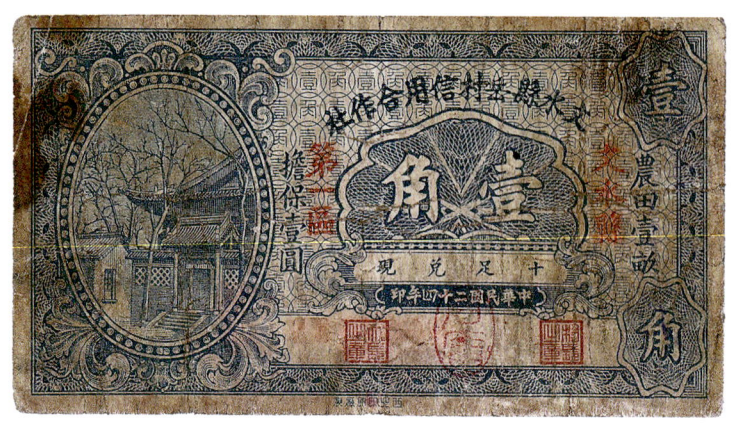

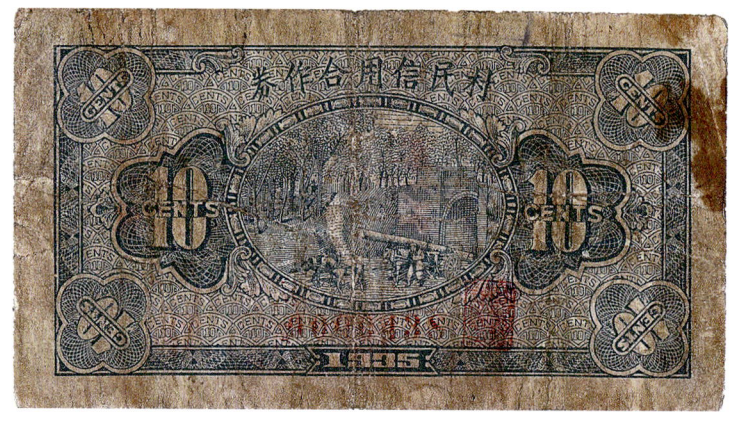

编　　　号：098
票　　　面：文水县岳村信用合作社
面　　　额：壹角
票面地名：加盖"文水县第一区"
票面年份：民国二十四年（1935年）
图　　　案：楼阁
印　　　刷：西北印刷厂
图　　　色：蓝色
规　　　格：9.3×5.3cm
稀缺度：★★★

编　　　号：099
票　　　面：文水县岳村信用合作社
面　　　额：贰角
票面地名：加盖"文水县第一区"
票面年份：民国二十四年（1935年）
图　　　案：楼阁
印　　　刷：西北印刷厂
图　　　色：绿色
规　　　格：9.3×5.3cm
稀 缺 度：★★★

编　　　号：100
票　　　面：文水县杨家寨村信用合作社
面　　　额：伍分
票面地名：加盖"文水县第一区"
票面年份：民国二十四年（1935年）
图　　　案：双塔
印　　　刷：西北印刷厂
图　　　色：棕色
规　　　格：9.3×5.3cm
稀　缺　度：★★★

编　　　号：101
票　　　面：文水县杨家寨村信用合作社
面　　　额：壹角
票面地名：加盖"文水县第一区"
票面年份：民国二十四年（1935年）
图　　　案：双塔
印　　　刷：西北印刷厂
图　　　色：蓝色
规　　　格：9.3×5.3cm
稀　缺　度：★★★

编　　　号：102
票　　　面：文水县杨家寨村信用合作社
面　　　额：贰角
票面地名：加盖"文水县第一区"
票面年份：民国二十四年（1935年）
图　　　案：双塔
印　　　刷：西北印刷厂
图　　　色：绿色
规　　　格：9.3×5.3cm
稀 缺 度：★★★

第三部分

文水县地方银号、商号发行的纸币

一、文水商业公会

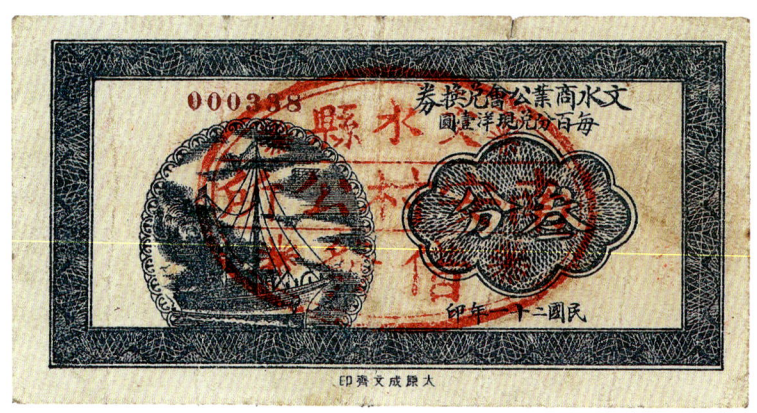

编　　　号：103
票　　　面：文水商业公会兑换券
面　　　额：叁分
票面年份：民国二十一年（1932 年）
图　　　案：帆船
印　　　刷：太原成文斋
图　　　色：蓝色
规　　　格：9.6×5.2cm
稀　缺　度：★★★★
　　注：此券为南安村借发，属于跨村间借发。

编　　　号：104
票　　　面：文水商业公会兑换券
面　　　额：壹角
票面年份：民国二十一年（1932年）
图　　　案：房屋
印　　　刷：太原成文斋
图　　　色：棕色
规　　　格：10.7×6.1cm
稀缺度：★★★
　　　注：此券为文水县财政局借发，属于跨行业间借发。

编　　　号：105
票　　　面：文水县商业兑换券
面　　　额：贰角
票面年份：民国二十一年（1932年）
图　　　案：山景
背　　　面：加盖"文水县商业兑换券"章
印　　　刷：太原文华印刷厂
图　　　色：绿色
规　　　格：11.5×6.6cm
稀　缺　度：★★★★

二、文水县酒业公会

编　　　号：106
票　　　面：文水县酒业公会兑换券
面　　　额：壹角
票面地名：加印"北胡家堡晋源泉代兑"
票面年份：民国二十二年（1933年）
图　　　案：铁路
背　　　面：加盖"北胡家堡晋源泉代兑"章
图　　　色：绿色
规　　　格：10.5×6.2cm
稀　缺　度：★★★
　　　注：此券由北胡家堡晋源泉代兑

编　　　号：107
票　　　面：文水县酒业公会兑换券
面　　　额：贰角
票面地名：加印"北胡家堡晋源泉代兑"
票面年份：民国二十二年（1933年）
图　　　案：亭阁
背　　　面：加盖"北胡家堡晋源泉代兑"章
图　　　色：绿色
规　　　格：11.3×6.3cm
稀　缺　度：★★★
　　　注：此券由北胡家堡晋源泉代兑

编　　　号：108
票　　　面：文水县酒业公会兑换券
面　　　额：伍角
票面地名：加印"北胡家堡晋源泉代兑"
票面年份：民国二十二年（1933年）
图　　　案：天坛
背　　　面：加盖"北胡家堡晋源泉代兑"章
图　　　色：绿色
规　　　格：11.5×6.4cm
稀　缺　度：★★★
　　　注：此券由北胡家堡晋源泉代兑

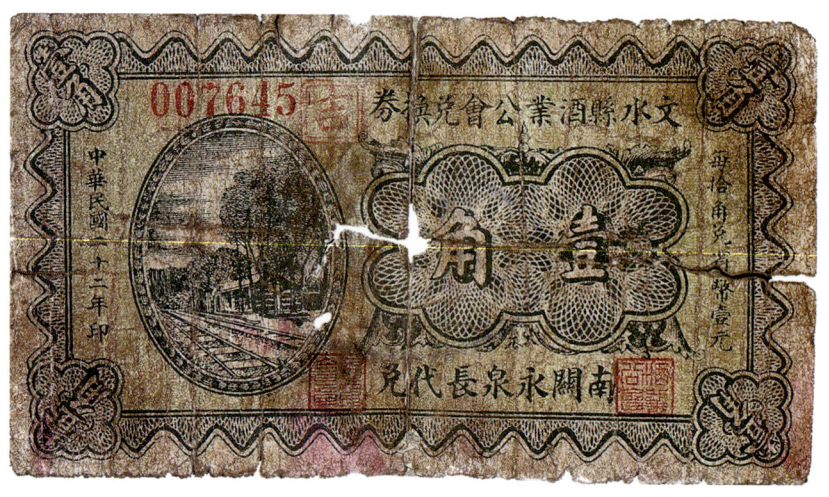

编　　　号：109
票　　　面：文水县酒业公会兑换券
面　　　额：壹角
票面地名：加印"南关永泉长代兑"、盖"吉"
票面年份：民国二十二年（1933年）
图　　　案：铁路
背　　　面：加盖"南关永泉长代兑"章
图　　　色：绿色
规　　　格：10.5×6.2cm
稀 缺 度：★★★
　　　注：此券由南关永泉长代兑

编　　　号：110
票　　　面：文水县酒业公会兑换券
面　　　额：伍角
票面地名：加印"南关永泉长代兑"、盖"如"
票面年份：民国二十二年（1933年）
图　　　案：天坛
背　　　面：加盖"南关永泉长代兑"、"文水县酒业公会"章
图　　　色：绿色
规　　　格：11.5×6.4cm
稀缺度：★★★★
　　　注：此券由南关永泉长代兑

编　　　号：111
票　　　面：文水县酒业公会兑换券
面　　　额：伍角
票面地名：加印"里村宝庆泉代兑"、盖"宝"
票面年份：民国二十二年（1933年）
图　　　案：天坛
背　　　面：加盖"里村宝庆泉代兑"、"文水县酒业公会"章
图　　　色：绿色
规　　　格：11.5×6.4cm
稀缺度：★★★★
注：此券由里村宝庆泉代兑

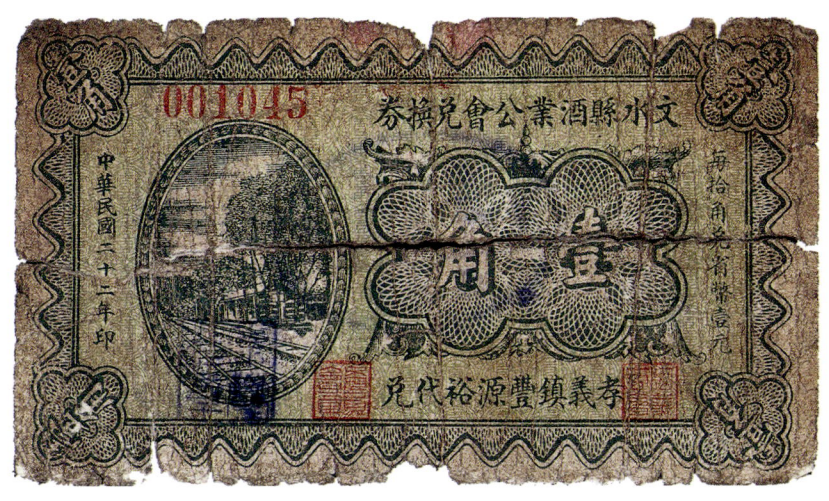

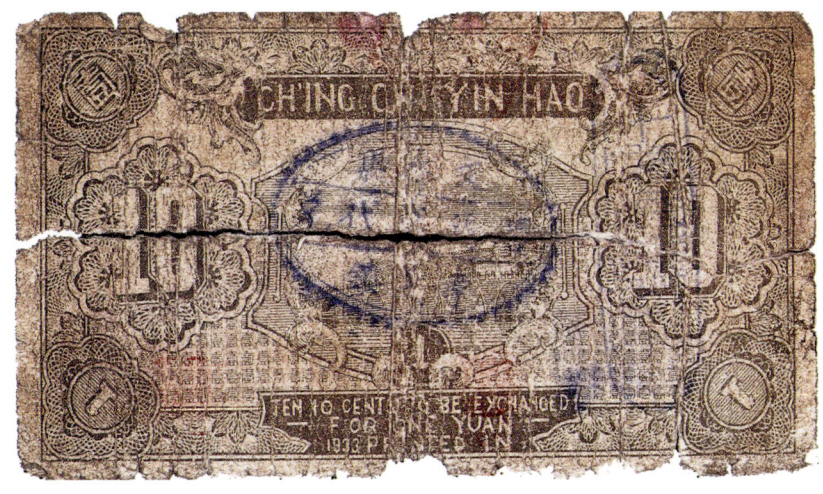

编　　号：112
票　　面：文水县酒业公会兑换券
面　　额：壹角
票面地名：加印"孝义镇丰源裕代兑"
票面年份：民国二十二年（1933年）
图　　案：铁路
背　　面：加盖"孝义镇丰源裕代兑"、"文水县酒业公会"章
图　　色：绿色
规　　格：10.5×6.2cm
稀 缺 度：★★★
　　　　注：此券由孝义镇丰源裕代兑

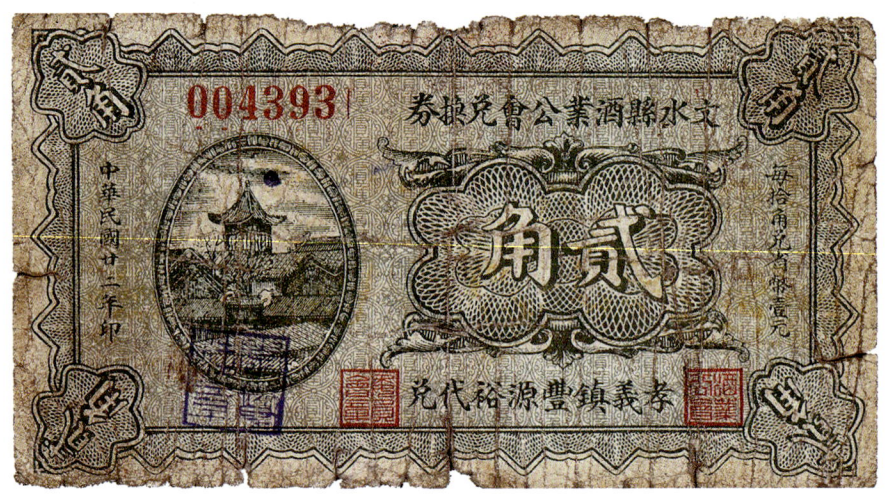

编　　号：113
票　　面：文水县酒业公会兑换券
面　　额：贰角
票面地名：加印"孝义镇丰源裕代兑"
票面年份：民国二十二年（1933年）
图　　案：亭阁
背　　面：加盖"孝义镇丰源裕代兑"、"文水县酒业公会"章
图　　色：绿色
规　　格：11.3×6.3cm
稀缺度：★★★
　　注：此券由孝义镇丰源裕代兑

编　　　号：114
票　　　面：文水县酒业公会兑换券
面　　　额：壹圆
票面地名：加印"孝义镇丰源裕代兑"
票面年份：民国二十二年（1933年）
图　　　案：亭阁
背　　　面：英文黑签、加盖"孝义镇丰源裕代兑"、"文水县酒业公会"章
图　　　色：绿色
规　　　格：12.3×6.8cm
稀 缺 度：★★★★
　　　注：此券由孝义镇丰源裕代兑

编　　号：115
票　　面：文水县酒业公会兑换券
面　　额：壹角
票面地名：加印"孝义镇广顺源代兑"、盖"通"
票面年份：民国二十二年（1933年）
图　　案：铁路
背　　面：加盖"孝义镇广顺源代兑"章
图　　色：绿色
规　　格：10.5×6.2cm
稀 缺 度：★★★
　　　注：此券由孝义镇广顺源代兑

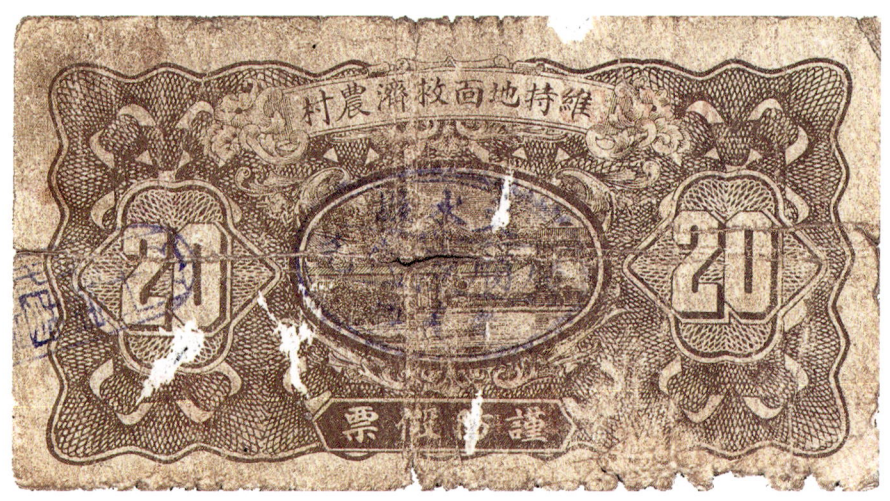

编　　　号：116
票　　　面：文水县酒业公会兑换券
面　　　额：贰角
票面地名：加印"孝义镇广顺源代兑"、盖"亨"
票面年份：民国二十二年（1933年）
图　　　案：亭阁
背　　　面：加盖"孝义镇广顺源代兑"章
图　　　色：绿色
规　　　格：11.3×6.3cm
稀　缺　度：★★★
　　　　注：此券由孝义镇广顺源代兑

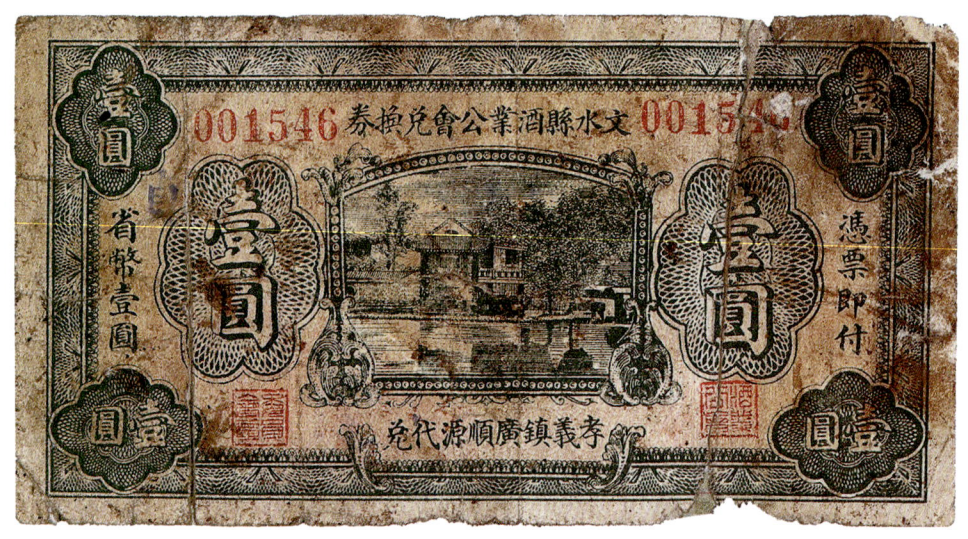

编　　　号：117
票　　　面：文水县酒业公会兑换券
面　　　额：壹圆
票面地名：加印"孝义镇广顺源代兑"
票面年份：民国二十二年（1933年）
图　　　案：亭阁
背　　　面：英文黑签、加盖"孝义镇广顺源代兑"章
图　　　色：绿色
规　　　格：12.3×6.8cm
稀缺度：★★★★
注：此券由孝义镇广顺源代兑

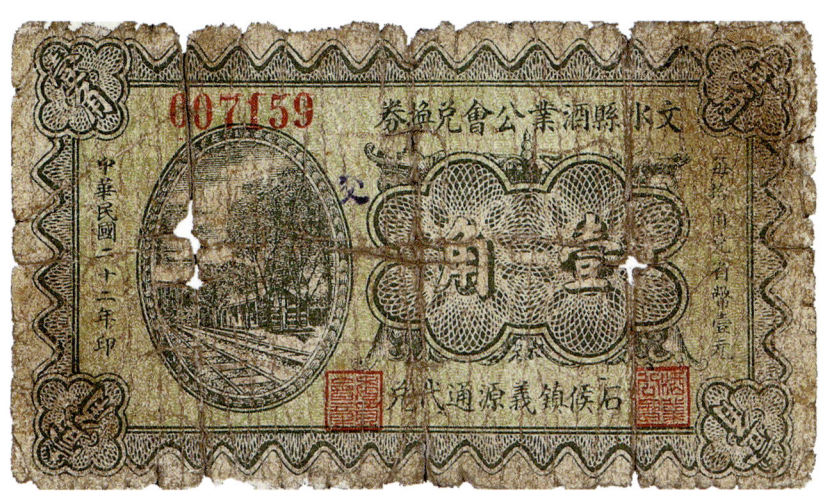

编　　　号：118
票　　　面：文水县酒业公会兑换券
面　　　额：壹角
票面地名：加印"石侯镇义源通代兑"、盖"父"
票面年份：民国二十二年（1933年）
图　　　案：铁路
背　　　面：加盖"石侯镇义源通代兑"章
图　　　色：绿色
规　　　格：10.5×6.2cm
稀　缺　度：★★★
　　　　注：此券由石侯镇义源通代兑

编　　　号：119
票　　　面：文水县酒业公会兑换券
面　　　额：贰角
票面地名：加印"石侯镇义源通代兑"
票面年份：民国二十二年（1933年）
图　　　案：亭阁
背　　　面：加盖"石侯镇义源通代兑"章
图　　　色：绿色
规　　　格：11.3×6.3cm
稀缺度：★★★
　　注：此券由石侯镇义源通代兑

编　　　号：120
票　　　面：文水县酒业公会兑换券
面　　　额：壹圆
票面地名：加印"石侯镇义源通代兑"、盖"树"
票面年份：民国二十二年（1933年）
图　　　案：亭阁
背　　　面：英文黑签、加盖"石侯镇义源通代兑"章
图　　　色：绿色
规　　　格：12.3×6.8cm
稀　缺　度：★★★★
　　　注：此券由石侯镇义源通代兑

三、文水裕商银号

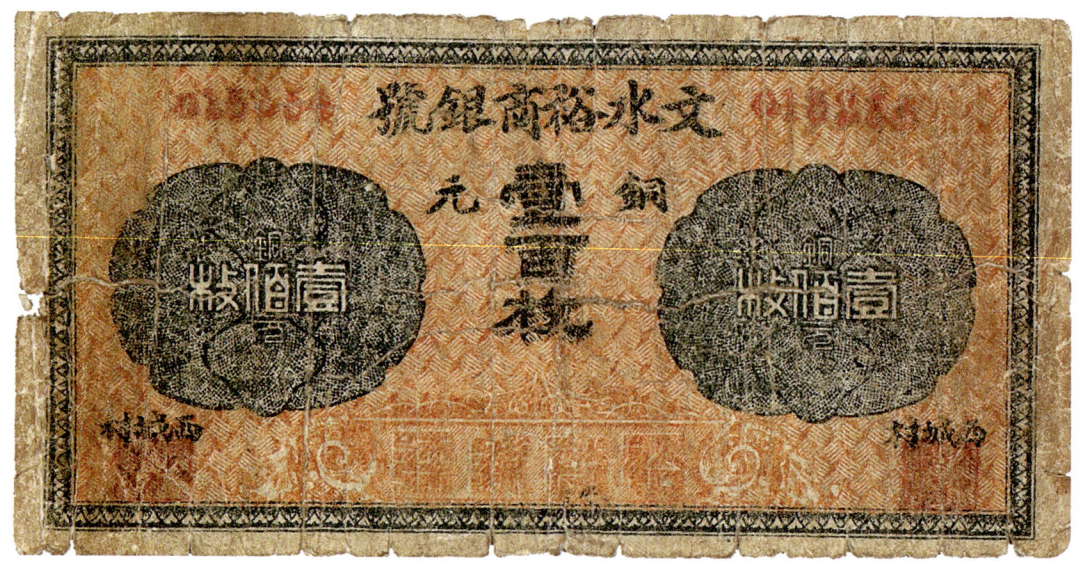

编　　号：121
票　　面：文水裕商银号
面　　额：壹百枚
票面年份：无
图　　案：面额
图　　色：棕色
规　　格：13.8×7.2cm
稀 缺 度：★★★★
　　　注：此券由文水裕商银号西城村分号发行

编　　　号：122
票　　　面：文水裕商银号兑换券
面　　　额：叁角
票面年份：民国十五年（1926年）
图　　　案：火车
图　　　色：绿色
规　　　格：11.9×6.2cm
稀　缺　度：★★★★

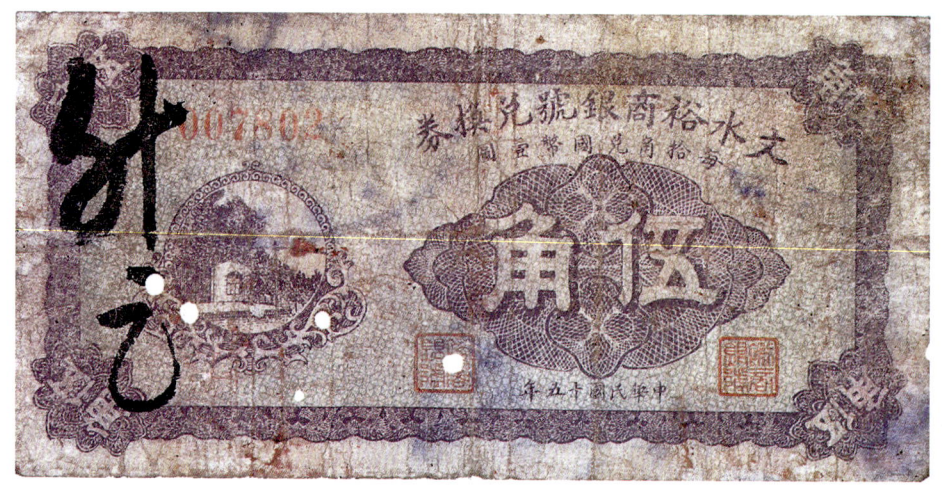

编　　　号：123
票　　　面：文水裕商银号兑换券
面　　　额：伍角
票面年份：民国十五年（1926年）
图　　　案：树
图　　　色：紫色
规　　　格：11.9×6.2cm
稀　缺　度：★★★

编　　号：124
票　　面：文水裕商银号兑换券
面　　额：伍角
票　　面：加盖有"并""学""问""光""阴""宜"
　　　　　"急""无""须""有""穷""兼""虽"
　　　　　"追""限""直""起""而""程""进"
票面年份：民国十七年（1928年）
图　　案：楼亭
图　　色：紫色
印　　刷：文水和合石印局
规　　格：11.7×6.3cm
稀 缺 度：★★★

四、文水兴华银号

民国十四年（1925年），文水兴华银号有限公司在县城南街成立，资本金为120000元。兴华银号是当时文水县五大钱庄、银号之一。

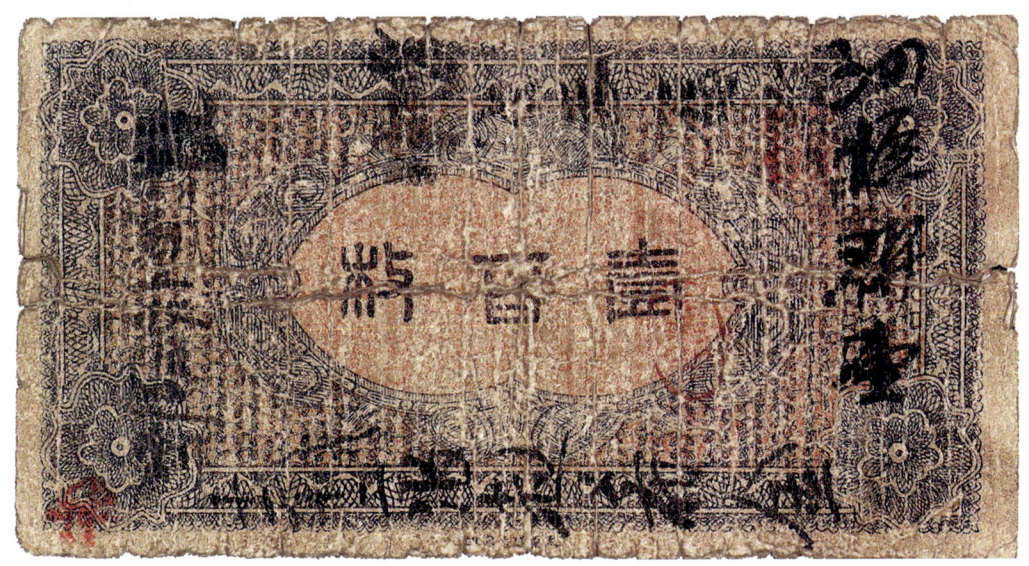

编　　号：125
票　　面：文水兴华兑换券
面　　额：铜元壹百枚
票面年份：无
图　　案：面额
图　　色：红色
规　　格：13.1×7.2cm
稀 缺 度：★★★★
　　　　注：此券由文水兴华银号石侯分号发行

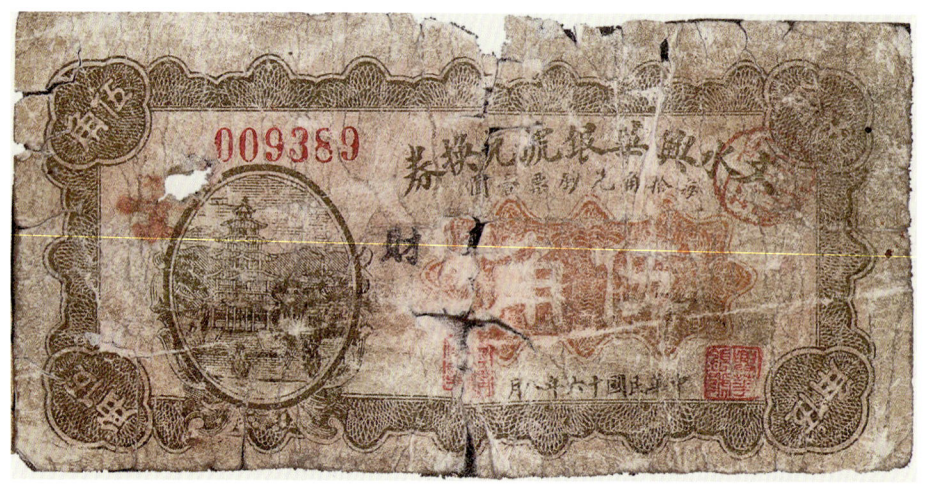

编　　　号：126
票　　　面：文水兴华银号兑换券
面　　　额：伍角
票　　　面：加盖"财"
票面年份：民国十六年（1927年）
图　　　案：塔
背　　　面：英文黑签
图　　　色：绿色
规　　　格：11.8×6.2cm
稀　缺　度：★★★

编　　　号：127
票　　　面：文水兴华银号
面　　　额：壹角
票　　　面：加盖"晋"
票面年份：民国二十一年（1932年）
图　　　案：楼阁
印　　　刷：天津北马路华东石印局
背　　　面：英文黑签、盖"兴华银号"章
图　　　色：棕色
规　　　格：10.5×5.4cm
稀缺度：★★★★

五、协成久银号

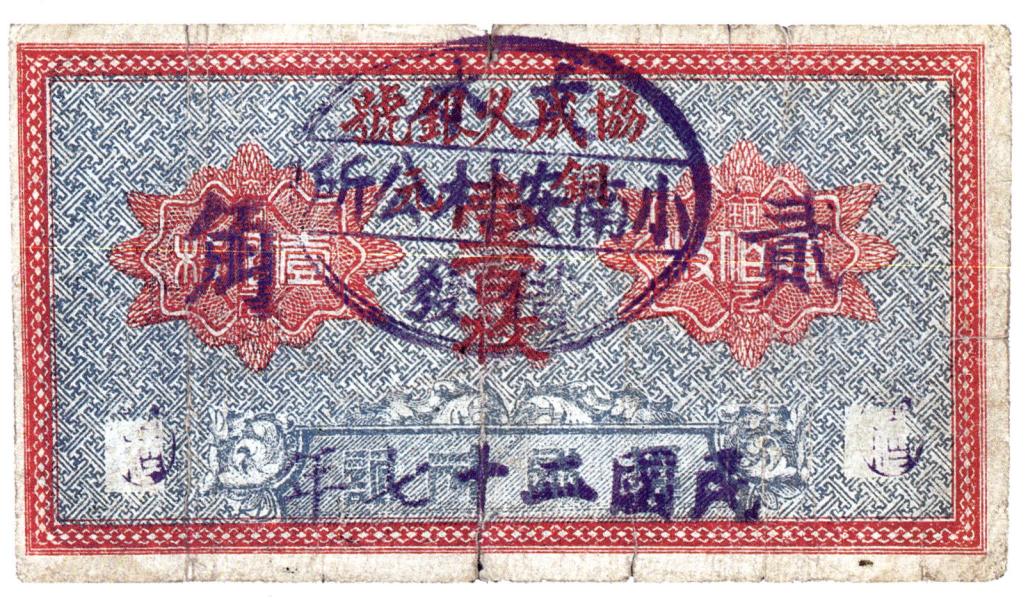

编　　号：128
票　　面：协成久银号
面　　额：铜元壹百枚
票面年份：无
图　　案：面额
图　　色：红色
规　　格：13.1×7.4cm
稀 缺 度：★★★★
　　注：此券为小南安村借发

六、文水天盛永银号

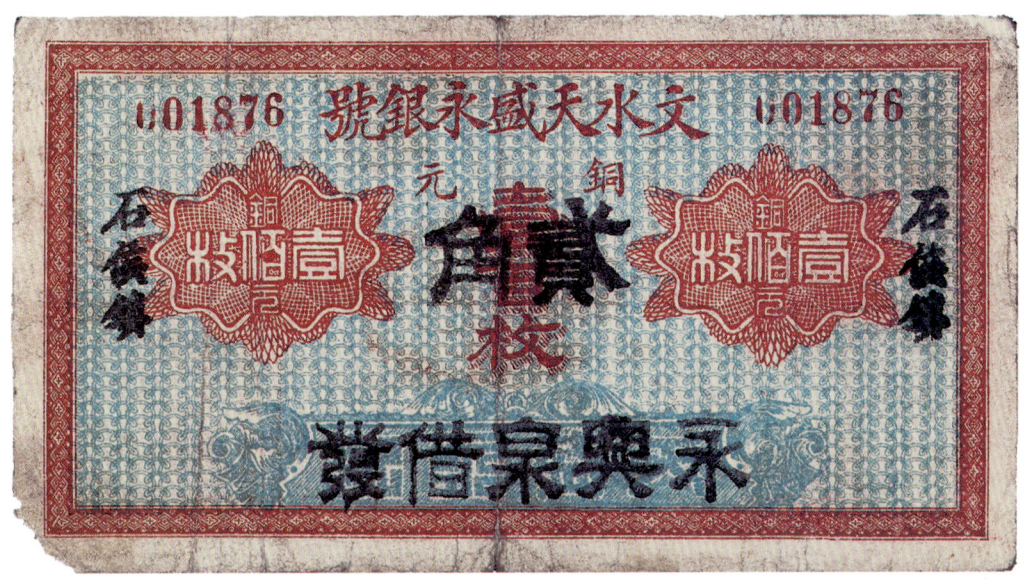

编　　号：129
票　　面：文水天盛永银号
面　　额：铜元壹百枚
票面年份：无
图　　案：面额
图　　色：红色
印　　刷：太原成文斋
规　　格：13.1×7.4cm
稀缺度：★★★★
　　　注：此券为石侯镇永兴泉借发

七、文水信义亨银号

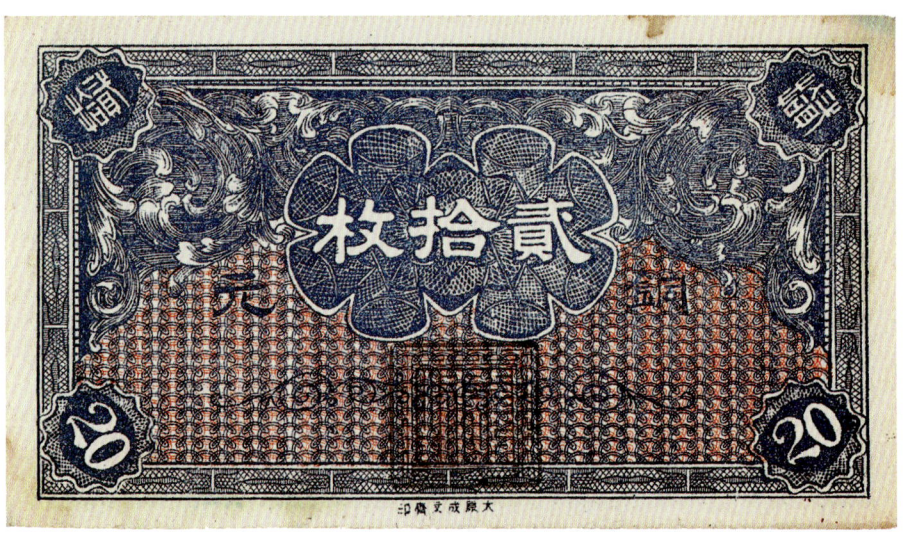

编　　号：130
票　　面：文水信义亨银号
面　　额：铜元贰拾枚
票面年份：无
图　　案：面额
图　　色：绿色
印　　刷：太原成文斋
规　　格：11.6×6.9cm
稀　缺　度：★★★★

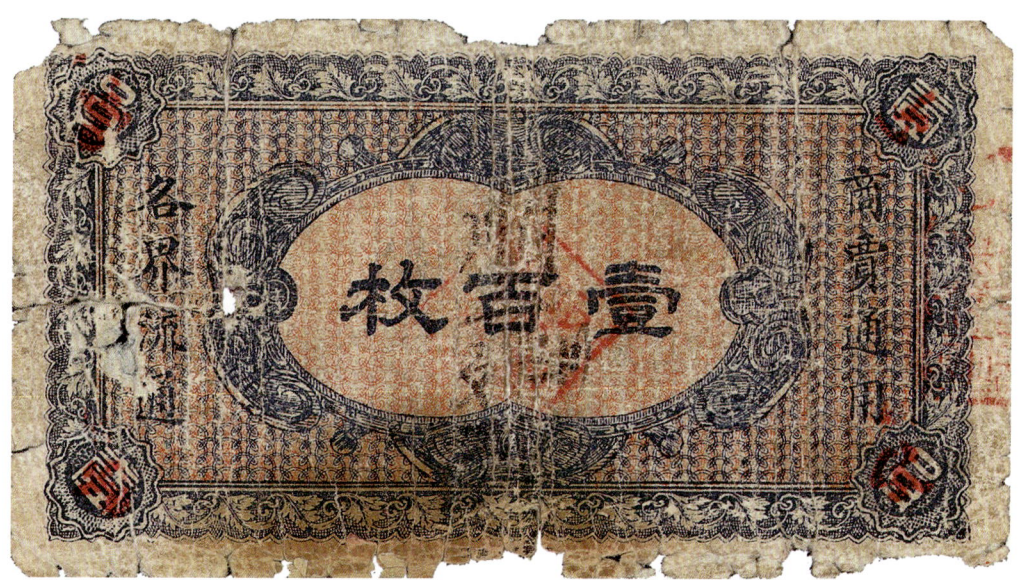

编　　　号：131
票　　　面：文水信义亨银号
面　　　额：铜元壹百枚
票面年份：无
图　　　案：面额
图　　　色：红色
印　　　刷：太原成文斋
规　　　格：13×7.4cm
稀　缺　度：★★★★
　　　　注：此券为谢家寨村借发

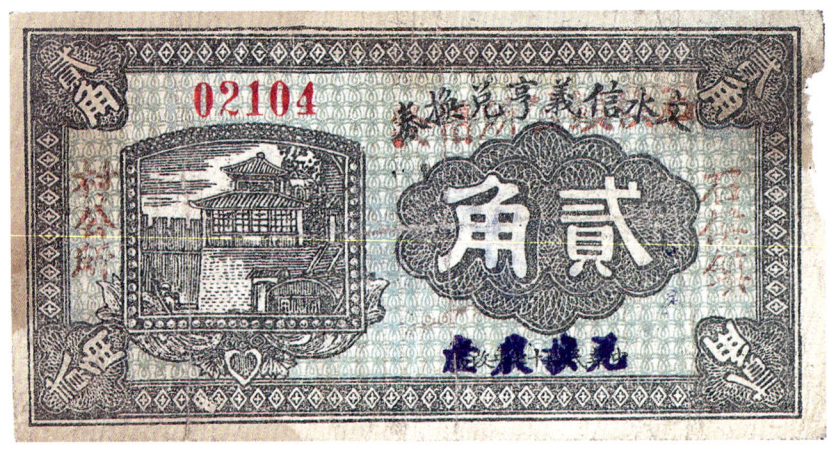

编　　　号：132
票　　　面：文水信义亨兑换券
面　　　额：贰角
票面年份：民国十七年（1928年）
图　　　案：楼阁
图　　　色：绿色
印　　　刷：文水和合石印局
规　　　格：10.6×5.7cm
稀　缺　度：★★★
　　　　注：此券为石侯镇借发

编　　号：133
票　　面：文水信义亨银号
面　　额：伍角
票面年份：民国十七年（1928年）
图　　案：火车
图　　色：绿色
规　　格：11.4×6.4cm
稀 缺 度：★★★
　　　注：此券为石侯镇借发

八、文水万生利钱庄

编　　　号：134
票　　　面：文水万生利钱庄
面　　　额：铜元伍拾枚
票面年份：民国十四年（1925年）
图　　　案：面额
图　　　色：绿色
印　　　刷：太原大国民印刷厂
规　　　格：13.2×7.3cm
稀　缺　度：★★★★
　　　　注：此券为东北安村借发；万生利钱庄与北胡家堡万生利是否为同一钱庄，还有待考证。

九、汇源银号

编　　　号：135
票　　　面：汇源银号
面　　　额：壹角
票面地名：加盖"文水"、"乙"
票面年份：民国二十年（1931年）
背　　　面：加盖"汇源银号"章
图　　　案：村景
图　　　色：棕色
印　　　刷：太原文艺印刷厂
规　　　格：10.9×6.3cm
稀 缺 度：★★★★

编　　　号：136
票　　　面：汇源银号
面　　　额：壹圆
票面地名：加盖"文水"
票面年份：民国二十年（1931年）
图　　　案：村景
图　　　色：蓝色
印　　　刷：太原文艺印刷厂
规　　　格：12.4×7cm
稀缺度：★★★★

编　　号：137
票　　面：文水汇源号
面　　额：铜元贰拾枚
票面年份：无
图　　案：面额
图　　色：绿色
规　　格：11.7×6.9cm
稀 缺 度：★★★★
　　注：此券是否为汇源银号发行还有待考证

十、文水义同和兑换券

编　　　号：138
票　　　面：文水义同和兑换券
面　　　额：贰角
票面年份：民国十七年（1928年）
图　　　案：楼阁
图　　　色：蓝色
印　　　刷：文水和合石印局
规　　　格：10.7×5.9cm
稀　缺　度：★★★
　　　　注：此券为水寨村借发

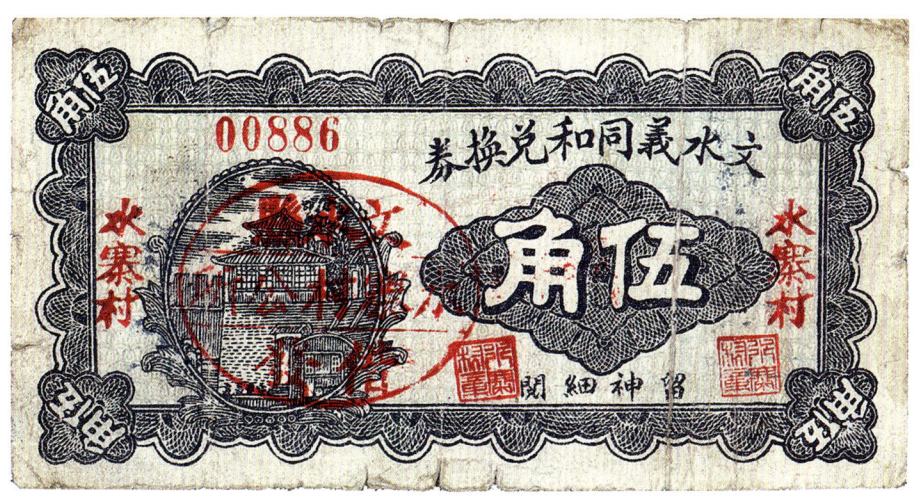

编　　　号：139
票　　　面：文水义同和兑换券
面　　　额：伍角
票面年份：民国十七年（1928年）
图　　　案：楼阁
图　　　色：蓝色
印　　　刷：文水和合石印局
规　　　格：11.7×6.3cm
稀缺度：★★★
　　　注：此券为水寨村借发

十一、钜兴当

编　　号：140
票　　面：钜兴当
面　　额：壹角
票面地名：加盖"文水县""钜"
票面年份：民国二十三年（1934年）
图　　案：铁路
图　　色：灰色
规　　格：10.7×6.3cm
稀 缺 度：★★★

编　　　号：141
票　　　面：钜兴当
面　　　额：壹圆
票面地名：加盖"文水县""当"
票面年份：民国二十三年（1934年）
图　　　案：天坛
图　　　色：黄色
规　　　格：13.5×6.9cm
稀缺度：★★★

十二、裕同泰记

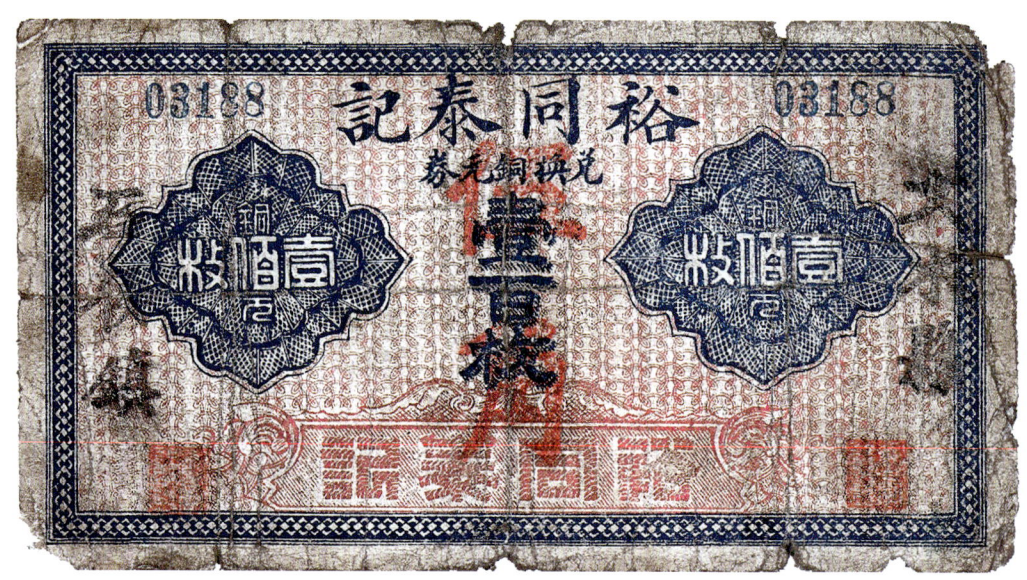

编　　号：142
票　　面：裕同泰记
面　　额：铜元壹百枚
票面年份：无
图　　案：面额
图　　色：蓝色
印　　刷：太原成文斋
规　　格：13.1×7.3cm
稀 缺 度：★★★★
注：此券为石侯镇借发

十三、合聚永钱庄

文水老钱庄合聚永成立于道光二十八年（1848年），是山西境内成立较早的几个钱庄之一，与山西银号的鼻祖——平遥的日升昌银号是同一个时期。合聚永早先的业务无从可考。据《中国实业志》记载，到民国二十三年（1934年），它的存、放款在本地居第五和第四位，但其收益增长一直领先于当地同行。合聚永钱庄是当时文水县五大钱庄、银号之一。

编　　号：143
票　　面：合聚永记
面　　额：铜元壹百枚
票面年份：无
图　　案：面额
图　　色：红色
规　　格：13.5×7.3cm
稀缺度：★★★★★
　　注：此券由合聚永石侯分号发行

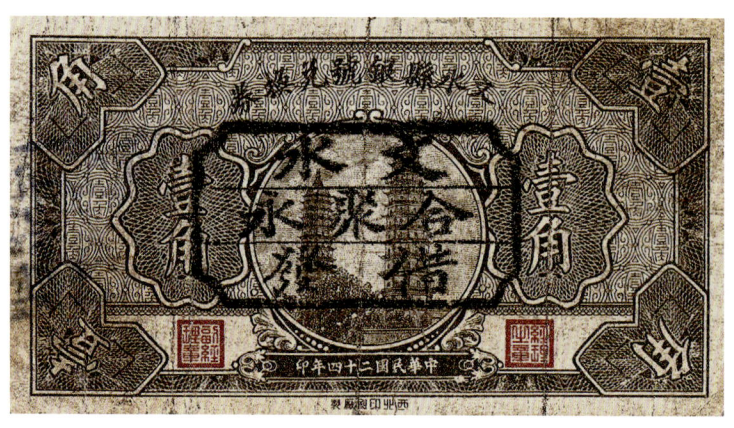

编　　　号：144
票　　　面：文水县银号兑换券
面　　　额：壹角
票　　　面：加盖"文水合聚永借发"
票面年份：民国二十四年（1935年）
图　　　案：双塔
背　　　面：加盖一枚椭圆章、一枚图像章
印　　　刷：西北印刷厂
图　　　色：棕色
规　　　格：9.4×5.4cm
稀　缺　度：★★★★★
　　　　注：此券为文水合聚永向文水县银号借发，属于跨行间借发。

编　　号：	145	图　　案：	园林
票　　面：	文水县银号兑换券	图　　色：	红色
面　　额：	壹圆	印　　刷：	西北印刷厂
票　　面：	加盖"文水合聚永借发"	规　　格：	13.8×7.4cm
票面年份：	民国二十三年（1934年）	稀缺度：	★★★★★
背　　面：	加盖"文水县银号"长条章，另加盖"文水县银号图记"章、一枚椭圆章、一枚图像章	注：	此券为文水合聚永向文水县银号借发，属于跨行间借发。

第四部分

文水县抗日政府发行的纸币

民国二十七年（1938年）初，文水县抗日民主政府成立。党组织派顾永田出任县长。顾永田带领"工卫队"建立了区、乡、村三级抗日政权，实施我党发布的抗日救国十大纲领。国民党政府为了"饿死、困死八路军"，对八路军和山西新军的筹粮派款、兵员补充，作了许多限制和规定。为粉碎其阴谋，文水县抗日民主政府决定发行"地方金融流通券"，一方面为部队筹款；另一方面用以兴修水利，发展生产，同时帮助贫困农户还债、清欠、回赎土地、购置农具。县牺盟分会发动会员积极协助政府发放流通券并帮助贫困农户解决生产和生活上的困难。这样，提高了广大农民的生产积极性，促进了生产的发展。在民国二十七年（1938年）文水县抗日民主政府发行了"文水地方金融流通券"，目前只见到壹角、贰角和壹圆三种面值。每元相当于银洋一元。民国二十八年（1939年）底，根据形势的发展，地方金融流通券停止了印刷发行。抗日政府决定，把投放到市场上的文水地方金融流通券全部收回，至此，大部分流通券得到回收。文水地方金融流通券在发行流通了短短一年多的时间后也完成了它的使命。这是共产党领导下的抗日政府在文水县境内唯一发行的一次钱币，比较珍贵。

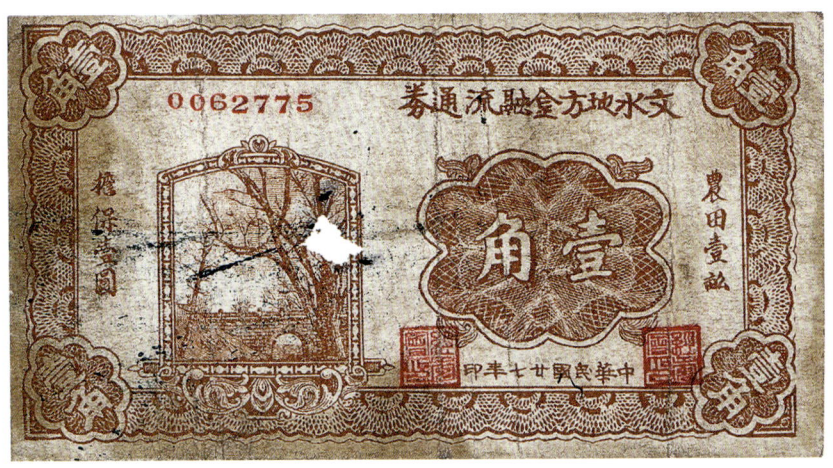

编　　　号：146
票　　　面：文水地方金融流通券
面　　　额：壹角
票面年份：民国二十七年（1938年）
图　　　案：树、桥
图　　　色：棕色
规　　　格：10.6×5.9cm
稀　缺　度：★★★

编　　　号：147
票　　　面：文水地方金融流通券
面　　　额：贰角
票面年份：民国二十七年（1938年）
图　　　案：塔
图　　　色：蓝色
规　　　格：12×6cm
稀　缺　度：★★★★

编　　　号：148
票　　　面：文水地方金融流通券
面　　　额：壹圆
票面年份：民国二十七年（1938年）
图　　　案：古楼
图　　　色：紫色
规　　　格：14.4×7.5cm
稀　缺　度：★★★

第五部分

文水县各个乡镇、村发行的纸币

民国时期，文水县的行政区划混乱、多变，一直处在动荡变化状态。民国初期，撤销清代的府道制，文水县归山西省直辖。共设四个区，区以下设镇，镇以下共设215个自然村。到了中期，文水县又增设为七个区。到了民国后期，又变化为二十四个乡。而且，在民国期间，抗日政府与国民党政府相互交叉，区划瞬息万变。为此，文水县的纸币无法按照民国时期的区划来分类。为了将纸币的编排规范化，这次是按照现在的十二个乡镇（七个镇、五个乡）行政区划进行分类。

一、风城镇：包括原城关镇、宜儿乡、沟口乡

原城关镇：东街、南街、西街、北街、南关村、北关村、私评村、土堂村、岳村、冀周村、韩村、章多村、龙泉村、堡子村、桑村、桑村营村、南徐村、南峪口村。

原宜儿乡：宜儿村、方园村、武午村、大城南村、里洪村、东旧（城）村、西旧（城）村、旧城庄村。

原沟口乡：沟口村、北武家坡村、集灵源村、靛头村、大圪堆村、半峪村、泉泉寺村、任家坡村、马家庄村、沿磨村、吕家山村、前周村、后周村、前庄村、河底村、贾家山村、成家山村、曹家山村、牛家沟村、苏家岩村、庄头村。

编　　　号：149
票　　　面：天顺义兑换券
面　　　额：伍分
票面地名：印"文水北街"
票面年份：民国十八年（1929年）
图　　　案：火车
图　　　色：绿色
规　　　格：10.2×5.2cm
稀　缺　度：★★★

编　　　号：150
票　　　面：晋一允兑换券
面　　　额：叁分
票面地名：加盖"文水县大北街"、"晋"
票面年份：民国二十一年（1932年）
背　　　面：盖"晋一允记"章
图　　　案：帆船
图　　　色：紫色
规　　　格：10.3×5.7cm
稀　缺　度：★★★★

编　　　号：151
票　　　面：文水县堡子村维持金融券
面　　　额：壹角
票面年份：民国二十五年（1936年）
背　　　面：手书"发"
图　　　案：火车
图　　　色：蓝色
规　　　格：11.6×5.9cm
稀　缺　度：★★★

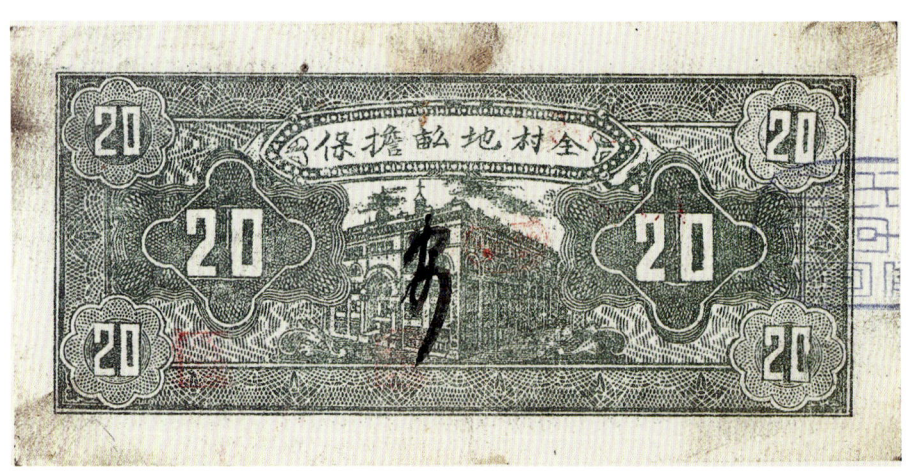

编　　号：152
票　　面：文水县堡子村维持金融券
面　　额：贰角
票面年份：民国二十五年（1936年）
背　　面：手书"安"
图　　案：火车
图　　色：蓝色
规　　格：11.6×5.9cm
稀　缺　度：★★★

编　　　号：**153**
票　　　面：文水县堡子村维持金融券
面　　　额：伍角
票面年份：民国二十五年（1936年）
背　　　面：手书"海"
图　　　案：火车
图　　　色：棕色
规　　　格：11.5×5.7cm
稀　缺　度：★★★

编　　号：154
票　　面：裕隆实业商行
面　　额：伍分
票面地名：印"文水县堡子村"
票面年份：民国二十六年（1937年）
图　　案：火车
图　　色：绿色
规　　格：10.1×5.4cm
稀 缺 度：★★★

编　　　号：155
票　　　面：半峪四村维持金融券
面　　　额：壹角
票面地名：印"文水县"
票面年份：民国二十六年（1937年）
图　　　案：火车
图　　　色：棕色
规　　　格：11.5×5.9cm
稀　缺　度：★★★

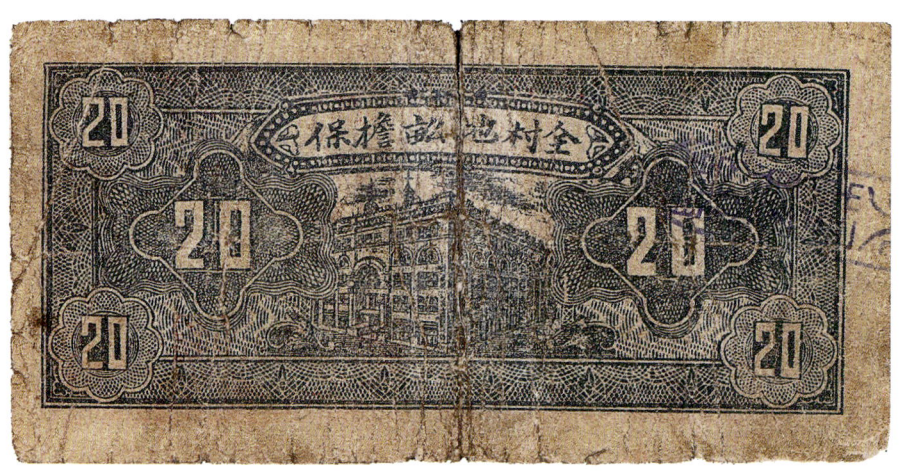

编　　　号：156
票　　　面：半峪四村维持金融券
面　　　额：贰角
票面地名：印"文水县"
票面年份：民国二十六年（1937年）
图　　　案：火车
图　　　色：棕色
规　　　格：11.5×5.9cm
稀　缺　度：★★★

编　　　号：157
票　　　面：半岭四村维持金融券
面　　　额：伍角
票面地名：印"文水县"
票面年份：民国二十六年（1937年）
图　　　案：火车
图　　　色：棕色
规　　　格：11.5×5.7cm
稀缺度：★★★★

编　　　号：158
票　　　面：北关金融维持券
面　　　额：伍分
票面地名：印"文水北关"、"勤"
票面年份：民国二十六年（1937年）
背　　　面：手书"宙"
图　　　案：景
图　　　色：绿色
规　　　格：10.4×6.4cm
稀　缺　度：★★★

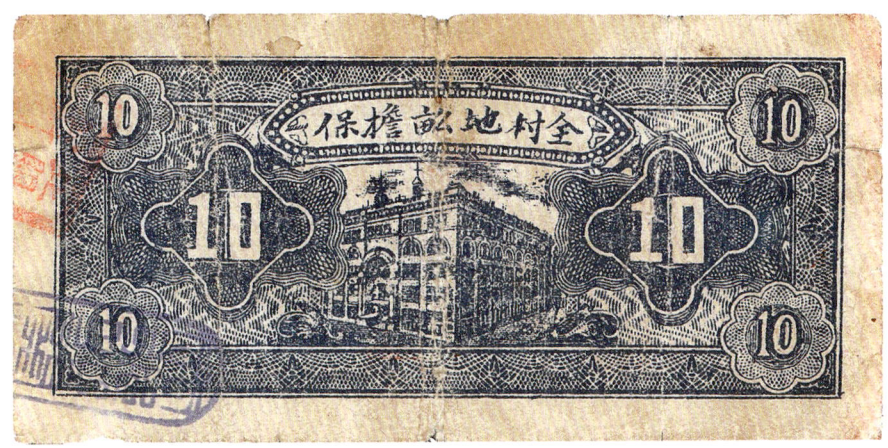

编　　　号：159　　　　　　　　　图　　　案：火车
票　　　面：文水县北关金融维持券　　图　　　色：棕色
面　　　额：壹角　　　　　　　　　规　　　格：11.5×5.7cm
票　　　面：加盖"勤"、"克"　　　稀　缺　度：★★★
票面年份：民国二十六年（1937年）

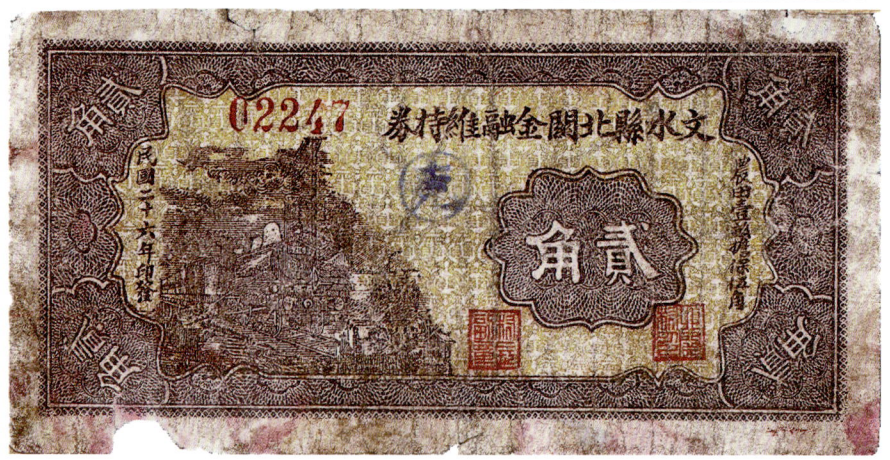

编　　　号：160　　　　　　　图　　案：火车
票　　　面：文水县北关金融维持券　　图　　色：棕色
面　　　额：贰角　　　　　　　　　　规　　格：11.5×5.9cm
票　　　面：加盖"勤"、"克"　　　　稀　缺　度：★★★
票面年份：民国二十六年（1937年）

编　　号：161
票　　面：永远久桐记兑换券
面　　额：伍分
票面地名：印"文水北关"
票面年份：民国二十六年（1937年）
图　　案：景
图　　色：绿色
规　　格：10.5×5.3cm
稀 缺 度：★★★

编　　　号：162
票　　　面：永远久桐记兑换券
面　　　额：壹角
票面地名：印"文水北关"
票面年份：民国二十六年（1937年）
背　　　面：手书"字"
图　　　案：洋楼
图　　　色：蓝色
规　　　格：10.5×5.7cm
稀　缺　度：★★★

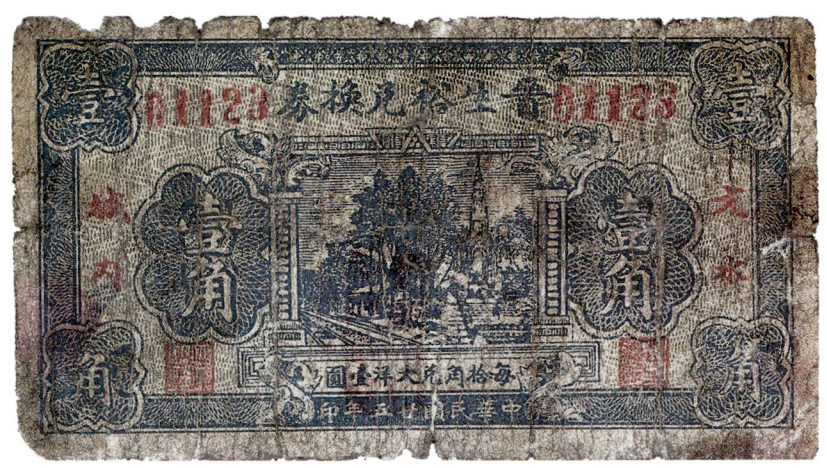

编　　　号：163
票　　　面：晋生裕兑换券
面　　　额：壹角
票面地名：加盖"文水城内"
票面年份：民国二十五年（1936年）
图　　　案：树林
图　　　色：蓝色
规　　　格：10.5×5.9cm
稀　缺　度：★★★★

编　　　号：164
票　　　面：文水东街德和永兑换券
面　　　额：铜元叁枚
票面年份：民国十五年（1926年）
背　　　面：手书"夏"
图　　　案：山林
图　　　色：紫色
印　　　刷：晋文和合书局
规　　　格：11×6cm
稀　缺　度：★★★★

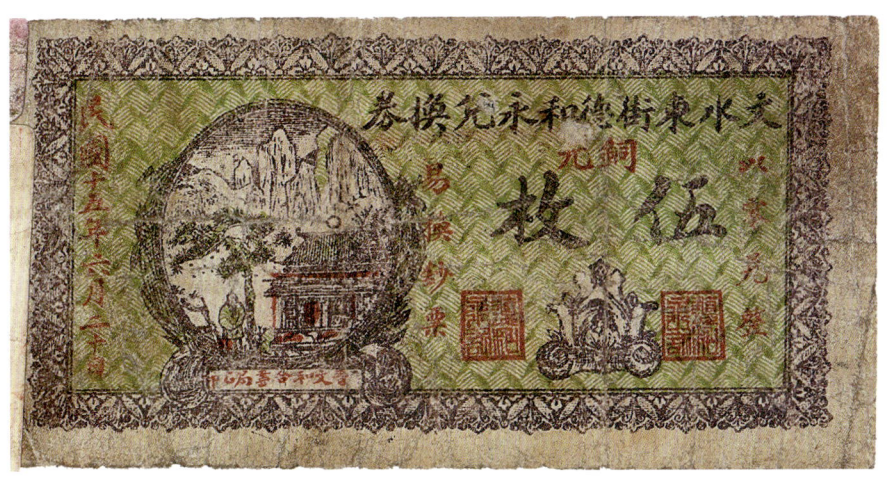

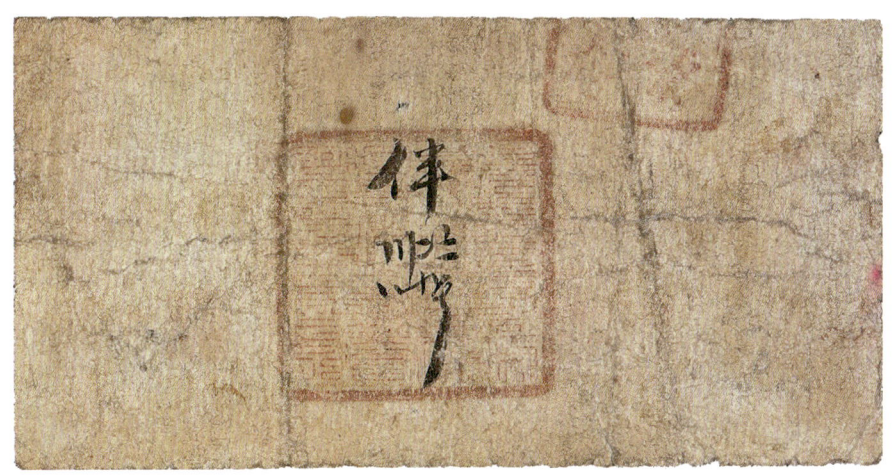

编　　　号：165
票　　　面：文水东街德和永兑换券
面　　　额：铜元伍枚
票面年份：民国十五年（1926年）
背　　　面：手书"伴"
图　　　案：山林
图　　　色：紫色
印　　　刷：晋文和合书局
规　　　格：11.3×6cm
稀　缺　度：★★★★

瑞山玉记掌柜
李玉山先生（1903-1983）

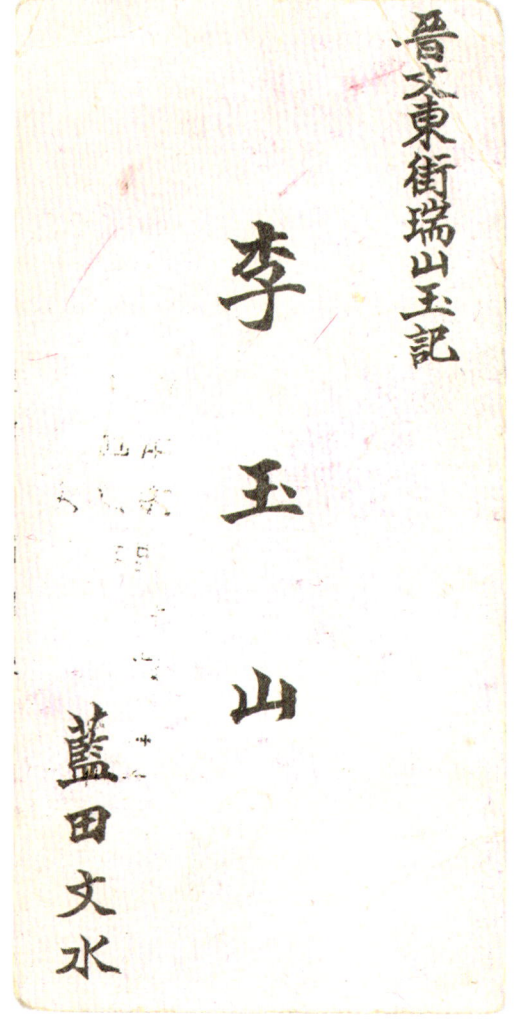

编　　　号： 166
票　　　面： 瑞山玉义记
面　　　额： 叁分
票面地名： 加盖"文水东街"
票面年份： 民国二十一年（1932年）
背　　　面： 盖"文邑瑞山玉记"章
图　　　案： 洋楼
图　　　色： 绿色
印　　　刷： 文水永和义德记石印
规　　　格： 10.4×5.4cm
稀　缺　度： ★★★★
注： 此券是由作者的姥爷开办的瑞山玉记发行。
　　　瑞山玉记掌柜是李玉山，经营粮食、杂货生意。

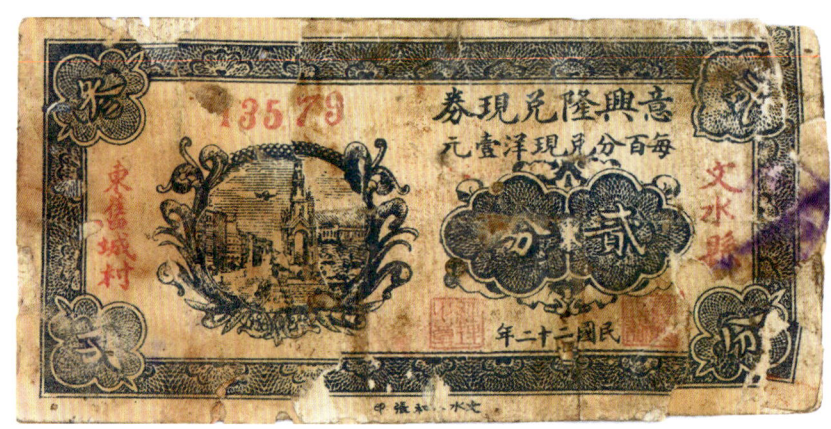

编　　　号：167
票　　　面：意兴隆兑现券
面　　　额：贰分
票面地名：印"文水县东旧城村"
票面年份：民国二十二年（1933年）
图　　　案：洋楼
图　　　色：蓝色
印　　　刷：文水人和张印
规　　　格：10.6×5.4cm
稀　缺　度：★★★

编　　　号：168
票　　　面：意兴隆兑现券
面　　　额：叁分
票面地名：印"文水县东旧城村"
票面年份：民国二十二年（1933年）
图　　　案：洋楼
图　　　色：蓝色
印　　　刷：文水人和张印
规　　　格：10.6×5.4cm
稀　缺　度：★★★

编　　　号：169	图　　　案：西洋塔楼
票　　　面：文水永义新	背　　　面：加盖"文水东旧城村永义新记"章
面　　　额：壹角	
票面地名：印"东旧城村"盖"永""通"	图　　　色：蓝色
	规　　　格：11.6×5.9cm
票面年份：民国二十五年（1936年）	稀　缺　度：★★★

编　　　号：170
票　　　面：永义新兑换券
面　　　额：贰角
票面地名：印"文水县东旧城村"、盖"业"
票面年份：民国二十五年（1936年）
图　　　案：火车
背　　　面：加盖"文水东旧城村永义新记"章
图　　　色：蓝色
规　　　格：11.6×5.9cm
稀　缺　度：★★★

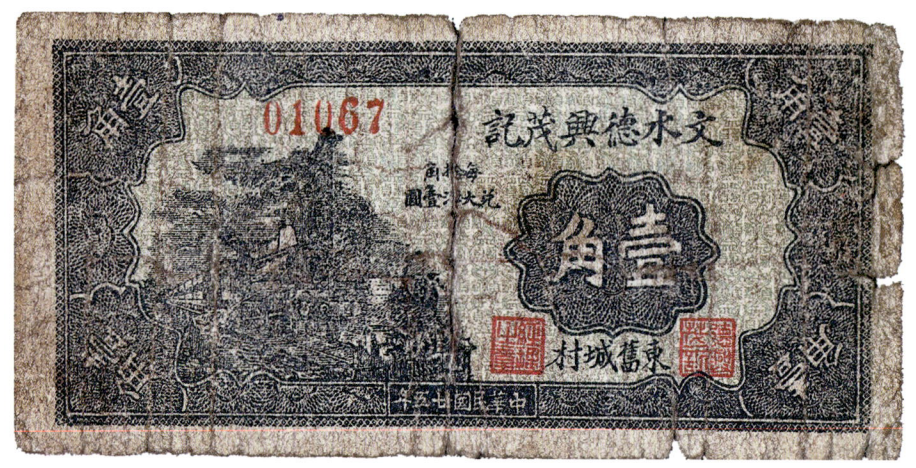

编　　　号：171
票　　　面：文水德兴茂记
面　　　额：壹角
票面地名：印"东旧城村"
票面年份：民国二十五年（1936年）
图　　　案：火车
图　　　色：蓝色
规　　　格：11.6×5.9cm
稀　缺　度：★★★

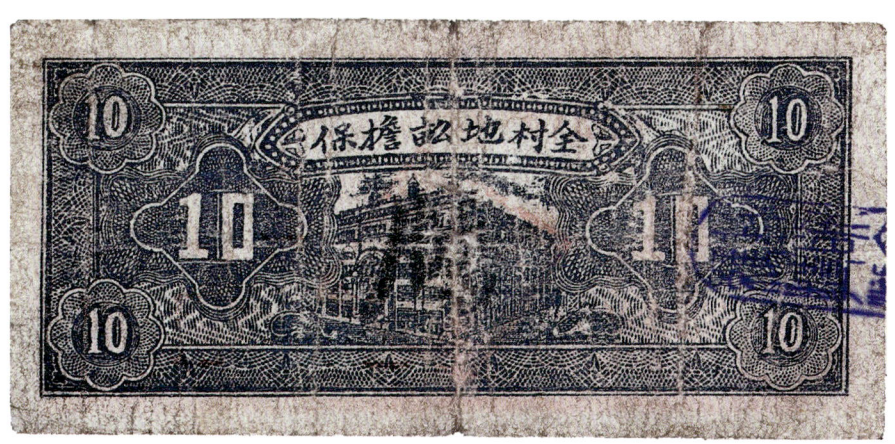

编　　　号：172
票　　　面：文水东旧城村维持金融券
面　　　额：壹角
票　　　面：加盖"拾"
票面年份：民国二十六年（1937年）
图　　　案：火车
图　　　色：棕色
规　　　格：11.4×5.6cm
稀　缺　度：★★★

编　　　号：173
票　　　面：文水东旧城村维持金融券
面　　　额：贰角
票　　　面：加盖"贰"
票面年份：民国二十六年（1937年）
图　　　案：西洋塔楼
背　　　面：手书"易""初""伴"
图　　　色：蓝色
规　　　格：11.7×6.5cm
稀　缺　度：★★★

编　　　号：174
票　　　面：文水东旧城村维持金融券
面　　　额：伍角
票面地名：印"文水县"、盖"伍"
票面年份：民国二十六年（1937年）
图　　　案：洋楼
背　　　面：手书"急"
图　　　色：棕色
规　　　格：11.7×6.4cm
稀 缺 度：★★★

编　　号：175
票　　面：宝庆瑞
面　　额：铜元壹百枚
票面地名：印"晋文大城南村"
票面年份：民国十年（1921年）
图　　案：面额
图　　色：红色
规　　格：13.7×7.5cm
稀 缺 度：★★★

编　　　号：176
票　　　面：四盛堂兑换券
面　　　额：伍分
票面地名：加盖"文水县大城南"
票面年份：民国二十五年（1936年）
图　　　案：火车
图　　　色：绿色
规　　　格：10×5.4cm
稀　缺　度：★★★

编　　　号：177
票　　　面：山泰魁维持金融券
面　　　额：贰角
票面地名：印"文水县大城南村"
票面年份：民国二十六年（1937年）
图　　　案：火车
图　　　色：蓝色
规　　　格：11.6×5.9cm
稀　缺　度：★★★★

编　　号：178
票　　面：大城南村金融兑换券
面　　额：壹角
票面地名：印"文水县大城南村"
票面年份：民国二十六年（1937年）
图　　案：火车
图　　色：棕色
规　　格：11.5×5.9cm
稀 缺 度：★★★

编　　　号：179
票　　　面：大城南村金融兑换券
面　　　额：贰角
票面地名：印"文水县大城南村"
票面年份：民国二十六年（1937年）
图　　　案：火车
图　　　色：棕色
规　　　格：11.5×5.9cm
稀缺度：★★★

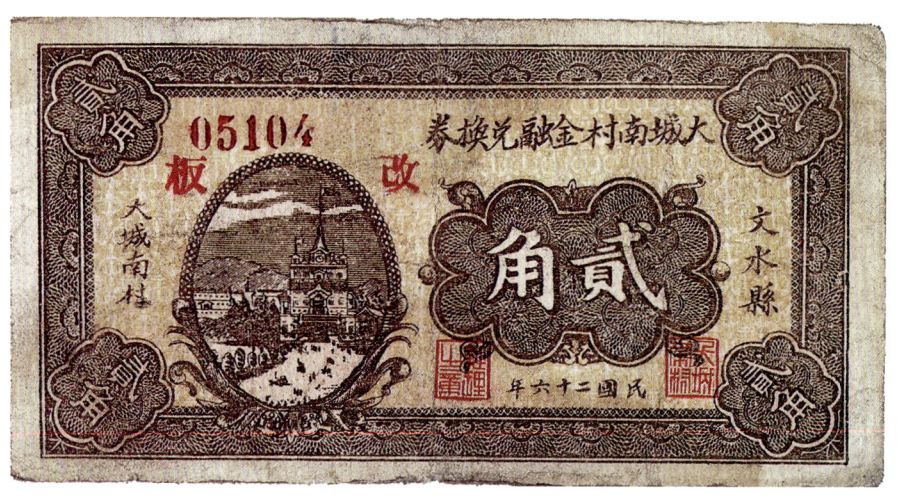

编　　　号：180
票　　　面：大城南村金融兑换券
面　　　额：贰角
票面地名：印"文水县大城南村"、盖"板""改"
票面年份：民国二十六年（1937年）
图　　　案：洋楼
图　　　色：棕色
规　　　格：11.4×6.2cm
稀　缺　度：★★★★

编　　　号：181
票　　　面：靛头五村维持金融券
面　　　额：壹角
票面地名：印"文水县"、盖"人"
票面年份：民国二十六年（1937年）
图　　　案：火车
图　　　色：棕色
规　　　格：11.6×6cm
稀 缺 度：★★★

编　　号：182
票　　面：靛头五村维持金融券
面　　额：贰角
票面地名：印"文水县"、盖"地"
票面年份：民国二十六年（1937年）
图　　案：火车
图　　色：棕色
规　　格：11.7×5.9cm
稀 缺 度：★★★

编　　　号：183
票　　　面：靛頭五村維持金融券
面　　　额：伍角
票面地名：印"文水县"、盖"天"
票面年份：民国二十六年（1937年）
图　　　案：火车
图　　　色：棕色
规　　　格：11.7×5.9cm
稀　缺　度：★★★

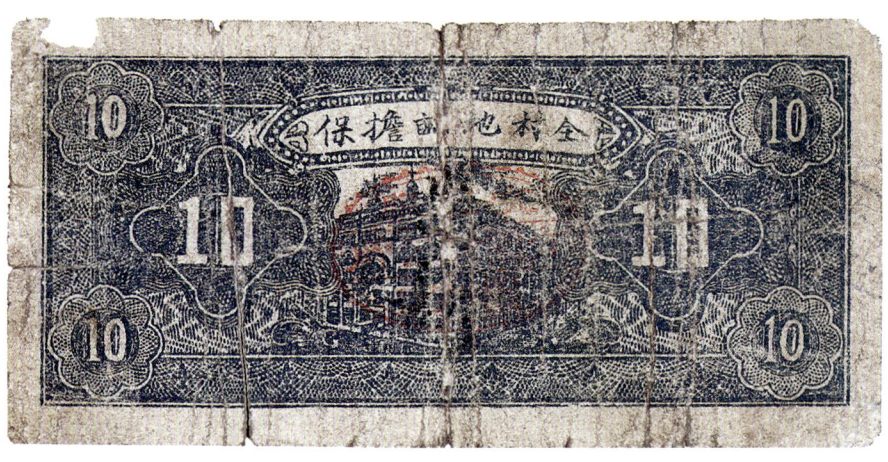

编　　　号：184
票　　　面：方圆村维持金融券
面　　　额：壹角
票面地名：印"文水县方圆村"、盖"永义兴代兑"、"兴"
票面年份：民国二十六年（1937年）
图　　　案：火车
图　　　色：棕色
规　　　格：11.4×5.7cm
稀缺度：★★★

编　　号：185
票　　面：方圆村维持金融券
面　　额：贰角
票面地名：印"文水县方圆村"、盖
　　　　　"永义兴代兑"、"兴"
票面年份：民国二十六年（1937年）

背　　面：手书"光""照"
图　　案：火车
图　　色：蓝色
规　　格：11.6×5.9cm
稀缺度：★★★★
注：此券由永义兴代兑

编　　　号：186
票　　　面：长顺源兑换券
面　　　额：壹角
票面地名：加盖"文水县方圆村"
票面年份：民国二十六年（1937年）
图　　　案：火车
图　　　色：蓝色
规　　　格：11.1×6.2cm
稀　缺　度：★★★★
注：此券是方圆村向章多村借发，属于跨村间借发。

编　　　号：187
票　　　面：长顺源兑换券
面　　　额：伍角
票面地名：加盖"文水县方圆村"
票面年份：民国二十六年（1937年）
图　　　案：轮船
背　　　面：手书"月"
图　　　色：紫色
规　　　格：11.9×6.6cm
稀　缺　度：★★★★
　　　注：此券是方圆村向章多村借发，属于跨村间借发。

编　　　号：188
票　　　面：保和成维持金融券
面　　　额：伍分
票面地名：印"文水县方圆村"
票面年份：民国二十六年（1937年）
图　　　案：轮船
图　　　色：绿色
规　　　格：10.3×5.6cm
稀　缺　度：★★★★

编　　　号：189
票　　　面：保和成维持金融券
面　　　额：壹角
票面地名：印"文水县方圆村"
票面年份：民国二十六年（1937年）
图　　　案：火车
背　　　面：手书"元叁陆号"
图　　　色：棕色
规　　　格：10.4×5.3cm
稀 缺 度：★★★★

编　　　号：190
票　　　面：冀周村信用合作券
面　　　额：壹角
票面地名：加盖"文水县"、"华"
票面年份：民国二十六年（1937年）
图　　　案：洋楼
图　　　色：紫色
规　　　格：10.8×5.3cm
稀 缺 度：★★★

编　　　号：191
票　　　面：冀周村信用合作券
面　　　额：贰角
票面地名：加盖"文水县""书"
票面年份：民国二十六年（1937年）
图　　　案：火车
图　　　色：蓝色
规　　　格：10.9×5.4cm
稀　缺　度：★★★

编　　号：192
票　　面：冀周村信用合作券
面　　额：伍角
票面地名：加盖"文水县"、"荣"
票面年份：民国二十六年（1937年）
图　　案：火车
图　　色：紫色
规　　格：12×6.3cm
稀 缺 度：★★★★

编　　　号：193
票　　　面：复兴恒记
面　　　额：贰角
票面地名：印"文水旧城庄"
票面年份：民国二十六年（1937年）
图　　　案：火车站
图　　　色：蓝色
规　　　格：10.8×6cm
稀　缺　度：★★

编　　　号：194
票　　　面：韩村信用合作券
面　　　额：伍角
票面地名：印"文水县"、盖"福"
票面年份：民国二十六年（1937年）
图　　　案：西洋塔楼
背　　　面：手书"富"
图　　　色：蓝色
规　　　格：11.5×6.2cm
稀 缺 度：★★★★

编　　　号：195
票　　　面：文水义记兑换券
面　　　额：壹角
票面地名：加盖"龙泉"
票面年份：民国十八年（1929年）
图　　　案：村景
印　　　刷：文水文惠石印馆
图　　　色：绿色
规　　　格：10.8×6cm
稀缺度：★★★★

编　　　号：196
票　　　面：文水义记兑换券
面　　　额：贰角
票面地名：加盖"龙泉"
票面年份：民国十八年（1929年）
图　　　案：村景
印　　　刷：文水文惠石印馆
图　　　色：紫色
规　　　格：10.7×5.8cm
稀缺度：★★★★

编　　号：197
票　　面：西龙泉村永和长兑换券
面　　额：伍分
票面地名：印"文水"
票面年份：民国二十六年（1937年）
图　　案：洋楼
图　　色：棕色
规　　格：10.5×5.7cm
稀 缺 度：★★★★

编　　　号：198
票　　　面：文水里洪村维持金融券
面　　　额：壹角
票面年份：民国二十五年（1936年）
图　　　案：火车
图　　　色：蓝色
规　　　格：11.8×5.8cm
稀　缺　度：★★★

编　　　号：199
票　　　面：文水里洪村维持金融券
面　　　额：贰角
票面年份：民国二十五年（1936年）
图　　　案：火车
图　　　色：蓝色
规　　　格：11.6×5.8cm
稀　缺　度：★★★

编　　　号：200
票　　　面：文水里洪村维持金融券
面　　　额：伍角
票面年份：民国二十五年（1936年）
图　　　案：火车
背　　　面：盖"里洪村公义斗局代兑"
图　　　色：蓝色
规　　　格：11.6×5.8cm
稀 缺 度：★★★

编　　　号：201
票　　　面：公义信兑换券
面　　　额：叁分
票面地名：印"文水县里洪村"
票面年份：民国二十五年（1936年）
图　　　案：轮船
背　　　面：盖"里洪村公义信记"章、盖"赐福天官"章、手书"洪"
图　　　色：绿色
规　　　格：10.2×5.4cm
稀 缺 度：★★★★

编　　　号：202
票　　　面：公义信兑换券
面　　　额：伍分
票面地名：印"文水县里洪村"
票面年份：民国二十五年（1936年）
图　　　案：轮船
背　　　面：盖"里洪村公义信记"章、盖"赐福天官"章
图　　　色：绿色
规　　　格：10.2×5.4cm
稀　缺　度：★★★★

编　　　号：203
票　　　面：谦和裕兑换券
面　　　额：贰角
票面地名：印"文水县里洪村"、盖"谦"
票面年份：民国二十六年（1937年）
图　　　案：洋楼
图　　　色：绿色
规　　　格：10.5×5.8cm
稀　缺　度：★★★★

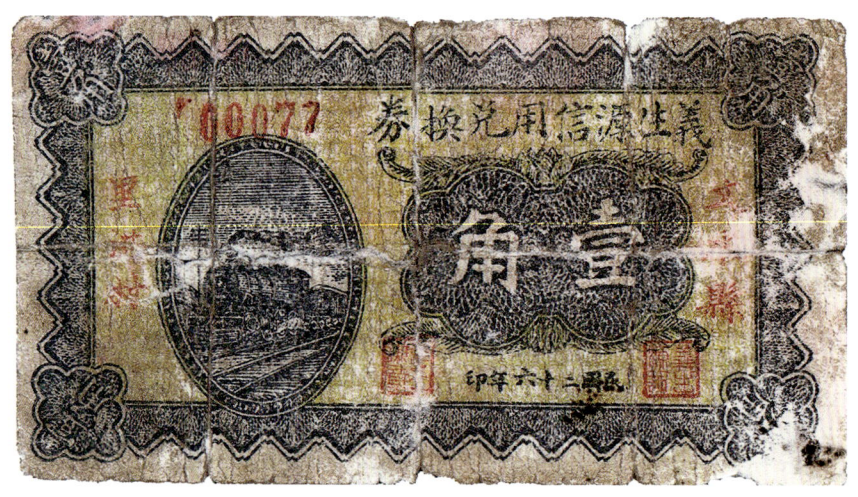

编　　　号：204
票　　　面：义生源信用兑换券
面　　　额：壹角
票面地名：加盖"文水县里洪村"
票面年份：民国二十六年（1937年）
图　　　案：火车
背　　　面：盖"义生源记"章
图　　　色：蓝色
规　　　格：10.9×6.2cm
稀　缺　度：★★★

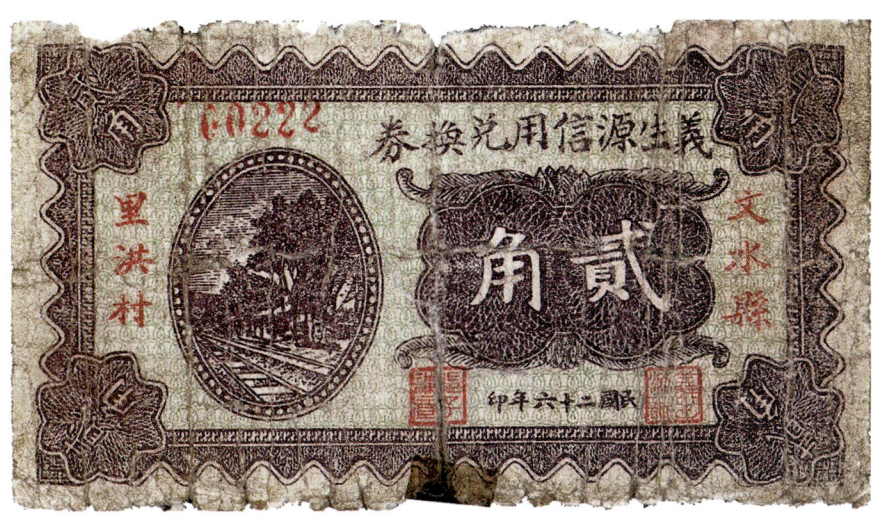

编　　　号：205
票　　　面：义生源信用兑换券
面　　　额：贰角
票面地名：加盖"文水县里洪村"
票面年份：民国二十六年（1937年）
图　　　案：铁路
背　　　面：盖"义生源记"章
图　　　色：紫色
规　　　格：11.2×6.5cm
稀 缺 度：★★★★

编　　　号：206
票　　　面：文水南峪口维持金融券
面　　　额：壹角
票面年份：民国二十六年（1937年）
图　　　案：火车
背　　　面：盖"文水县南峪口村公所"章、盖"桃形"章
图　　　色：棕色
规　　　格：11.7×5.9cm
稀　缺　度：★★★

编　　　号：207
票　　　面：文水南峪口维持金融券
面　　　额：贰角
票面年份：民国二十六年（1937年）
图　　　案：火车
背　　　面：盖"文水县南峪口村公所"章、盖"桃形"章
图　　　色：蓝色
规　　　格：11.7×5.9cm
稀　缺　度：★★★

编　　　号：208
票　　　面：文水南峪口维持金融券
面　　　额：伍角
票面年份：民国二十六年（1937年）
图　　　案：火车
背　　　面：盖"文水县南峪口村公所"章、盖"桃形"章
图　　　色：蓝色
规　　　格：11.7×5.8cm
稀缺度：★★★

编　　　号：209
票　　　面：南徐村金融合作兑换券
面　　　额：壹角
票面地名：加盖"文水县"、盖"村"
票面年份：民国二十六年（1937年）
图　　　案：火车
背　　　面：盖"文水南徐村图记"章
图　　　色：蓝色
规　　　格：11.1×6.1cm
稀　缺　度：★★★

编　　　号：210
票　　　面：南徐村金融合作兑换券
面　　　额：贰角
票面地名：加盖"文水县"、盖"徐"
票面年份：民国二十六年（1937年）
图　　　案：铁路
背　　　面：盖"文水南徐村图记"章
图　　　色：紫色
规　　　格：11.5×6.7cm
稀 缺 度：★★★

编　　号：211
票　　面：德和泰兑换券
面　　额：贰分
票面地名：加盖"文水南街"
票面年份：民国十七年（1928年）
图　　案：楼阁
背　　面：无图
印　　刷：文水和合石印局
图　　色：紫色
规　　格：10.5×5.4cm
稀缺度：★★★★

编　　号：212
票　　面：德和泰兑换券
面　　额：叁分
票面地名：加盖"文水南街"
票面年份：民国十七年（1928年）
图　　案：楼阁
背　　面：无图
印　　刷：文水和合石印局
图　　色：紫色
规　　格：10.5×5.5cm
稀缺度：★★★★

编　　　号：213
票　　　面：德和泰兑换券
面　　　额：伍分
票面地名：加盖"文水南街"
票面年份：民国十七年（1928年）
图　　　案：火车
背　　　面：无图
图　　　色：绿色
规　　　格：10×5.5cm
稀　缺　度：★★★★

编　　　号：214
票　　　面：天利和长记
面　　　额：壹角
票面地名：加盖"文水南街"、"庚"
票面年份：民国二十二年（1933年）
图　　　案：铁路
图　　　色：紫色
规　　　格：10.8×6.1cm
稀　缺　度：★★★★

编　　　号：215
票　　　面：天遇心记
面　　　额：伍分
票面地名：印"文水南关"
票面年份：民国二十五年（1936年）
图　　　案：火车
背　　　面：盖"天遇心记"章
图　　　色：绿色
规　　　格：10.2×5.4cm
稀　缺　度：★★★

编　　　号：216
票　　　面：自成永兑换券
面　　　额：伍分
票面地名：印"文水南关"
票面年份：民国二十六年（1937年）
图　　　案：火车
图　　　色：绿色
规　　　格：10.4×5.4cm
稀 缺 度：★★★

编　　　号：217
票　　　面：兴盛公兑换券
面　　　额：壹角
票面地名：印"文水南关"
票面年份：民国二十六年（1937年）
图　　　案：洋楼
背　　　面：盖"文水县南关兴盛公记"章
图　　　色：棕色
规　　　格：10.4×5.4cm
稀缺度：★★★★

编　　　号：218
票　　　面：文水南关救济金融券
面　　　额：壹角
票面地名：印"文水南关"、盖"吉"
票面年份：民国二十六年（1937年）
图　　　案：火车
图　　　色：蓝色
规　　　格：11.6×5.9cm
稀缺度：★★★

编　　　号：219
票　　　面：文水南关救济金融券
面　　　额：壹角
票面地名：印"文水南关"、盖"南关五盛长记代兑""长"
票面年份：民国二十六年（1937年）
图　　　案：火车
背　　　面：盖"五盛长记"章
图　　　色：蓝色
规　　　格：11.6×5.9cm
稀 缺 度：★★★★

编　　　号：220
票　　　面：文水桑村金融兑换券
面　　　额：壹角
票面地名：印"文水县"、盖"合""财""海""义""江"
票面年份：民国二十五年（1936年）
图　　　案：西洋塔楼
背　　　面：手书"人"
图　　　色：紫色
规　　　格：11.5×6.3cm
稀缺度：★★★

编　　　号：221
票　　　面：文水桑村金融兑换券
面　　　额：贰角
票面地名：印"文水县"、盖"公""业""达""玉"
票面年份：民国二十五年（1936年）
图　　　案：火车
背　　　面：手书"地"
图　　　色：蓝色
规　　　格：11.4×5.9cm
稀　缺　度：★★★

编　　　号：222
票　　　面：裕成厚兑换券
面　　　额：壹角
票面地名：印"文水县桑村"、盖"宽"
票面年份：民国二十六年（1937年）
图　　　案：火车
图　　　色：蓝色
规　　　格：11.6×5.9cm
稀　缺　度：★★★★

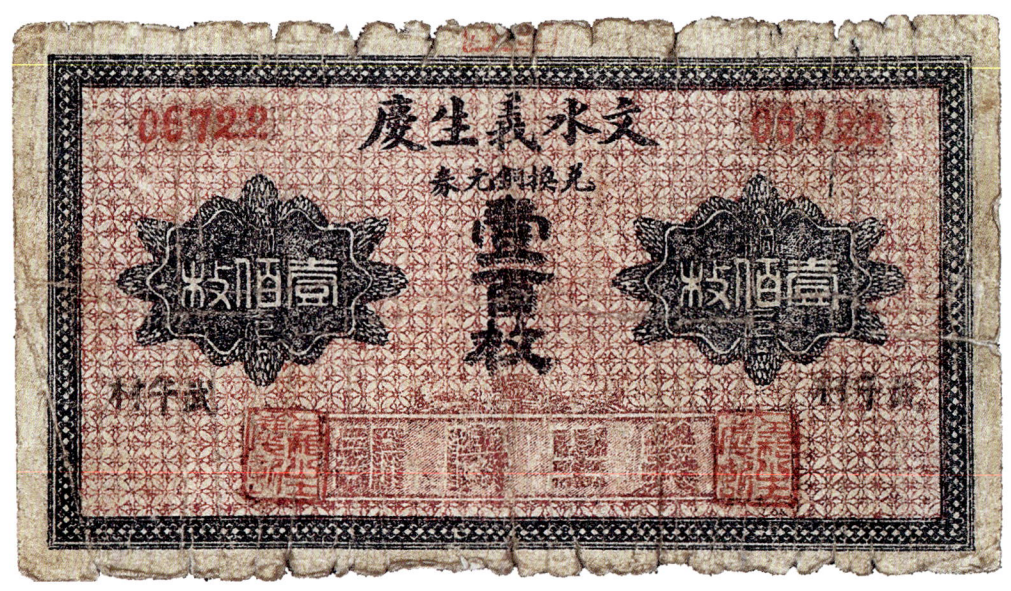

编　　号：223
票　　面：文水义生庆
面　　额：铜元壹百枚
票面地名：印"武午村"
票面年份：无
图　　案：面额
图　　色：蓝色
规　　格：12.9×7.5cm
稀缺度：★★★★
注：此券由文水义生庆银号武午村分号发行

编　　　号：224
票　　　面：文水武午村金融兑换券
面　　　额：壹角
票面地名：印"文水县"、盖"甲""源""武午"
票面年份：民国二十六年（1937年）
图　　　案：火车
图　　　色：棕色
规　　　格：11.4×5.8cm
稀　缺　度：★★★

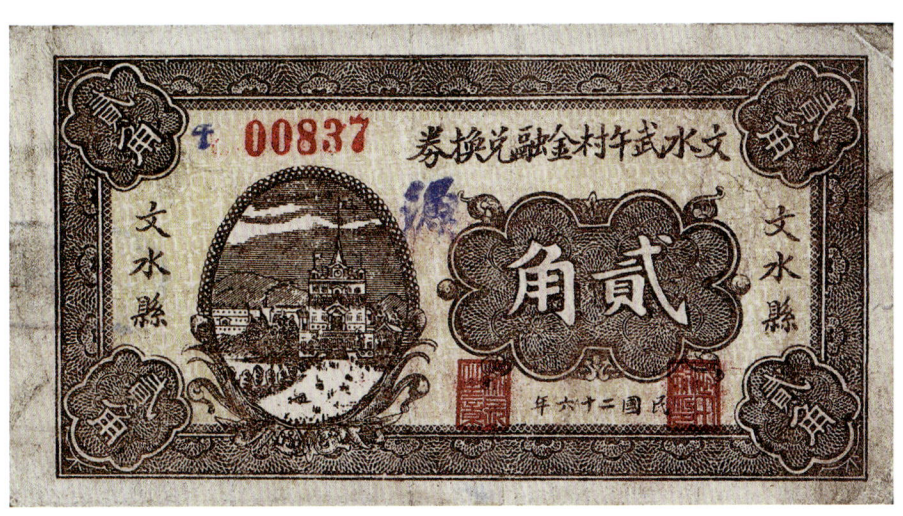

编　　号：225
票　　面：文水武午村金融兑换券
面　　额：贰角
票面地名：印"文水县"、盖"武""泰""源"
票面年份：民国二十六年（1937年）
图　　案：洋楼
图　　色：棕色
规　　格：11.5×6.4cm
稀 缺 度：★★★

编　　　号：226
票　　　面：文水武午村金融兑换券
面　　　额：伍角
票面地名：印"文水县"、盖"武"
票面年份：民国二十六年（1937年）
图　　　案：火车
背　　　面：盖"文水县武午村村公所兑换券"章、手书" 印"
图　　　色：蓝色
规　　　格：11.7×5.9cm
稀 缺 度：★★★

编　　　号：227　　　　　　　　**图　　　案**：楼阁
票　　　面：庆长久兑换券　　　　**背　　　面**：无图
面　　　额：贰分　　　　　　　　**图　　　色**：紫色
票面地名：印"文水西街"　　　　**规　　　格**：10.5×5.4cm
票面年份：民国十七年（1928年）　**稀缺度**：★★★

编　　　号：228　　　　　　　　　　　**背　　　面**：无图
票　　　面：文水西街庆长久兑换券　　　**印　　　刷**：文水和合石印局
面　　　额：伍分　　　　　　　　　　　**图　　　色**：绿色
票面年份：民国十七年（1928年）　　　　**规　　　格**：10.2×5.3cm
图　　　案：楼阁　　　　　　　　　　　**稀缺度**：★★★

编　　　号：229
票　　　面：协同心兑换券
面　　　额：伍拾文
票面地名：印"文邑西旧城村"
图　　　案：文字
背　　　面：无图
图　　　色：红色
规　　　格：11.5×5.6cm
稀 缺 度：★★★★★

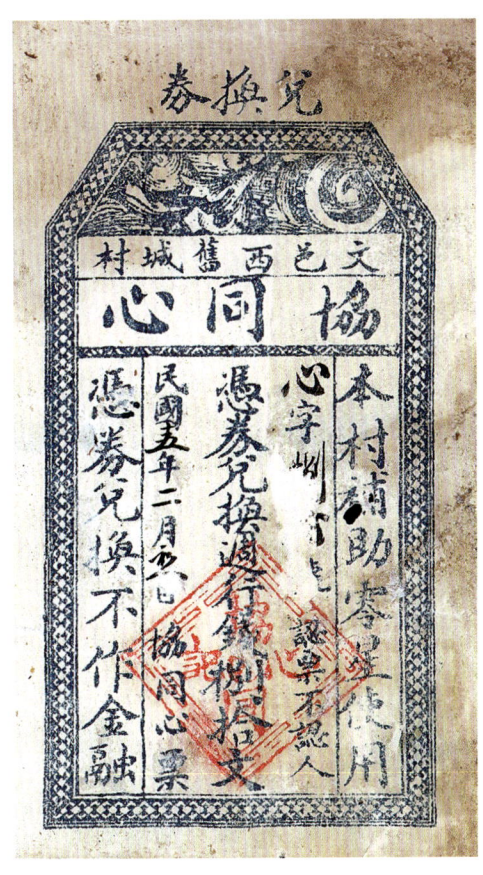

编　　　号：230
票　　　面：协同心兑换券
面　　　额：捌拾文
票面年份：民国十五年（1926年）
票面地名：加印"文邑西旧城村"
　　　　　盖"协同心记"章
图　　　案：文字
背　　　面：无图
图　　　色：蓝色
规　　　格：11.1×6.1cm
稀 缺 度：★★★★★

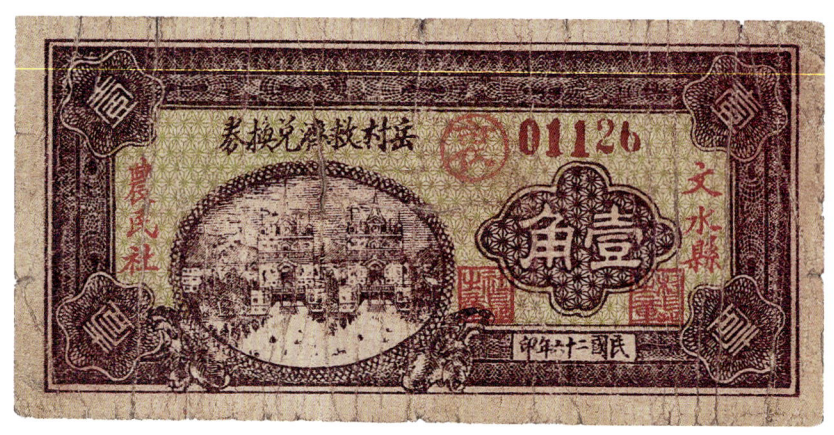

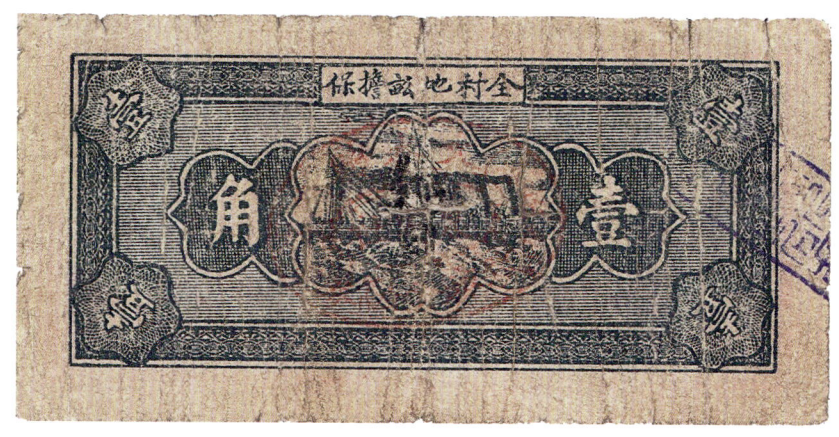

编　　　号：231
票　　　面：岳村救济兑换券
面　　　额：壹角
票面地名：加盖"文水县农民社"、盖"衷"
票面年份：民国二十六年（1937年）
图　　　案：洋楼
图　　　色：紫色
规　　　格：10.7×5.4cm
稀　缺　度：★★★

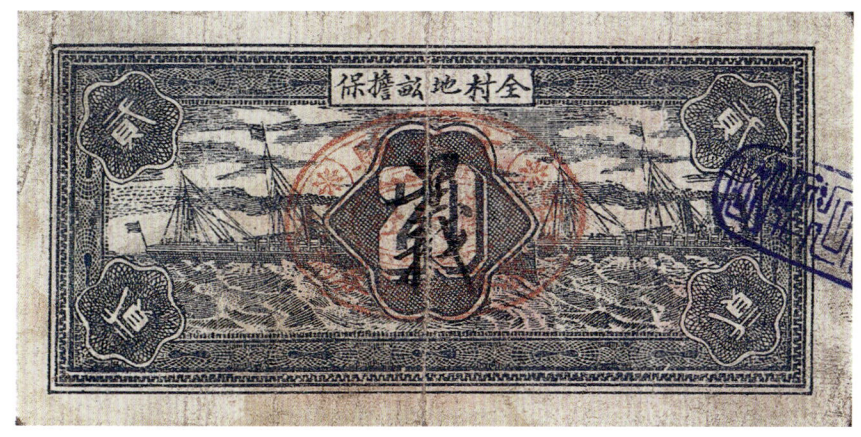

编　　　号：232
票　　　面：岳村救济兑换券
面　　　额：贰角
票面地名：加盖"文水县农民社"、盖"和"
票面年份：民国二十六年（1937年）
图　　　案：火车
背　　　面：盖"文水县岳村救济兑换券"章、手书"义"
图　　　色：蓝色
规　　　格：10.9×5.5cm
稀　缺　度：★★★

编　　　号：233
票　　　面：岳村救济兑换券
面　　　额：伍角
票面地名：加盖"文水县农民社"、盖"利"
票面年份：民国二十六年（1937年）
图　　　案：火车
背　　　面：盖"文水县岳村救济兑换券"章、"全村地亩担保"
　　　　　　手书"金"
图　　　色：紫色
规　　　格：12×6.2cm
稀　缺　度：★★★

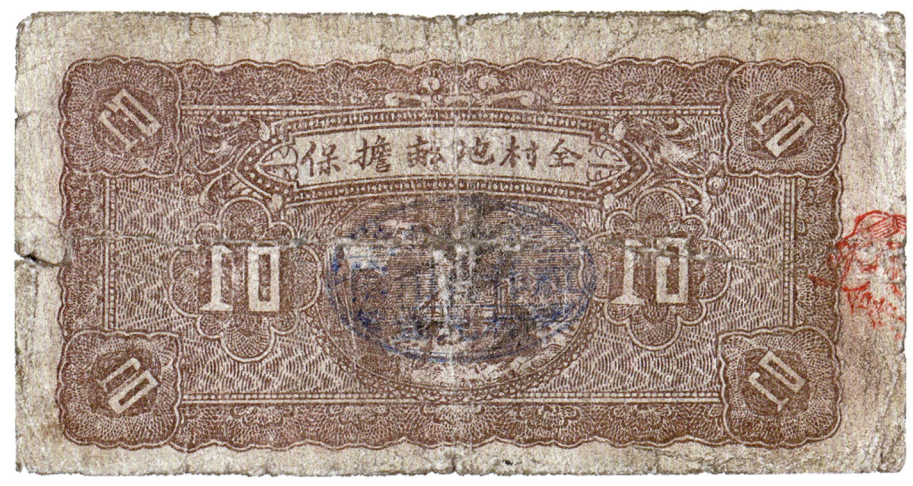

编　　　号：234
票　　　面：宜儿村维持金融券
面　　　额：壹角
票面地名：印"文水县"、盖"清"
票面年份：民国二十五年（1936年）
图　　　案：西洋塔楼
图　　　色：紫色
规　　　格：11.6×6.2cm
稀缺度：★★★

编　　　号：235
票　　　面：宜儿村维持金融券
面　　　额：贰角
票面地名：印"文水县"、盖"清"
票面年份：民国二十五年（1936年）
图　　　案：轮船
背　　　面：手书"盈"
图　　　色：紫色
规　　　格：11.2×6.5cm
稀 缺 度：★★★

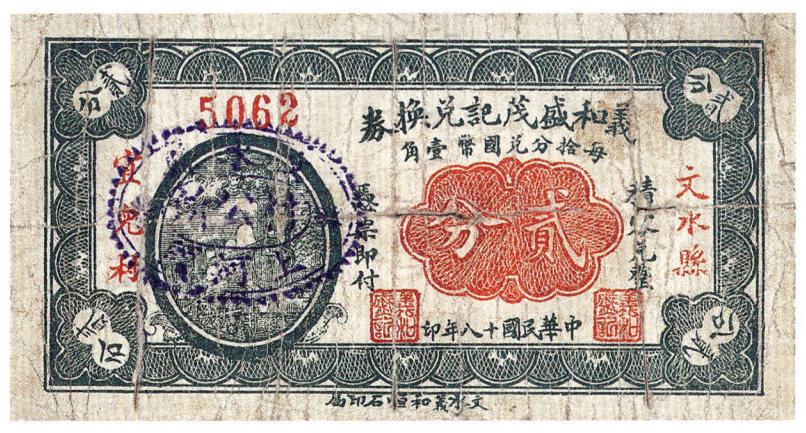

编　　　号：236
票　　　面：义和盛茂记兑换券
面　　　额：贰分
票面地名：加盖"文水县宜儿村"
票面年份：民国十八年（1929年）
图　　　案：火车

印　　　刷：文水义和恒石印局
图　　　色：绿色
规　　　格：10.2×5.4cm
稀　缺　度：★★★★
注：两券编号为同一号码。此券为上河头村借发。

编　　号：237
票　　面：义和盛茂记兑换券
面　　额：贰角
票面地名：加盖"文水县宜儿村"
票面年份：民国十七年（1928年）
图　　案：楼阁
印　　刷：文水义和恒石印局
图　　色：紫色
规　　格：10.6×5.9cm
稀 缺 度：★★★
　　　注：此券为上河头村借发

编　　　号：238
票　　　面：章多村信用合作社兑换券
面　　　额：贰角
票面地名：印"文水县"、盖"宙""列"
票面年份：民国二十四年（1935年）
图　　　案：楼阁
背　　　面：盖"文水县章多村信用合作社"章
　　　　　　手书"弗""磨"
图　　　色：紫色
规　　　格：11.5×5.9cm
稀 缺 度：★★★

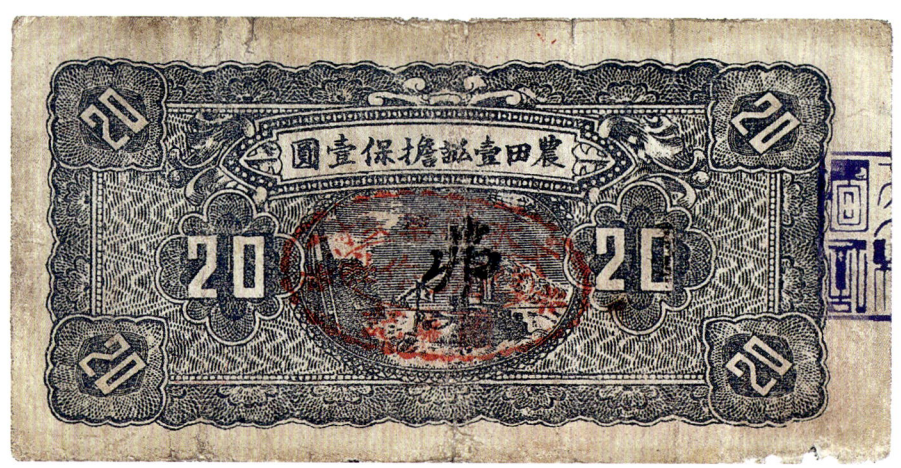

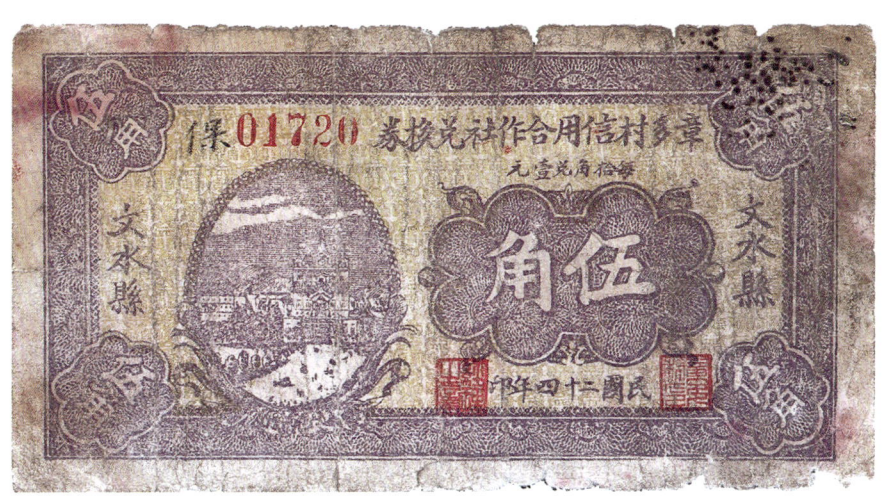

编　　　号：239
票　　　面：章多村信用合作社兑换券
面　　　额：伍角
票面地名：印"文水县"、盖"保"
票面年份：民国二十四年（1935年）
图　　　案：楼阁
背　　　面：盖"文水县章多村信用合作社"章
图　　　色：紫色
规　　　格：11.3×6.2cm
稀　缺　度：★★★

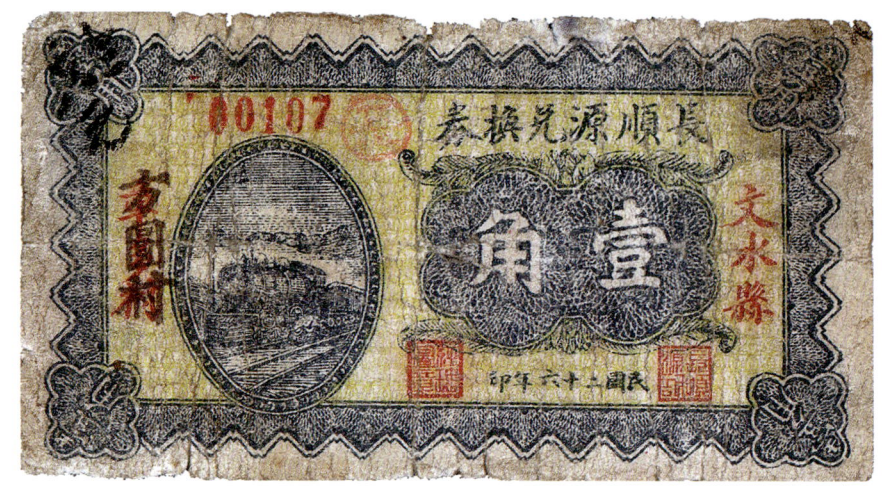

编　　　号：240
票　　　面：长顺源兑换券
面　　　额：壹角
票面地名：加盖"文水县章多村"
票面年份：民国二十六年（1937年）
图　　　案：火车
图　　　色：蓝色
规　　　格：11.1×6.2cm
稀 缺 度：★★★
　　　注：此券由方圆村借发

编　　　号：241
票　　　面：长顺源兑换券
面　　　额：贰角
票面地名：加盖"文水县章多村"
票面年份：民国二十六年（1937年）
图　　　案：火车
背　　　面：手书"顺"
图　　　色：紫色
规　　　格：11.5×6.6cm
稀 缺 度：★★★

编　　　号：242
票　　　面：长顺源兑换券
面　　　额：伍角
票面地名：加盖"文水县章多村"、盖"日"
票面年份：民国二十六年（1937年）
图　　　案：轮船
背　　　面：手书"月"
图　　　色：紫色
规　　　格：11.9×6.6cm
稀　缺　度：★★★
　　　　注：此券由方圆村借发

编　　　号：243
票　　　面：永源长兑换券
面　　　额：壹角
票面地名：印"文水县章多村"、盖"蝴蝶"章
票面年份：民国二十七年（1938年）
图　　　案：火车
图　　　色：紫色
规　　　格：10.4×5.3cm
稀　缺　度：★★★

编　　　号：244
票　　　面：永源长兑换券
面　　　额：贰角
票面地名：加印"文水县章多村"、盖蝴蝶章
票面年份：民国二十七年（1938年）
图　　　案：火车
图　　　色：紫色
规　　　格：11.4×5.9cm
稀　缺　度：★★★

二、开栅镇：包括原苍儿会乡

原开栅镇：开栅村、北徐村、中舍村、文倚村、武陵村、宋家庄村、樊家庄村、北峪口村、西峪口村。

原苍儿会乡：苍儿会村、温家庄村、下庄村、程家庄村、林海村、李家庄村、上王家庄村、麻峪口村、陈家庄村、李家会村、崖底村、寨子沟村、岳家庄村、下庄村、龙兴村、海岸村、陷家沟村、大村、贺家塔村、付家庄村、李家嶂村、崖头村。

编　　号：245
票　　面：三盛永兑现券
面　　额：壹角
票面地名：印"文水县开栅镇"
票面年份：民国二十三年（1934年）
图　　案：村景
图　　色：蓝色
规　　格：10.4×5.6cm
稀 缺 度：★★★★

编　　　号：246
票　　　面：自积成兑换券
面　　　额：贰角
票面地名：印"文水县开栅镇"、盖"涌"
票面年份：民国二十三年（1934年）
图　　　案：轮船
图　　　色：紫色
规　　　格：10.4×5.9cm
稀缺度：★★★★

编　　　号：**247**　　　　　　　　　　　图　　　案：古楼
票　　　面：北徐村金融兑换券　　　　　背　　　面：盖"文水县北徐村社图
面　　　额：壹角　　　　　　　　　　　　　　　　　记"章
票面地名：加盖"文水县北徐村"、　　　图　　　色：紫色
　　　　　　"元"、"亨"　　　　　　　规　　　格：10.7×5.8cm
票面年份：民国二十五年（1936年）　　稀　缺　度：★★★

编　　　号：248
票　　　面：宝峰义信用兑换券
面　　　额：壹角
票面地名：加盖"文水县北徐村"、"峯"
票面年份：民国二十六年（1937年）
图　　　案：火车
背　　　面：盖"文水县北徐村宝峰义"章
图　　　色：蓝色
规　　　格：10.9×6.1cm
稀缺度：★★★★

编　　　号：249
票　　　面：宝峰义信用兑换券
面　　　额：贰角
票面地名：加盖"文水县北徐村"、"峯"
票面年份：民国二十六年（1937年）
图　　　案：铁路
背　　　面：盖"文水县北徐村宝峰义"章
图　　　色：紫色
规　　　格：11.5×6.5cm
稀　缺　度：★★★

编　　　号：250
票　　　面：双合意信用兑换券
面　　　额：壹角
票面地名：加盖"文水县北徐村"
票面年份：民国二十六年（1937年）
图　　　案：火车
背　　　面：盖"文水县北徐村双合意"章
图　　　色：蓝色
规　　　格：11.1×6.3cm
稀　缺　度：★★★★

编　　　号：251
票　　　面：双合意信用兑换券
面　　　额：贰角
票面地名：加盖"文水县北徐村"
票面年份：民国二十六年（1937年）
图　　　案：铁路
背　　　面：盖"文水县北徐村双合意"章
图　　　色：紫色
规　　　格：11.5×6.5cm
稀 缺 度：★★★★

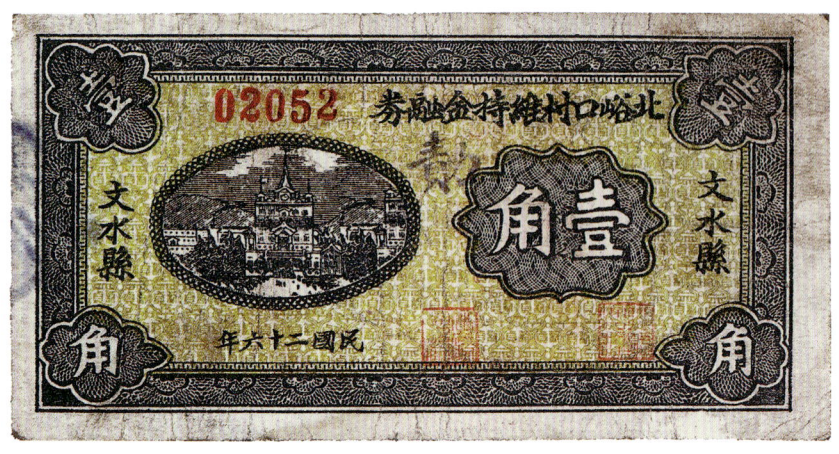

编　　　号：252
票　　　面：北峪口村维持金融券
面　　　额：壹角
票面地名：印"文水县"、盖"勋"
票面年份：民国二十六年（1937年）
图　　　案：洋楼
背　　　面：手书"村"
图　　　色：蓝色
规　　　格：10.7×5.7cm
稀 缺 度：★★★

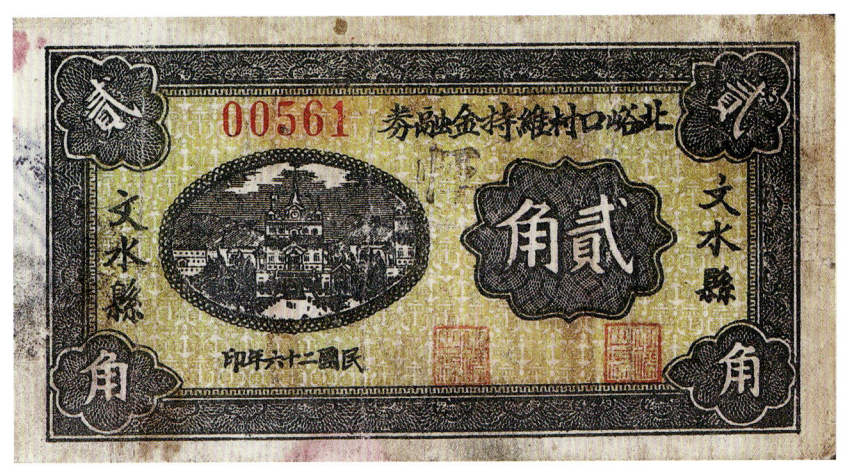

编　　　号：253
票　　　面：北峪口村维持金融券
面　　　额：贰角
票面地名：印"文水县"、盖"怡""恽""惟"
票面年份：民国二十六年（1937年）
图　　　案：洋楼
背　　　面：手书"竹""雨""松"
图　　　色：蓝色
规　　　格：10.7×5.9cm
稀　缺　度：★★★

编　　　号：254
票　　　面：德盛长兑现券
面　　　额：贰分
票面地名：印"文水县武陵乡"
票面年份：民国二十一年（1932年）
图　　　案：楼阁
背　　　面：手书"长"
图　　　色：绿色
规　　　格：10.1×5.4cm
稀　缺　度：★★★★

编　　　号：255
票　　　面：德盛长兑换券
面　　　额：叁分
票面地名：印"文水县武陵乡"
票面年份：民国二十一年（1932年）
图　　　案：楼阁
图　　　色：绿色
规　　　格：10.1×5.4cm
稀　缺　度：★★★★

编　　　号：256
票　　　面：德盛长兑现券
面　　　额：伍分
票面地名：印"文水县武陵乡"、盖"长记"
票面年份：民国二十一年（1932年）
图　　　案：楼阁
背　　　面：手书"德"
图　　　色：绿色
规　　　格：10.3×5.5cm
稀　缺　度：★★★★

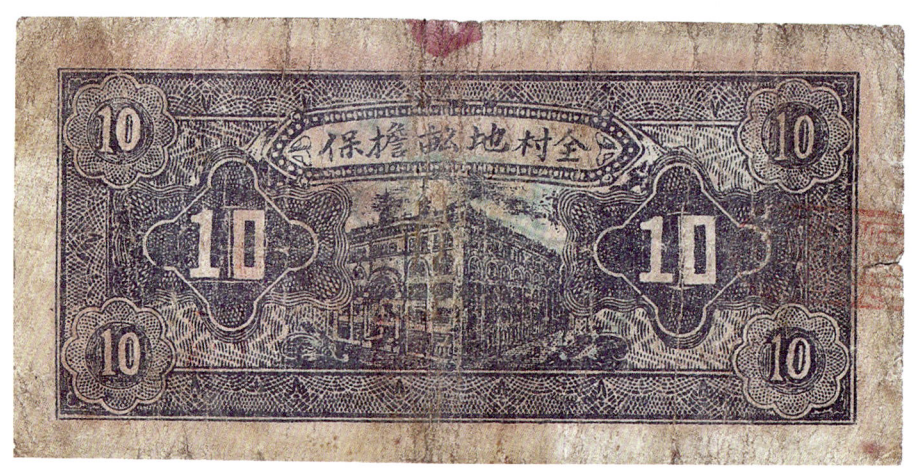

编　　　号：257
票　　　面：武陵村公所维持金融券
面　　　额：壹角
票面地名：印"文水县"
票面年份：民国二十六年（1937年）
图　　　案：火车
图　　　色：棕色
规　　　格：11.6×5.9cm
稀　缺　度：★★★

编　　　号：258
票　　　面：武陵村公所维持金融券
面　　　额：贰角
票面地名：印"文水县"
票面年份：民国二十六年（1937年）
图　　　案：火车
图　　　色：棕色
规　　　格：11.4×6.2cm
稀　缺　度：★★★

编　　　号：259
票　　　面：文倚村公所金融兑换券
面　　　额：伍分
票面地名：印"文水县"、盖"正"
票面年份：民国二十六年（1937年）
图　　　案：轮船
图　　　色：绿色
规　　　格：10.2×5.2cm
稀　缺　度：★★★★

编　　　号：260
票　　　面：文倚村公所金融兑换券
面　　　额：壹角
票面地名：印"文水县"、盖"上"
票面年份：民国二十六年（1937年）
图　　　案：洋楼
图　　　色：棕色
规　　　格：11.3×6.3cm
稀　缺　度：★★★

编　　　号：261
票　　　面：文倚村公所金融兑换券
面　　　额：贰角
票面地名：印"文水县"、盖"天"
票面年份：民国二十六年（1937年）
图　　　案：火车
图　　　色：棕色
规　　　格：11.7×6cm
稀　缺　度：★★★

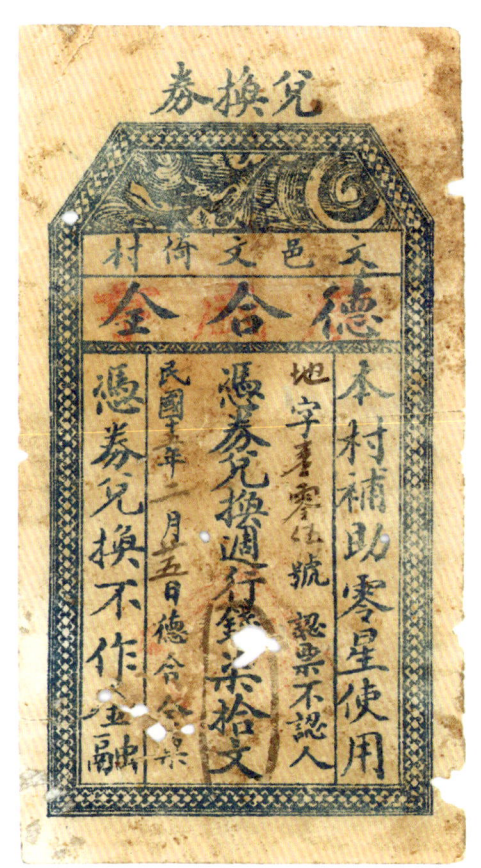

编　　　号：262
票　　　面：德合全兑换券
面　　　额：柒拾文
票面地名：印"文邑文倚村"
票面年份：民国十五年（1926年）
图　　　案：文字
背　　　面：无图
图　　　色：蓝色
规　　　格：11.2×5.8cm
稀　缺　度：★★★★★

编　　号：263
票　　面：西盛永兑换券
面　　额：贰角
票面地名：加盖"文水县西峪口村借发""守权"
票面年份：民国二十五年（1936年）
图　　案：铁路
背　　面：盖"文水县西峪口村信用合作社"章
图　　色：棕色
规　　格：11.4×6.2cm
稀 缺 度：★★★★
注：此券为西峪口村向交城县东社镇西盛永借发，属于跨县间借发。

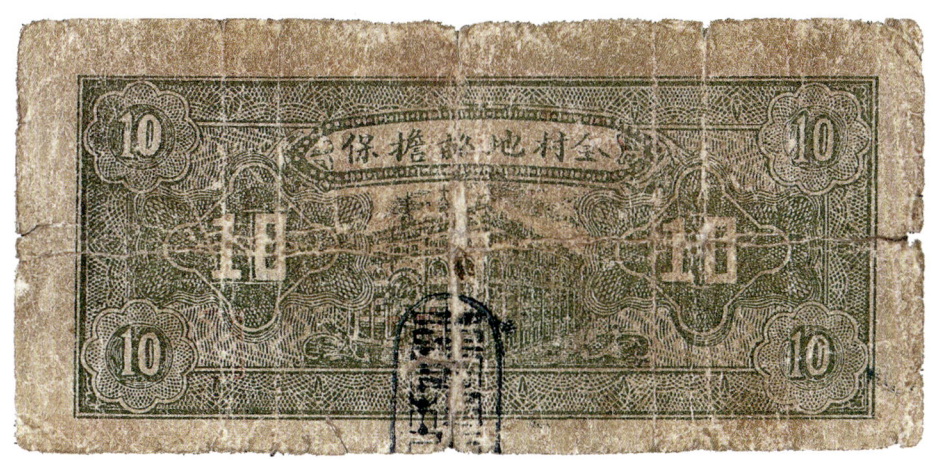

编　　　号：264
票　　　面：中舍村维持金融券
面　　　额：壹角
票面地名：印"文水县"、盖"中"
票面年份：民国二十五年（1936年）
图　　　案：火车
图　　　色：蓝色
规　　　格：11.9×5.8cm
稀　缺　度：★★★

编　　　号：265
票　　　面：中舍村维持金融券
面　　　额：贰角
票面地名：印"文水县"、盖"舍"
票面年份：民国二十五年（1936年）
图　　　案：火车
背　　　面：盖"中舍村公所"章
图　　　色：蓝色
规　　　格：11.5×5.8cm
稀 缺 度：★★★

三、孝义镇

孝义村、东夏祠村、西夏祠村、北夏祠村、桥头村、乐村、马东村、马村、上贤村、平陶村、南武渡村、北武渡村。

编　　号：266
票　　面：文水孝义镇补助金融券
面　　额：壹角
票面地名：印"文水"、盖"堃""我""能""德"
票面年份：民国二十六年（1937年）
图　　案：火车
背　　面：盖"文水县孝义镇公所图记"章
图　　色：棕色
规　　格：11.4×5.8cm
稀缺度：★★★

编　　　号：267
票　　　面：文水孝义镇补助金融券
面　　　额：贰角
票面地名：印"文水"
票面年份：民国二十六年（1937年）
图　　　案：火车
图　　　色：棕色
规　　　格：11.3×5.8cm
稀　缺　度：★★★

编　　　号：268
票　　　面：文水孝义镇补助金融券
面　　　额：伍角
票面地名：印"文水"盖"垫""我"
票面年份：民国二十六年（1937年）
图　　　案：火车
背　　　面：盖"文水县孝义镇公所图记"章
　　　　　　手书"信"
图　　　色：蓝色
规　　　格：11.8×6cm
稀　缺　度：★★★

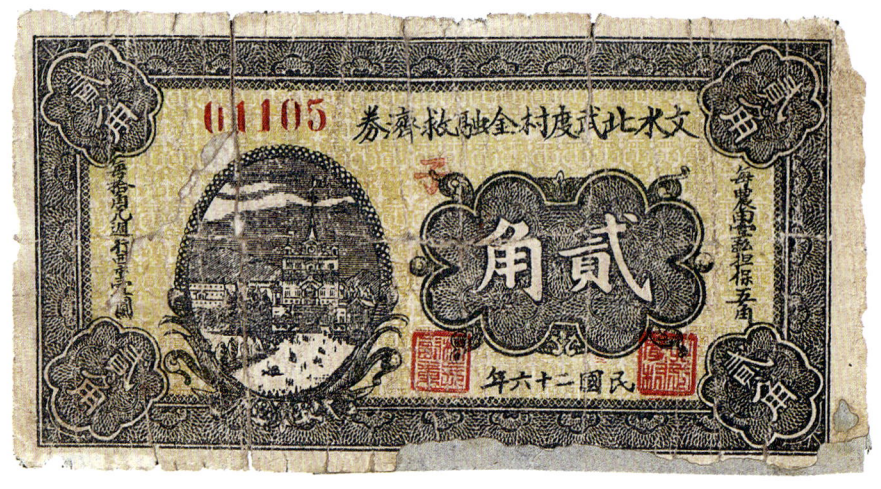

编　　　号：269
票　　　面：文水北武度村金融救济券
面　　　额：贰角
票面地名：盖"子"
票面年份：民国二十六年（1937年）
图　　　案：洋楼
图　　　色：蓝色
规　　　格：11.2×6.2cm
稀缺度：★★★★

编　　号：270
票　　面：农民信用合作券
面　　额：贰角
票面地名：加盖"文水县北夏祠"
票面年份：民国二十六年（1937年）
图　　案：火车
图　　色：蓝色
规　　格：11.1×5.5cm
稀 缺 度：★★★

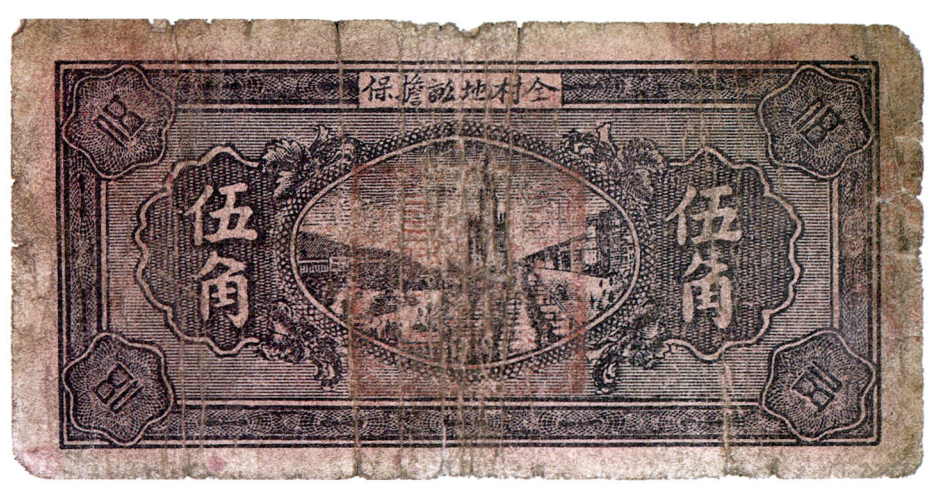

编　　　号：271
票　　　面：农民信用合作券
面　　　额：伍角
票面地名：加盖"文水县北夏祠"
票面年份：民国二十六年（1937年）
图　　　案：火车
图　　　色：紫色
规　　　格：11.9×6.1cm
稀 缺 度：★★★

编　　　号：272
票　　　面：通义公兑换券
面　　　额：壹角
票面地名：加盖"文水县北夏祠"
票面年份：民国二十六年（1937年）
图　　　案：洋楼
图　　　色：紫色
规　　　格：10.7×5.2cm
稀　缺　度：★★★

编　　　号：273
票　　　面：通义公兑换券
面　　　额：贰角
票面地名：加盖"文水县北夏祠"
票面年份：民国二十六年（1937年）
图　　　案：火车
图　　　色：紫色
规　　　格：11.2×5.5cm
稀　缺　度：★★★

编　　　号：274
票　　　面：文水东夏祠村维持金融券
面　　　额：壹角
票面年份：民国二十六年（1937年）
图　　　案：火车
图　　　色：棕色
规　　　格：11.5×5.7cm
稀　缺　度：★★★

编　　　号：275
票　　　面：文水东夏祠村维持金融券
面　　　额：贰角
票面年份：民国二十六年（1937年）
图　　　案：火车
图　　　色：蓝色
规　　　格：11.6×5.9cm
稀　缺　度：★★★

编　　　号：276
票　　　面：文水乐村维持金融券
面　　　额：壹角
票面地名：印"文水县乐村"
票面年份：民国二十六年（1937年）
图　　　案：楼阁
背　　　面：手书"救"
图　　　色：棕色
规　　　格：10.8×5.3cm
稀　缺　度：★★★

294

编　　　号：277
票　　　面：文水乐村维持金融券
面　　　额：贰角
票面地名：印"文水县乐村"
票面年份：民国二十六年（1937年）
图　　　案：洋楼
背　　　面：手书"济"
图　　　色：棕色
规　　　格：11.4×6.3cm
稀 缺 度：★★★

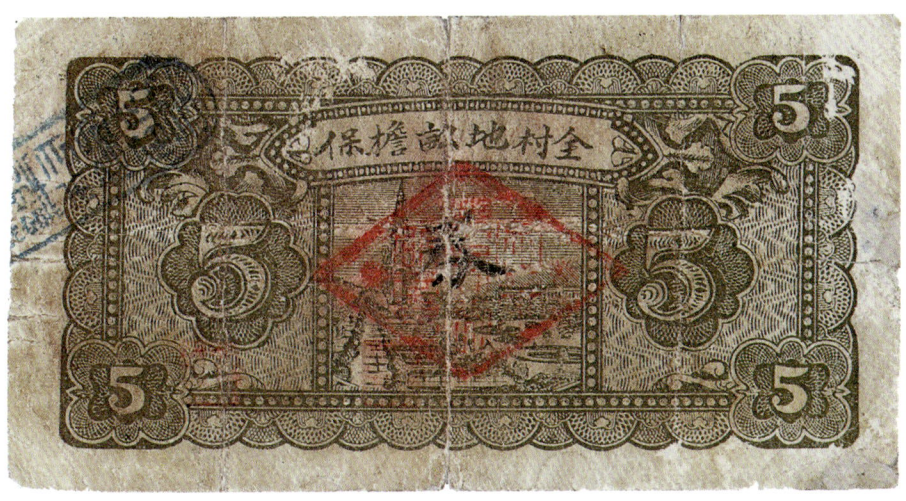

编　　　号：278
票　　　面：文水乐村维持金融券
面　　　额：伍角
票面地名：印"文水县乐村"
票面年份：民国二十六年（1937年）
图　　　案：火车
背　　　面：手书"券"
图　　　色：蓝色
规　　　格：11.6×6.3cm
稀　缺　度：★★★

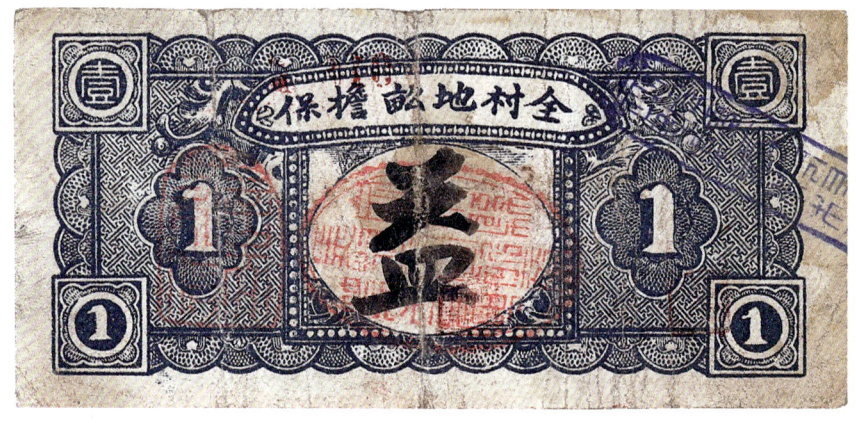

编　　　号：279
票　　　面：文水马村金融券
面　　　额：壹角
票面地名：印"文水马村"
票面年份：民国二十六年（1937年）
图　　　案：楼阁
背　　　面：手书"益"
图　　　色：棕色
规　　　格：10.9×5.3cm
稀　缺　度：★★★

编　　　号：280
票　　　面：文水马村金融券
面　　　额：贰角
票面地名：印"文水马村"
票面年份：民国二十六年（1937年）
图　　　案：火车、洋楼
背　　　面：盖"言而有信"章、手书"便""裕"
图　　　色：棕色
规　　　格：11.5×6.4cm
稀　缺　度：★★★★

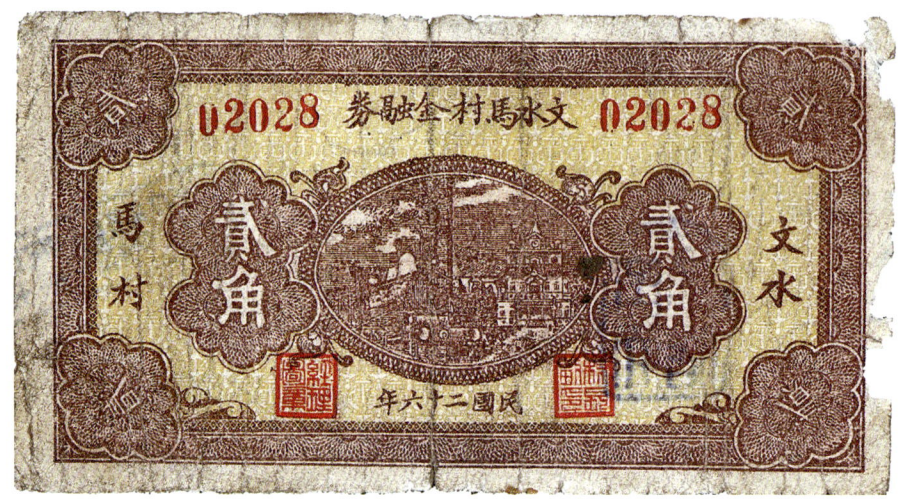

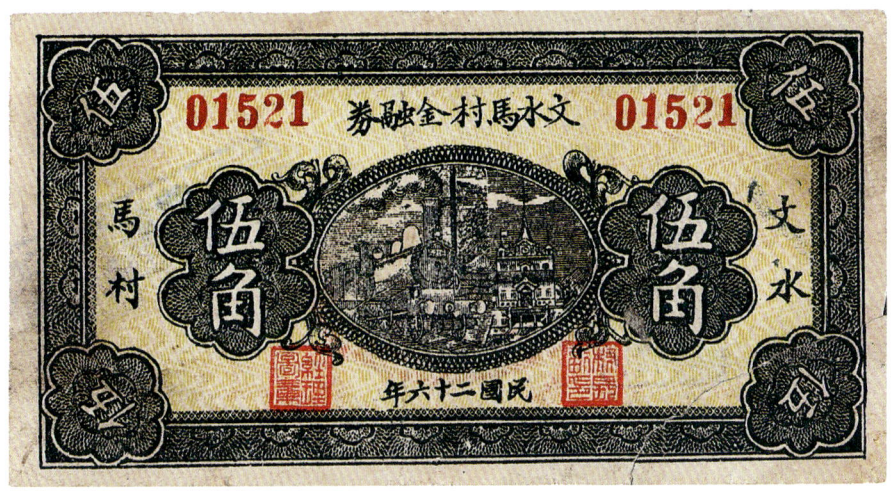

编　　　号：281
票　　　面：文水马村金融券
面　　　额：伍角
票面地名：印"文水马村"
票面年份：民国二十六年（1937年）
图　　　案：火车、洋楼
背　　　面：盖"言而有信"章、手书"民"
图　　　色：蓝色
规　　　格：11.4×6.3cm
稀　缺　度：★★★★

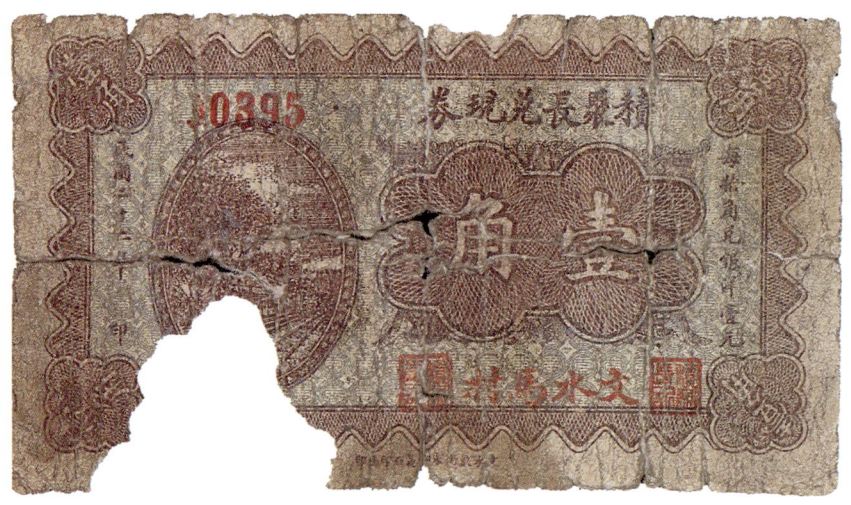

编　　　号：282
票　　　面：积聚长兑现券
面　　　额：壹角
票面地名：印"文水马村"
票面年份：民国二十二年（1933年）
图　　　案：火车
图　　　色：棕色
规　　　格：10.8×6.4cm
稀　缺　度：★★★★

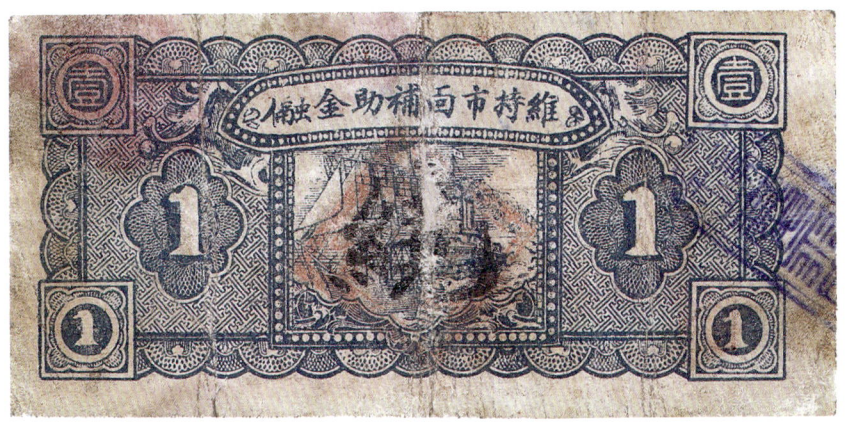

编　　　号：283
票　　　面：瑞庆永兑换券
面　　　额：壹角
票面地名：印"文水马村"
票面年份：民国二十六年（1937年）
图　　　案：楼阁
图　　　色：棕色
规　　　格：10.8×5.4cm
稀　缺　度：★★★★

编　　号：284
票　　面：长盛永兑换券
面　　额：壹角
票面地名：印"文水马村"
票面年份：民国二十六年（1937年）
图　　案：西洋塔楼
图　　色：蓝色
规　　格：11.7×6.3cm
稀 缺 度：★★★

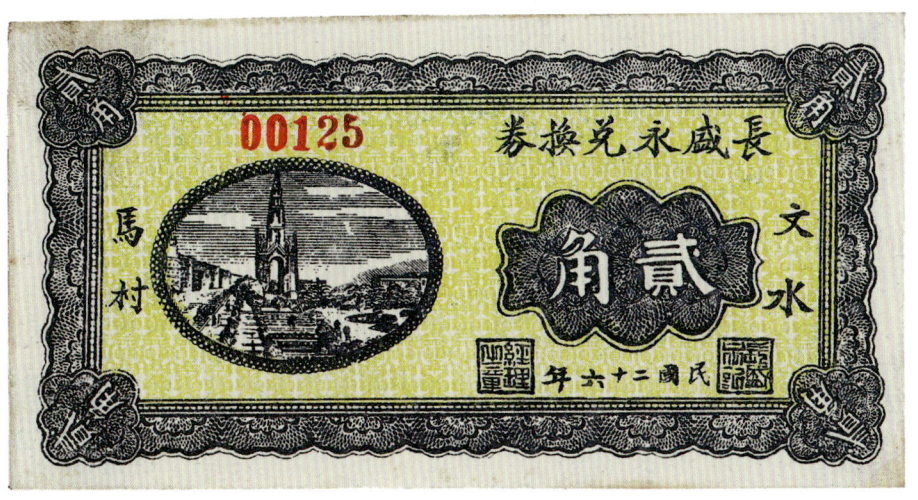

编　　　号：285
票　　　面：长盛永兑换券
面　　　额：贰角
票面地名：印"文水马村"
票面年份：民国二十六年（1937年）
图　　　案：西洋塔楼
图　　　色：蓝色
规　　　格：11.7×6.3cm
稀　缺　度：★★★

编　　　号：**286**
票　　　面：南武度村农民救济券
面　　　额：贰角
票面地名：加盖"文水县""厚"
票面年份：民国二十六年（1937年）
图　　　案：火车
图　　　色：紫色
规　　　格：10.9×5.6cm
稀　缺　度：★★★

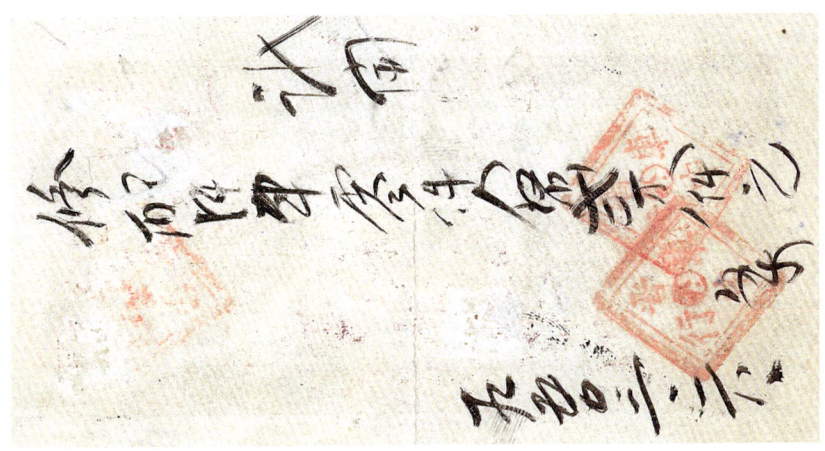

编　　　号：287
票　　　面：聚合永兑换券
面　　　额：叁分
票面地名：加盖"文水县武度村"
票面年份：民国二十二年（1933年）
图　　　案：山景
印　　　刷：文水东街永和义石印局
图　　　色：紫色
规　　　格：10.5×5.7cm
稀　缺　度：★★★★

编　　　号：288
票　　　面：文水平陶村维持金融券
面　　　额：壹角
票面年份：民国二十五年（1936年）
图　　　案：火车
背　　　面：盖"文水县平陶村公所图记"章
图　　　色：棕色
规　　　格：11.5×5.7cm
稀　缺　度：★★★

编　　　号：289
票　　　面：文水桥头村永长信用合作券
面　　　额：壹角
票面地名：加盖"祥瑞来代兑"
票面年份：民国二十三年（1934年）
图　　　案：火车
图　　　色：绿色
规　　　格：10.5×5.7cm
稀　缺　度：★★★★
　　　注：此券由祥瑞来代兑

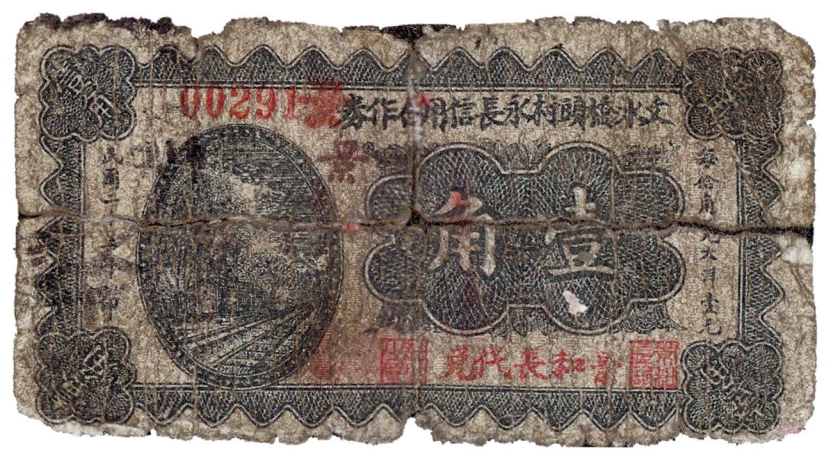

编　　　号：290
票　　　面：文水桥头村永长信用合作券
面　　　额：壹角
票面地名：加盖"景和长代兑""景"
票面年份：民国二十三年（1934年）
图　　　案：火车
图　　　色：绿色
规　　　格：10.5×5.7cm
稀缺度：★★★★
　　　注：此券由景和长代兑

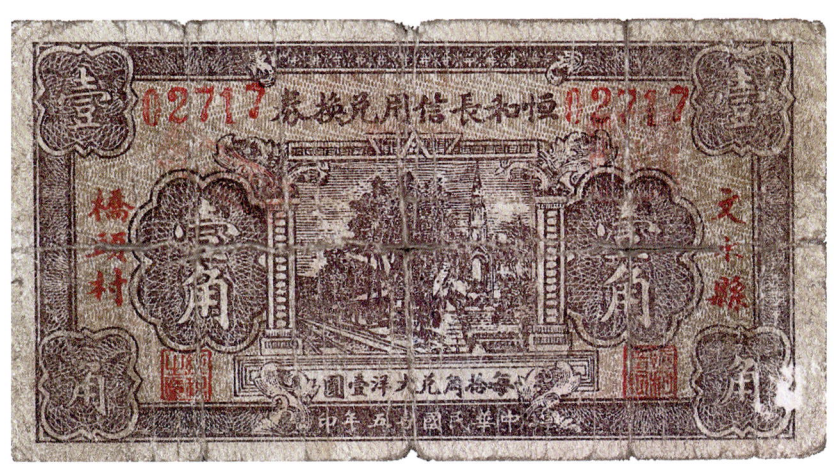

编　　　号：291
票　　　面：恒和长信用兑换券
面　　　额：壹角
票面地名：加盖"文水县桥头村"
票面年份：民国二十五年（1936年）
图　　　案：西洋塔楼
图　　　色：棕色
规　　　格：10.6×5.9cm
稀　缺　度：★★★★

编　　　号：292
票　　　面：祥瑞永兑换券
面　　　额：壹角
票面地名：加盖"文水县桥头村"、盖"葆"
票面年份：民国二十五年（1936年）
图　　　案：洋楼
背　　　面：盖"文水桥头村祥瑞永记"章
图　　　色：蓝色
规　　　格：10.7×5.3cm
稀 缺 度：★★★

编　　　号：293
票　　　面：祥瑞永兑换券
面　　　额：贰角
票面地名：加盖"文水县桥头村"、盖"葆"
票面年份：民国二十五年（1936年）
图　　　案：火车
背　　　面：盖"文水桥头村祥瑞永记"章
图　　　色：蓝色
规　　　格：11.1×5.5cm
稀　缺　度：★★★

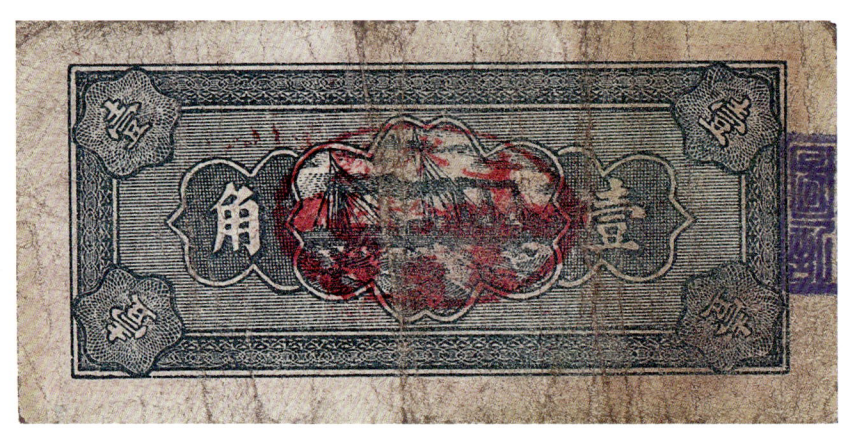

编　　　号：294
票　　　面：文水县桥头村信用合作券
面　　　额：壹角
票面地名：加盖"文水县桥头村"
票面年份：民国二十六年（1937年）
图　　　案：洋楼
图　　　色：紫色
规　　　格：10.7×5.4cm
稀　缺　度：★★★

编　　　号：295
票　　　面：桥头村信用合作券
面　　　额：贰角
票面地名：加盖"文水县""验"
票面年份：民国二十六年（1937年）
图　　　案：火车
图　　　色：蓝色
规　　　格：11.1×5.2cm
稀 缺 度：★★★

编　　　号：296
票　　　面：桥头村信用合作券
面　　　额：伍角
票面地名：加盖"文水县""龙"
票面年份：民国二十六年（1937年）
图　　　案：火车
图　　　色：棕色
规　　　格：11.9×6.3cm
稀　缺　度：★★★★

编　　　号：297
票　　　面：文水桥头村救济金融券
面　　　额：伍角
票　　　面：盖"验"、印"改版"
票面年份：民国二十七年（1938年）
背　　　面：盖"文水县桥头村公所第一区"章
图　　　案：火车
图　　　色：棕色
规　　　格：11.1×6cm
稀缺度：★★★★

编　　　号：298
票　　　面：景和长兑换券
面　　　额：壹角
票面地名：加盖"文水县桥头村""景"
票面年份：民国二十六年（1937年）
图　　　案：洋楼
背　　　面：盖"晋文桥头村景和长记"章
图　　　色：紫色
规　　　格：10.8×5.3cm
稀 缺 度：★★★

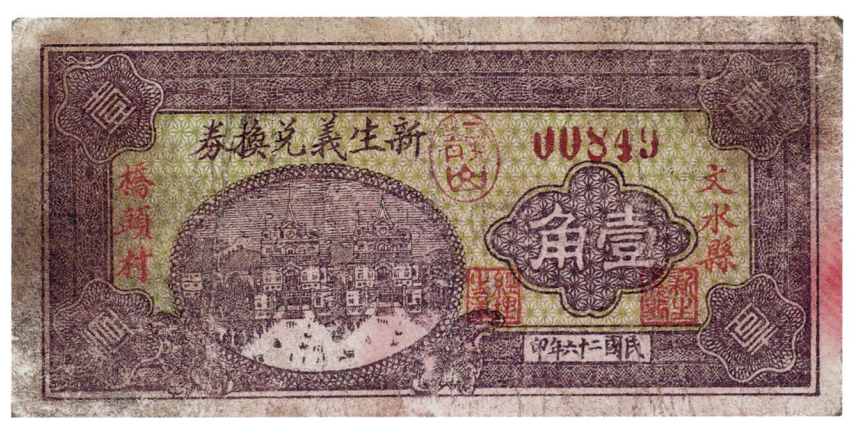

编　　　号：299
票　　　面：新生义兑换券
面　　　额：壹角
票面地名：加盖"文水县桥头村"
票面年份：民国二十六年（1937年）
图　　　案：洋楼
背　　　面：盖"晋文桥头村新生义记"章
图　　　色：紫色
规　　　格：10.8×5.3cm
稀缺度：★★★

编　　号：300
票　　面：汇源银号
面　　额：壹圆
票面地名：加盖"文水上贤村公所借发"
票面年份：民国二十年（1931年）
图　　案：村景

印　　刷：太原文华印刷厂
图　　色：蓝色
规　　格：12.3×7.1cm
稀缺度：★★★★
注：此券为上贤村向汇源银号借发，属于跨村间借发。

编　　　号：301
票　　　面：文水上贤村补助金融券
面　　　额：壹角
票面地名：印"文水"
票面年份：民国二十六年（1937年）
图　　　案：火车
图　　　色：棕色
规　　　格：11.6×5.8cm
稀　缺　度：★★★

编　　　号：302
票　　　面：文水上贤村补助金融券
面　　　额：伍角
票面地名：印"文水"
票面年份：民国二十六年（1937年）
图　　　案：火车
图　　　色：蓝色
规　　　格：11.6×5.8cm
稀　缺　度：★★★

编　　　号：303
票　　　面：西夏祠村维持金融券
面　　　额：伍角
票面地名：加盖"文水"
票面年份：民国二十六年（1937年）
图　　　案：火车
背　　　面：盖"文水县西夏祠村公所"章
图　　　色：蓝色
规　　　格：11.9×6.3cm
稀　缺　度：★★★★

四、马西乡

马西村、神堂村、穆家寨村（原中庄村）、河西村、牛家垣村、康家堡村、孝子渠村、赤峪村、中渠村、南武家坡村、大南峪村、小南峪村。

编　　号：304
票　　面：文水赤峪村维持金融券
面　　额：贰角
票面年份：民国二十六年（1937年）
图　　案：火车
背　　面：盖"文水县赤峪村村公所"章
图　　色：蓝色
规　　格：11.6×6.1cm
稀缺度：★★★

编　　　号：305
票　　　面：文水河西村维持金融券
面　　　额：壹角
票面年份：民国二十六年（1937年）
图　　　案：火车
图　　　色：蓝色
规　　　格：11.6×5.9cm
稀　缺　度：★★★

编　　　号：306
票　　　面：文水河西村维持金融券
面　　　额：贰角
票面年份：民国二十六年（1937年）
图　　　案：火车
图　　　色：蓝色
规　　　格：11.6×5.9cm
稀　缺　度：★★★

编　　　号：307
票　　　面：文水河西村维持金融券
面　　　额：伍角
票面年份：民国二十六年（1937年）
图　　　案：火车
背　　　面：手书"果""珍"
图　　　色：蓝色
规　　　格：11.6×6.1cm
稀　缺　度：★★★

编　　　号：308
票　　　面：康家庄村金融兑换券
面　　　额：壹角
票面地名：印"文水县康家庄"、盖"康"
票面年份：民国二十六年（1937年）
图　　　案：火车
背　　　面：手书"安"
图　　　色：棕色
规　　　格：11.6×5.7cm
稀　缺　度：★★★★

编　　　号：309
票　　　面：康家庄村金融兑换券
面　　　额：贰角
票面地名：印"文水县康家庄"
票面年份：民国二十六年（1937年）
图　　　案：火车
图　　　色：棕色
规　　　格：11.6×5.9cm
稀　缺　度：★★★★

编　　　号：310
票　　　面：康家庄村金融兑换券
面　　　额：伍角
票面地名：印"文水县康家庄"
票面年份：民国二十六年（1937年）
图　　　案：火车
背　　　面：手书"水"
图　　　色：蓝色
规　　　格：11.6×5.9cm
稀　缺　度：★★★★

编　　　号：311
票　　　面：德聚兴兑换券
面　　　额：贰角
票面地名：印"文水县马西村"
票面年份：民国二十六年（1937年）
图　　　案：火车
图　　　色：棕色
规　　　格：11.4×5.8cm
稀　缺　度：★★★★

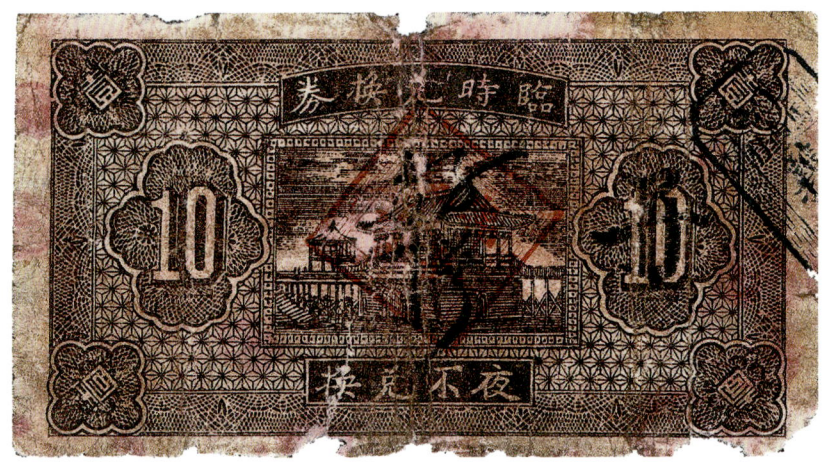

编　　　号：312
票　　　面：义成湧兑换券
面　　　额：壹角
票 面 地 名：印"文水县马西村"
　　　　　　　盖"文邑马西村东街义成湧记"章
票 面 年 份：民国二十五年（1936年）
图　　　案：铁路
背　　　面：盖"义成湧记"章
图　　　色：棕色
规　　　格：10.5×5.9cm
稀 缺 度：★★★★

编　　　号：313
票　　　面：文水马西村维持金融券
面　　　额：壹角
票面地名：印"文水县马西村"
票面年份：民国二十六年（1937年）
图　　　案：楼阁
背　　　面：盖"马西村维持金融券"章
图　　　色：棕色
规　　　格：10.7×5.3cm
稀　缺　度：★★★

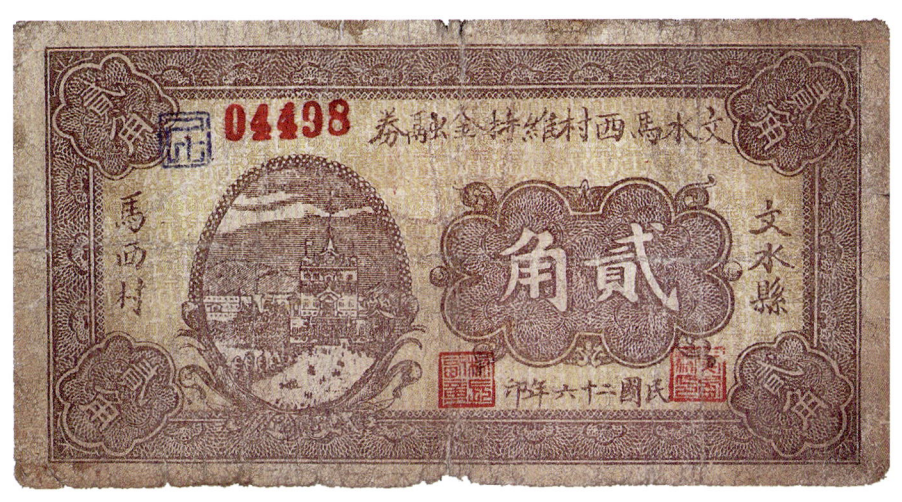

编　　　号：314
票　　　面：文水马西村维持金融券
面　　　额：贰角
票面地名：印"文水县马西村"、盖"民"
票面年份：民国二十六年（1937年）
图　　　案：洋楼
背　　　面：盖"马西村维持金融券"章
图　　　色：棕色
规　　　格：11.4×6.2cm
稀缺度：★★★

编　　　号：315
票　　　面：马西村维持金融券
面　　　额：伍角
票面地名：印"文水县"、盖"生"
票面年份：民国二十六年（1937年）
图　　　案：火车
背　　　面：盖"马西村维持金融券"章
图　　　色：紫色
规　　　格：12×6.4cm
稀 缺 度：★★★★

编　　　号：316
票　　　面：神堂村信用合作券
面　　　额：伍角
票面地名：印"文水县神堂村"、
　　　　　　盖"顺""通"
票面年份：民国二十五年（1936年）

图　　　案：火车
背　　　面：盖"吉庆平安"章
图　　　色：蓝色
规　　　格：11.6×5.8cm
稀　缺　度：★★★★

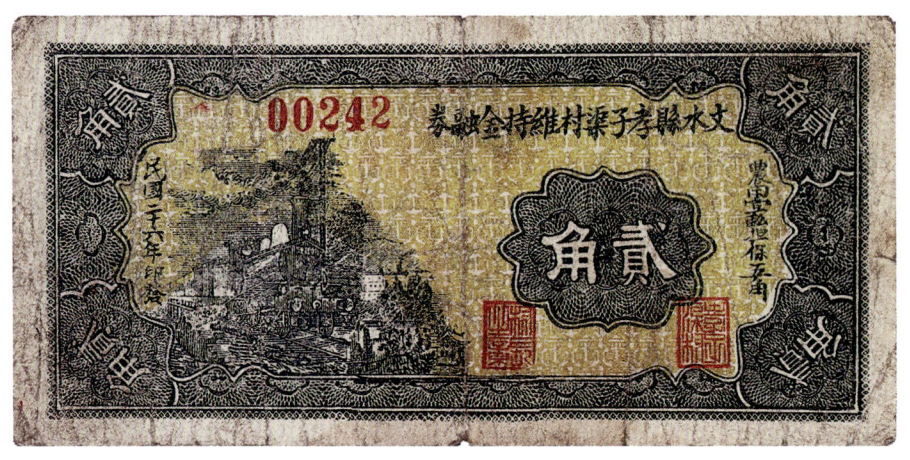

编　　　号：317
票　　　面：文水县孝子渠村维持金融券
面　　　额：贰角
票面年份：民国二十六年（1937年）
图　　　案：火车
背　　　面：盖"孝子渠村公所图章"、手书"平"
图　　　色：蓝色
规　　　格：11.5×5.7cm
稀　缺　度：★★★

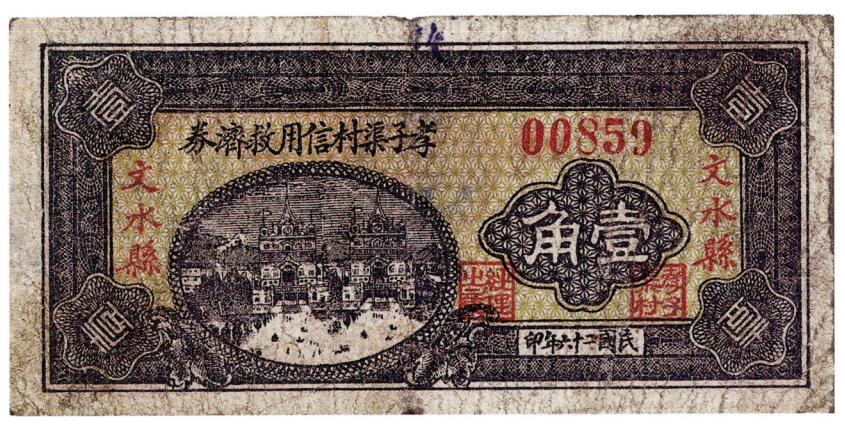

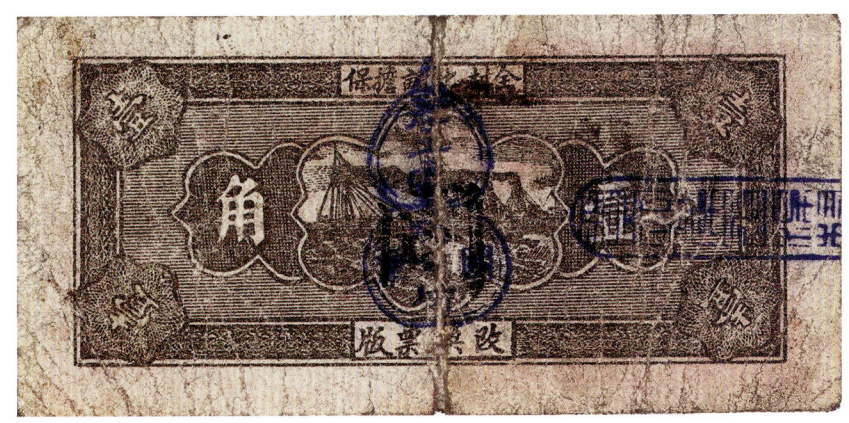

编　　　号：318
票　　　面：孝子渠村信用救济券
面　　　额：壹角
票面地名：加盖"文水县"
票面年份：民国二十六年（1937年）
图　　　案：洋楼
背　　　面：盖"孝子渠村公所图章"
图　　　色：紫色
规　　　格：10.7×5.3cm
稀　缺　度：★★★

编　　号：319
票　　面：孝子渠信用合作社
面　　额：伍角
票面地名：加盖"文水"
票面年份：民国二十六年（1937年）
图　　案：轮船
背　　面：盖"孝子渠村公所图章"、手书"心"
图　　色：棕色
规　　格：12.1×6.7cm
稀 缺 度：★★★★

编　　　号：320
票　　　面：中渠三村维持金融券
面　　　额：壹角
票面地名：加盖"文水县中渠村"
票面年份：民国二十六年（1937年）
图　　　案：楼阁
背　　　面：盖"中渠三村村公所图章"、手书"天"
图　　　色：紫色
规　　　格：10.7×5.8cm
稀缺度：★★★★

编　　　号：321
票　　　面：中渠三村维持金融券
面　　　额：贰角
票面地名：加盖"文水县中渠村"
票面年份：民国二十六年（1937年）
图　　　案：铁路
背　　　面：盖"中渠三村村公所图章"、手书"地"
图　　　色：蓝色
规　　　格：11.4×6.5cm
稀缺度：★★★★

编　　　号：322
票　　　面：中庄村补助金融券
面　　　额：伍分
票面地名：印"文水县中庄村"
票面年份：民国二十六年（1937年）
图　　　案：轮船
背　　　面：盖"中庄村补助金融券章"
图　　　色：绿色
规　　　格：10.2×5.4cm
稀　缺　度：★★★

编　　　号：323
票　　　面：中庄村补助金融券
面　　　额：壹角
票面地名：印"文水县中庄村"、盖"1"
票面年份：民国二十六年（1937年）
图　　　案：楼阁
背　　　面：盖"中庄村补助金融券章"
图　　　色：棕色
规　　　格：10.7×5.3cm
稀　缺　度：★★★

编　　　号：324
票　　　面：中庄村补助金融券
面　　　额：贰角
票面地名：印"文水县中庄村"、盖"5"
票面年份：民国二十六年（1937年）
图　　　案：洋楼
背　　　面：盖"中庄村补助金融券章"
图　　　色：棕色
规　　　格：11.4×6.4cm
稀　缺　度：★★★★

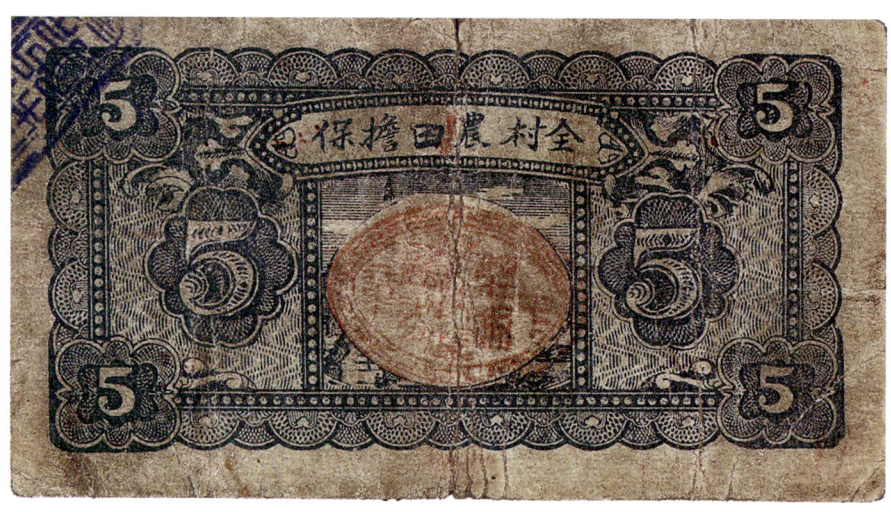

编　　　号：325
票　　　面：中庄村补助金融券
面　　　额：伍角
票面地名：印"文水县中庄村"、盖"7"
票面年份：民国二十六年（1937年）
图　　　案：洋楼、火车
背　　　面：盖"中庄村补助金融券章"
图　　　色：棕色
规　　　格：11.4×6.4cm
稀缺度：★★★★

五、西城乡

西城村、东城村、杭城村、武良村、东石补侯村、新庄村、新立村。

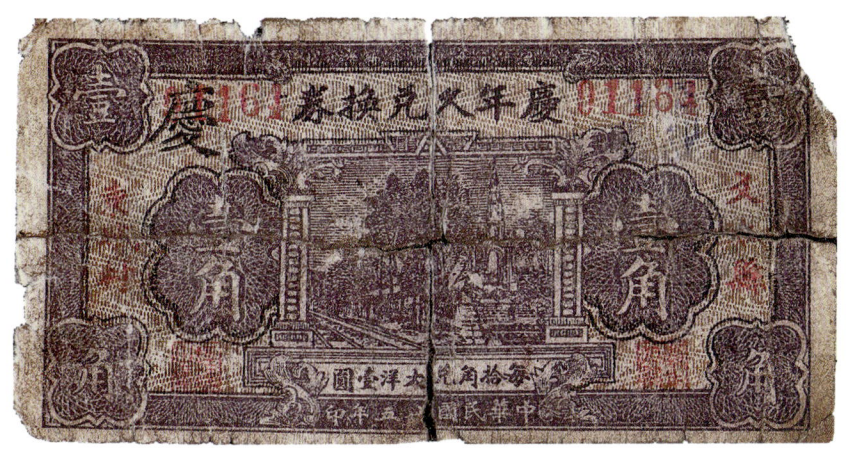

编　　号：326
票　　面：庆年久兑换券
面　　额：壹角
票面地名：加盖"文水县东城村""庆"
票面年份：民国二十五年（1936年）
图　　案：铁路
图　　色：紫色
规　　格：10.7×5.7cm
稀 缺 度：★★★

编　　　号：327
票　　　面：东城镇农村救济券
面　　　额：壹角
票面地名：加盖"文水""建"
票面年份：民国二十六年（1937年）
图　　　案：洋楼
背　　　面：盖"文邑东城镇村图记"章
图　　　色：蓝色
规　　　格：10.7×5.4cm
稀 缺 度：★★★

编　　　号：328
票　　　面：东城镇农村救济券
面　　　额：贰角
票面地名：加盖"文水"
票面年份：民国二十六年（1937年）
图　　　案：火车
背　　　面：盖"文邑东城镇村图记"章
图　　　色：紫色
规　　　格：10.9×5.5cm
稀　缺　度：★★★

编　　号：329
票　　面：东城镇农村救济券
面　　额：伍角
票面地名：加盖"文水"、"事"
票面年份：民国二十六年（1937年）
图　　案：火车
背　　面：盖"文邑东城镇村图记"章
图　　色：紫色
规　　格：11.9×6.3cm
稀缺度：★★★★

编　　　号：330
票　　　面：源通五长记兑换券
面　　　额：贰角
票面地名：加盖"文水县杭城村广和泉借发""广""晋记"
票面年份：民国二十七年（1938年）
图　　　案：火车
印　　　刷：文水和合石印局

背　　　面：盖"文水县广和泉记借发"章、手书"京"
图　　　色：紫色
规　　　格：11.2×5.5cm
稀 缺 度：★★★
注：此券为杭城村广和泉向交城县营儿村源通五长记借发，属于跨县间借发。

编　　号：331
票　　面：文水三合永兑换券
面　　额：贰角
票面地名：加盖"杭城村""远"
　　　　　盖"文水县杭城村村公所借发券"
票面年份：民国十七年（1928年）
图　　案：楼阁
背　　面：英文黑签、盖"文水县杭城村图记"章
图　　色：紫色
规　　格：11×5.9cm
稀缺度：★★★
　　注：此券为杭城村村公所向杭城村三合永借发，
　　　　属于同村间借发。

编　　　号：332
票　　　面：文水三盛玉兑换券
面　　　额：壹角
票面地名：印"东石侯"、盖"兑换农产"
票面年份：民国十六年（1927年）
图　　　案：房屋
图　　　色：绿色
规　　　格：10.8×5.8cm
稀　缺　度：★★★
　　　　注：此券为横沟村公所借发

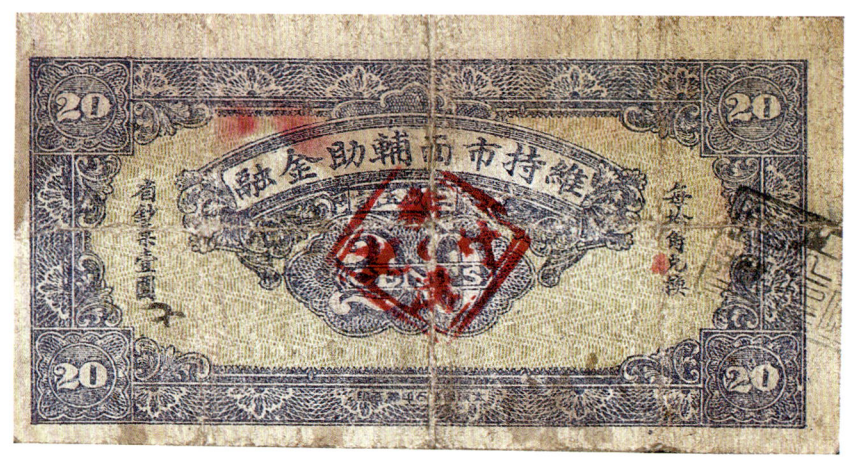

编　　　号：333
票　　　面：文水三盛玉兑换券
面　　　额：贰角
票面地名：印"东石侯"、盖"兑换农产"
票面年份：民国十六年（1927年）
图　　　案：房屋
图　　　色：绿色
规　　　格：10.8×5.8cm
稀 缺 度：★★★
　　　　注：此券为横沟村公所借发

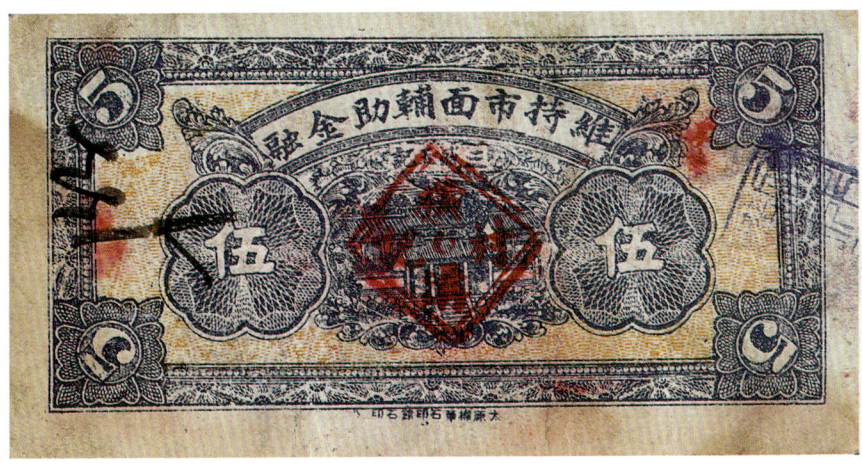

编　　　号：334
票　　　面：文水三盛玉兑换券
面　　　额：伍角
票面地名：印"东石侯"、盖"兑换农产"
票面年份：民国十六年（1927年）
图　　　案：房屋
图　　　色：绿色
规　　　格：11.2×5.9cm
稀　缺　度：★★★
　　　　　注：此券为横沟村公所借发

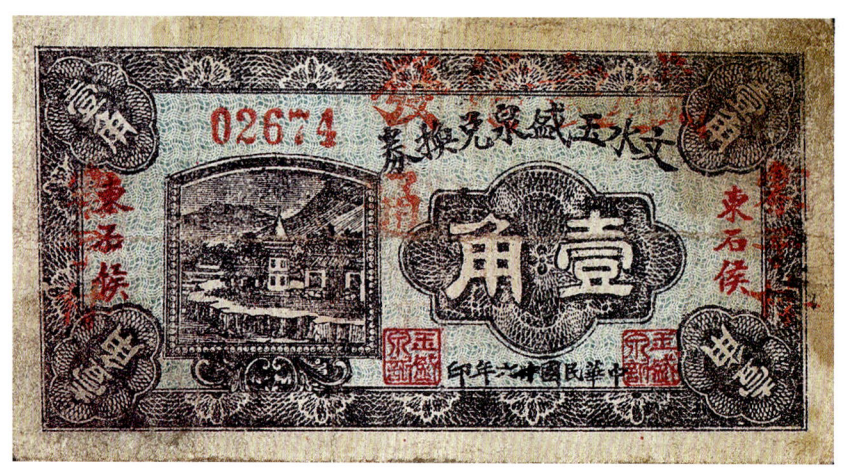

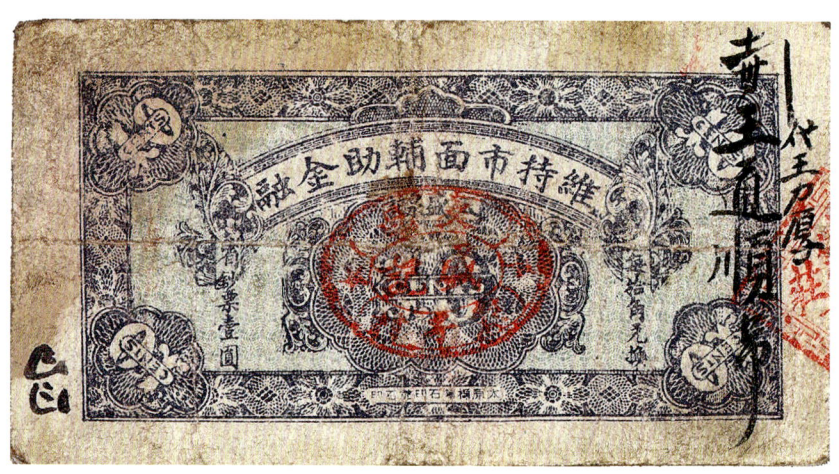

编　　　号：335
票　　　面：文水玉盛泉兑换券
面　　　额：壹角
票面地名：加盖"东石侯""通"
票面年份：民国十六年（1927年）
图　　　案：西洋塔楼
图　　　色：蓝色
规　　　格：10.8×5.9cm
稀 缺 度：★★★
　　　　　注：此券为寨子村借发

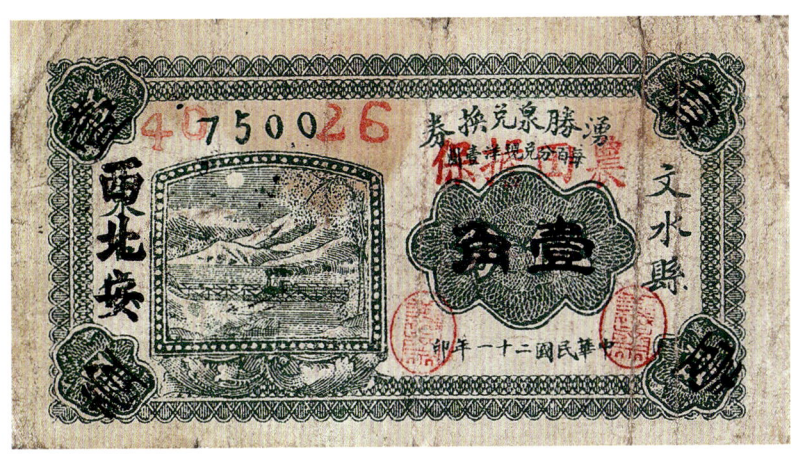

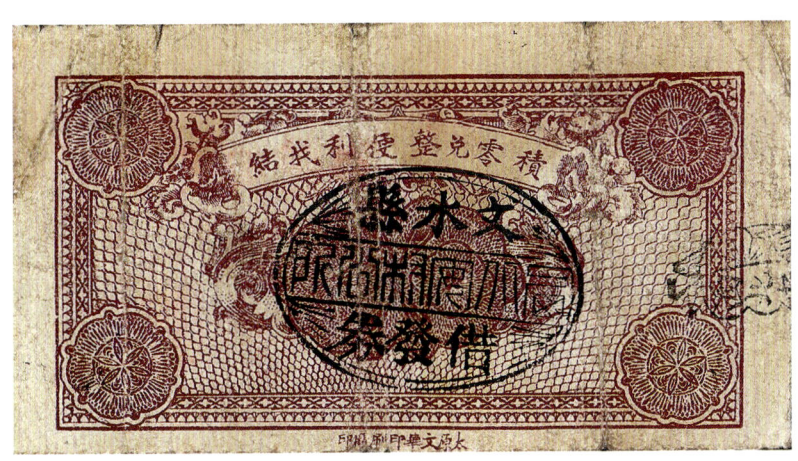

编　　　号：336
票　　　面：湧胜泉兑换券
面　　　额：伍分
票面地名：印"文水县东石侯"
票面年份：民国二十一年（1932年）
图　　　案：山景
图　　　色：绿色
规　　　格：10.1×5.7cm
稀　缺　度：★★★
　　　　注：此券为西北安村借发

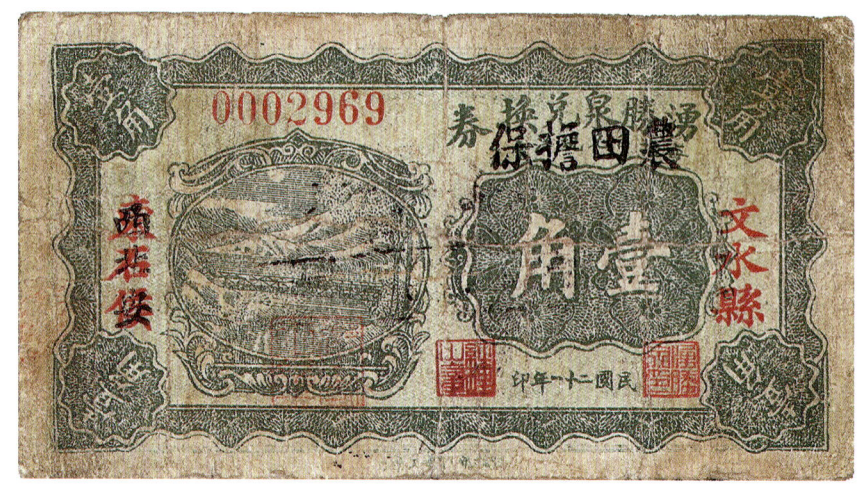

编　　　号：337
票　　　面：湧胜泉兑换券
面　　　额：壹角
票面地名：加盖"文水县东石侯"
票面年份：民国二十一年（1932年）
图　　　案：山景
图　　　色：绿色
规　　　格：10.9×6.2cm
稀缺度：★★★
　　　　注：此券为西北安村借发

编　　　号：338
票　　　面：湧胜泉兑换券
面　　　额：贰角
票面地名：加盖"文水县东石侯"
票面年份：民国二十一年（1932年）
图　　　案：火车
印　　　刷：太原文华印刷厂
图　　　色：绿色
规　　　格：11×6.4cm
稀 缺 度：★★★
　　　注：此券为西北安村借发

编　　　号：339
票　　　面：裕盛泉兑换券
面　　　额：贰分
票面地名：加盖"文水县东石侯四盛长记借发"
票面年份：民国二十一年（1932年）
图　　　案：轮船
背　　　面：盖"文水县东石侯四盛长记借发"章
印　　　刷：文水文兴书局
图　　　色：绿色
规　　　格：10.1×5.7cm
稀　缺　度：★★★★
注：此券为向交城县营儿乡借发，属于跨县之间的借发。

编　　　号：340
票　　　面：裕盛泉兑换券
面　　　额：伍分
票面地名：加盖"文水县东石侯四盛长记借发"
票面年份：民国二十一年（1932年）
图　　　案：轮船
背　　　面：盖"文水县东石侯四盛长记借发章"
印　　　刷：文水文兴书局
图　　　色：绿色
规　　　格：10.3×5.7cm
稀 缺 度：★★★★
　　　注：此券为向交城县营儿乡借发，属于跨县之间的借发。

编　　号：341
票　　面：裕盛泉兑换券
面　　额：贰角
票面地名：加盖"文水县石侯镇万丰源代兑"
票面年份：民国二十年（1931年）
图　　案：山景
背　　面：盖"文水县石侯镇万丰源借发"
印　　刷：太原文华印刷厂
图　　色：蓝色
规　　格：11.6×6.8cm
稀缺度：★★★★
　　注：此券为向交城县营儿乡借发，属于跨县之间的借发。

编　　　号：342
票　　　面：永茂泉兑换券
面　　　额：贰角
票面地名：加盖"文水石侯"
票面年份：民国十五年（1926年）
图　　　案：火车
印　　　刷：文水和合石印厂
图　　　色：紫色
规　　　格：10.8×5.9cm
稀 缺 度：★★★
　　　　注：此券为韩武堡村借发

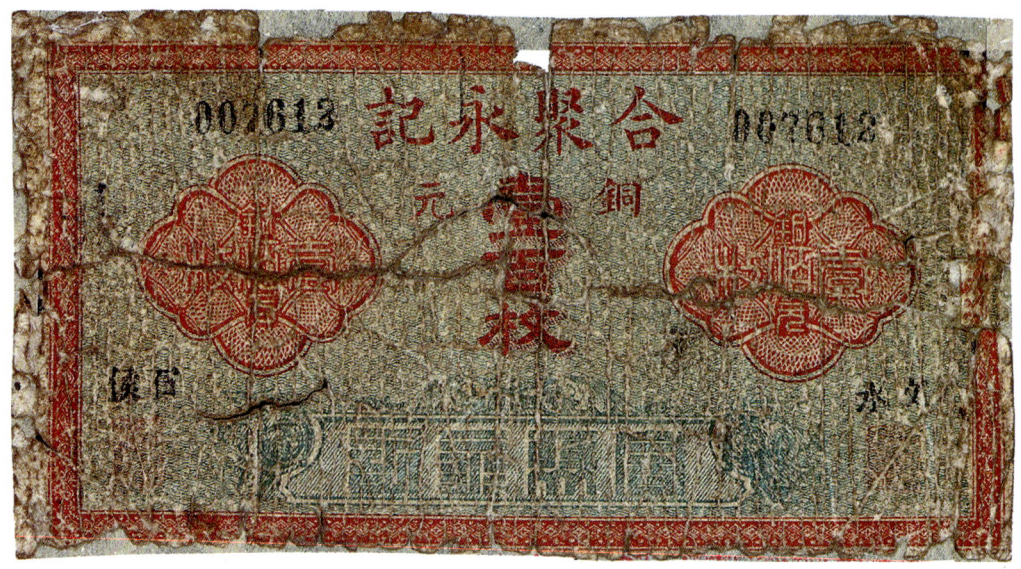

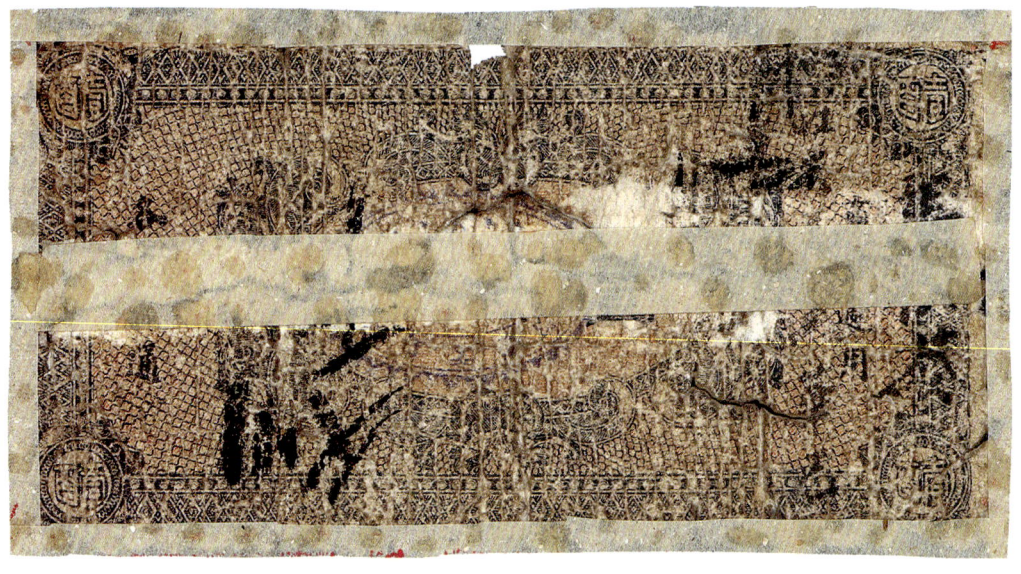

编　　　号：343
票　　　面：合聚永记
面　　　额：壹百枚
票面地名：加盖"文水石侯"
票面年份：无
图　　　案：面额
图　　　色：红色
规　　　格：13.1×7.3cm
稀　缺　度：★★★★★
　　　　　注：此券为文水合聚永银号石侯分号发行

编　　　号：344
票　　　面：大道生银号兑换券
面　　　额：壹百枚
票面地名：加盖"文水石侯"
票面年份：无
图　　　案：面额
印　　　刷：太原成文斋
图　　　色：红色
规　　　格：13.2×7.3cm
稀 缺 度：★★★★

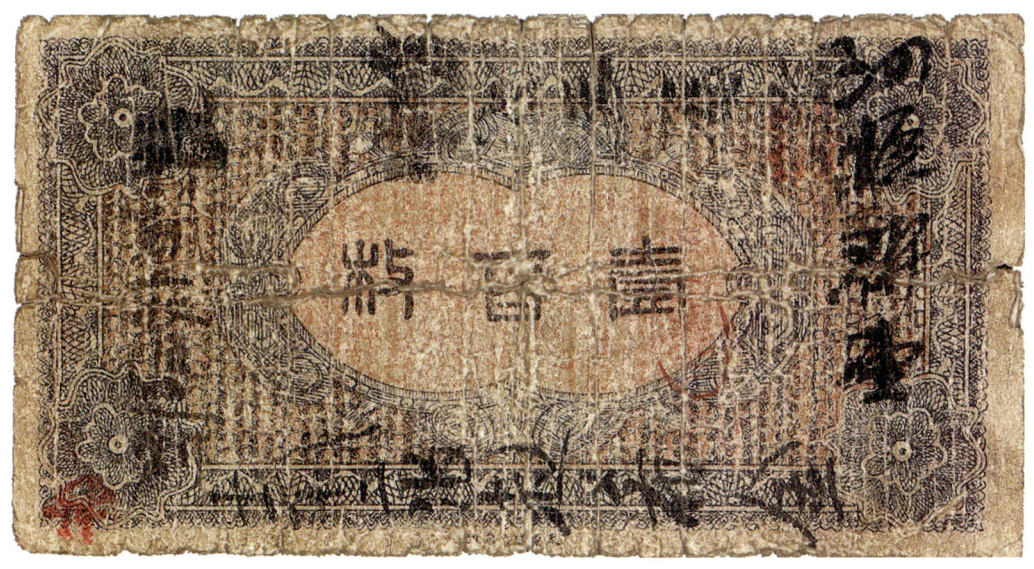

编　　　号：345
票　　　面：文水兴华兑换券
面　　　额：壹百枚
票面地名：加盖"石侯"
图　　　案：面额
印　　　刷：太原成文斋
图　　　色：红色
规　　　格：13.2×7.2cm
稀　缺　度：★★★★
　　　　　注：此券为文水兴华银号石侯分号发行

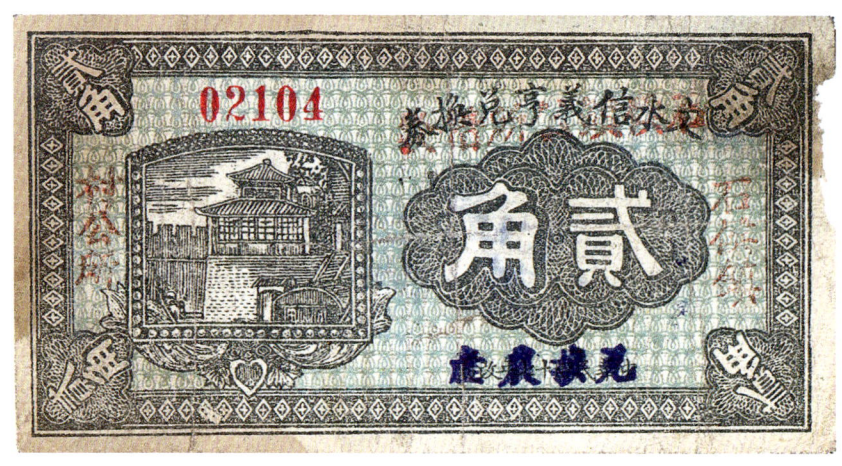

编　　　号：346
票　　　面：文水信义亨兑换券
面　　　额：贰角
票面地名：加盖"石侯镇公所借发"
票面年份：民国十七年（1928年）
图　　　案：楼阁
印　　　刷：文水和合石印局
图　　　色：绿色
规　　　格：10.7×5.8cm
稀 缺 度：★★★
　　　注：此券为石侯镇村公所向文水信义亨银号借发，属于跨村间借发。

编　　　号：347
票　　　面：文水信义亨银号
面　　　额：伍角
票面地名：加盖"石侯镇公所借发"
票面年份：民国十七年（1928年）
图　　　案：火车
图　　　色：绿色
规　　　格：11.9×6.4cm
稀　缺　度：★★★
　　　注：此券为石侯镇村公所向文水信义亨银号借发，属于跨村间借发。

编　　　号：348
票　　　面：文水信义亨银号
面　　　额：伍角
票面地名：加盖"石侯"
票面年份：民国十七年（1928年）
图　　　案：火车
图　　　色：绿色
规　　　格：11.9×6.4cm
稀 缺 度：★★★
注：此券由文水信义亨银号石侯分号发行

编　　　号：349
票　　　面：裕同泰记
面　　　额：铜元壹百枚盖伍角
票面地名：加盖"文水县石侯镇"
票面年份：无
图　　　案：面额

图　　　色：蓝色
规　　　格：13.2×7.3cm
稀缺度：★★★★
注：此券为石侯镇向裕同泰记借发，属于跨村间借发。

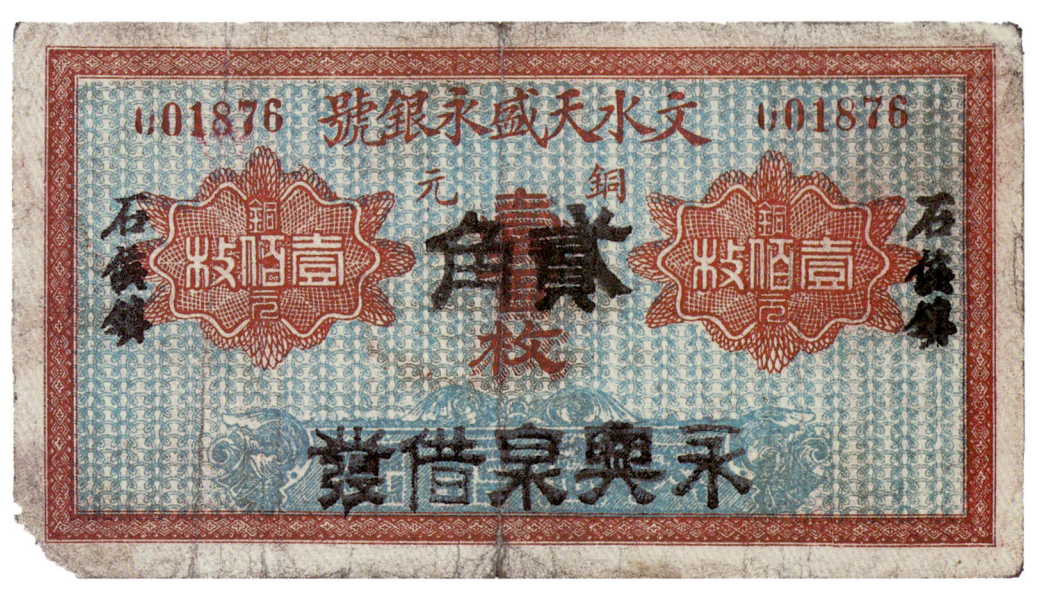

编　　号：350　　　　　　　图　　色：红色
票　　面：文水天盛永银号　　规　　格：13.2×7.4cm
面　　额：贰角　　　　　　　稀缺度：★★★★
票面地名：加盖"石侯镇永兴泉借发"　注：此券为石侯镇永兴泉向文
票面年份：无　　　　　　　　　　　水天盛永银号借发，属于
图　　案：面额　　　　　　　　　　跨村间借发。
印　　刷：太原成文斋

编　　号：351
票　　面：福贵烟店
面　　额：柒拾文加盖伍分
票面地名：印"石侯镇"盖"大德永记"
票面年份：无
图　　案：面额
印　　刷：范华印刷厂
背　　面：盖"文水县石侯镇大德永借发"章
图　　色：绿色
规　　格：8.3×5.3cm
稀 缺 度：★★★★
　　　注：此券为石侯镇大德永记向石侯镇福贵烟店加盖借发，属于同村间借发。

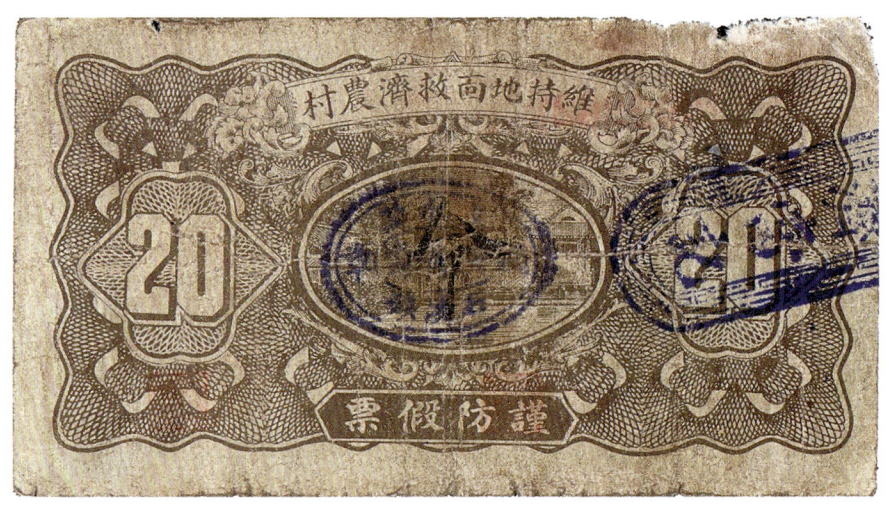

编　　　号：352
票　　　面：广济当
面　　　额：贰角
票面地名：印"文水石侯镇"、盖"工"
票面年份：民国二十二年（1933年）
图　　　案：楼阁
图　　　色：绿色
规　　　格：11.3×6.4cm
稀缺度：★★★

编　　　号：353
票　　　面：广济当
面　　　额：壹圆
票面地名：印"文水石侯镇"、盖"合"
票面年份：民国二十二年（1933 年）
图　　　案：楼阁
背　　　面：英文黑签
图　　　色：绿色
规　　　格：12.3×6.8cm
稀缺度：★★★★

编　　　号：354
票　　　面：村公所临时救济券
面　　　额：贰角
票面地名：加盖"文水武良村"
票面年份：民国二十五年（1936年）
图　　　案：洋楼
图　　　色：棕色
规　　　格：11.4×6.3cm
稀　缺　度：★★★

编　　号：355
票　　面：武良村兑换券
面　　额：壹角
票面地名：印"文水县"
票面年份：民国二十六年（1937年）
图　　案：火车
图　　色：棕色
规　　格：10.5×5.4cm
稀 缺 度：★★★

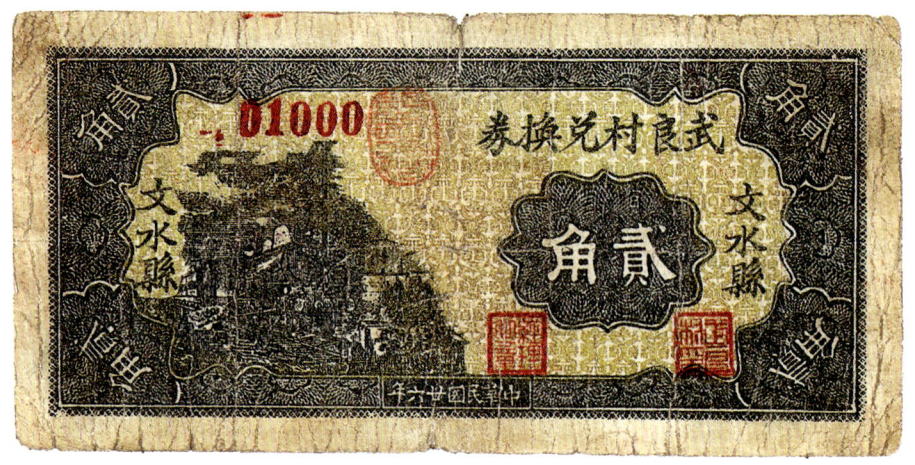

编　　　号：356
票　　　面：武良村兑换券
面　　　额：贰角
票面地名：印"文水县"
票面年份：民国二十六年（1937年）
图　　　案：火车
图　　　色：蓝色
规　　　格：11.6×5.9cm
稀　缺　度：★★★

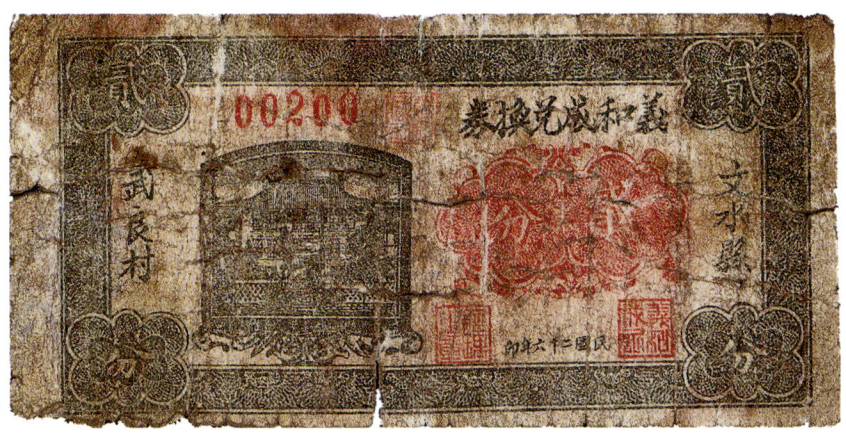

编　　　号：357
票　　　面：义和成兑换券
面　　　额：贰分
票面地名：印"文水县武良村"
票面年份：民国二十六年（1937年）
图　　　案：楼阁
图　　　色：绿色
规　　　格：10.8×5.5cm
稀　缺　度：★★★

编　　　号：358
票　　　面：义和成兑换券
面　　　额：伍分
票面地名：印"文水县武良村"
票面年份：民国二十六年（1937年）
图　　　案：轮船
图　　　色：绿色
规　　　格：10.3×5.4cm
稀　缺　度：★★★

编　　　号：359
票　　　面：义和成兑换券
面　　　额：壹角
票面地名：印"文水武良村"
票面年份：民国二十六年（1937年）
图　　　案：铁路
图　　　色：棕色
规　　　格：10.7×5.9cm
稀　缺　度：★★★★

编　　　号：360
票　　　面：西城村维持金融券
面　　　额：壹角
票面地名：印"文水县西城村"、盖"西"
票面年份：民国二十五年（1936年）
图　　　案：洋楼
图　　　色：蓝色
规　　　格：10.7×5.9cm
稀　缺　度：★★★★

编　　　号：361
票　　　面：西城村维持金融券
面　　　额：贰角
票面地名：印"文水县西城村"、盖"城"
票面年份：民国二十五年（1936年）
图　　　案：洋楼
图　　　色：紫色
规　　　格：11.4×5.7cm
稀　缺　度：★★★★

编　　　号：362
票　　　面：西城村维持金融券
面　　　额：伍角
票面地名：印"文水县西城村"、盖"维"
票面年份：民国二十五年（1936年）
图　　　案：洋楼
图　　　色：紫色
规　　　格：11.4×6.7cm
稀 缺 度：★★★★

编　　　号：363
票　　　面：文水县西城村维持金融券
面　　　额：壹圆
票面地名：印"文水县西城村"、盖"西"
票面年份：民国二十五年（1936年）
图　　　案：火车
图　　　色：蓝色
规　　　格：13.4×7.1cm
稀　缺　度：★★★★★

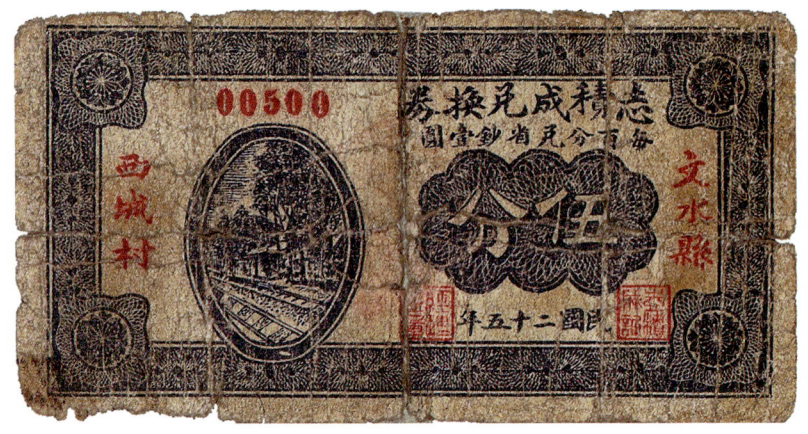

编　　　号：364
票　　　面：志积成兑换券
面　　　额：伍分
票面地名：加盖"文水县西城村"
票面年份：民国二十五年（1936年）
图　　　案：铁路
图　　　色：蓝色
规　　　格：10.2×5.5cm
稀 缺 度：★★★★

编　　　号：365
票　　　面：德盛长兑换券
面　　　额：壹角
票面地名：加盖"文水西城村"
票面年份：民国二十五年（1936年）
图　　　案：铁路
图　　　色：蓝色
规　　　格：10.6×5.7cm
稀 缺 度：★★★

编　　　号：366
票　　　面：崇宝号兑换券
面　　　额：伍分
票面地名：加盖"文水县西城村"
票面年份：民国二十六年（1937年）
图　　　案：楼阁
图　　　色：绿色
规　　　格：10.7×5.4cm
稀 缺 度：★★★★

编　　号：367
票　　面：义信裕记
面　　额：贰拾枚
票面地名：印"文水西城村"
票面年份：无
图　　案：面额
图　　色：绿色
规　　格：12×6.9cm
稀 缺 度：★★★★
　　　注：此券为贾家堡村借发

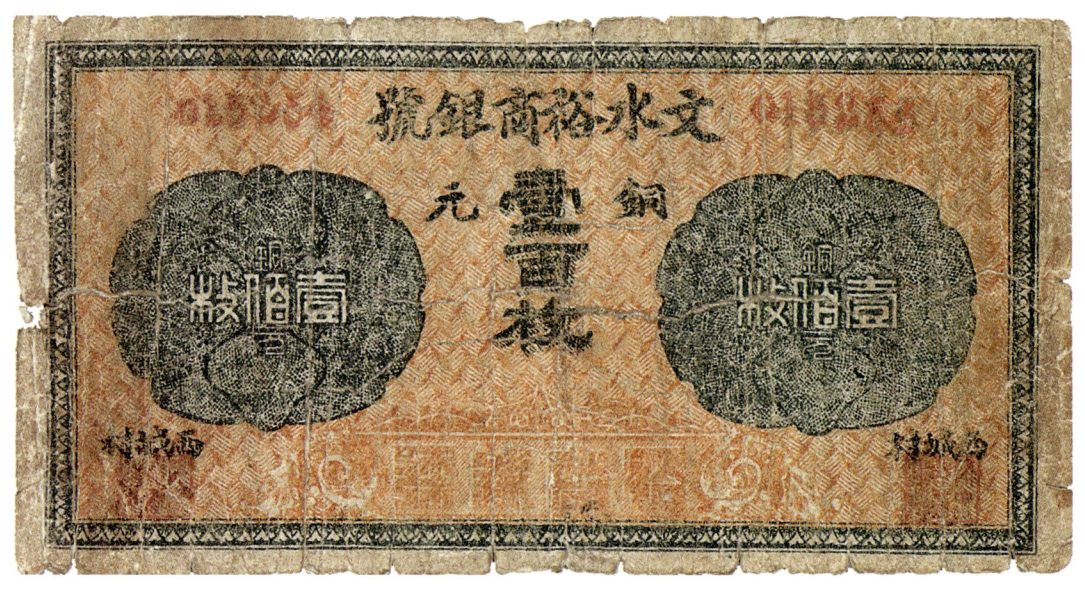

编　　号：368
票　　面：文水裕商银号
面　　额：壹百枚
票面地名：印"西城村"
票面年份：无
图　　案：面额

图　　色：绿色
规　　格：13.8×7.4cm
稀 缺 度：★★★★
注：此券由文水裕商银号西城村分号发行

六、南武乡（原南武镇）

南武村、东庄村、西庄村、南明阳村、北明阳村、西明阳村、麻家寨村、武家寨村（包括原寨子村）、杨家寨村。

编　　　号：369
票　　　面：东庄村维持金融券
面　　　额：壹角
票面地名：印"文水县"、盖"麒"
票面年份：民国二十六年（1937年）
图　　　案：洋楼
背　　　面：盖"文水县东庄村图记"章
图　　　色：棕色
规　　　格：10.3×5.4cm
稀 缺 度：★★★

编　　　号：370
票　　　面：东庄村维持金融券
面　　　额：贰角
票面地名：印"文水县"、盖"处"
票面年份：民国二十六年（1937年）
图　　　案：洋楼
背　　　面：盖"文水县东庄村图记"章
图　　　色：蓝色
规　　　格：10.9×5.9cm
稀　缺　度：★★★

编　　　号：371
票　　　面：东庄村维持金融券
面　　　额：伍角
票面地名：印"文水县"、盖"出"
票面年份：民国二十六年（1937年）
图　　　案：西洋塔楼
背　　　面：盖"文水县东庄村图记"章
图　　　色：蓝色
规　　　格：11.7×6.2cm
稀　缺　度：★★★

编　　　号：372
票　　　面：麻家寨公所救济券
面　　　额：贰分
票面地名：印"文水县"
票面年份：民国二十三年（1934年）
图　　　案：楼阁
图　　　色：蓝色
规　　　格：10.2×5.6cm
稀　缺　度：★★★

编　　　号：373
票　　　面：广济堂兑换券
面　　　额：伍分
票面地名：加盖"文水县明阳村"
票面年份：民国二十二年（1933年）
图　　　案：楼阁
图　　　色：绿色
规　　　格：10.2×5.5cm
稀　缺　度：★★★

编　　　号：374
票　　　面：晋文德合永记
面　　　额：壹角
票面地名：印"明阳村"
票面年份：民国二十一年（1932年）
图　　　案：古桥亭
印　　　刷：北平前门外门框胡同目宝增局
图　　　色：绿色
规　　　格：11.3×6.1cm
稀　缺　度：★★★

编　　　号：375
票　　　面：晋文德合永记
面　　　额：贰角
票面地名：印"明阳村"
票面年份：民国二十一年（1932年）
图　　　案：古桥亭
印　　　刷：北平前门外门框胡同目宝增局
图　　　色：蓝色
规　　　格：11.2×6.2cm
稀 缺 度：★★★

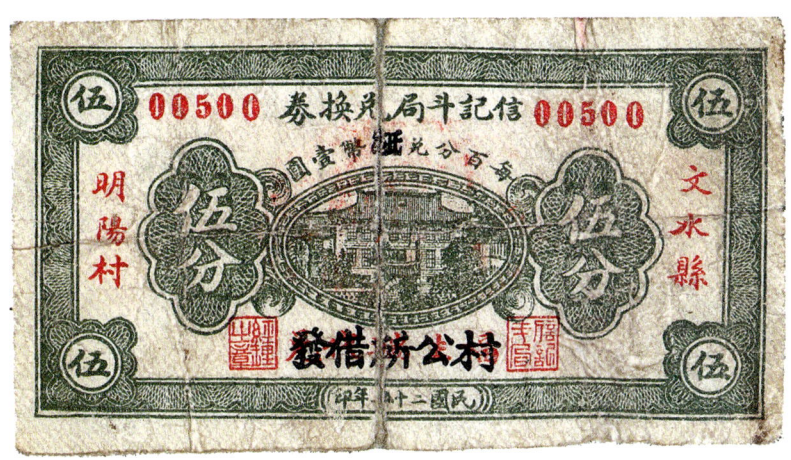

编　　号：376
票　　面：信记斗局兑换券
面　　额：伍分
票面地名：印"文水县明阳村"、盖"村公所借发"
票面年份：民国二十五年（1936年）
图　　案：楼阁
背　　面：盖"文水明阳河南村图记"章
图　　色：绿色
规　　格：10.1×5.8cm
稀缺度：★★★★
　　注：此券为明阳村村公所向明阳村信记斗局借发，属于同村间借发。

编　　　号：377
票　　　面：文水明阳村河南维持金融券
面　　　额：壹角
票　　　面：盖"南"
票面年份：民国二十五年（1936年）
图　　　案：火车
背　　　面：盖"文水明阳河南村图记"章
　　　　　　手书"源""利""水"
图　　　色：蓝色
规　　　格：11.6×5.8cm
稀　缺　度：★★★

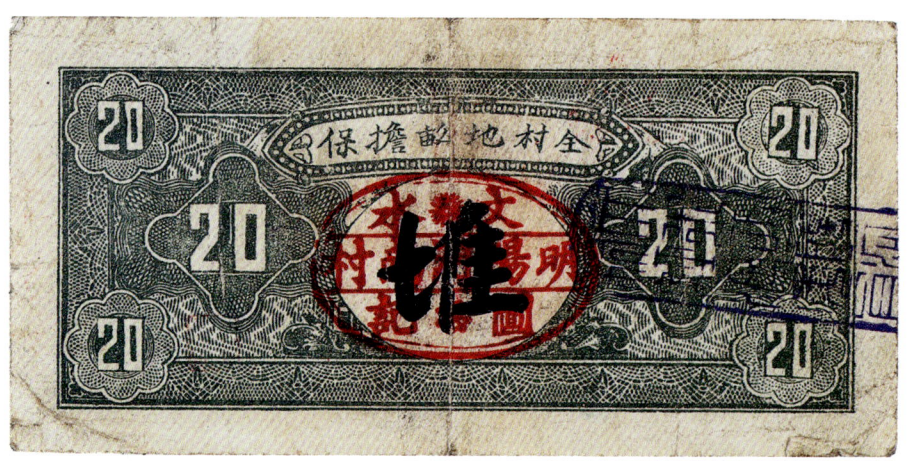

编　　　号：378
票　　　面：文水明阳村河南维持金融券
面　　　额：贰角
票面年份：民国二十五年（1936年）
图　　　案：火车
背　　　面：盖"文水明阳河南村图记"章
　　　　　　手书"堆""金""发"
图　　　色：蓝色
规　　　格：11.6×5.8cm
稀　缺　度：★★★

编　　号：379
票　　面：文水明阳村河南维持金融券
面　　额：伍角
票　　面：盖"南"
票面年份：民国二十五年（1936年）
图　　案：火车
背　　面：盖"文水明阳河南村图记"章
　　　　　手书"本""补助""金资"
图　　色：蓝色
规　　格：11.6×5.8cm
稀缺度：★★★

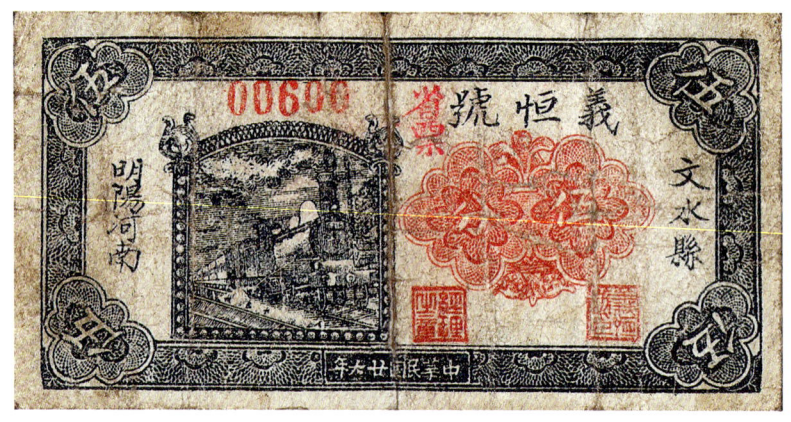

编　　号：380
票　　面：义恒号
面　　额：伍分
票面地名：印"文水县明阳河南"、盖"省票"
票面年份：民国二十六年（1937年）
图　　案：火车
图　　色：蓝色
规　　格：10×5.3cm
稀缺度：★★★★

编　　　号：381
票　　　面：文水明阳村河西维持金融券
面　　　额：壹角
票面年份：民国二十五年（1936年）
图　　　案：火车
图　　　色：蓝色
规　　　格：11.7×6cm
稀　缺　度：★★★

编　　　号：382
票　　　面：文水明阳村河西维持金融券
面　　　额：贰角
票面年份：民国二十五年（1936年）
图　　　案：火车
图　　　色：蓝色
规　　　格：11.6×5.9cm
稀　缺　度：★★★

编　　　号：383
票　　　面：文水明阳村河西维持金融券
面　　　额：伍角
票　　　面：盖"寅、戌"
票面年份：民国二十五年（1936年）
图　　　案：火车
背　　　面：盖"文水县明阳河西图记"章
　　　　　　手书"富"
图　　　色：蓝色
规　　　格：11.7×5.9cm
稀　缺　度：★★★

编　　　号：384
票　　　面：维持金融券
面　　　额：伍角
票面地名：印"文水县明阳河西村"
票面年份：民国二十六年（1937年）
图　　　案：轮船
图　　　色：紫色
规　　　格：11.5×6.3cm
稀　缺　度：★★★★

编　　　号：385
票　　　面：农产合作社
面　　　额：贰分
票面地名：印"文水县明阳河西村"
票面年份：民国二十七年（1938年）
图　　　案：火车
背　　　面：盖"吉庆平安"章、手书"村"
图　　　色：蓝色
规　　　格：10.2×5.3cm
稀　缺　度：★★★★

编　　号：386
票　　面：农产合作社
面　　额：叁分
票面地名：印"文水县明阳河西村"
票面年份：民国二十七年（1938年）
图　　案：火车
背　　面：盖"吉庆平安"章、手书"明"
图　　色：蓝色
规　　格：10.2×5.3cm
稀 缺 度：★★★★

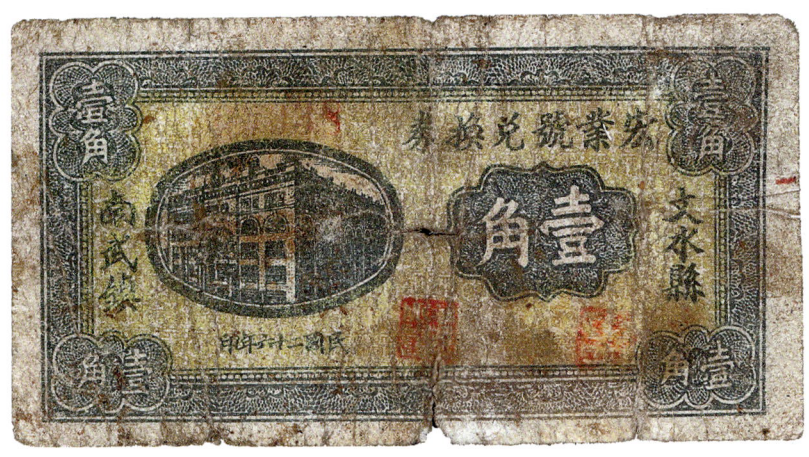

编　　　号：387
票　　　面：宏业号兑换券
面　　　额：壹角
票面地名：印"文水县南武镇"
票面年份：民国二十六年（1937年）
图　　　案：洋楼
背　　　面：盖"文水县南武镇宏业号记"章
图　　　色：蓝色
规　　　格：10.3×5.7cm
稀 缺 度：★★★

编　　　号：388
票　　　面：谦成永广记兑换券
面　　　额：叁分
票面地名：印"文水县南武镇"
票面年份：民国二十三年（1934年）
图　　　案：洋楼
背　　　面：盖"谦成永记"章
图　　　色：蓝色
规　　　格：10.5×5.5cm
稀 缺 度：★★★★

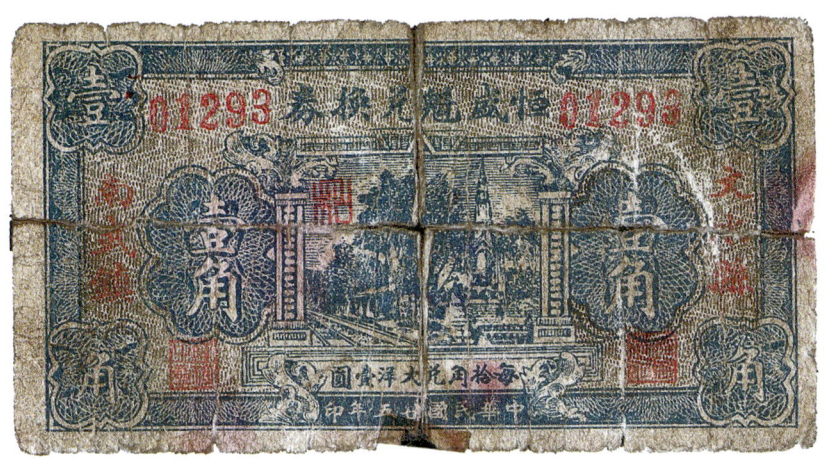

编　　　号：389
票　　　面：恒盛魁兑换券
面　　　额：壹角
票面地名：加盖"文水县南武镇"
票面年份：民国二十五年（1936年）
图　　　案：西洋塔楼
图　　　色：蓝色
规　　　格：10.5×5.8cm
稀　缺　度：★★★

编　　号：390
票　　面：文水南武镇信用合作券
面　　额：壹角
票面地名：印"文水县"、盖"公"
票面年份：民国二十六年（1937年）
图　　案：火车
背　　面：盖"文水南武镇村公所图记"章
图　　色：棕色
规　　格：10.4×5.3cm
稀 缺 度：★★★

编　　　号：391
票　　　面：文水南武镇信用合作券
面　　　额：伍角
票面地名：印"文水县"、盖"信"
票面年份：民国二十六年（1937年）
图　　　案：火车
背　　　面：盖"文水南武镇村公所图记"章
图　　　色：棕色
规　　　格：11.4×5.9cm
稀缺度：★★★

编　　　号：392
票　　　面：文水南武镇意兴集记
面　　　额：壹角
票面地名：印"文水县南武镇"
票面年份：民国二十六年（1937年）
图　　　案：火车
背　　　面：盖"文水南武镇村公所图记"章
　　　　　　手书"源"
图　　　色：蓝色
规　　　格：11.4×5.9cm
稀　缺　度：★★★

编　　号：393
票　　面：文水南武镇意兴集记
面　　额：贰角
票面地名：印"文水县南武镇"
票面年份：民国二十六年（1937年）
图　　案：火车
背　　面：盖"文水南武镇村公所图记"章
　　　　　手书"远"
图　　色：蓝色
规　　格：11.5×5.9cm
稀 缺 度：★★★

编　　　号：394
票　　　面：文水武家寨信用合作社
面　　　额：壹角
票面地名：印"文水"
票面年份：民国二十五年（1936年）
图　　　案：洋楼
背　　　面：盖"武家寨村印"章
　　　　　　手书"作"
图　　　色：棕色
规　　　格：10.6×5.9cm
稀　缺　度：★★★

编　　号：395
票　　面：文水武家寨信用合作社
面　　额：伍角
票面地名：印"文水"
票面年份：民国二十五年（1936年）
图　　案：火车
背　　面：盖"武家寨村印"章
　　　　　手书"武"
图　　色：蓝色
规　　格：11.6×5.9cm
稀 缺 度：★★★

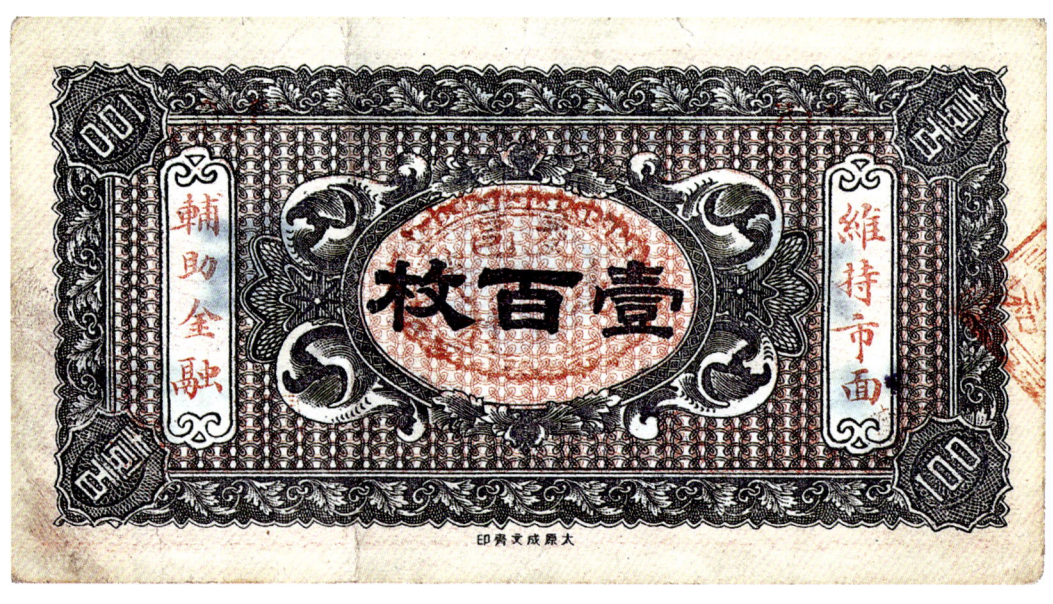

编　　号：396
票　　面：祥记货庄
面　　额：伍角
票面地名：加盖"寨子村"
票面年份：无
图　　案：面额

图　　色：红色
规　　格：13.5×7.5cm
稀缺度：★★★★
注："寨子村"是交城县的寨子村？还是文水县武家寨的寨子村？还有待考证。

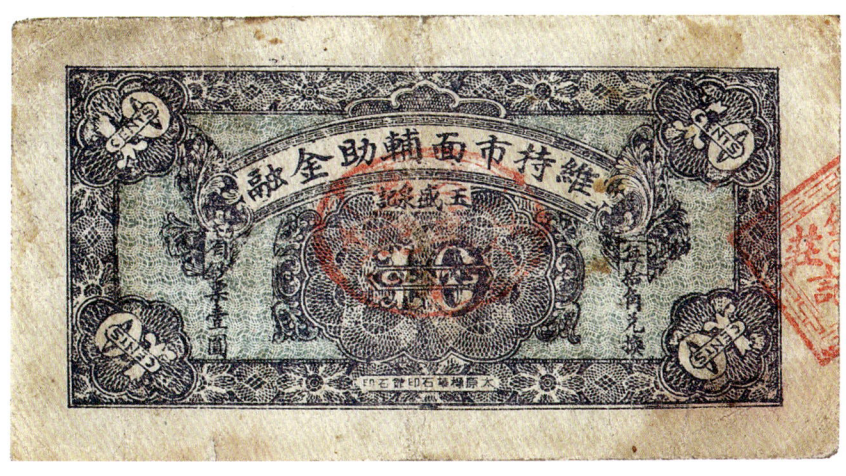

编　　　号：397
票　　　面：文水玉盛泉兑换券
面　　　额：壹角
票面地名：加盖"寨子村"、盖"通""海""业"
票面年份：民国二十六年（1937年）
图　　　案：西洋塔楼
印　　　刷：太原撷萃石印馆
背　　　面：盖"文邑寨子村盛记"章
图　　　色：蓝色
规　　　格：10.8×5.9cm
稀 缺 度：★★★
注：此券为寨子村盛记向东石侯玉盛泉借发，属于跨村间借发。

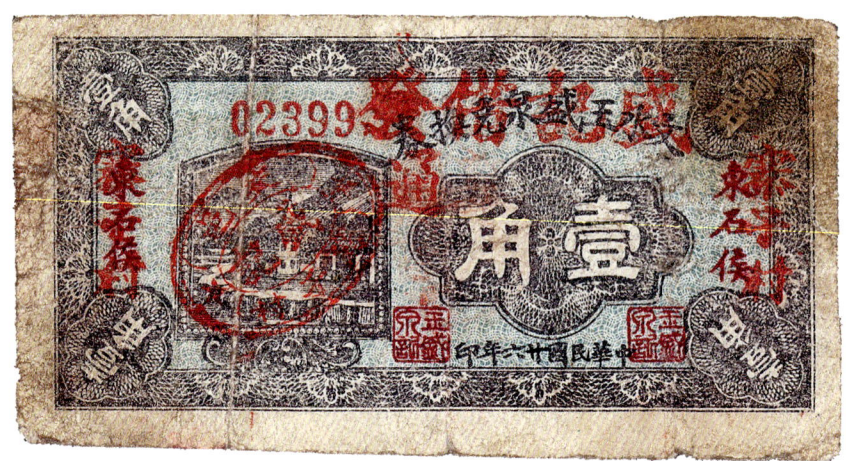

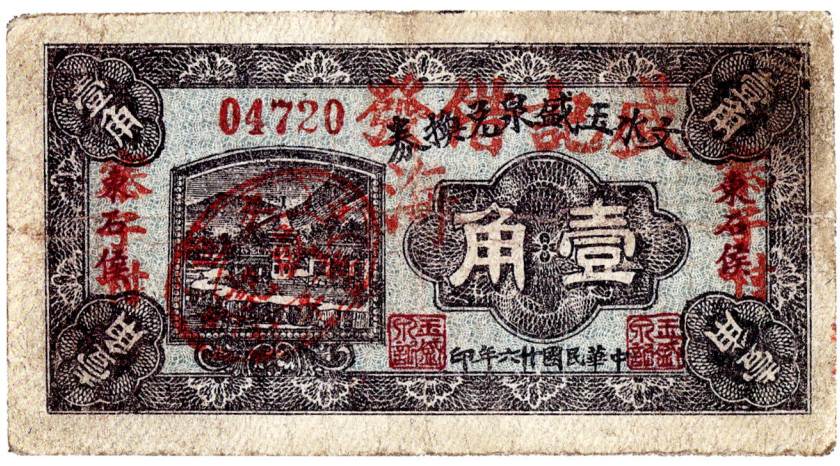

编　　　号：398
票　　　面：德元永兑现券
面　　　额：伍分
票面地名：加盖"文水县西庄村"
票面年份：民国二十二年（1933年）
图　　　案：楼洋
印　　　刷：文水东街永和义石印局
图　　　色：绿色
规　　　格：10.4×5.5cm
稀　缺　度：★★★★

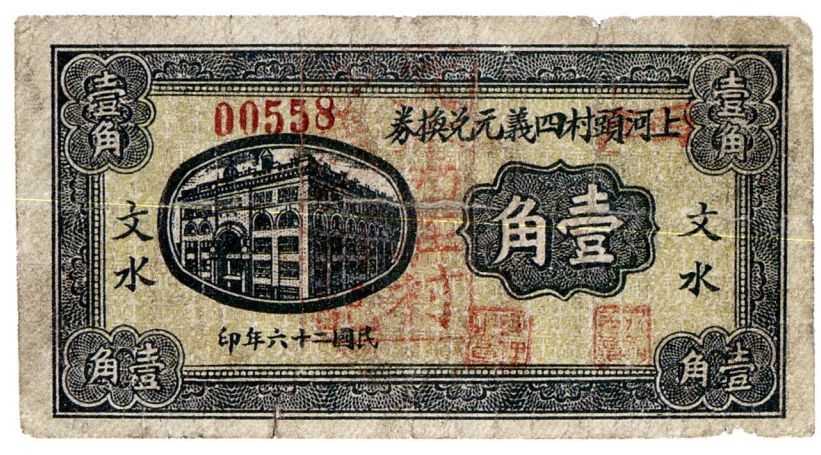

编　　　号：399
票　　　面：上河头村四义元兑换券
面　　　额：壹角
票面地名：加盖"文水县西庄村"
票面年份：民国二十六年（1937年）
图　　　案：洋楼
图　　　色：蓝色
规　　　格：10.4×5.6cm
稀缺度：★★★
注：此券为西庄村向上河头村借发，属于跨村间借发。

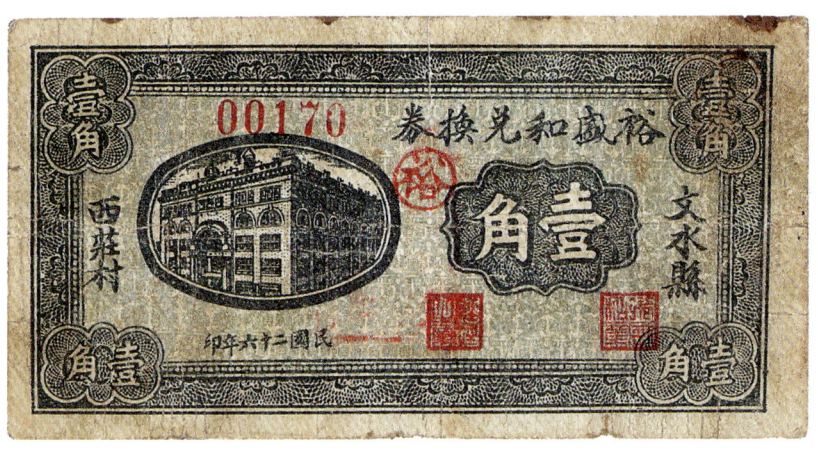

编　　　号：400
票　　　面：裕盛和兑换券
面　　　额：壹角
票面地名：印"文水县西庄村"、盖"裕"
票面年份：民国二十六年（1937年）
图　　　案：洋楼
背　　　面：盖"晋文西庄村裕盛和记"章
图　　　色：蓝色
规　　　格：10.4×5.6cm
稀　缺　度：★★★★

编　　　号：401
票　　　面：裕盛和兑换券
面　　　额：贰角
票面地名：印"文水县西庄村"、盖"盛"
票面年份：民国二十六年（1937年）
图　　　案：洋楼
背　　　面：盖"晋文西庄村裕盛和记"章
图　　　色：蓝色
规　　　格：10.5×5.8cm
稀　缺　度：★★★★

编　　　号：402
票　　　面：杨家寨村信用合作券
面　　　额：伍角
票面地名：加盖"文水"
票面年份：民国二十四年（1935年）
图　　　案：火车
背　　　面：盖"杨家寨村图记"章
图　　　色：棕色
规　　　格：11.9×5.9cm
稀　缺　度：★★★

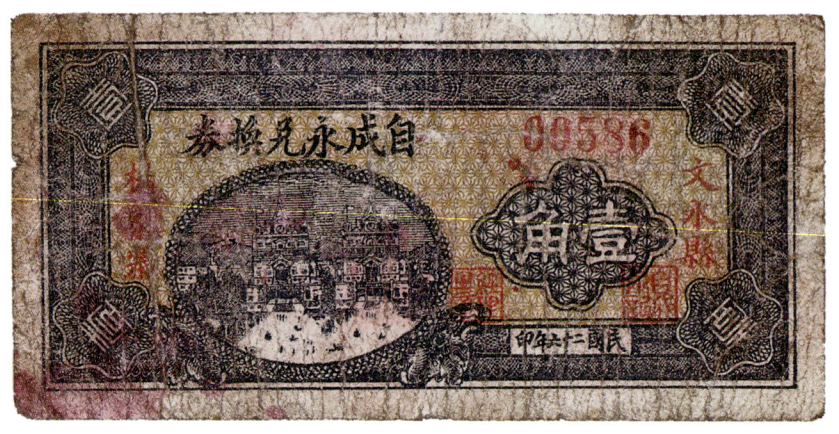

编　　　号：403
票　　　面：自成永兑换券
面　　　额：壹角
票面地名：加盖"文水县杨家寨"
票面年份：民国二十六年（1937年）
图　　　案：洋楼
图　　　色：蓝色
规　　　格：10.6×5.4cm
稀　缺　度：★★★

七、南庄镇

南庄村、韩弓村、麻家堡村、信贤村、汾曲村、洪义村、吴村、温云村、温云营村、横沟村。

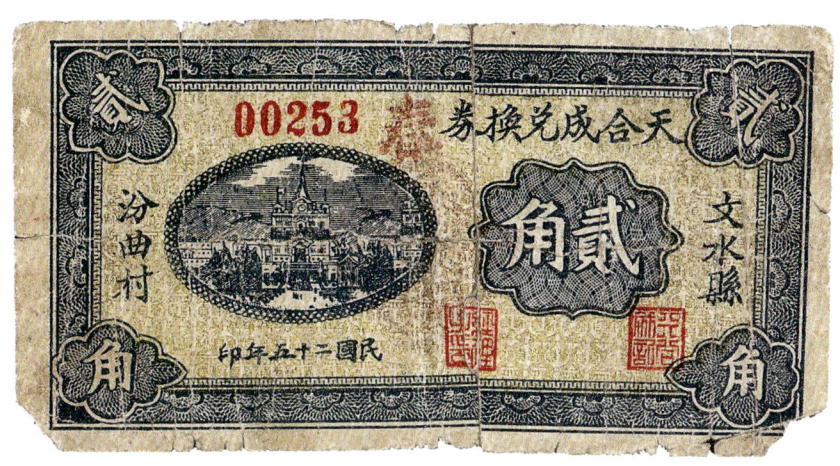

编　　　号：404
票　　　面：天合成兑换券
面　　　额：贰角
票面地名：印"文水县汾曲村"、盖"春"
票面年份：民国二十五年（1936年）
图　　　案：洋楼
图　　　色：蓝色
规　　　格：10.7×5.8cm
稀　缺　度：★★★★

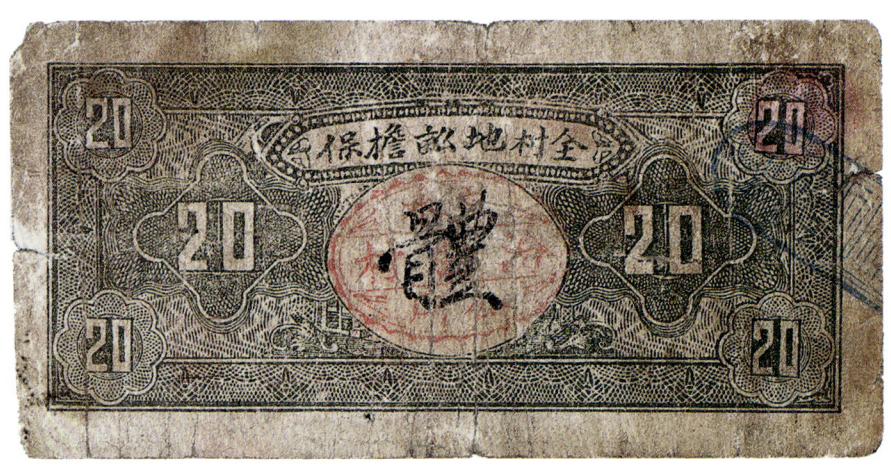

编　　　号：405
票　　　面：文水汾曲村兑换金融券
面　　　额：贰角
票　　　面：盖"济"
票面年份：民国二十七年（1938年）
图　　　案：火车
背　　　面：盖"文水汾曲村公所"章
　　　　　　手书"體"
图　　　色：蓝色
规　　　格：11.4×5.8cm
稀　缺　度：★★★

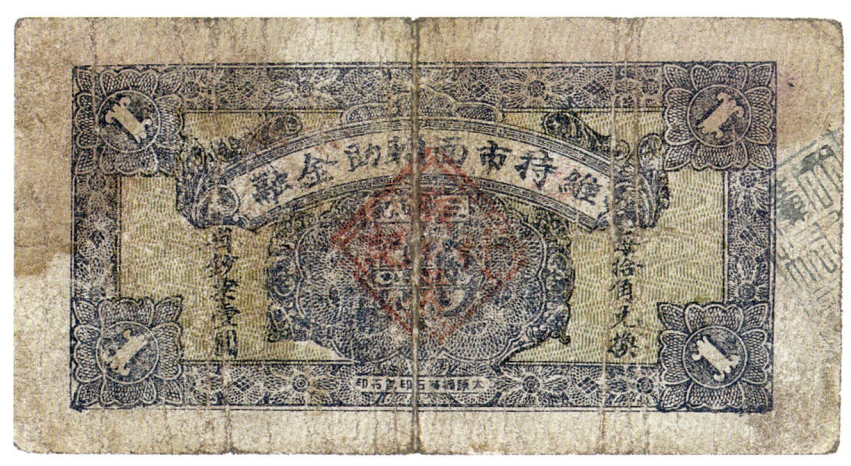

编　　号：406
票　　面：文水三盛玉兑换券
面　　额：壹角
票面地名：加盖"文水横沟村公所借发"
票面年份：民国十六年（1927年）
图　　案：房屋
印　　刷：太原撷萃石印馆
背　　面：盖"横沟村记"章
图　　色：绿色
规　　格：10.8×5.8cm
稀　缺　度：★★★
　　　注：此券为横沟村向东石侯村三盛玉借发，属于跨村间借发。

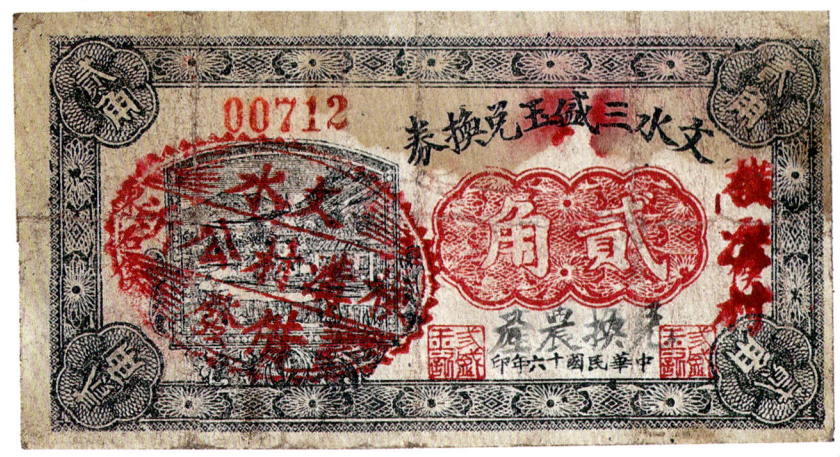

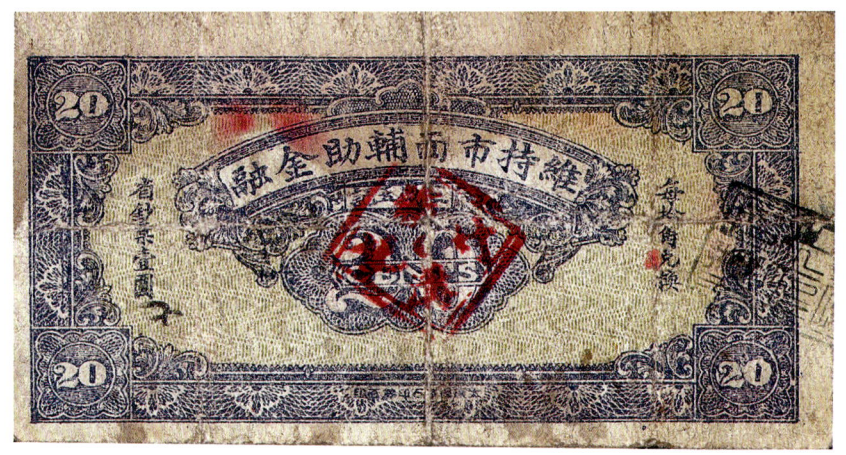

编　　号：407
票　　面：文水三盛玉兑换券
面　　额：贰角
票面地名：加盖"文水横沟村公所借发"
票面年份：民国十六年（1927年）
图　　案：房屋
印　　刷：太原撷萃石印馆
背　　面：盖"横沟村记"章
图　　色：绿色
规　　格：10.7×5.8cm
稀 缺 度：★★★
注：此券为横沟村向东石侯村三盛玉借发，属于跨村间借发。

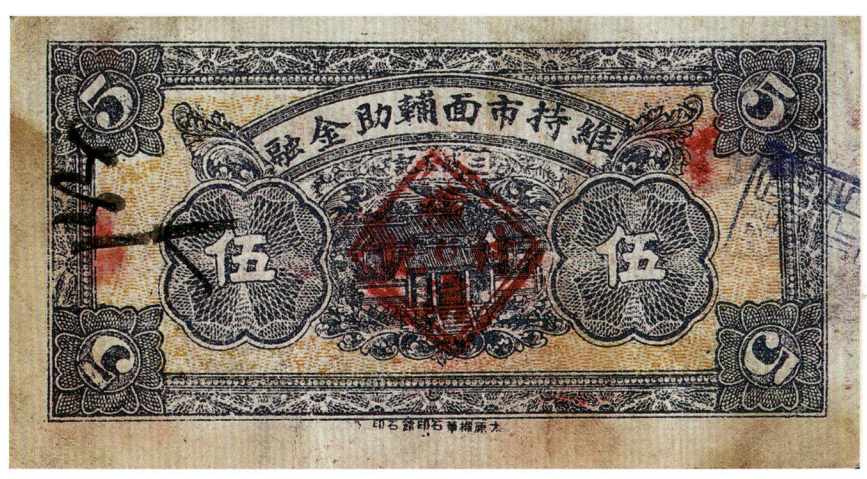

编　　　号：408
票　　　面：文水三盛玉兑换券
面　　　额：伍角
票面地名：加盖"文水横沟村公所借发"
票面年份：民国十六年（1927年）
图　　　案：房屋
印　　　刷：太原撷萃石印馆
背　　　面：盖"横沟村记"章
图　　　色：绿色
规　　　格：11.1×6cm
稀　缺　度：★★★
注：此券为横沟村向东石侯村三盛玉借发，属于跨村间借发。

编　　　号：409
票　　　面：会友昌兑现券
面　　　额：贰分
票面地名：加盖"文水县韩弓乡"
票面年份：民国二十一年（1932年）
图　　　案：古楼
背　　　面：盖"文水县韩弓乡会友昌"章
图　　　色：蓝色
规　　　格：10.1×5.5cm
稀 缺 度：★★★

编　　　号：410
票　　　面：农产兑换券
面　　　额：贰角
票面地名：印"文水县麻家堡"、盖"多"
票面年份：民国二十六年（1937年）
图　　　案：洋楼
背　　　面：盖"文水麻家堡三区记"章
图　　　色：蓝色
规　　　格：10.7×6.1cm
稀　缺　度：★★★

编　　　号：411
票　　　面：农产兑换券
面　　　额：伍角
票面地名：印"文水县麻家堡"、盖"茂"
票面年份：民国二十六年（1937年）
图　　　案：洋楼
背　　　面：盖"文水麻家堡三区记"章
图　　　色：蓝色
规　　　格：11.7×6.3cm
稀　缺　度：★★★

编　　　号：412
票　　　面：积义恒兑换券
面　　　额：壹角
票面地名：加盖"南庄镇公所借发"
票面年份：民国十五年（1926年）
图　　　案：火车
印　　　刷：文水和合石印局
背　　　面：盖"文水县南庄镇公所农产兑换券"章
图　　　色：绿色
规　　　格：10.9×5.9cm
稀　缺　度：★★★
　　　　注：此卷为南庄镇公所向积义恒借发，属于同镇间借发。

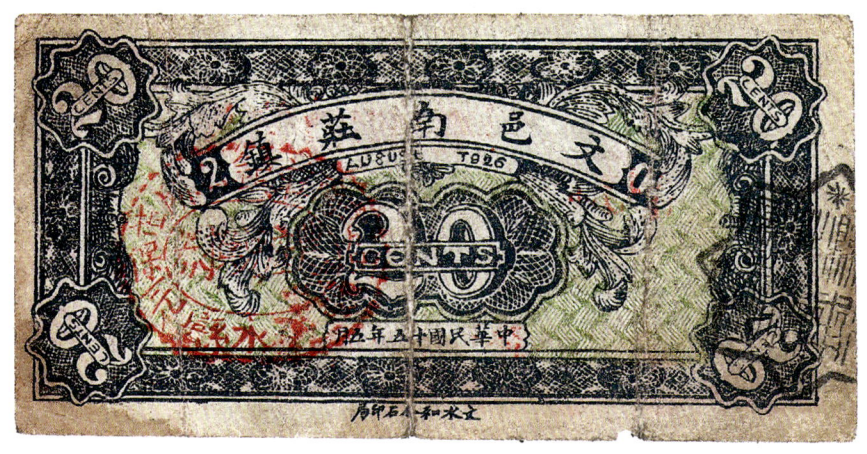

编　　号：413
票　　面：积义恒兑换券
面　　额：贰角
票面地名：加盖"南庄镇公所借发" "天"
票面年份：民国十五年（1926年）
图　　案：西洋塔楼
印　　刷：文水和合石印局
背　　面：盖"文水县南庄镇公所农产兑换券"章
图　　色：棕色
规　　格：11×5.7cm
稀缺度：★★★
　　注：此卷为南庄镇公所向积义恒借发，属于同镇间借发。

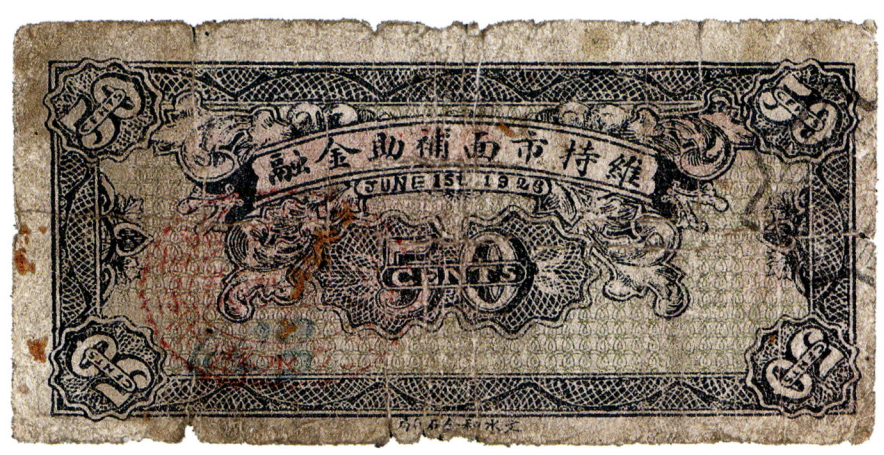

编　　　号：414
票　　　面：积义恒兑换券
面　　　额：伍角
票面地名：加盖"南庄镇公所借发"
票面年份：民国十五年（1926年）
图　　　案：西洋塔楼
印　　　刷：文水和合石印局
背　　　面：盖"文水县南庄镇公所农产兑换券"章
图　　　色：绿色
规　　　格：11.3×5.7cm
稀　缺　度：★★★
　　　注：此卷为南庄镇公所向积义恒借发，属于同镇间借发。

编　　　号：415
票　　　面：裕民银号兑换券
面　　　额：伍角
票面年份：民国十七年（1928年）
图　　　案：西洋塔楼
背　　　面：印"文水第三区南庄镇"
印　　　刷：文水和合石印局
图　　　色：蓝色
规　　　格：11.7×6.4cm
稀　缺　度：★★★★
　　　　注：此券为东北安村公所借发券

编　　　号：416
票　　　面：文水南庄镇聚和永
面　　　额：壹角
票面地名：加盖"镇公所借发"
票面年份：民国二十三年（1934年）
图　　　案：火车
背　　　面：盖"文水县南庄镇公所农产兑换券"章
图　　　色：蓝色
规　　　格：11.7×5.8cm
稀缺度：★★★★
　　　注：此券为南庄镇公所向聚和永借发，属于同镇间借发。

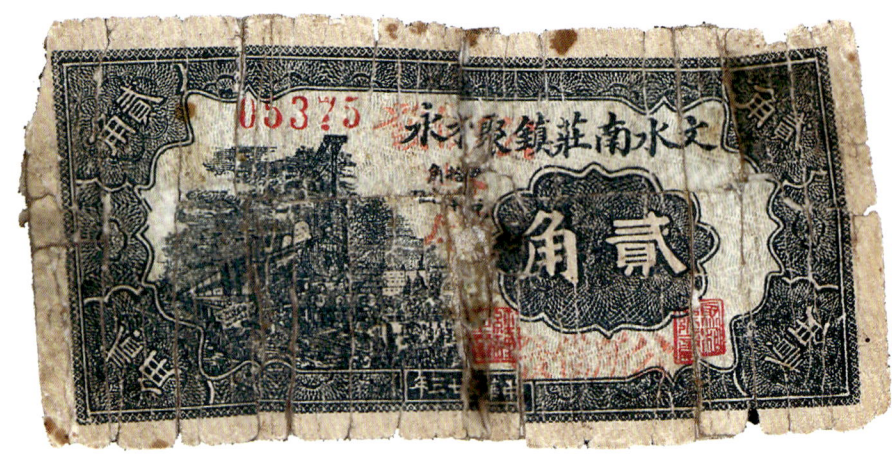

编　　　号：417
票　　　面：文水南庄镇聚和永
面　　　额：贰角
票面地名：加盖"镇公所借发"
票面年份：民国二十三年（1934年）
图　　　案：火车
图　　　色：蓝色
规　　　格：11.4×5.8cm
稀 缺 度：★★★
　　　注：此券为南庄镇公所向聚和永借
　　　　　发，属于同镇间借发。

编　　　号：418
票　　　面：文水南庄镇五福生
面　　　额：贰分
票　　　面：加盖"五"
票面年份：民国二十五年（1936年）
图　　　案：洋楼
图　　　色：蓝色
规　　　格：10.4×5.4cm
稀　缺　度：★★★★

446

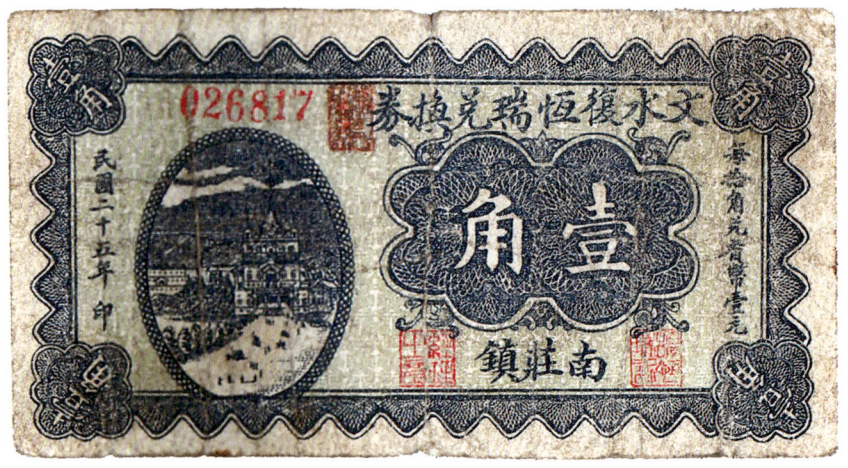

编　　　号：419
票　　　面：文水复恒瑞兑换券
面　　　额：壹角
票面地名：印"南庄镇"
票面年份：民国二十五年（1936年）
图　　　案：洋楼
背　　　面：盖"复恒瑞记"章
图　　　色：蓝色
规　　　格：10.8×6cm
稀　缺　度：★★★★

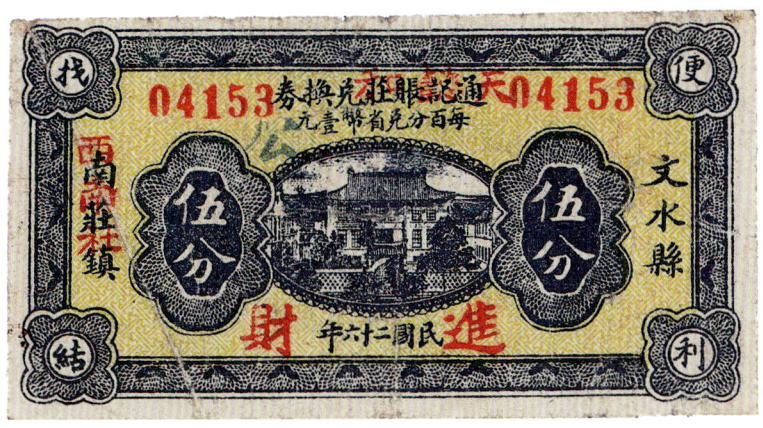

编　　　号：420
票　　　面：通记账庄兑换券
面　　　额：伍分
票面地名：印"文水县南庄镇"、盖"公"
票面年份：民国二十六年（1937年）
图　　　案：楼阁
图　　　色：蓝色
规　　　格：9.8×5.4cm
稀　缺　度：★★★★
　　　　注：此券为西南社村天懿和借发

编　　　号：421
票　　　面：农产兑换券
面　　　额：壹角
票面地名：印"文水县南庄镇"
票面年份：民国二十六年（1937年）
图　　　案：火车
背　　　面：盖"文水县南庄镇公所农产兑换券"章
图　　　色：棕色
规　　　格：11.8×6.3cm
稀缺度：★★★

编　　　号：422
票　　　面：农产兑换券
面　　　额：伍角
票面地名：印"文水县南庄镇"
票面年份：民国二十六年（1937年）
图　　　案：火车
背　　　面：盖"文水县南庄镇公所农产兑换券"章
图　　　色：棕色
规　　　格：11.6×5.9cm
稀 缺 度：★★★

编　　　号：423
票　　　面：复源长兑换券
面　　　额：壹角
票面地名：印"文水县南庄镇"、盖"天"
票面年份：民国二十七年（1938年）
图　　　案：洋楼
背　　　面：盖"复源长记"章
图　　　色：棕色
规　　　格：10.3×5.5cm
稀缺度：★★★

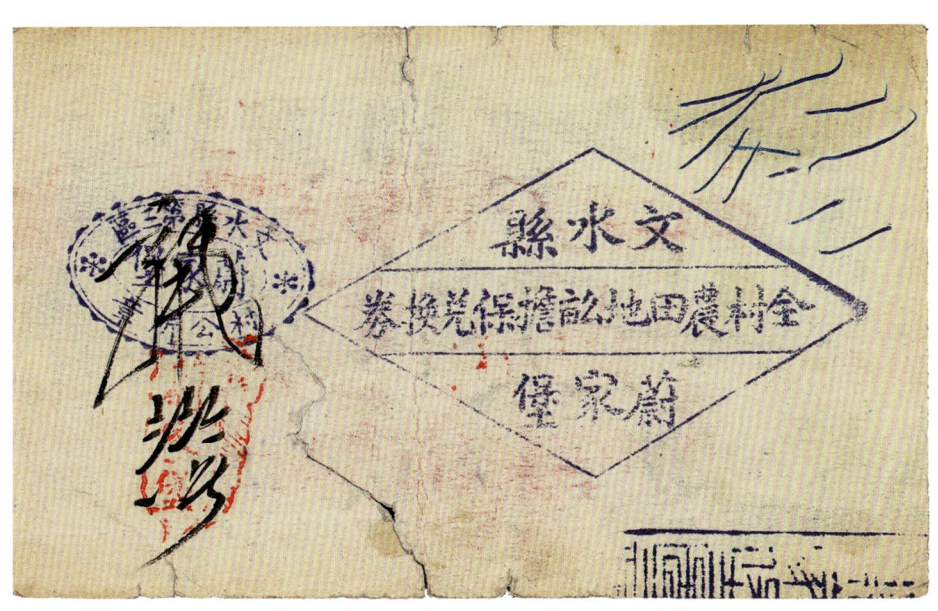

编　　号：424		印　　刷：	平遥驻清德泉印刷馆
票　　面：宝裕泉		图　　色：	蓝色
面　　额：铜元贰拾枚		规　　格：	11.9×7.6cm
票面地名：印"南庄镇"		稀 缺 度：	★★★★
票面年份：民国二十七年（1938年）		注：	此券为蔚家堡村借发
图　　案：面额			

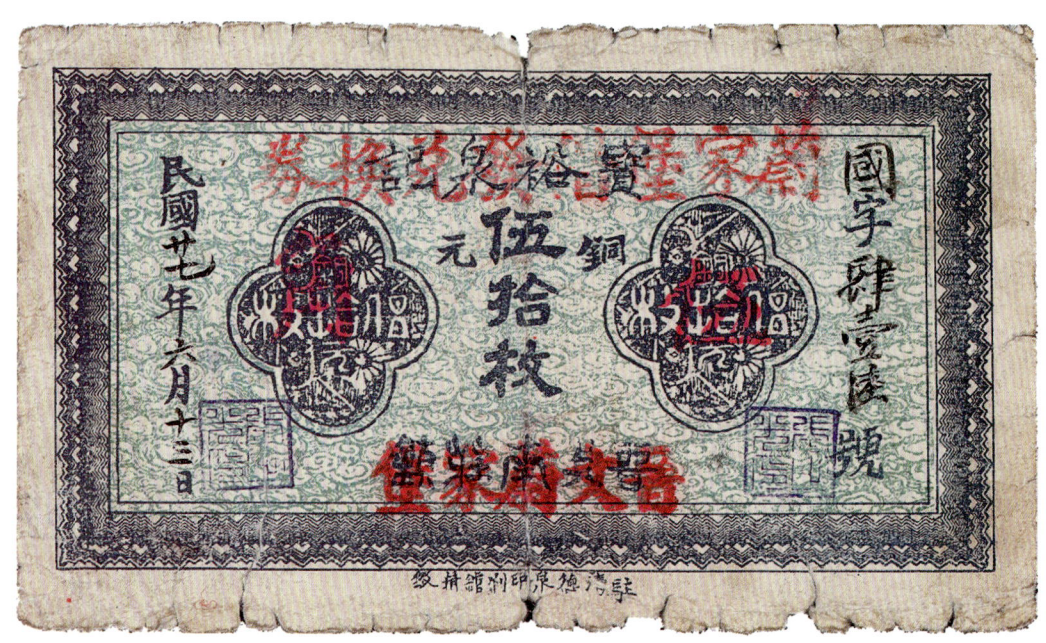

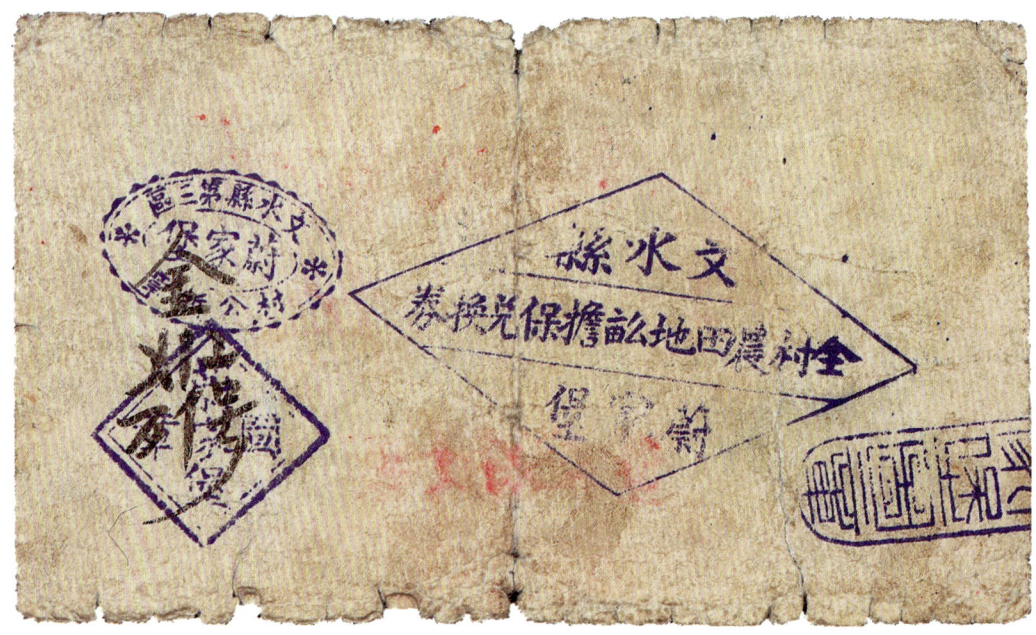

编　　　号：425
票　　　面：宝裕泉记
面　　　额：铜元伍拾枚
票面地名：印"晋文南庄镇"
票面年份：民国二十七年（1938年）
图　　　案：面额

印　　　刷：平遥驻清德泉印刷馆
图　　　色：蓝色
规　　　格：13.3×8.1cm
稀　缺　度：★★★★
注：此券为蔚家堡村借发

编　　　号：426
票　　　面：恒记货庄兑换券
面　　　额：贰角
票面地名：印"文水县南庄镇"、盖"丙"
票面年份：民国二十七年（1938年）
图　　　案：西洋塔楼
背　　　面：盖"恒记货庄"章
图　　　色：蓝色
规　　　格：11.8×6.2cm
稀 缺 度：★★★★

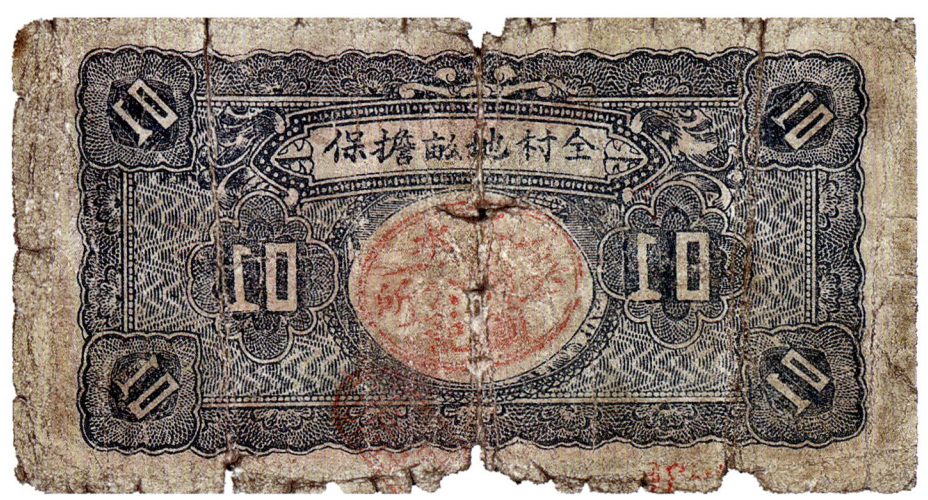

编　　　号：427
票　　　面：文水吴村农产兑换券
面　　　额：壹角
票　　　面：盖"祯"
票面年份：民国二十六年（1937年）
图　　　案：西洋塔楼
背　　　面：盖"文水吴村公所图记"章
图　　　色：紫色
规　　　格：11.8×6.3cm
稀　缺　度：★★★

编　　　号：428
票　　　面：文水吴村农产兑换券
面　　　额：贰角
票　　　面：盖"祯"
票面年份：民国二十六年（1937年）
图　　　案：洋楼
背　　　面：盖"文水吴村公所图记"章
图　　　色：棕色
规　　　格：11.5×6.4cm
稀　缺　度：★★★

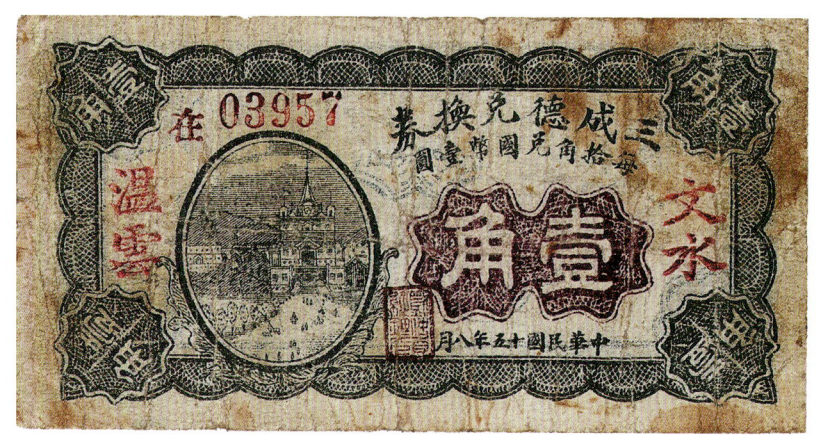

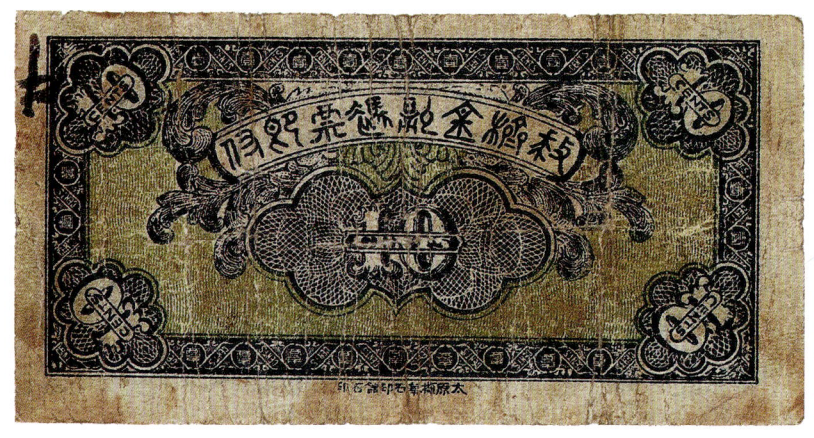

编　　号：429
票　　面：三成德兑换券
面　　额：壹角
票面地名：加盖"文水温云"、盖"在"
票面年份：民国十五年（1926年）
图　　案：洋楼
印　　刷：太原撷萃石印馆
图　　色：绿色
规　　格：10.3×5.5cm
稀 缺 度：★★★★

编　　　号：430
票　　　面：德兴钰兑换券
面　　　额：壹角
票面地名：加盖"文水县温云村公所借发"
票面年份：民国十七年（1928年）
图　　　案：西洋塔楼
印　　　刷：文水和合石印局
图　　　色：绿色
规　　　格：10.7×5.8cm
稀　缺　度：★★★
　　　　　注：此券为温云村公所向德兴钰借发

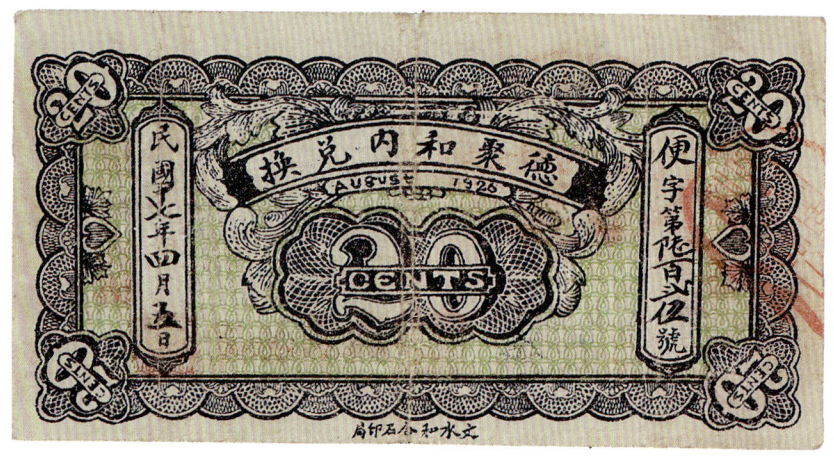

编　　　号：431
票　　　面：德兴钰兑换券
面　　　额：贰角
票面地名：加盖"文水县温云村公所借发"
票面年份：民国十七年（1928年）
图　　　案：楼阁
印　　　刷：文水和合石印局
图　　　色：紫色
规　　　格：10.6×5.8cm
稀　缺　度：★★★
　　　　注：此券为温云村公所向德兴钰借发

编　　　号：432
票　　　面：文水温云村复顺祥
面　　　额：叁分
票面年份：民国二十年十二月（1931年12月）
图　　　案：楼阁
图　　　色：绿色
规　　　格：9.4×5.9cm
稀　缺　度：★★★
　　　注：此券为西南社村公所借发

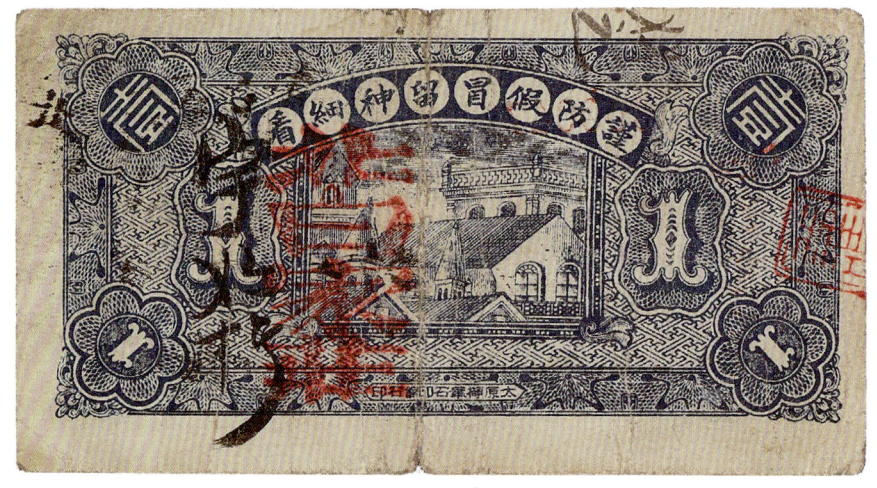

编　　　号：433
票　　　面：文水温云乡复顺祥
面　　　额：壹角
票面年份：民国二十一年（1932年）
图　　　案：楼阁
印　　　刷：太原撷萃石印馆
图　　　色：绿色
规　　　格：11.1×6.2cm
稀　缺　度：★★★
　　　　注：此券为北白家庄村借发

编　　　号：434
票　　　面：文水温云乡复顺祥
面　　　额：贰角
票面年份：民国二十一年（1932年）
图　　　案：楼阁
印　　　刷：太原撷萃石印馆
图　　　色：蓝色
规　　　格：11.1×6.2cm
稀　缺　度：★★★
　　　注：此券为北白家庄村借发

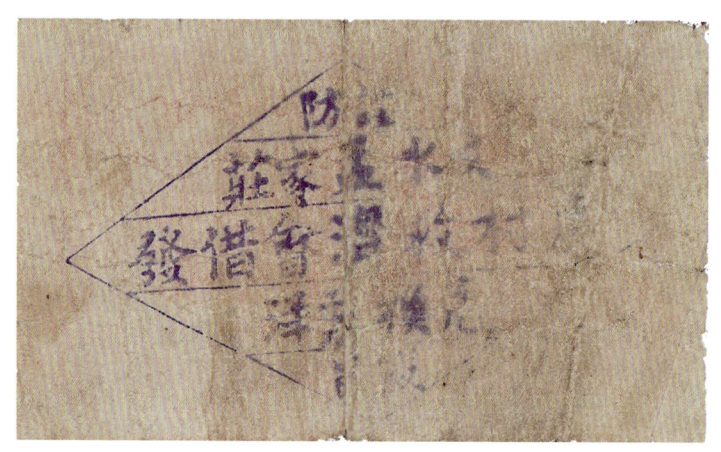

编　　　号：435
票　　　面：文水温云村义和永
面　　　额：伍分
票面年份：民国二十一年（1932年）
图　　　案：楼阁
图　　　色：紫色
规　　　格：9×5.6cm
稀　缺　度：★★★★
　　　注：此券为孟家庄借发

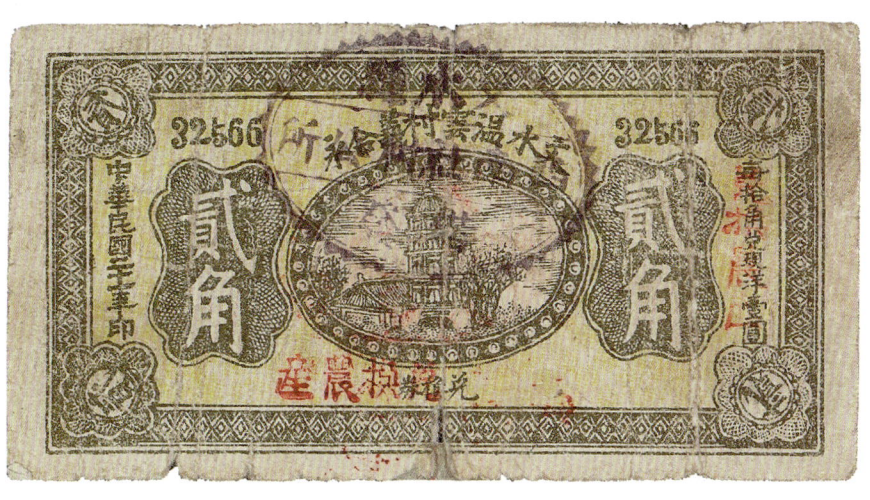

编　　　号：436
票　　　面：文水温云村义和永
面　　　额：贰角
票面年份：民国二十一年（1932年）
图　　　案：西洋塔楼
图　　　色：黄色
规　　　格：11.1×6.1cm
稀　缺　度：★★★
　　　　注：此券为西南社村借发

编　　　号：437
票　　　面：瑞庆祥兑换券
面　　　额：壹角
票面地名：印"文水县温云村"
票面年份：民国二十五年（1936年）
图　　　案：楼阁
图　　　色：蓝色
规　　　格：10.7×5.2cm
稀　缺　度：★★★

编　　　号：438
票　　　面：协裕和兑换券
面　　　额：贰角
票面地名：印"文水县温云村"
票面年份：民国二十七年（1938年）
图　　　案：房屋
背　　　面：盖"文水温云村协裕和记"章
图　　　色：蓝色
规　　　格：11.2×6.1cm
稀 缺 度：★★★

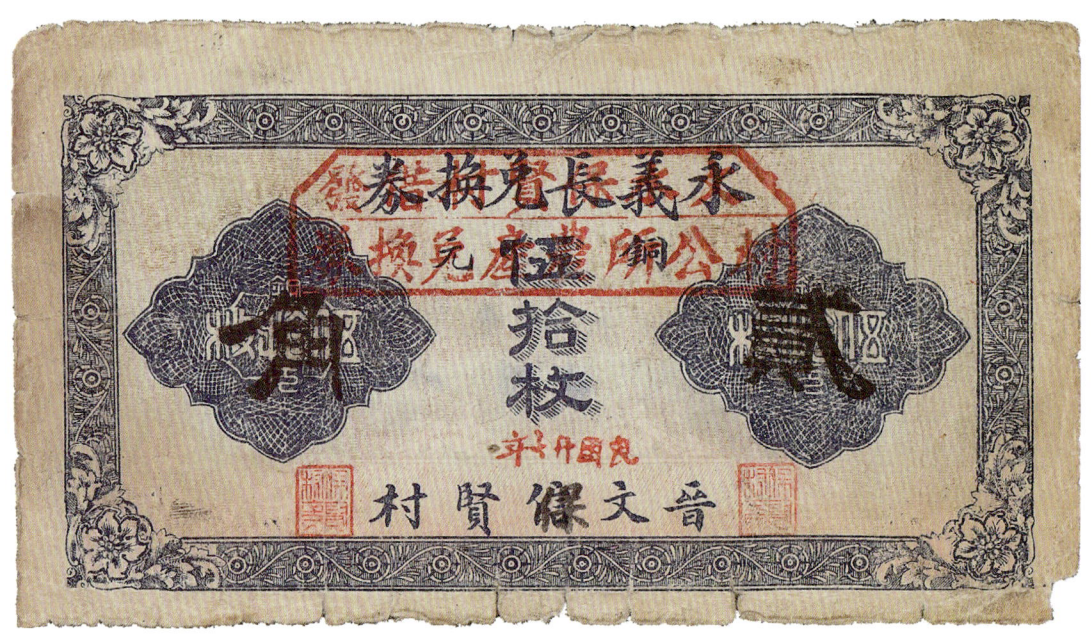

编　　号：439		图　　案：面额	
票　　面：永义长兑换券		图　　色：蓝色	
面　　额：铜元伍拾枚		规　　格：13.9×8.1cm	
票面地名：印"晋文信贤村"		稀 缺 度：★★★★	
票面年份：无		注：此券为保贤村借发	

编　　　号：440
票　　　面：天聚源兑换券
面　　　额：叁角
票面年份：民国十五年（1926年）
图　　　案：西洋塔楼
背　　　面：印"文水县信贤村"
图　　　色：紫色
规　　　格：11.3.×6.4cm
稀　缺　度：★★

编　　号：441
票　　面：天聚源兑换券
面　　额：伍角
票面年份：民国十六年（1927年）
图　　案：房屋
背　　面：印"文水县信贤村"
图　　色：绿色
规　　格：11.6×6.5cm
稀缺度：★★

编　　　号：442
票　　　面：至诚久兑换券
面　　　额：伍角
票面地名：印"文水县信贤村"
票面年份：民国十五年（1926年）
图　　　案：西洋塔楼
图　　　色：绿色
规　　　格：11.3×6.4cm
稀缺度：★★★
注：此券为云周村借发

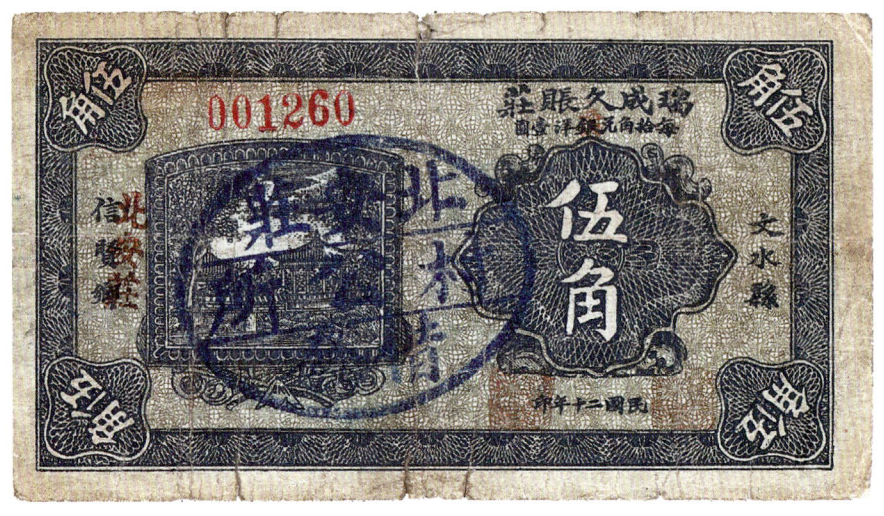

编　　　号：443
票　　　面：瑞成久账庄
面　　　额：伍角
票面地名：印"文水县信贤乡"
票面年份：民国二十年（1931年）
图　　　案：房屋
图　　　色：蓝色
规　　　格：11.2×6.5cm
稀缺度：★★★
注：此券为北安庄村借发

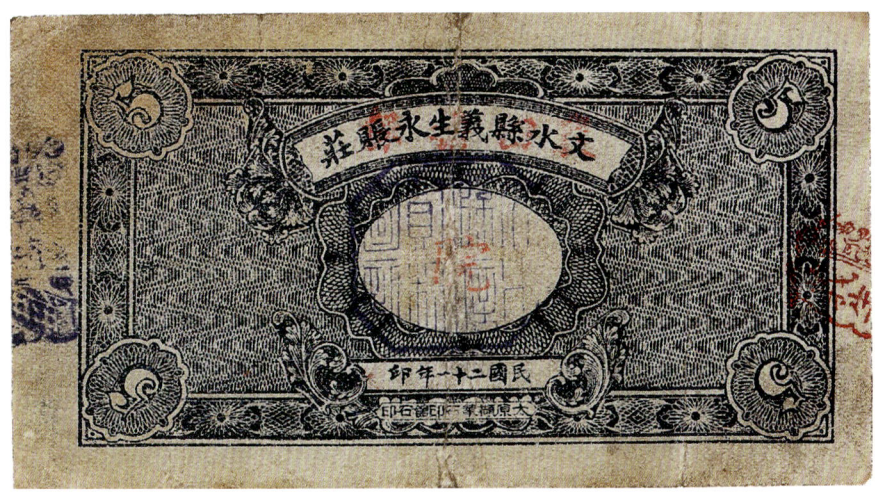

编　　　号：444
票　　　面：义生永兑换券
面　　　额：伍角
票面地名：印"文水县信贤村"
票面年份：民国二十一年（1932年）
图　　　案：西洋塔楼
印　　　刷：太原撷萃石印馆
背　　　面：印"文水县义生永帐庄"
图　　　色：绿色
规　　　格：11.2×6.3cm
稀 缺 度：★★★

编　　　号：445
票　　　面：文水瑞成玉兑换券
面　　　额：壹角
票面地名：加盖"信贤村"、盖"瑞"
票面年份：民国二十五年（1936年）
图　　　案：火车
图　　　色：绿色
规　　　格：11.2×5.5cm
稀缺度：★★★

编　　号：446
票　　面：文水瑞成玉兑换券
面　　额：贰角
票面地名：加盖"信贤村"
票面年份：民国二十五年（1936年）
图　　案：火车
图　　色：绿色
规　　格：11.5×5.8cm
稀 缺 度：★★★★

八、南安镇：包括原南白乡

原南安镇：南安村、小南安村、北白（家庄）村、谢家寨村、孟家庄村、北胡（家堡）村、榆林村、东北安村、西北安村、北安庄村。

原南白乡：南白（家庄）村、高车村、西社村、杨落堡村、王川堡村、东郭村、西郭村、于（蔚）家堡村、郝家堡村、闫家堡村、西南社村、西韩村。

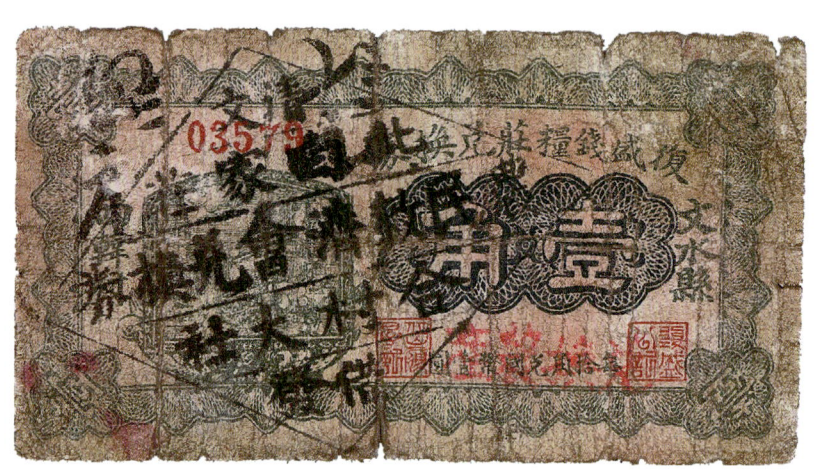

编 号：447
票 面：复盛钱粮庄兑换券
面 额：壹角
票面地名：盖"清文北白家庄合村大社农民救济会兑换券借发"
票面年份：民国十六年（1927年）
图 案：楼阁
印 刷：文水和合石印局

背 面：盖"北白家庄"章
图 色：绿色
规 格：10.3×5.8cm
稀 缺 度：★★★
注：此券为北白家庄村向西韩村复盛钱粮庄借发，属于跨村间借发。

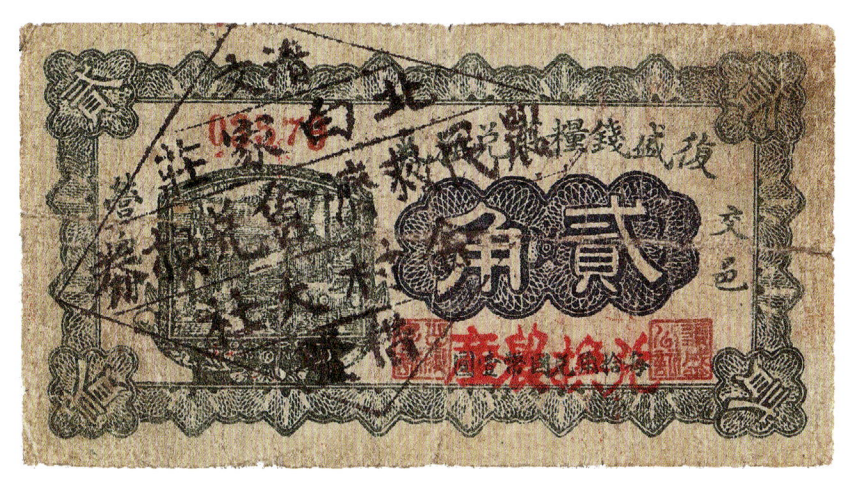

编　　号：448
票　　面：复盛钱粮庄兑换券
面　　额：贰角
票面地名：盖"清文北白家庄合村大社农民救济会兑换券借发"，在"交邑营儿村"上又加盖"文水西韩"
票面年份：民国十六年（1927年）
图　　案：楼阁
印　　刷：文水和合石印局
背　　面：盖"北白家庄"章
图　　色：绿色

规　　格：10.6×5.9cm
稀缺度：★★★
注：此券为北白家庄村向交邑营儿村复盛钱粮庄借发。券面印"交邑营儿村"，而券的背面印"文水西韩村"，应该是错印。可以推断，交邑营儿村复盛钱粮庄与文水西韩村复盛钱粮庄为一家。属于跨县间借发。

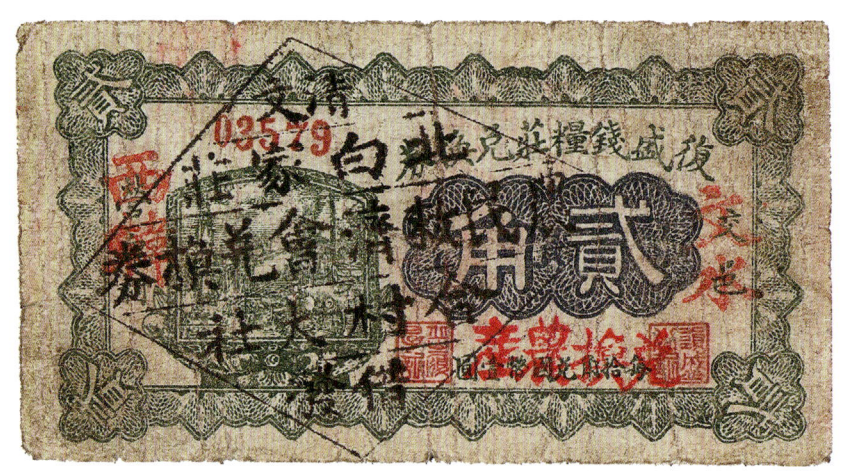

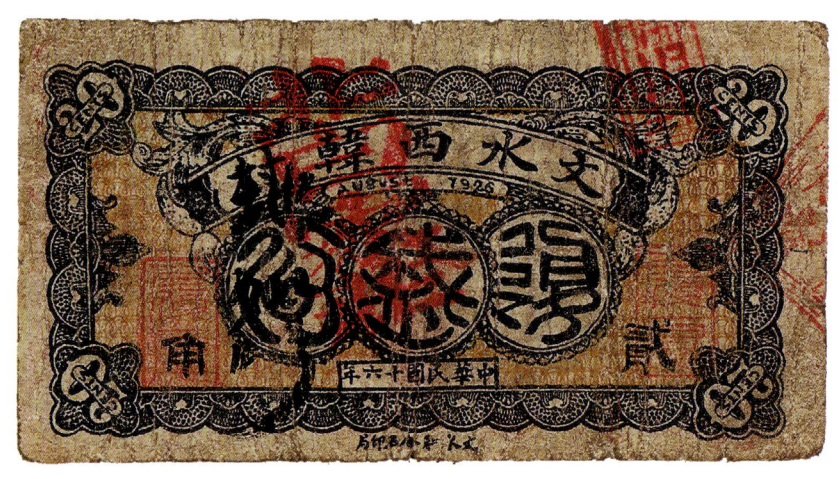

编　　号：	449	图　　色：	绿色
票　　面：	复盛钱粮庄兑换券	规　　格：	10.6×5.9cm
面　　额：	贰角	稀缺度：	★★★
票面地名：	盖"清文北白家庄合村大社农民救济会兑换券借发"	注：	此券为北白家庄村向西韩村复盛钱粮庄借发。券面印"交邑营儿村"，而后又加盖"文水西韩"。发行比较乱。属于跨村间借发。
票面年份：	民国十六年（1927年）		
图　　案：	楼阁		
印　　刷：	文水和合石印局		
背　　面：	盖"北白家庄"章		

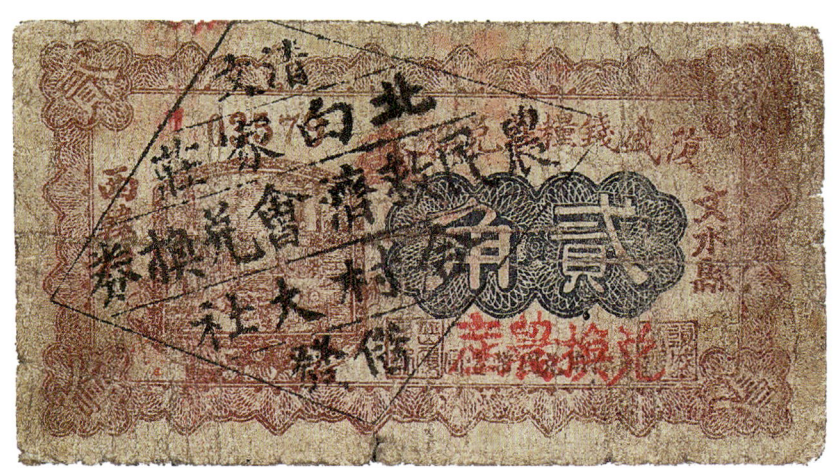

编　　　号：450
票　　　面：复盛钱粮庄兑换券
面　　　额：贰角
票面地名：盖"清文北白家庄合村大社农民救济会兑换券借发"
票面年份：民国十六年（1927年）
图　　　案：楼阁
印　　　刷：文水和合石印局
背　　　面：盖"北白家庄"章
图　　　色：棕色
规　　　格：10.6×5.9cm
稀　缺　度：★★★
注：此券为北白家庄村向西韩村复盛钱粮庄借发，属于跨村间借发。

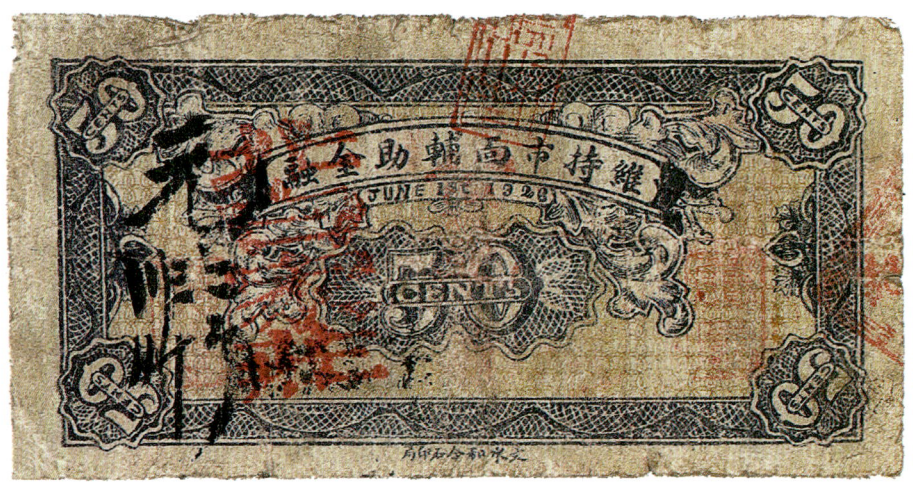

编　　号：451
票　　面：复盛钱粮庄兑换券
面　　额：伍角
票面地名：盖"清文北白家庄合村大社农民救济会兑换券借发"
票面年份：民国十六年（1927年）
图　　案：楼阁
印　　刷：文水和合石印局
背　　面：盖"北白家庄"章
图　　色：绿色
规　　格：11.7×6.2cm
稀缺度：★★★
　　注：此券为北白家庄村向西韩村复盛钱粮庄借发，属于跨村间借发。

编　　　号：452
票　　　面：文水温云乡复顺祥
面　　　额：壹角
票面地名：盖"清文北白家庄合村大社农民救济会兑换券借发"
票面年份：民国二十一年（1932年）
图　　　案：楼阁
印　　　刷：太原撷萃石印馆
背　　　面：盖"北白家庄"章
图　　　色：绿色
规　　　格：11.1×6.2cm
稀　缺　度：★★★
注：此券为北白家庄村向温云乡复顺祥借发，属于跨村间借发。

编　　号：453
票　　面：文水温云乡复顺祥
面　　额：贰角
票面地名：盖"清文北白家庄合村大社农民救济会兑换券借发"
票面年份：民国二十一年（1932年）
图　　案：楼阁
印　　刷：太原撷萃石印馆
背　　面：盖"北白家庄"章
图　　色：蓝色
规　　格：11.1×6.2cm
稀 缺 度：★★★
注：此券为北白家庄村向温云乡复顺祥借发，属于跨村间借发。

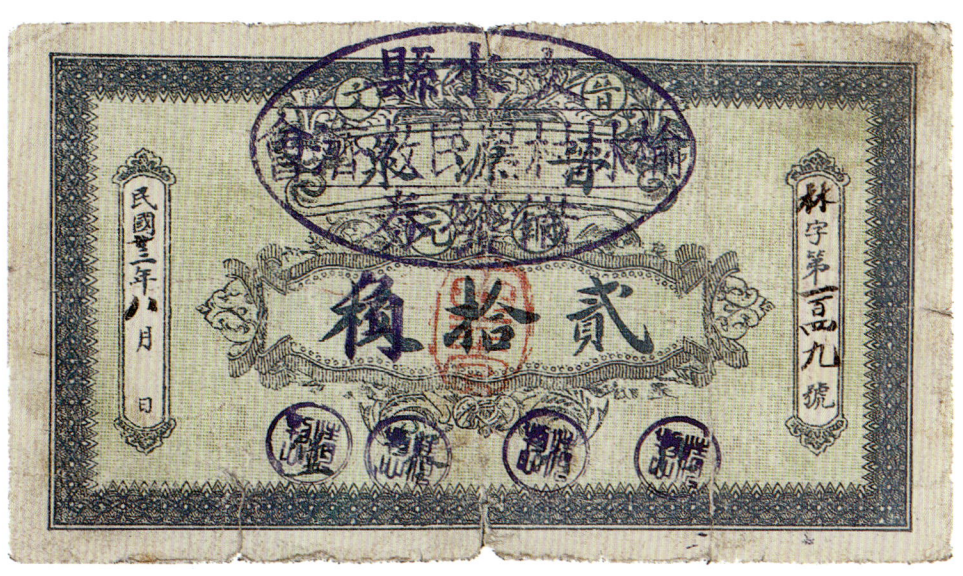

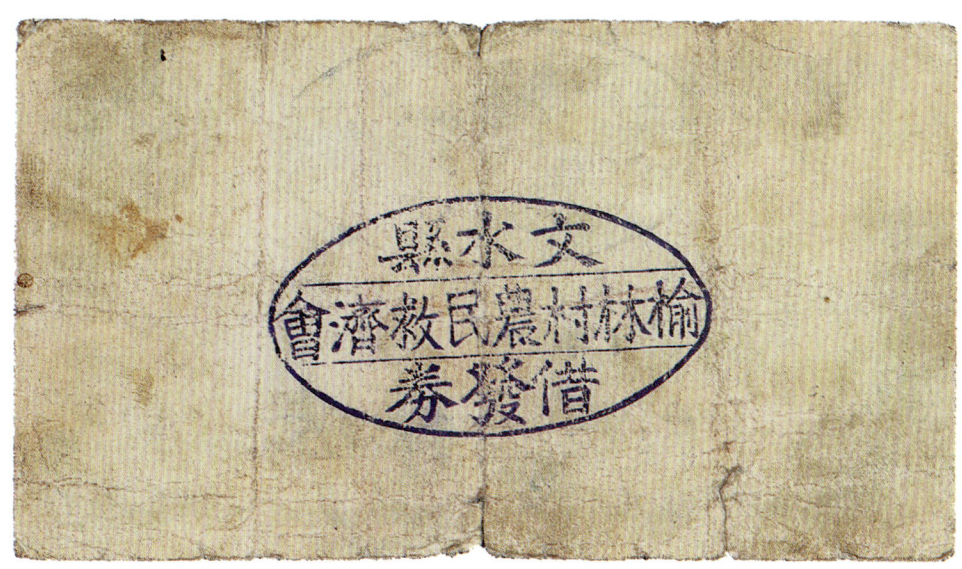

编　　　号：454
票　　　面：晋源泉
面　　　额：铜元贰拾枚
票面地名：印"北胡家堡"
票面年份：民国十三年（1924年）
图　　　案：面额
图　　　色：蓝色
规　　　格：12.3×7.2cm
稀缺度：★★★★
　　　　注：此券为榆林村借发

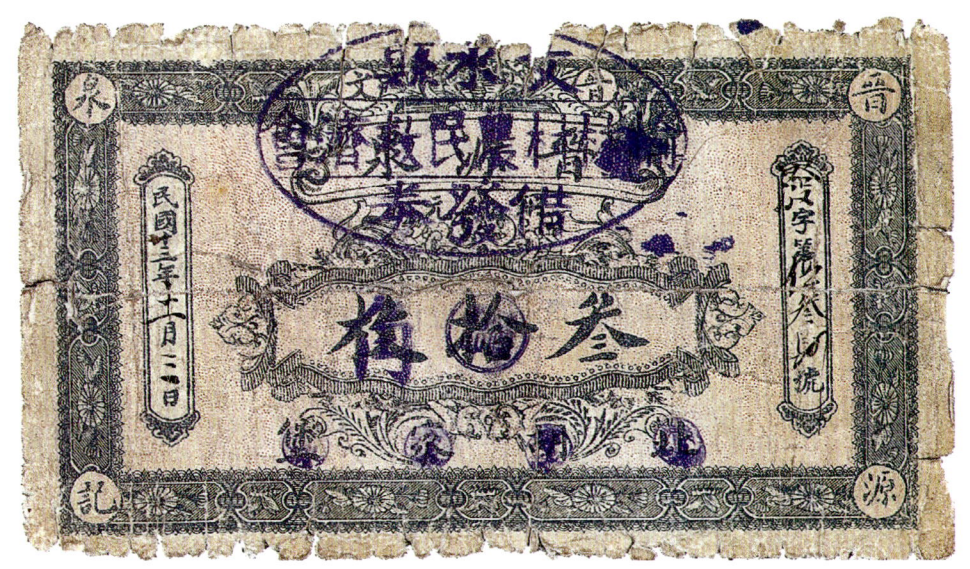

编　　号：455
票　　面：晋源泉
面　　额：铜元叁拾枚
票面地名：印"北胡家堡"
票面年份：民国十三年（1924年）
图　　案：面额
图　　色：蓝色
规　　格：12.2×7.2cm
稀　缺　度：★★★★
　　　　注：此券为榆林村借发

编　　　号：456
票　　　面：文水晋源泉
面　　　额：铜元伍拾枚
票面地名：加盖"晋文北胡家堡"
票面年份：民国十年（1921年）
图　　　案：面额
图　　　色：绿色
规　　　格：13.1×7.3cm
稀　缺　度：★★★★
　　　　注：此券为榆林村借发

编　　　号：457
票　　　面：文水谦心玉兑换券
面　　　额：贰角
票面地名：加盖"北胡家堡"
票面年份：民国十六年（1927年）
图　　　案：西洋塔楼
印　　　刷：文水和合石印局
图　　　色：棕色
规　　　格：10.7×6cm
稀 缺 度：★★★
　　　　注：此券为孟家庄村借发

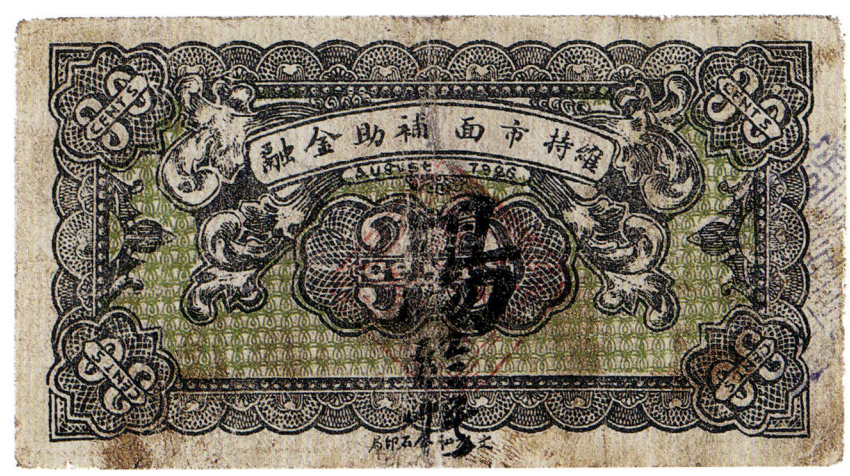

编　　号：458
票　　面：文水谦心玉兑换券
面　　额：叁角
票面地名：加盖"北胡家堡"
票面年份：民国十六年（1927年）
图　　案：楼阁
印　　刷：文水和合石印局
图　　色：棕色
规　　格：10.8×6cm
稀缺度：★★★
注：此券为孟家庄村借发。
　　叁角券与贰角券的编号相同。

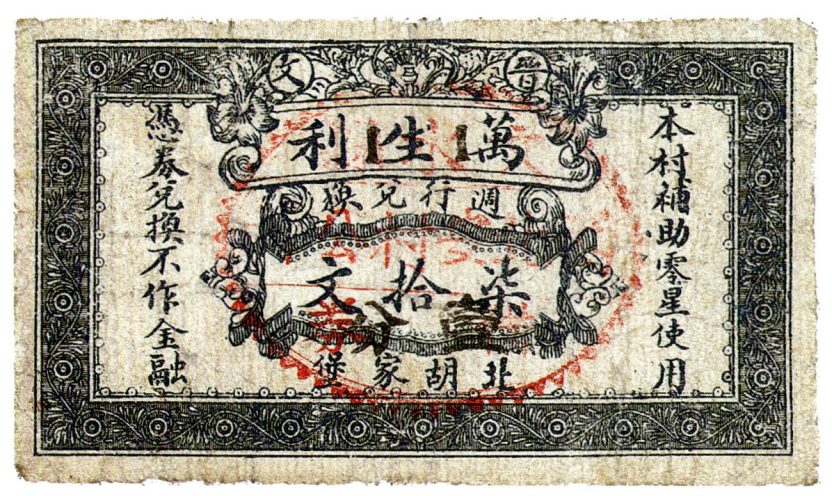

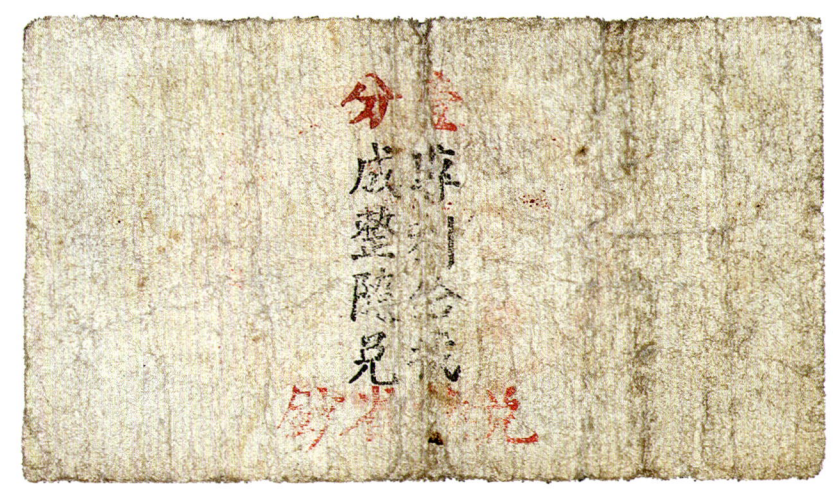

编　　　号：459
票　　　面：晋文万生利（1）
面　　　额：柒拾文（壹分）
票面地名：印"北胡家堡"
票面年份：无
图　　　案：面额
背　　　面：盖"专利给找，成整随兑"。
　　　　　　"兑换省钞"、"壹分"。
图　　　色：蓝色
规　　　格：10.5×6.2cm
稀　缺　度：★★★★★
　　　　注：此券为西北安村借发

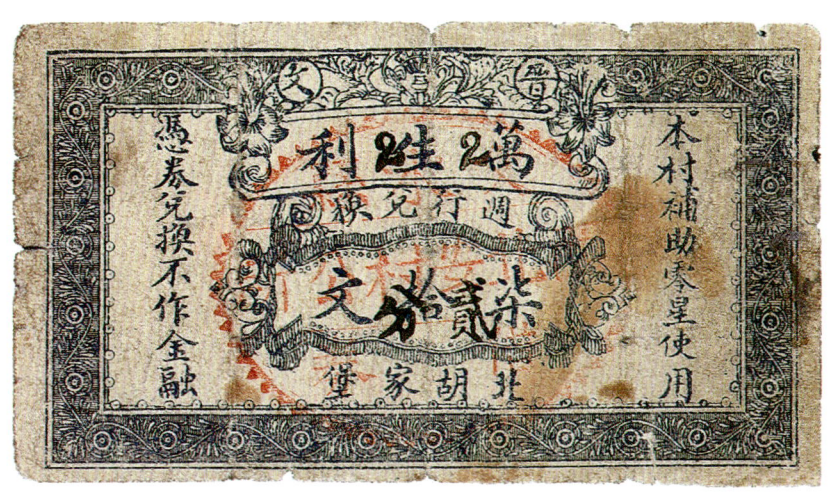

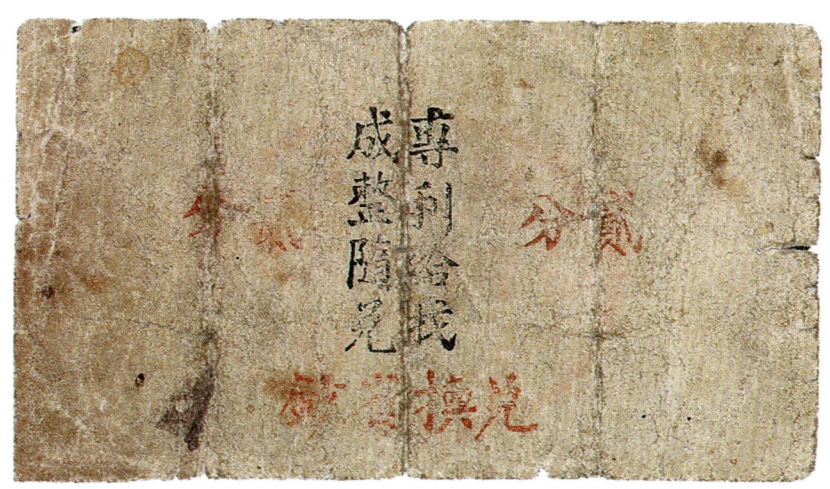

编　　　号：460
票　　　面：晋文万生利（2）
面　　　额：柒拾文（贰分）
票面地名：印"北胡家堡"
票面年份：无
图　　　案：面额
背　　　面：盖"专利给找，成整随兑"。
　　　　　　"兑换省钞"、"贰分"。
图　　　色：蓝色
规　　　格：10.5×6.2cm
稀缺度：★★★★★
注：此券为西北安村借发

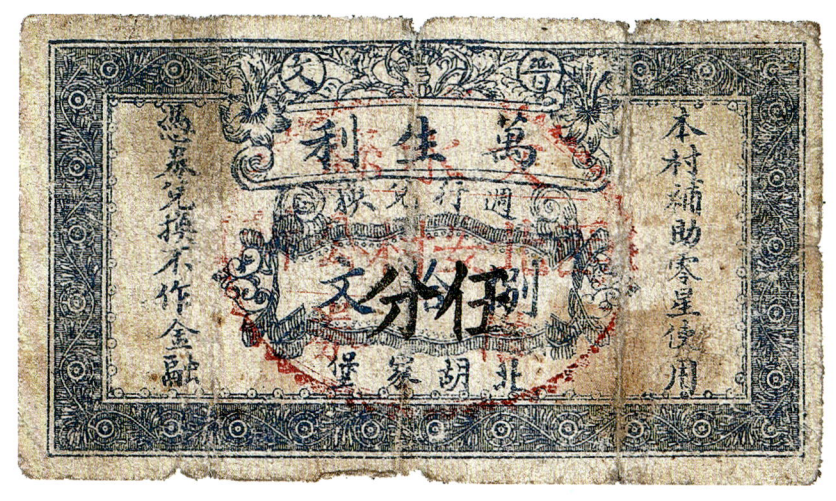

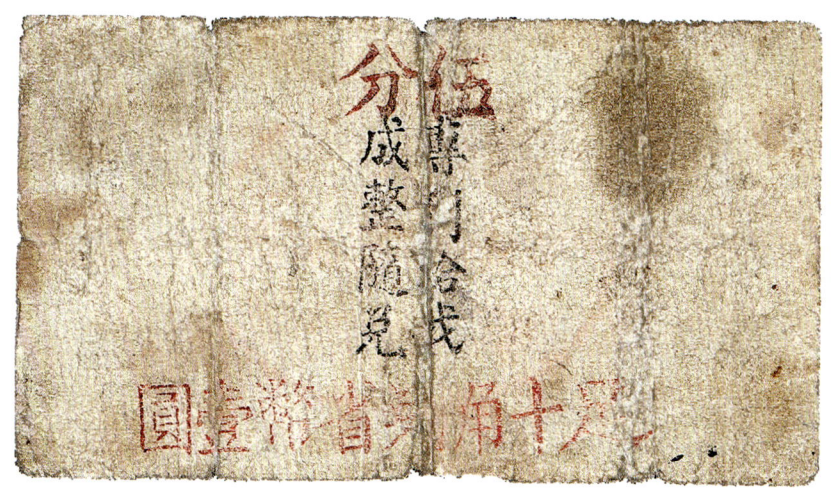

编　　　号：461
票　　　面：晋文万生利
面　　　额：捌拾文（伍分）
票面地名：印"北胡家堡"
票面年份：无
图　　　案：面额
背　　　面：盖"专利给找，成整随兑"。
　　　　　　"足十角兑省钞壹圆"、"伍分"。
图　　　色：蓝色
规　　　格：10.5×6.2cm
稀缺度：★★★★★
　　　注：此券为西北安村借发

编　　号：462
票　　面：当业恒和生仁记
面　　额：壹角
票面地名：印"文水县北胡家堡"
票面年份：民国二十一年（1932年）
图　　案：村景
背　　面：盖"文水北胡家堡恒和当局"章
　　　　　手书"福"
印　　刷：太原撷萃石印馆
图　　色：绿色
规　　格：10.1×6cm
稀 缺 度：★★★

编　　　号：463
票　　　面：当业恒和生仁记
面　　　额：壹角
票面地名：印"文水县北胡家堡"
　　　　　盖"文水北胡家堡农村救济会村公所借发"章
票面年份：民国二十一年（1932年）
图　　　案：村景
背　　　面：盖"文水北胡家堡恒和当局"、手书"福"
印　　　刷：太原撷萃石印馆
图　　　色：绿色
规　　　格：10.1×6cm
稀 缺 度：★★★
　　　注：此券为北胡家堡村公所向北胡家堡恒和生仁记借发，属于同村间借发。

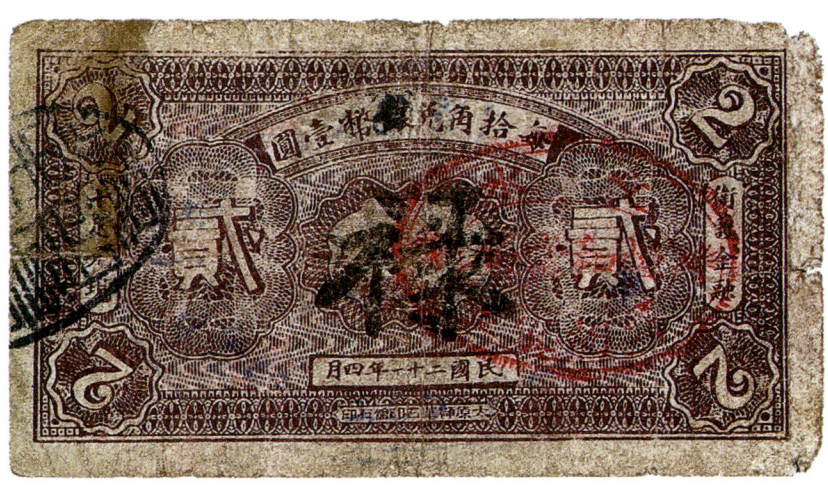

编　　号：464
票　　面：当业恒和生仁记
面　　额：贰角
票面地名：印"文水县北胡家堡"
　　　　　盖"文水北胡家堡农村救济会村公所借发"章
票面年份：民国二十一年（1932年）
图　　案：房屋
背　　面：盖"文水北胡家堡恒和当局"章、手书"禄"
印　　刷：太原撷萃石印馆
图　　色：蓝色
规　　格：10.6×6.1cm
稀缺度：★★★
　　注：此券为北胡家堡村公所向北胡家堡恒和生仁记借发，属于同村间借发。

编　　号：465
票　　面：文水晋宏德昌记
面　　额：壹角
票面地名：印"北胡家堡"
票面年份：民国二十四年（1935年）
图　　案：洋楼
背　　面：盖"文邑北胡家堡晋宏德昌记"章
　　　　　手书"宝"
图　　色：蓝色
规　　格：10.9×5.9cm
稀　缺　度：★★★★

编　　　号：466
票　　　面：德生泉兑换券
面　　　额：壹角
票面地名：印"文水县北胡家堡"
票面年份：民国二十七年（1938年）
图　　　案：洋楼
图　　　色：蓝色
规　　　格：10.5×5.6cm
稀　缺　度：★★★

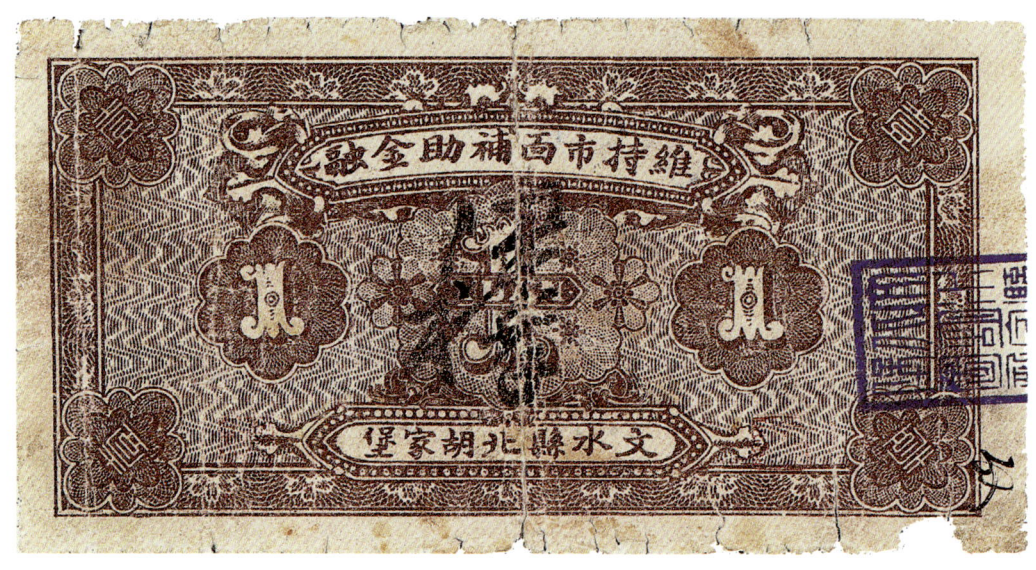

编　　号：467
票　　面：德生泉兑换券
面　　额：壹圆
票面地名：印"文水县北胡家堡"、
　　　　　盖"文水北胡家堡农村
　　　　　救济会村公所借发"章
票面年份：民国二十七年（1938年）
图　　案：洋楼

背　　面：手书"稽"
图　　色：棕色
规　　格：13.2×7.1cm
稀缺度：★★★★
注：此券为北胡家堡村公所向
　　北胡家堡德生泉借发，属
　　于同村间借发。

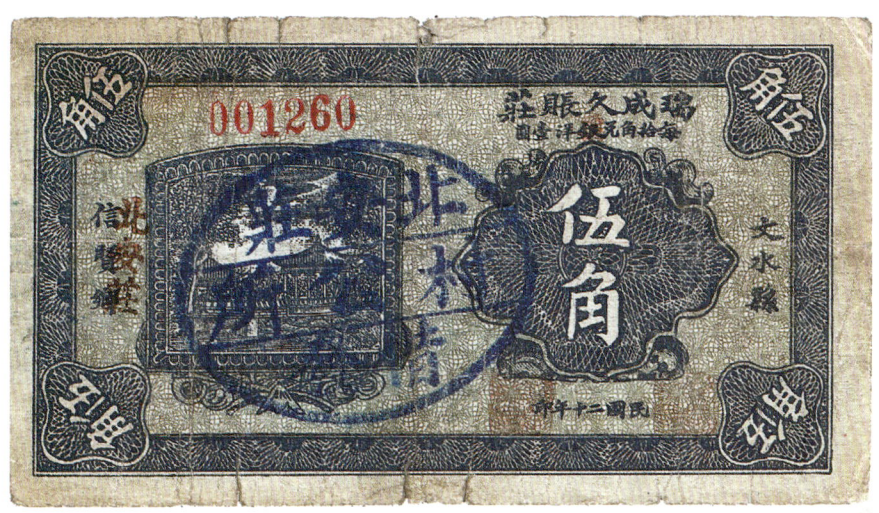

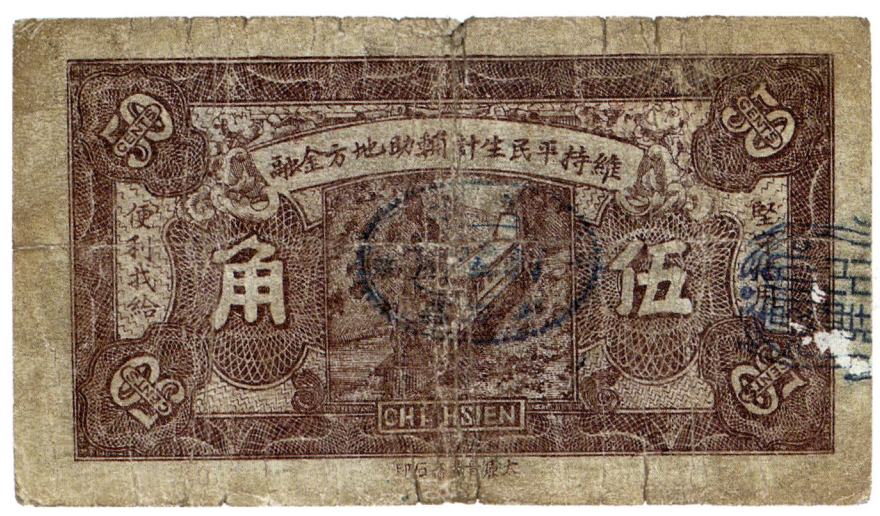

编　　号：468
票　　面：瑞成久账庄
面　　额：伍角
票面地名：加盖"北安庄村公所借发"
票面年份：民国二十年（1931年）
图　　案：房屋
背　　面：盖"文水北安庄村公所"章
图　　色：蓝色
规　　格：11.2×6.5cm
稀缺度：★★★★
　　注：此券为北安庄村公所向信贤乡瑞成久
　　　　账庄借发，属于跨村间借发。

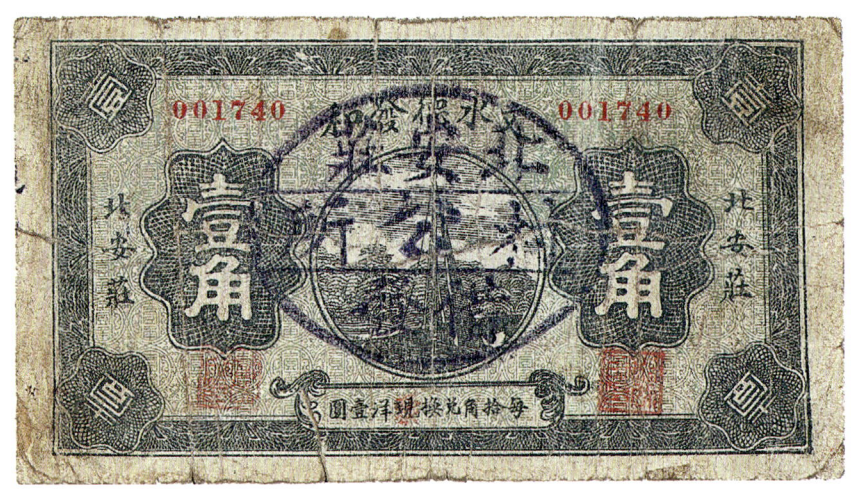

编　　号：469
票　　面：文水德发和
面　　额：壹角
票面地名：印"北安庄"、盖"北安庄村公所借发"章
票面年份：民国二十一年（1932年）
图　　案：灯塔
背　　面：盖"文水北安庄村公所"章
印　　刷：太原成文斋
图　　色：蓝色
规　　格：10.8×6.2cm
稀缺度：★★★
注：此券为北安庄村公所向北安庄德发和借发，属于同村间借发。

编　　号：470
票　　面：文水德发和
面　　额：贰角
票面地名：印"北安庄"、盖"北安庄村公所借发"章
票面年份：民国二十一年（1932年）
图　　案：村景
背　　面：盖"文水北安庄村公所"章
印　　刷：太原成文斋
图　　色：棕色
规　　格：11.3×6.3cm
稀 缺 度：★★★
　　注：此券为北安庄村公所向北安庄德发和借发，属于同村间借发。

编　　　号：471
票　　　面：集义生兑换券
面　　　额：壹角
票面地名：加盖"文水北安庄"
票面年份：民国二十五年（1936年）
图　　　案：铁路
背　　　面：盖"集义生记"章
图　　　色：蓝色
规　　　格：10.7×5.8cm
稀 缺 度：★★★

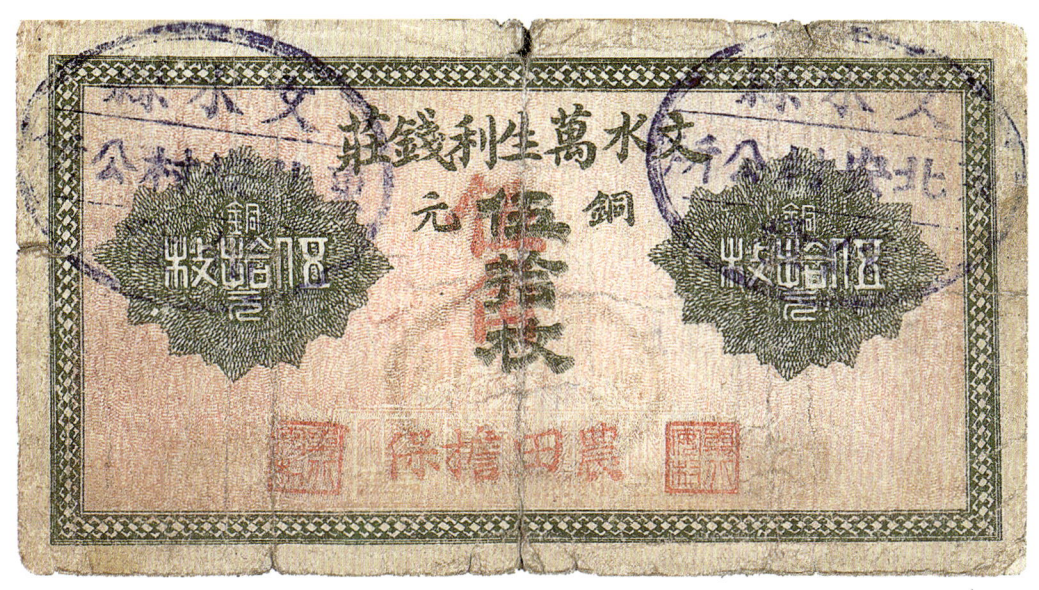

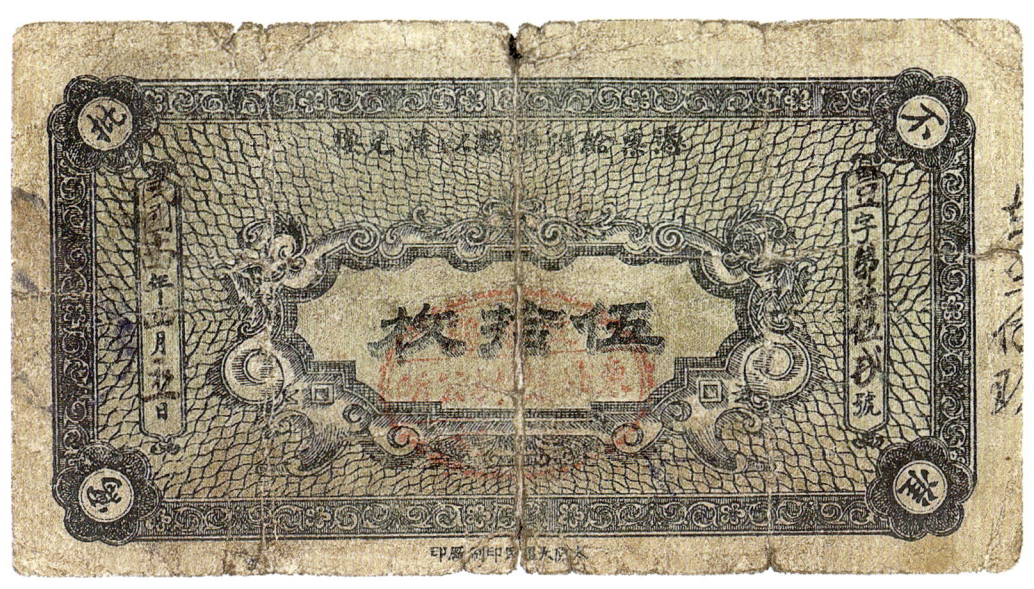

编　　　号：	472	背　　　面：	盖"文水县东北安村图记"章
票　　　面：	文水万生利钱庄		
面　　　额：	伍角	图　　　色：	绿色
票面地名：	加盖"文水县东北安村借发"章	规　　　格：	13.2×7.4cm
票面年份：	民国十四年（1925年）	稀　缺　度：	★★★★
图　　　案：	面额	注：	此券为东北安村向万生利钱庄借发，属于跨村间借发。
印　　　刷：	太原大国民印刷厂		

编　　　号：473
票　　　面：裕民银号兑换券
面　　　额：伍角
票面地名：加盖"东北安村公所借发"章
票面年份：民国十七年（1928年）
图　　　案：楼阁
背　　　面：盖"东北安村公所借发"章
印　　　刷：文水和合石印局
图　　　色：蓝色
规　　　格：11.7×6.4cm
稀缺度：★★★★
注：此券为东北安村向裕民银号借发，属于跨村间借发。

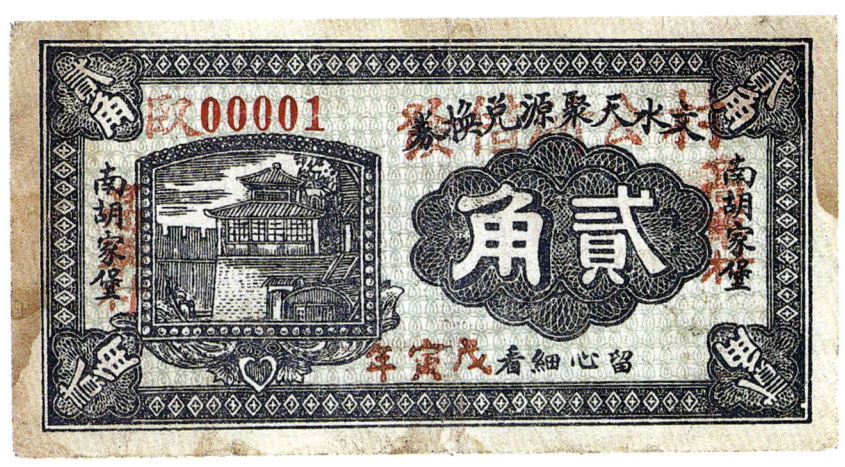

编　　　号：474
票　　　面：文水天聚源兑换券
面　　　额：贰角
票面地名：加盖"高车村公所借发"
票面年份：戊寅年
图　　　案：楼阁
背　　　面：盖"文水县第三区高车村公所图记"章
图　　　色：蓝色
规　　　格：10.8×5.8cm
稀缺度：★★★
注：此券为高车村向南胡家堡村天聚源借发，属于跨村间借发。

编　　　号：475
票　　　面：文水世义当兑换券
面　　　额：壹角
票面地名：印"高车村"
票面年份：民国十五年（1926年）
图　　　案：楼阁
印　　　刷：文水和合石印局
图　　　色：紫色
规　　　格：10.5×5.9cm
稀缺度：★★★★
　　　　注：此券为马家堡村借发

编　　号：476
票　　面：文水世义当兑换券
面　　额：伍角
票面地名：印"高车村"
票面年份：民国十五年（1926年）
图　　案：西洋塔楼
印　　刷：文水和合石印局
图　　色：绿色
规　　格：11.8×6.3cm
稀 缺 度：★★★★
　　　　注：此券为马家堡村借发

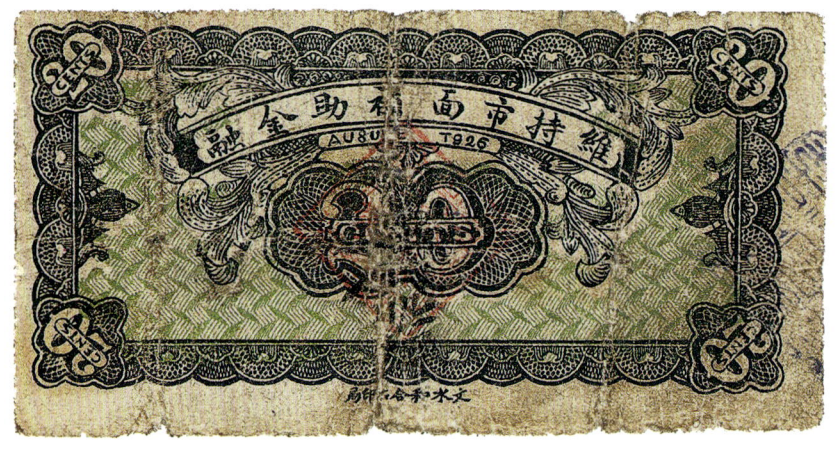

编　　　号：477
票　　　面：文水谦心玉兑换券
面　　　额：贰角
票面地名：加盖"文水孟家庄农村救济会借发"章
票面年份：民国十六年（1927年）
图　　　案：西洋塔楼
印　　　刷：文水和合石印局
图　　　色：棕色
规　　　格：10.6×5.7cm
稀缺度：★★★
注：此券为孟家庄村向北胡家堡村谦心玉借发，属于跨村间借发。

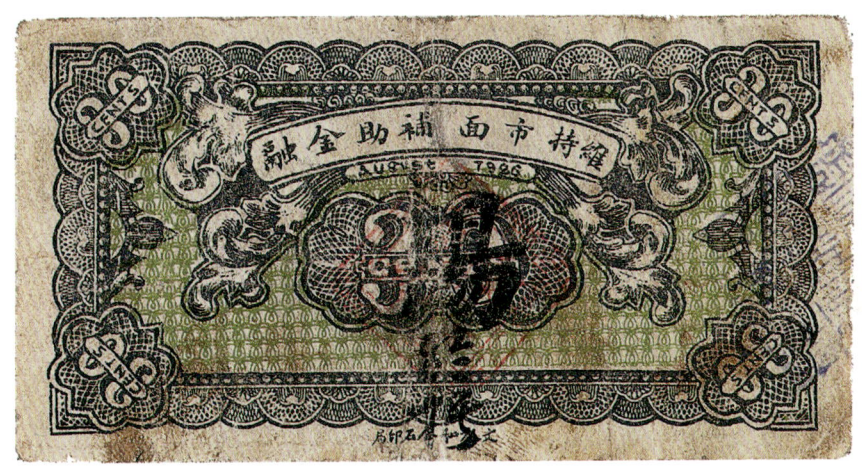

编　　　号：478
票　　　面：文水谦心玉兑换券
面　　　额：叁角
票面地名：加盖"文水孟家庄农村救济会借发"章
票面年份：民国十六年（1927年）
图　　　案：楼阁
印　　　刷：文水和合石印局
图　　　色：棕色
规　　　格：10.9×5.9cm
稀缺度：★★★
　　　注：此券为孟家庄村向北胡家堡村谦心玉借发，属于跨村间借发。

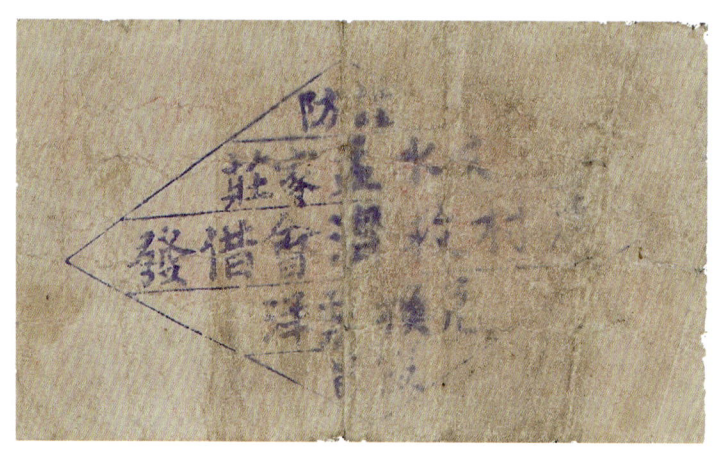

编　　　号：479
票　　　面：文水温云村义合永
面　　　额：伍分
票面地名：加盖"文水孟家庄借发"
票面年份：民国二十一年（1932年）
图　　　案：楼阁
背　　　面：盖"文水孟家庄农村救济会借发"章
图　　　色：棕色
规　　　格：9×5.6cm
稀　缺　度：★★★★
　　　　注：此券为孟家庄村向温云村义合永借发，属于跨村间借发。

编　　　号：480
票　　　面：文水中发源
面　　　额：伍分
票面地名：印"南白家庄"
票面年份：民国二十一年（1932年）
图　　　案：塔
图　　　色：蓝色
规　　　格：10×5.5cm
稀　缺　度：★★★★
　　　注：此券为王川堡村借发

编　　　号：481
票　　　面：文水庆丰成
面　　　额：铜元伍拾枚
票面地名：印"南安村"
票面年份：无
图　　　案：面额

印　　　刷：晋文和合书局石印
图　　　色：红色
规　　　格：13.1×7.3cm
稀 缺 度：★★★★
注：此券为谢家寨村借发

编　　　号：482	印　　　刷：文水文兴书局
票　　　面：文水双和永	背　　　面：手书"寿""恒"
面　　　额：壹角	图　　　色：紫红色
票面地名：印"南安"、盖"文水县南安村公所借发"章	规　　　格：10.5×6.2cm
	稀　缺　度：★★★
票面年份：民国十六年（1927年）	注：此券为南安村公所向双和永借发，属于同村间借发。
图　　　案：楼阁	

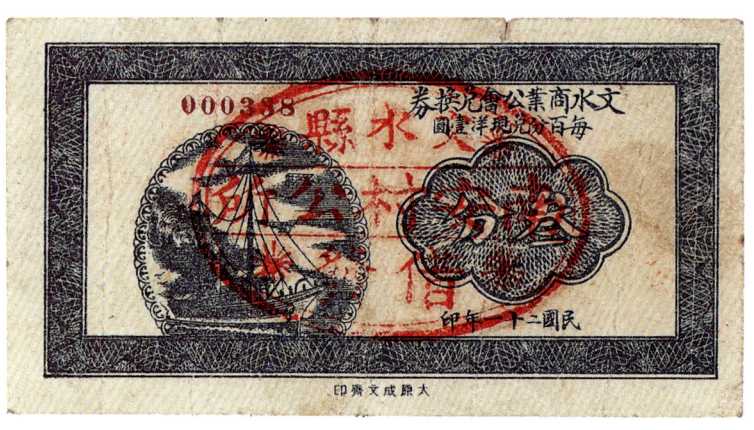

编　　　号：483
票　　　面：文水商业公会兑换券
面　　　额：叁分
票面地名：加盖"文水县南安村公所借发"章
票面年份：民国二十一年（1932年）
图　　　案：轮船
印　　　刷：太原成文斋
图　　　色：蓝色
规　　　格：9.6×5.3cm
稀　缺　度：★★★★
　　　　注：此券为南安村公所向文水商业公会借发，属于跨村间借发。

编　　　号：484
票　　　面：村公所信用券
面　　　额：贰角
票面地名：加盖"文水县南安村"
票面年份：民国二十五年（1936年）
图　　　案：房屋
背　　　面：盖"南安村公所"章
图　　　色：棕色
规　　　格：11.2×6.4cm
稀　缺　度：★★★

编　　　号：485
票　　　面：村公所信用券
面　　　额：伍角
票面地名：加盖"文水县南安村"
票面年份：民国二十五年（1936年）
图　　　案：古楼
背　　　面：盖"南安村公所"章
图　　　色：绿色
规　　　格：11.7×6.6cm
稀缺度：★★★

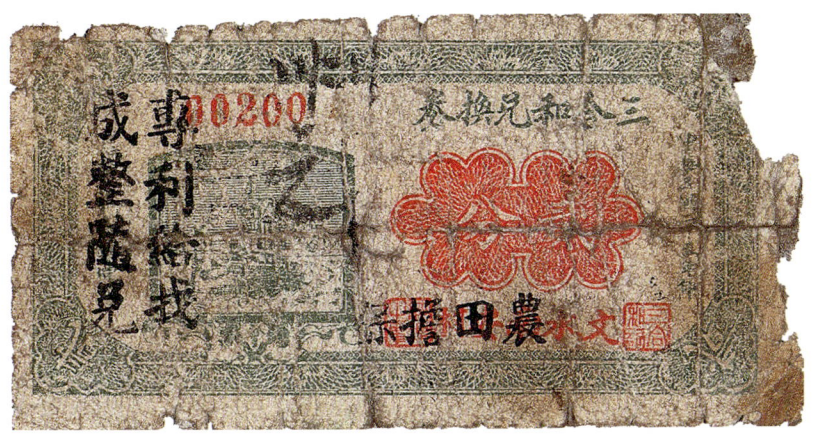

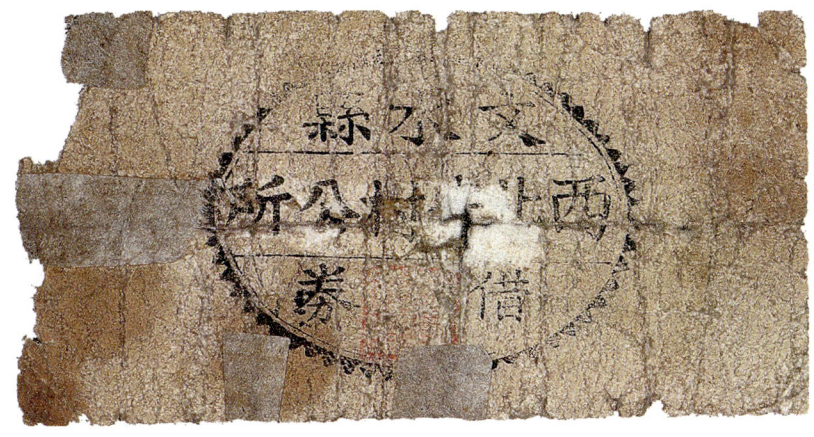

编　　　号：486
票　　　面：三合和兑换券
面　　　额：贰分
票面地名：印"文水南安村"
票面年份：民国×年
图　　　案：洋楼
图　　　色：绿色
规　　　格：10.3×5.5cm
稀　缺　度：★★★
　　　　注：此券为西北安村借发

编　　号：487
票　　面：文水中发源
面　　额：伍分
票面地名：加盖"王川堡村借发"
票面年份：民国二十一年（1932年）
图　　案：塔
图　　色：蓝色
规　　格：10×5.5cm
稀 缺 度：★★★★
　　注：此券为王川堡村向南白家庄村中发源借发，属于跨村间借发。

编　　　号：488
票　　　面：云集号兑换券
面　　　额：壹角
票面地名：加盖"王川堡村公所借发"
票面年份：民国二十一年（1932年）
图　　　案：洋楼
背　　　面：盖"文水县王川堡村公所借发券"章
图　　　色：棕色
规　　　格：10.5×5.4cm
稀缺度：★★★
注：此券为王川堡村向大象镇借发，属于跨村间借发。

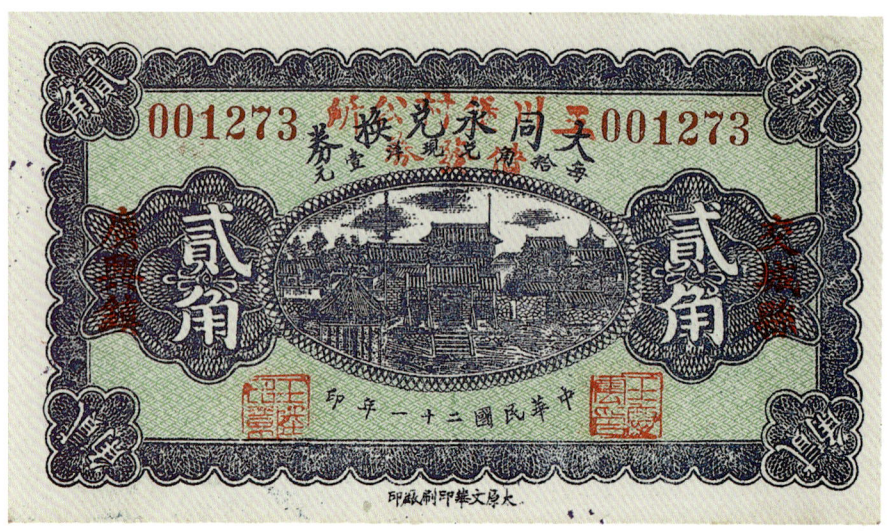

编　　　号：489
票　　　面：大同永兑换券
面　　　额：贰角
票面地名：加盖"王川堡村公所借发"
票面年份：民国二十一年（1932年）
图　　　案：古楼
背　　　面：盖"文水县王川堡村公所借发券"章
印　　　刷：太原文华印刷厂
图　　　色：蓝色
规　　　格：11.4×6.8cm
稀缺度：★★★
注：此券为王川堡村向交城县广兴镇借发，属于跨县间借发。

编　　　号：490
票　　　面：文水温云村复顺祥
面　　　额：叁分
票面地名：加盖"文水县西南社村公所借发"章
票面年份：民国二十年（1931年）
图　　　案：房屋
图　　　色：绿色
规　　　格：9.5×5.9cm
稀　缺　度：★★★★
注：此券为西南社村向温云村复顺祥借发，属于跨村间借发。

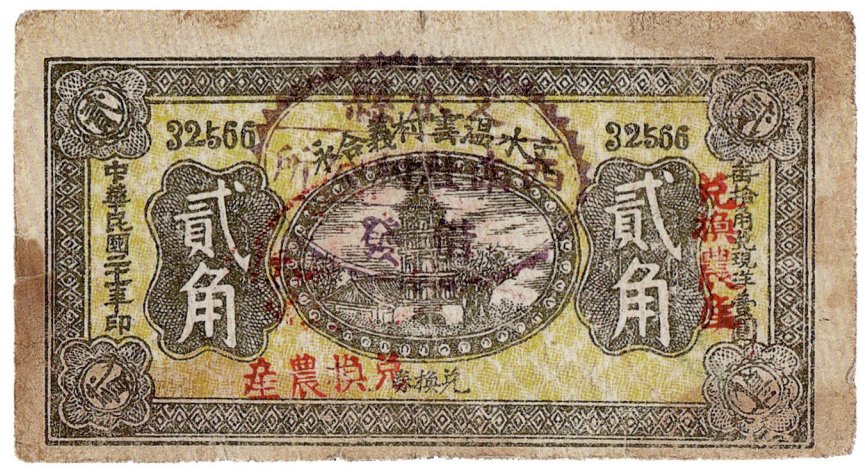

编　　　号：491
票　　　面：文水温云村义和永
面　　　额：贰角
票面地名：加盖"文水县西南社村公所借发"章
票面年份：民国二十一年（1932年）
图　　　案：楼阁
背　　　面：盖"文水县西南社村公所图记"章
图　　　色：绿色
规　　　格：11×6cm
稀缺度：★★★
注：此券为西南社村向温云村义和永借发，属于跨村间借发。

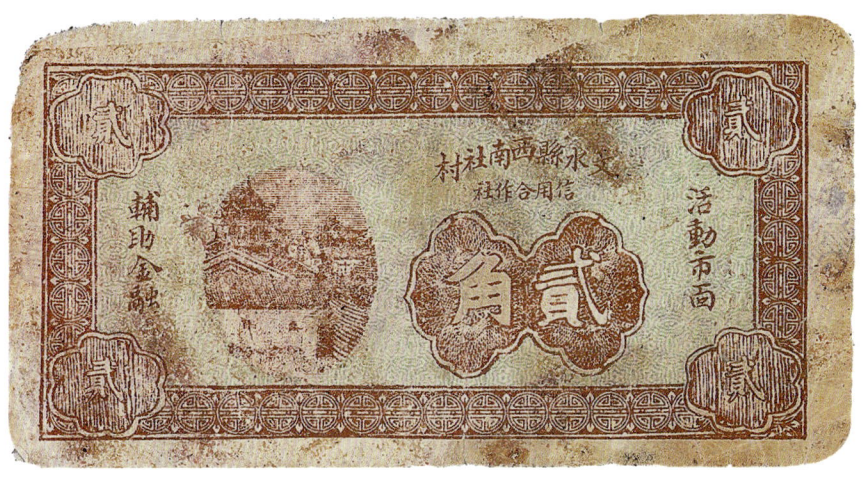

编　　　号：492
票　　　面：文水县西南社村
面　　　额：贰角
票面年份：民国二十六年（1937年）
图　　　案：楼阁
图　　　色：棕色
规　　　格：11×6cm
稀　缺　度：★★★

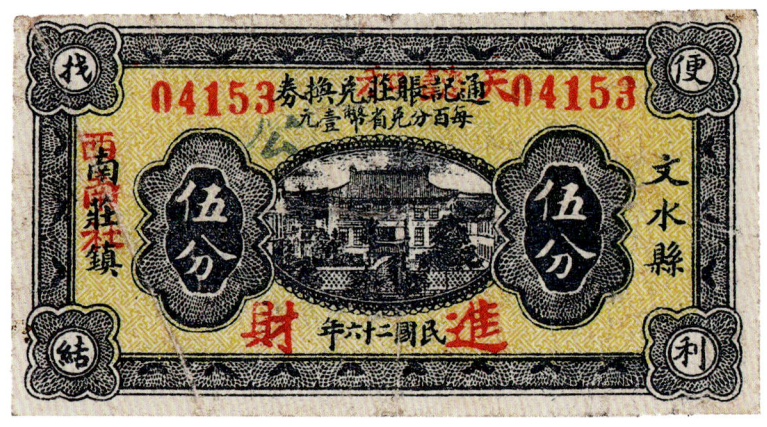

编　　号：493
票　　面：天懿和（通记账庄）兑换券
面　　额：伍分
票面地名：加盖"文水县西南社"、盖"进财"
票面年份：民国二十六年（1937年）
图　　案：楼阁
背　　面：盖"文水县西南社天懿和记"章
图　　色：蓝色
规　　格：9.8×5.4cm
稀 缺 度：★★★★
　　　注：此券为西南社村天懿和向南庄镇通记账庄借发，属于跨村间借发。

编　　　号：494
票　　　面：复盛钱粮庄兑换券
面　　　额：壹角
票面地名：印"文水县西韩村"
票面年份：民国十六年（1937年）
图　　　案：楼阁
印　　　刷：文水和合石印局
图　　　色：绿色
规　　　格：10.3×5.8cm
稀 缺 度：★★★
　　　注：此券为北白家庄村向西韩村复盛钱粮庄借发，属于跨村间借发。

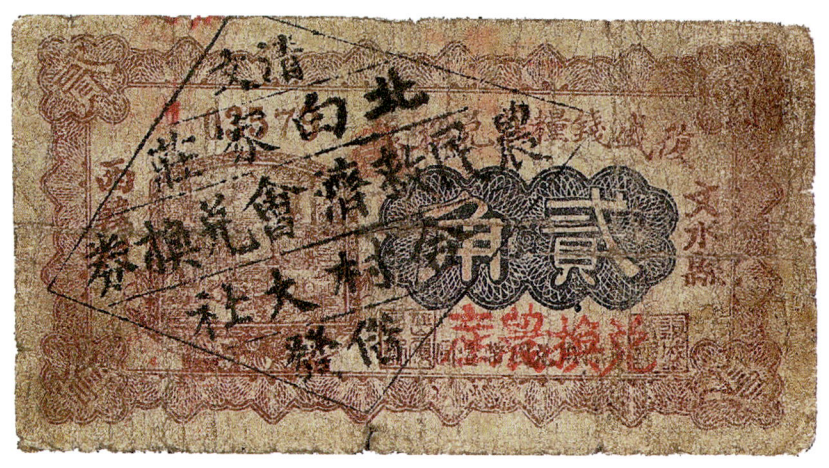

编　　号：495
票　　面：复盛钱粮庄兑换券
面　　额：贰角
票面地名：印"文水西韩村"
票面年份：民国十六年（1927年）
图　　案：楼阁
印　　刷：文水和合石印局
图　　色：棕色
规　　格：10.5×5.8cm
稀 缺 度：★★★
注：此券为北白家庄村向西韩村复盛钱粮庄借发，属于跨村间借发。

编　　　号：496
票　　　面：复盛钱粮庄兑换券
面　　　额：贰角
票面地名：加盖"文水西韩"
票面年份：民国十六年（1927年）
图　　　案：楼阁
背　　　面：印"文水西韩村"
印　　　刷：文水和合石印局
图　　　色：绿色
规　　　格：10.6×5.9cm
稀　缺　度：★★★
　　　注：此券为北白家庄村向西韩村复盛钱粮庄借发，属于跨村间借发。

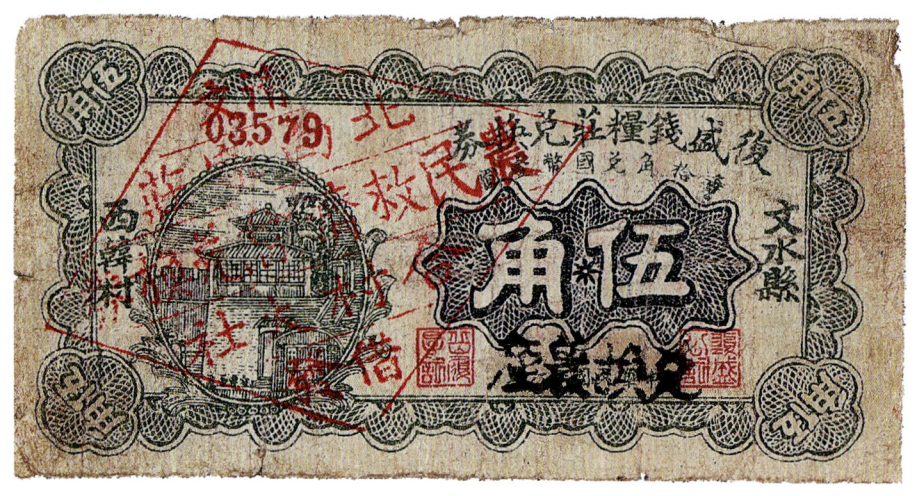

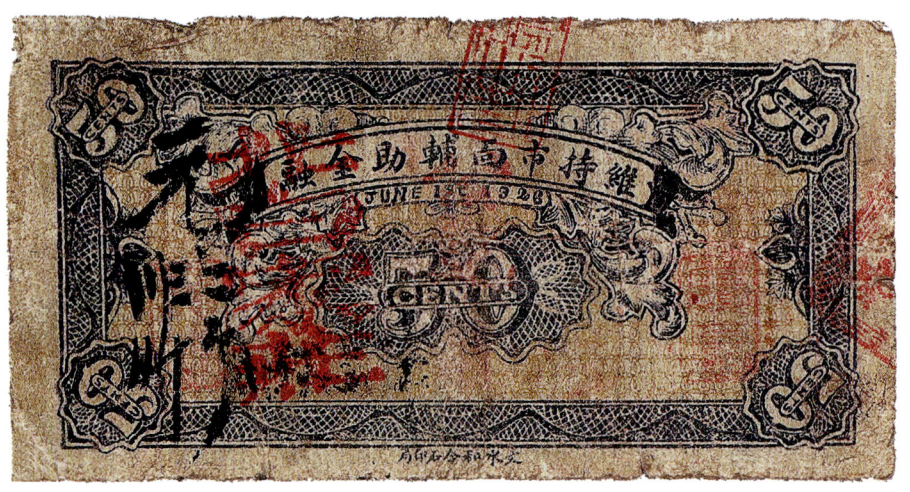

编　　号：497
票　　面：复盛钱粮庄兑换券
面　　额：伍角
票面地名：印"文水县西韩村"
票面年份：民国十六年（1927年）
图　　案：楼阁
印　　刷：文水和合石印局
图　　色：绿色
规　　格：11.6×6.2cm
稀 缺 度：★★★
　　　注：此券为北白家庄村向西韩村复盛钱粮庄借发，属于跨村间借发。

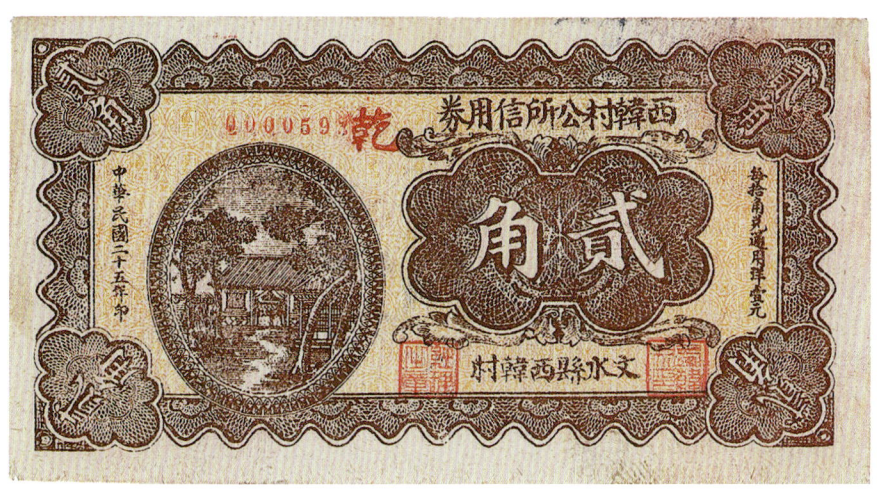

编　　　号：498
票　　　面：西韩村公所信用券
面　　　额：贰角
票面地名：印"文水县西韩村"、盖"坎""离""乾"
票面年份：民国二十五年（1936年）
图　　　案：房屋
背　　　面：盖"西韩大社"章
图　　　色：棕色
规　　　格：11.2×6.2cm
稀缺度：★★★

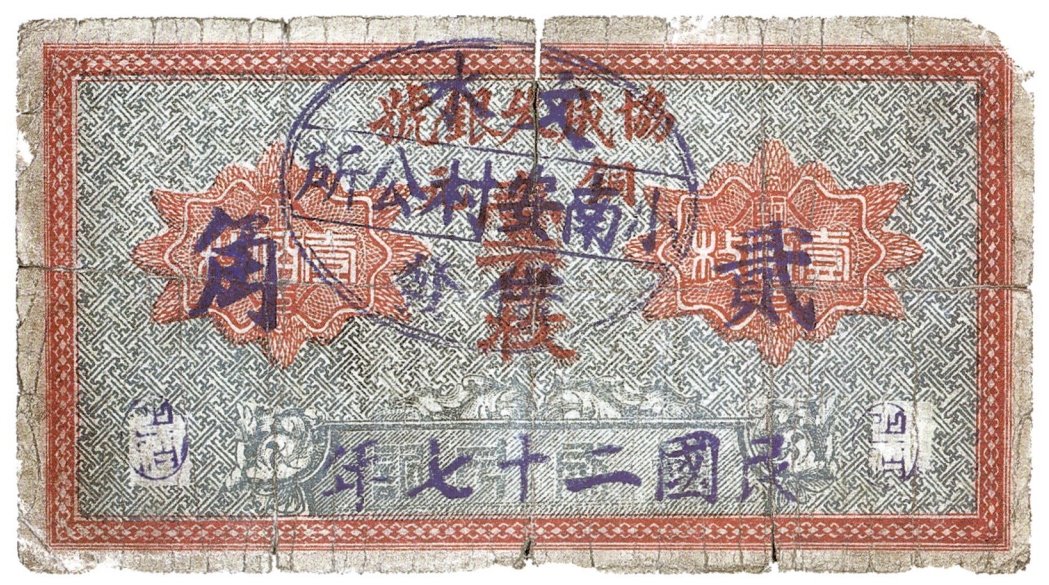

编　　　号：	499	印　　　刷：	太原撷萃石印馆
票　　　面：	协成久银号	图　　　色：	红色
面　　　额：	贰角	规　　　格：	13.4×7.4cm
票面地名：	加盖"文水小南安村公所借发"	稀　缺　度：	★★★★
票面年份：	民国二十七年（1938年）	注：	此券为小南安村向协成久银号借发，属于跨村间借发。
图　　　案：	面额		

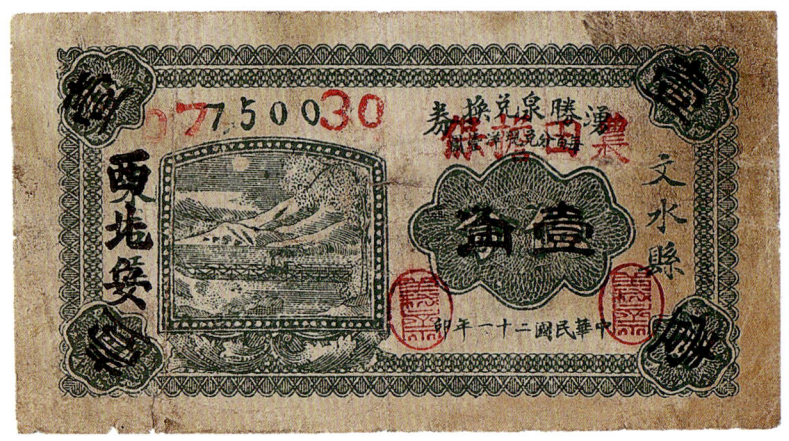

编　　号：500
票　　面：湧胜泉兑换券
面　　额：伍分改壹角
票面地名：加盖"文水县西北安"
票面年份：民国二十一年（1932年）
图　　案：山景
印　　刷：太原文华印刷厂
背　　面：盖"文水县西北安村公所借发券"章
图　　色：绿色
规　　格：10.1×5.6cm
稀缺度：★★★
注：此券为西北安村向东石侯村湧胜泉借发，属于跨村间借发。

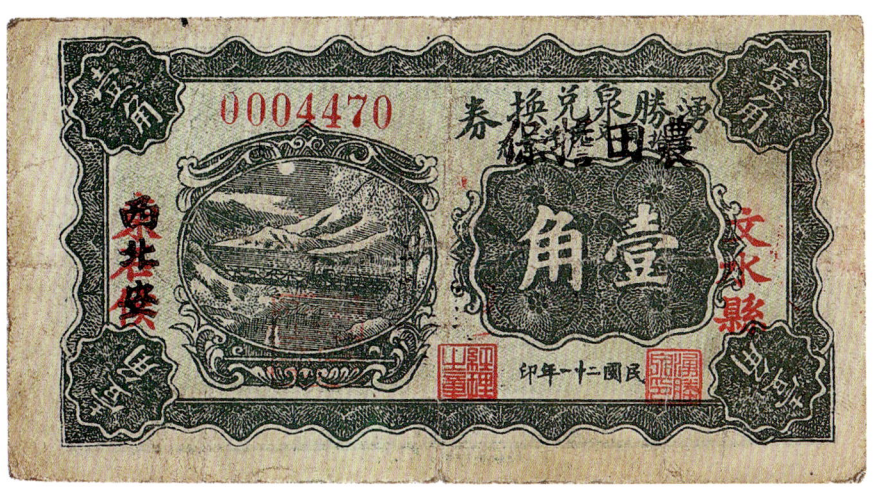

编　　号：501
票　　面：涌胜泉兑换券
面　　额：壹角
票面地名：加盖"文水县西北安"
票面年份：民国二十一年（1932年）
图　　案：山景
印　　刷：太原文华印刷厂
背　　面：盖"文水县西北安村公所借发券"章
图　　色：绿色
规　　格：11.3×6.2cm
稀缺度：★★★
注：此券为西北安村向东石侯村涌胜泉借发，属于跨村间借发。

编　　　号：502
票　　　面：湧胜泉兑换券
面　　　额：贰角
票面地名：加盖"文水西北安"
票面年份：民国二十一年（1932年）
图　　　案：火车
印　　　刷：太原文华印刷厂
背　　　面：盖"文水县西北安村公所借发券"章
图　　　色：绿色
规　　　格：10.9×6.3cm
稀缺度：★★★
注：此券为西北安村向东石侯村湧胜泉借发，属于跨村间借发。

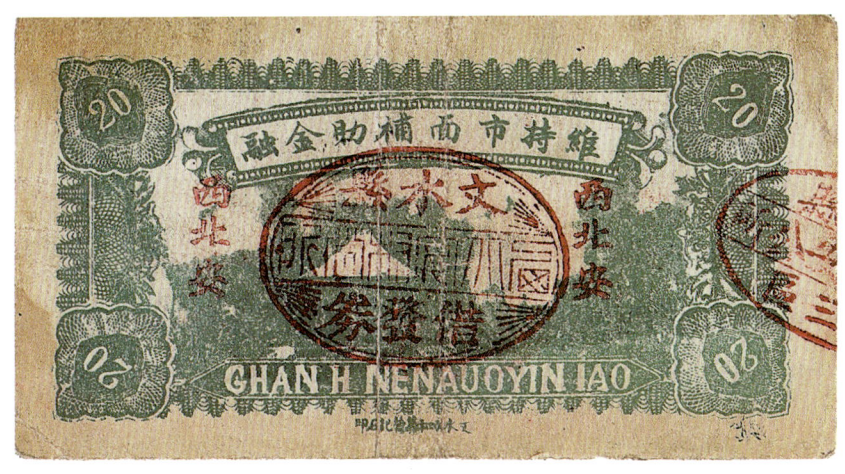

编　　号：503
票　　面：崇盛德兑换券
面　　额：贰角
票面地名：加盖"文水县西北安"
票面年份：民国二十一年（1932年）
图　　案：洋楼
背　　面：盖"文水县西北安村公所借发券"章
图　　色：紫色
规　　格：10.7×5.9cm
稀 缺 度：★★★
注：此券为西北安村向交城县岔口镇崇盛德借发，属于跨县间借发。

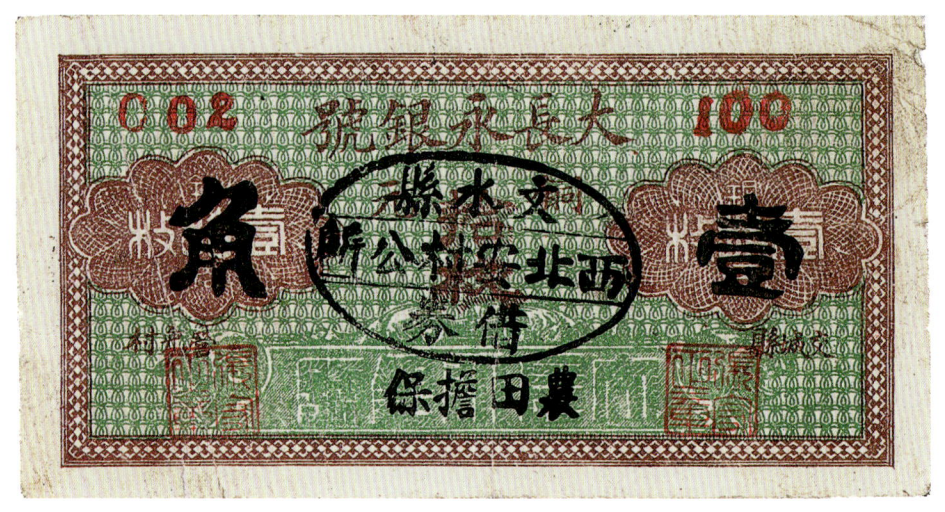

编　　　号：504
票　　　面：大长永银号
面　　　额：壹角
票面地名：加盖"文水县西北安村公所借券"章
票面年份：无
图　　　案：面额
印　　　刷：太原明华石印馆
图　　　色：棕色
规　　　格：11.9×6.4cm
稀　缺　度：★★★★
注：此券为西北安村向交城县营儿村大长永银号借发。属于跨县间的借发。

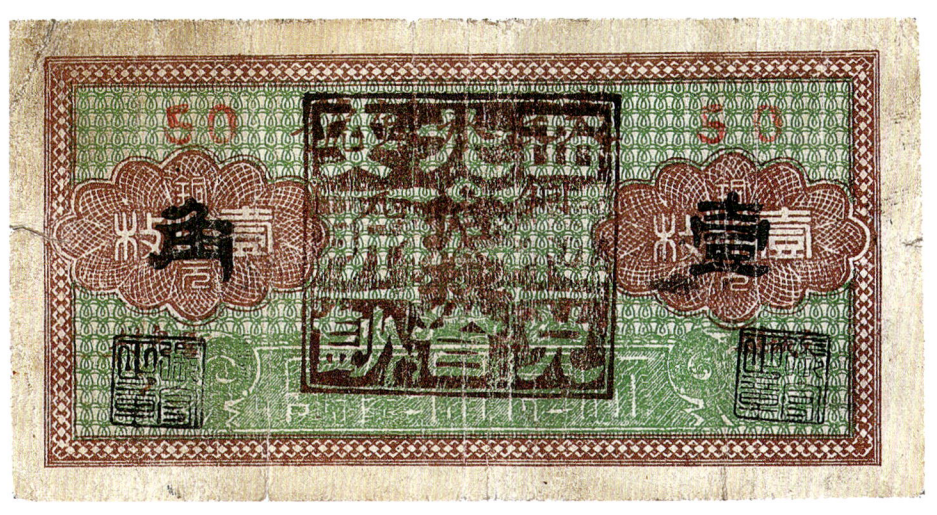

编　　号：505
票　　面：大长永银号
面　　额：壹角
票面地名：加盖"西北安村公所兑省钞"章
票面年份：无
图　　案：面额
印　　刷：太原明华石印馆
背　　面：盖"专利给我，成整随兑"章
图　　色：棕色
规　　格：11.9×6.4cm
稀 缺 度：★★★★
注：此券为西北安村向交城县营儿村大长永银号借发，属于跨县间的借发。

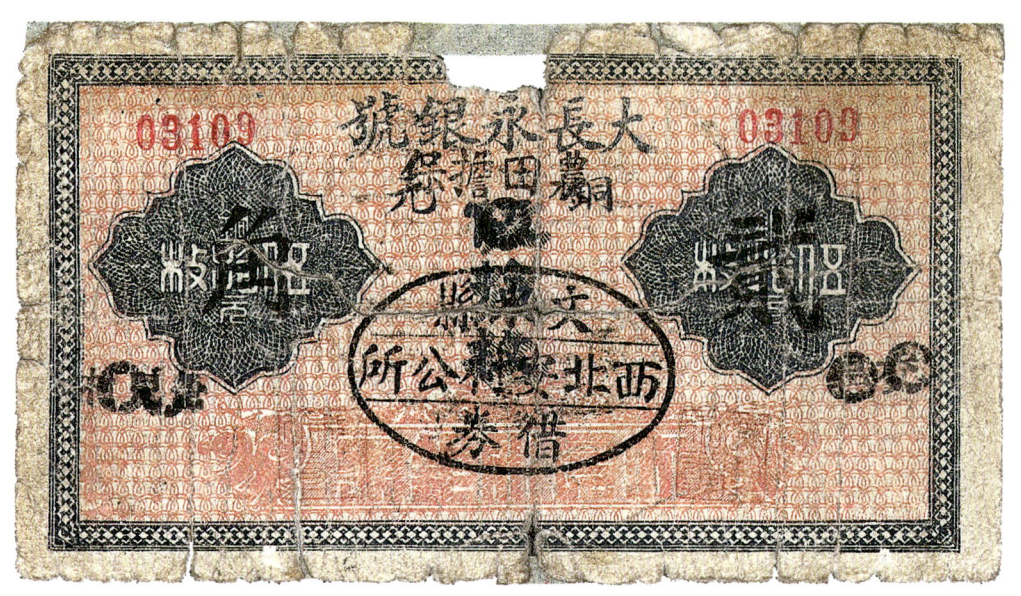

编　　号：506
票　　面：大长永银号
面　　额：贰角
票面地名：加盖"文水县西北安村公所借券"章
票面年份：无
图　　案：面额
印　　刷：太原明华石印馆

背　　面：盖"文水县西北安村公所借券"章
图　　色：蓝色
规　　格：12.9×7.5cm
稀缺度：★★★★
注：此券为西北安村向交城县营儿村大长永银号借发，属于跨县间的借发。

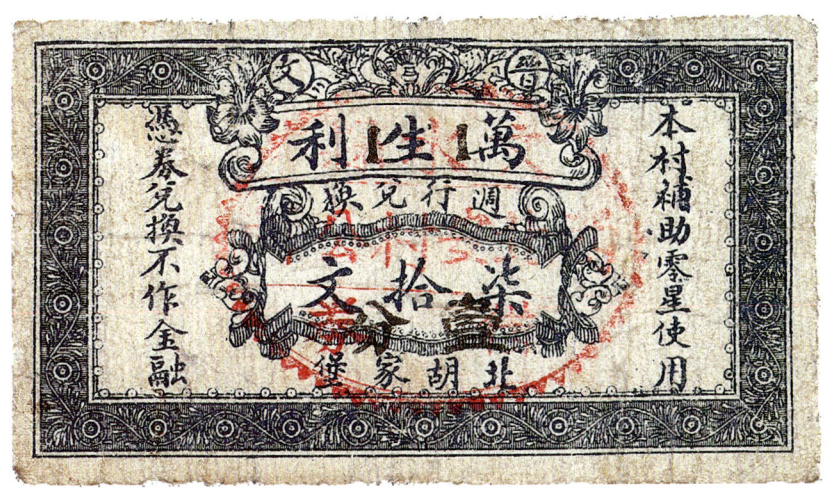

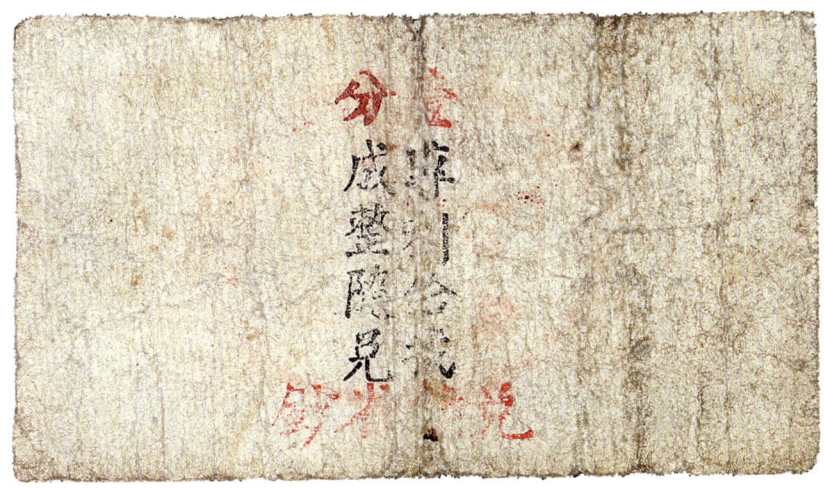

编　　号：507
票　　面：晋文万生利（1）
面　　额：壹分
票面地名：加盖"文水县西北安村公所借券"章
票面年份：无
图　　案：面额
背　　面：盖"专利给我，成整随兑"章
　　　　　盖"兑换省钞"
图　　色：蓝色
规　　格：10.5×6.2cm
稀 缺 度：★★★★★
　　注　：此券为西北安村向北胡家堡村万生利
　　　　　借发，属于跨村间借发。

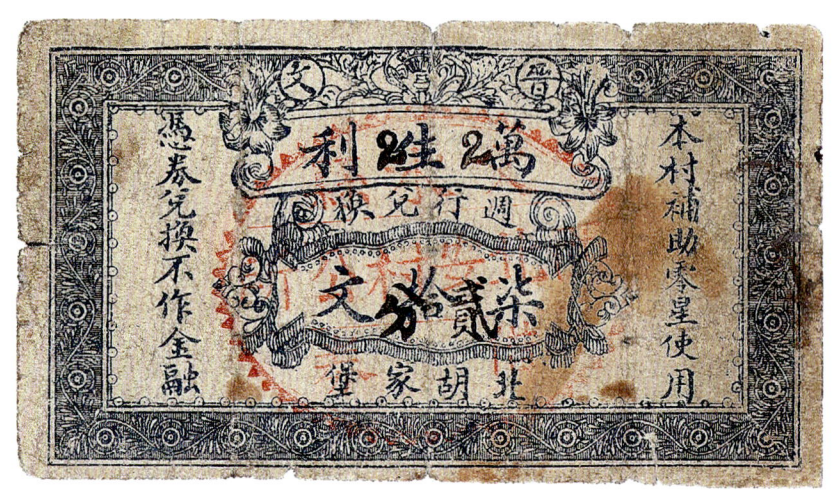

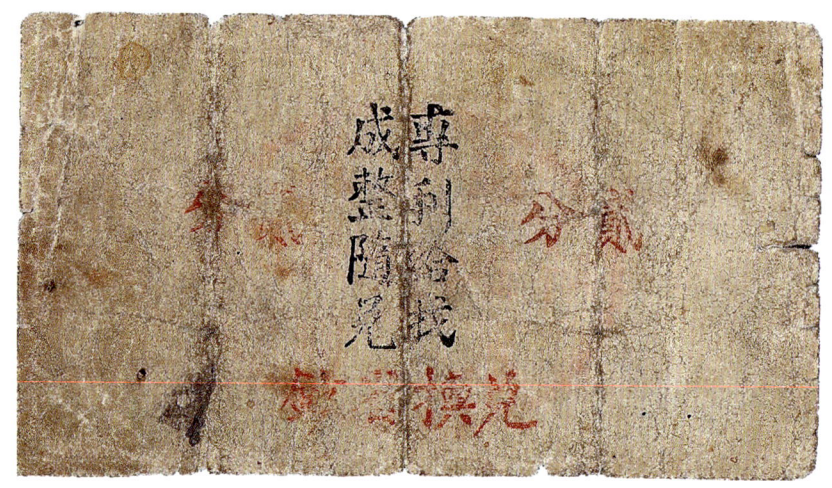

编　　　号：508
票　　　面：晋文万生利（2）
面　　　额：贰分
票面地名：加盖"文水县西北安村公所借券"章
票面年份：无
图　　　案：面额
背　　　面：盖"专利给我，成整随兑"章
　　　　　　盖"兑换省钞"
图　　　色：蓝色
规　　　格：10.5×6.2cm
稀　缺　度：★★★★★
注：此券为西北安村向北胡家堡村万生利借发，属于跨村间借发。

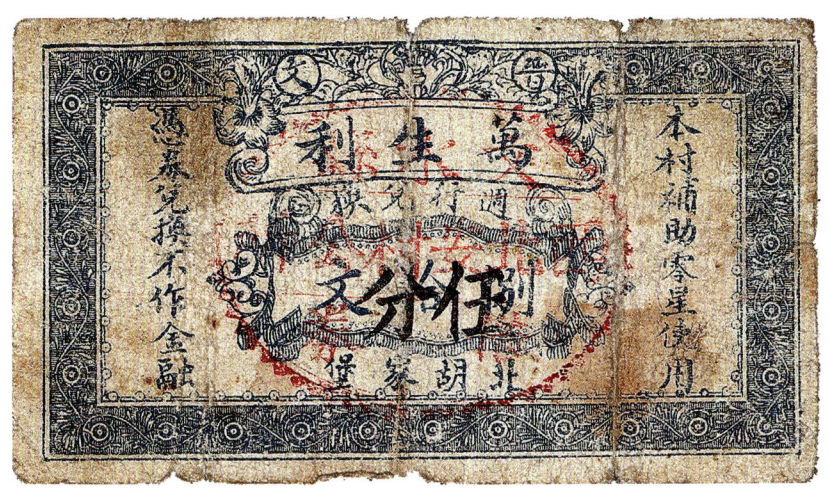

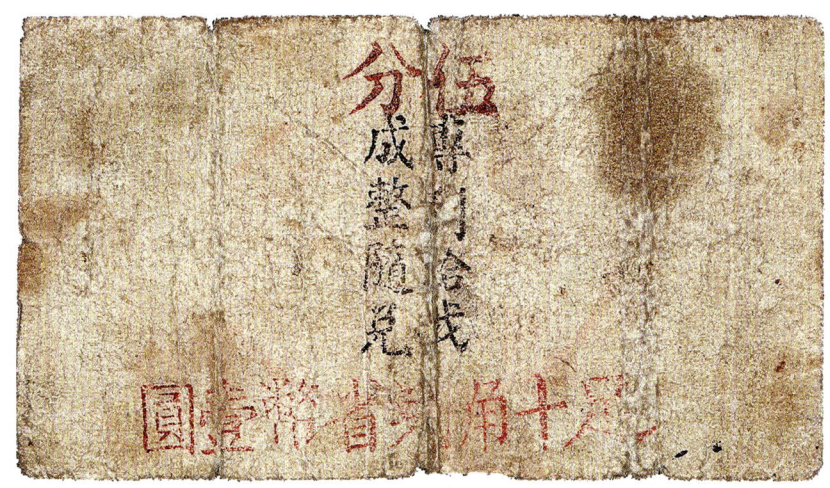

编　　号：509
票　　面：晋文万生利
面　　额：伍分
票面地名：加盖"文水县西北安村公所借券"章
票面年份：无
图　　案：面额
背　　面：盖"专利给我，成整随兑"章
　　　　　盖"足十角兑省钞壹圆"
图　　色：蓝色
规　　格：10.5×6.2cm
稀 缺 度：★★★★★
　　　注：此券为西北安村向北胡家堡村万生利
　　　　　借发，属于跨村间借发。

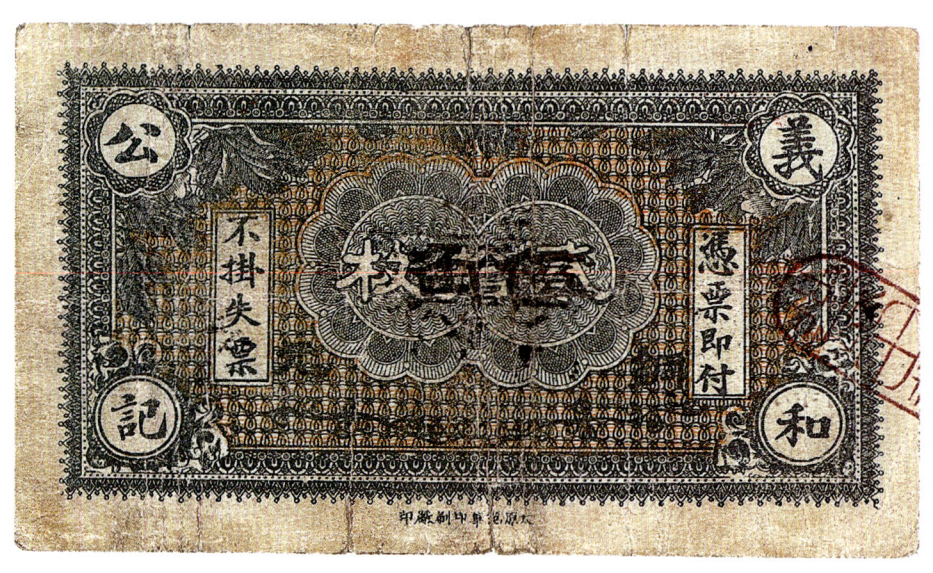

编　　　号：510
票　　　面：交城义和公
面　　　额：伍角
票面地名：加盖"文水县西北安村公所借券"章
票面年份：无
图　　　案：面额

印　　　刷：太原范华印刷厂
图　　　色：红色
规　　　格：11.8×7.1cm
稀　缺　度：★★★★
注：此券为西北安村向交城小幸村义和公借发，属于跨县间的借发。

编　　　号：511　　　印　　　刷：太原范华印刷厂
票　　　面：交城义和公　　图　　　色：红色
面　　　额：壹圆　　　　　规　　　格：13.7×7.6cm
票面地名：加盖"文水县西北安村　稀　缺　度：★★★★
　　　　　　公所借券"章　　　注：此券为西北安村向交城小
票面年份：无　　　　　　　　　　　幸村义和公借发，属于跨
图　　　案：面额　　　　　　　　　县间的借发。

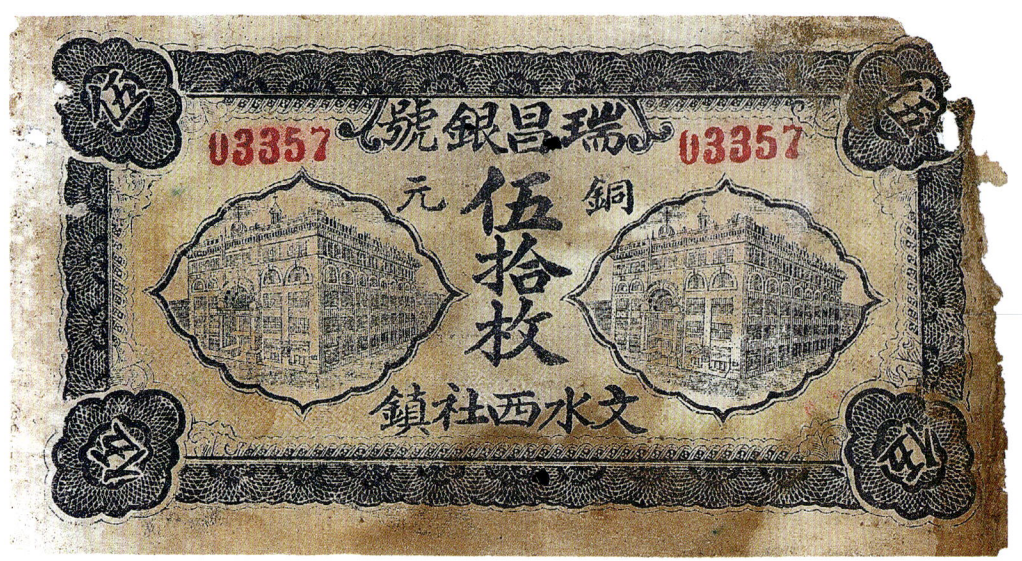

编　　　号：512
票　　　面：瑞昌银号
面　　　额：铜元伍拾枚
票面地名：印"文水西社镇"
票面年份：民国十五年（1926年）
图　　　案：洋楼
图　　　色：蓝色
规　　　格：13×7.2cm
稀缺度：★★★★

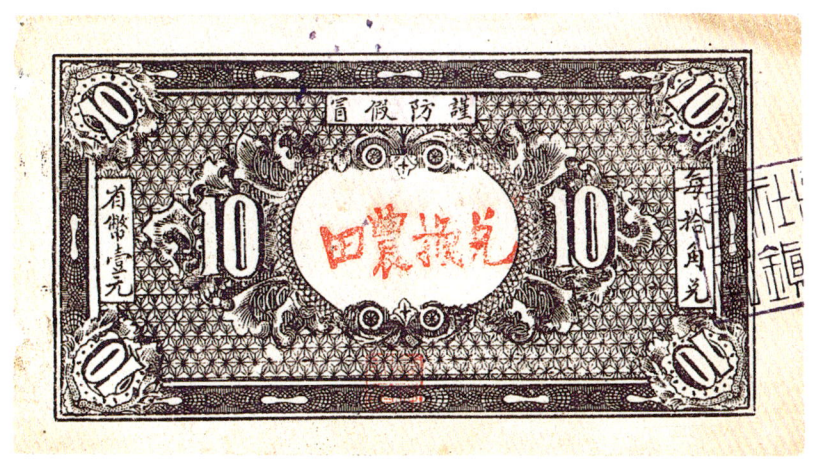

编　　号：513
票　　面：永和源兑换券
面　　额：壹角
票面地名：印"文水县西社镇"
　　　　　盖"文水西社镇农民维持会借发券"章
票面年份：民国二十二年（1933年）
图　　案：洋楼
背　　面：盖"兑换农田"
图　　色：蓝色
规　　格：10.3×5.9cm
稀缺度：★★★
　　注：此券为文水西社镇农民维持会向西社镇
　　　　永和源借发，属于同镇间借发。

编　　　号：514
票　　　面：永和源兑换券
面　　　额：贰角
票面地名：印"文水县西社镇"
　　　　　盖"文水西社镇农民维持会借发券"章
票面年份：民国二十二年（1933年）
图　　　案：火车
背　　　面：盖"兑换农田"
图　　　色：紫色
规　　　格：10.3×5.9cm
稀缺度：★★★
　　注：此券为文水西社镇农民维持会向西社镇永和源借发，属于同镇间借发。

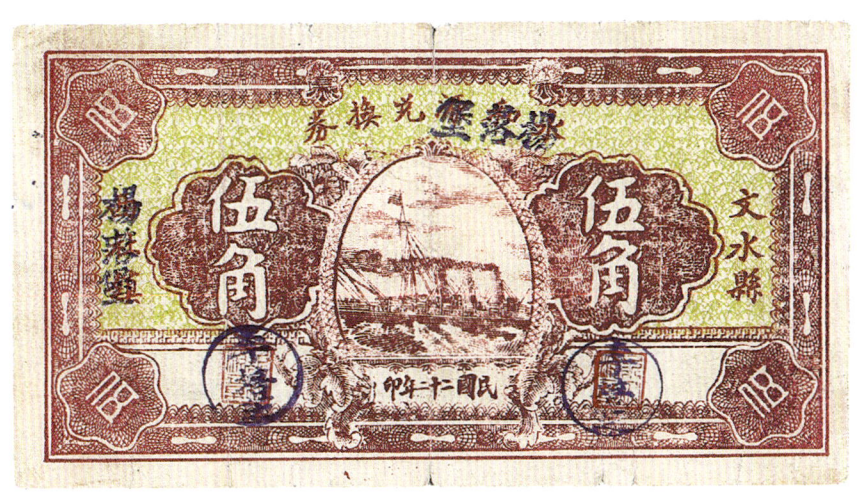

编　　　号：515
票　　　面：永和源兑换券
面　　　额：伍角
票面地名：印"文水县西社镇"
票面年份：民国二十二年（1933年）
图　　　案：轮船
图　　　色：紫红色
规　　　格：10.9×6.2cm
稀　缺　度：★★★★
　　　　注：此券为杨落堡村借发

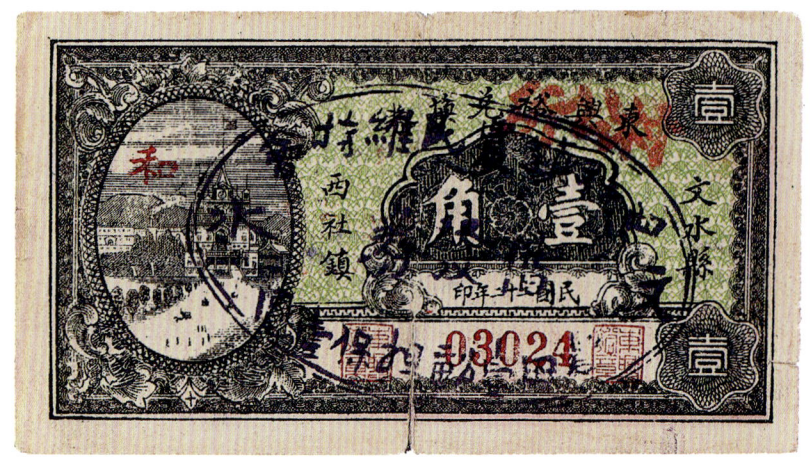

编　　　号：516
票　　　面：东兴裕兑换券
面　　　额：壹角
票面地名：印"文水县西社镇"
　　　　　盖"文水西社镇农民维持会借发券"章、"和"
票面年份：民国二十二年（1933年）
图　　　案：洋楼
背　　　面：盖"文水县西社镇东兴裕"章、"兑换农田"
图　　　色：蓝色
规　　　格：10.3×5.9cm
稀　缺　度：★★★
　　　注：此券为西社镇农民维持会向西社镇东兴裕借发，属于同镇间借发。

编　　　号：517
票　　　面：东兴裕兑换券
面　　　额：伍角
票面地名：印"文水县西社镇"
　　　　　盖"文水西社镇农民维持会借发券"章
票面年份：民国二十二年（1933年）
图　　　案：轮船
背　　　面：盖"兑换农田"
图　　　色：紫红色
规　　　格：10.9×6.2cm
稀缺度：★★★★
　　　注：此券为西社镇农民维持会向西社镇东兴裕借发，属于同镇间借发。

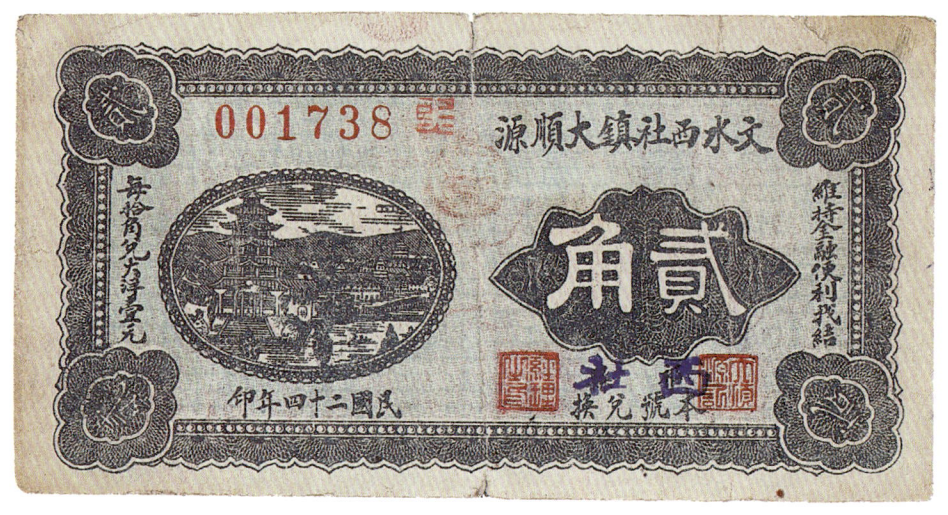

编　　　号：518
票　　　面：文水西社镇大顺源
面　　　额：贰角
票面地名：加盖"西社"
票面年份：民国二十四年（1935年）
图　　　案：楼阁
背　　　面：盖"祁县停兑"
图　　　色：蓝色
规　　　格：12×6.5cm
稀缺度：★★★★

编　　号：519
票　　面：文水西社镇广义栈
面　　额：壹圆
票面地名：加盖"祁县东六支广义泉源记代兑"
票面年份：民国二十五年（1936年）
图　　案：楼阁
图　　色：蓝色
规　　格：12.6×6.8cm
稀 缺 度：★★★★

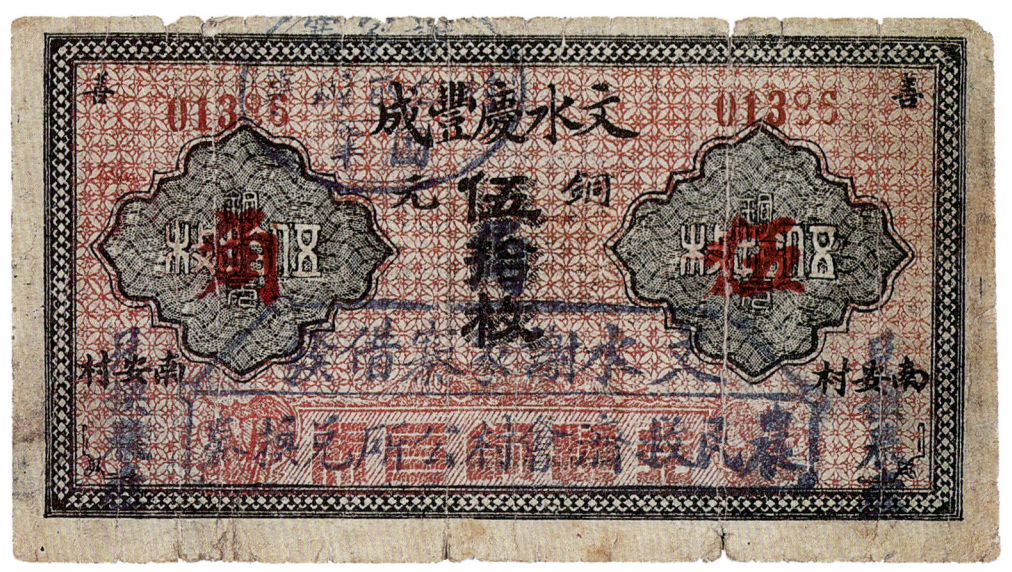

编　　号：520		**印　　刷**：文水和合书局	
票　　面：文水庆丰成		**图　　色**：蓝色	
面　　额：伍角		**规　　格**：12.9×7.3cm	
票面地名：盖"文水谢家寨借发农民救济会村公所兑换券"章		**稀缺度**：★★★★	
票面年份：无		**注**：此券为谢家寨村向南安村庆丰成借发，属于跨村间借发。	
图　　案：楼阁			

编　　号：521　　　　　　　　**图　　色**：红色
票　　面：文水信义亨银号　　**规　　格**：12.9×7.4cm
面　　额：叁角　　　　　　　**稀缺度**：★★★★
票面地名：盖"文水谢家寨借发农民　　注：此券为谢家寨村向文水信
　　　　　　救济会村公所兑换券"章　　　义亨银号借发，属于跨村
票面年份：无　　　　　　　　　　　　间借发。
图　　案：面额

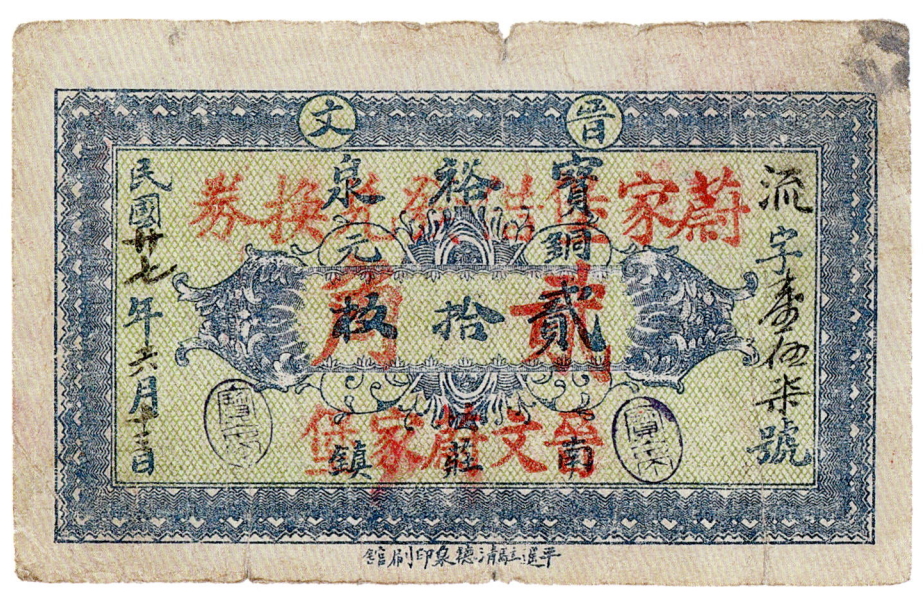

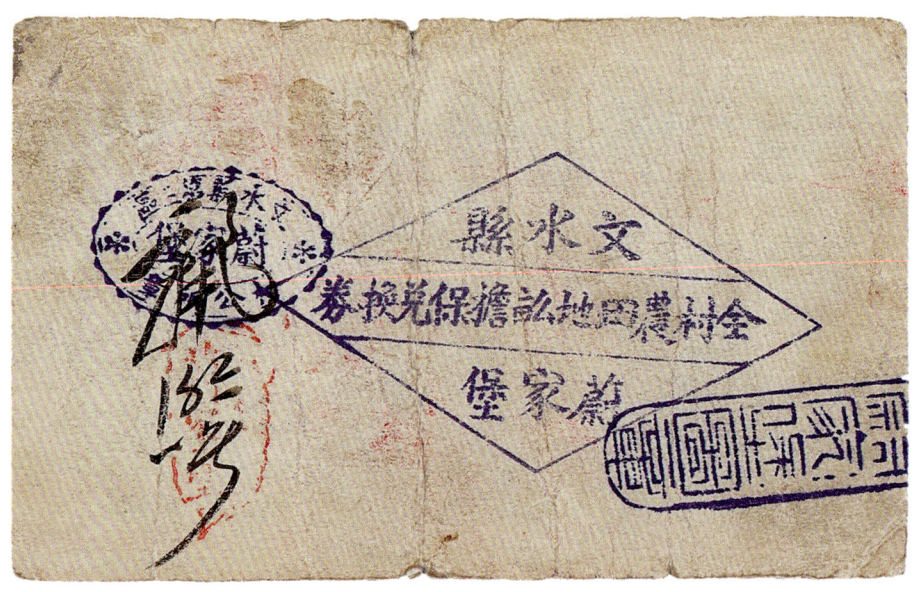

编　　　号：	522		**背　　面**：	盖"文水县蔚家堡全村农田地亩担保兑换券"章、盖"文水县第三区蔚家堡村公所章"
票　　　面：	宝裕泉			
面　　　额：	贰角			
票面地名：	加盖"蔚家堡借发兑换券""晋文蔚家堡"			
票面年份：	民国二十七年（1938年）		**规　　格**：	11.9×7.7cm
图　　　案：	面额		**稀 缺 度**：	★★★★
印　　　刷：	平遥驻清德泉印刷馆		**注**：	此券为蔚家堡村向南庄镇宝裕泉借发，属于跨村间借发。
图　　　色：	蓝色			

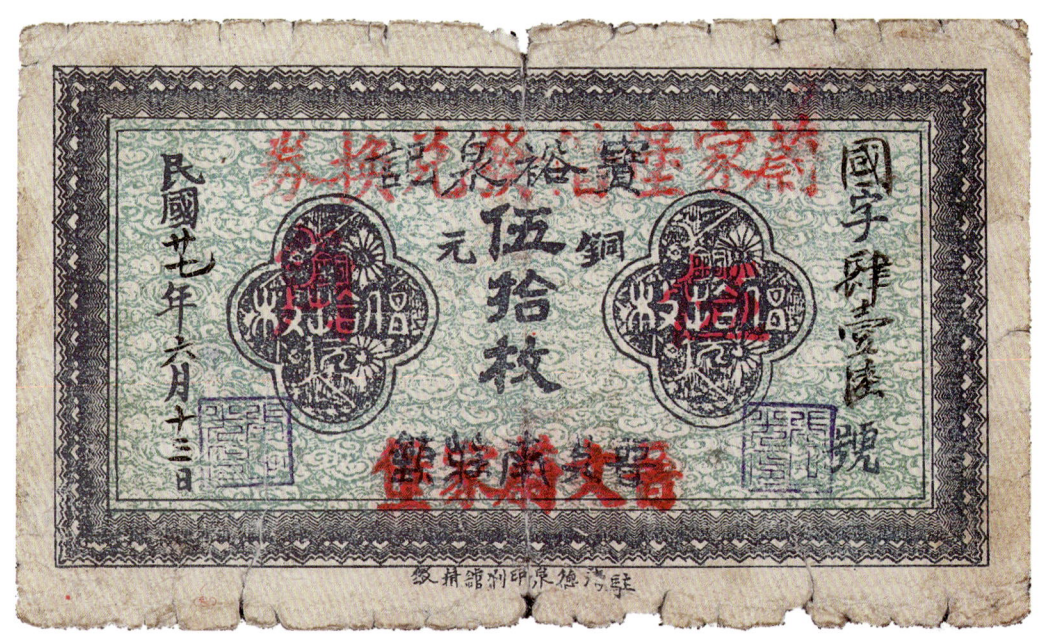

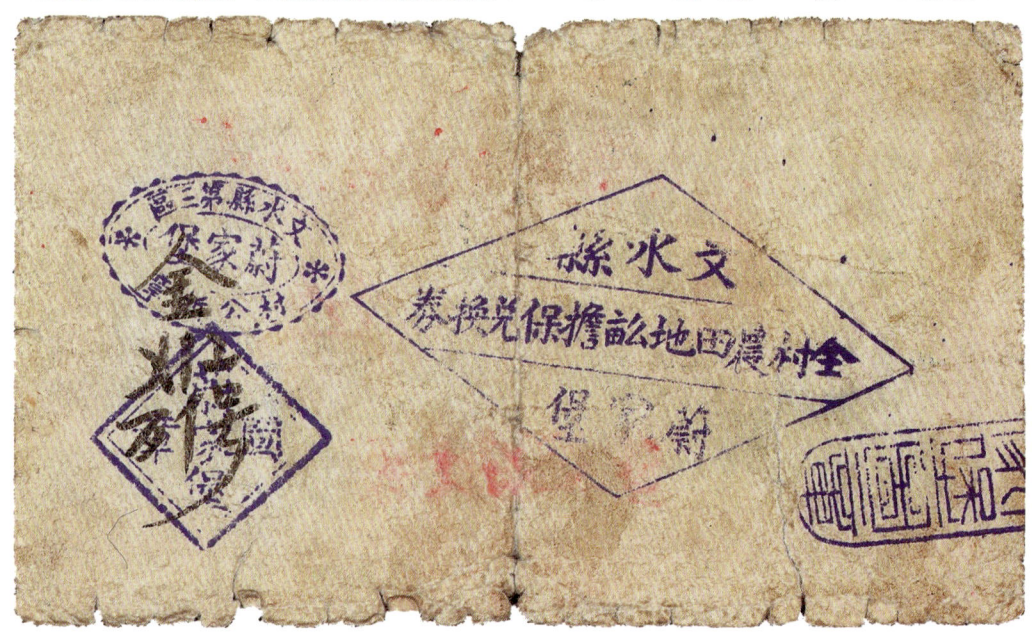

编　　　号：523
票　　　面：宝裕泉记
面　　　额：伍角
票面地名：加盖"蔚家堡借发兑换券""晋文蔚家堡"
票面年份：民国二十七年（1938年）
图　　　案：面额
印　　　刷：平遥驻清德泉印刷馆
图　　　色：蓝色
背　　　面：盖"文水县蔚家堡全村农田地亩担保兑换券"章、盖"文水县第三区蔚家堡村公所章"、盖"蔚家堡图章"
规　　　格：13.2×8.1cm
稀　缺　度：★★★★
注：此券为蔚家堡村向南庄镇宝裕泉借发，属于跨村间借发。

编　　号：	524	图　　案：	面额
票　　面：	晋源泉	图　　色：	蓝色
面　　额：	贰角	规　　格：	12.3×7.3cm
票面地名：	加盖"文水县榆林村农民救济会借发券"章	稀缺度：	★★★★
票面年份：	民国二十三年（1934年）	注：	此券为榆林村向北胡家堡村晋源泉借发，属于跨村间借发。
背　　面：	盖"文水县榆林村农民救济会借发券"章		

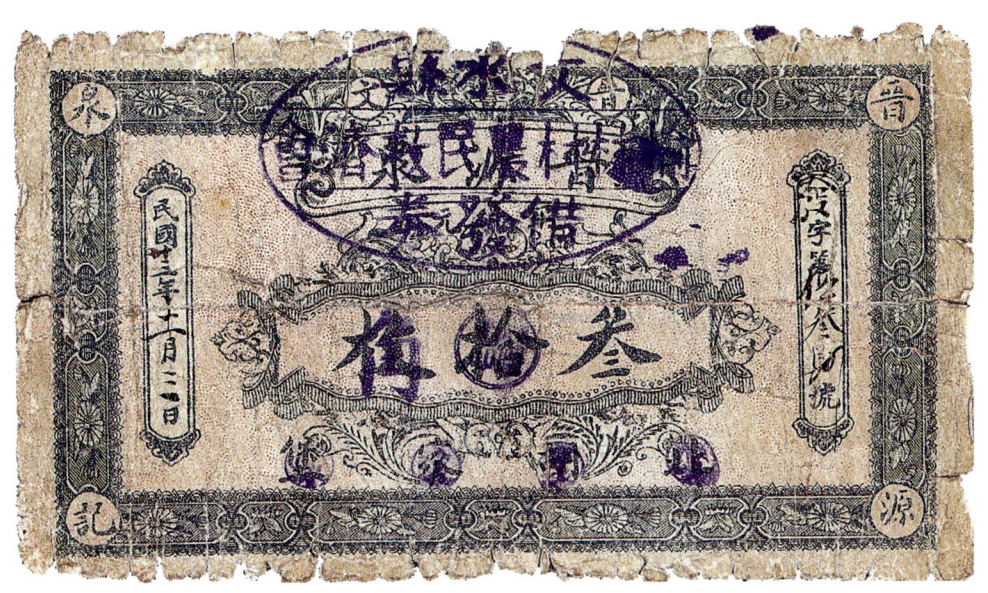

编　　号：525
票　　面：晋源泉
面　　额：叁角
票面地名：加盖"文水县榆林村农民救济会借发券"章
票面年份：民国二十三年（1934年）
背　　面：盖"文水县榆林村农民救济会借发券"章

图　　案：面额
图　　色：蓝色
规　　格：12.5×7.4cm
稀缺度：★★★★
注：此券为榆林村向北胡家堡村晋源泉借发，属于跨村间借发。

编　　号：526
票　　面：文水晋源泉
面　　额：伍角
票面地名：加盖"文水县榆林村农民救济会借发券"章
票面年份：民国二十七年（1938年）
图　　案：面额
印　　刷：晋文和合书局

背　　面：盖"文水县榆林村农民救济会借发券"章
图　　色：绿色
规　　格：13.1×7.3cm
稀缺度：★★★★
注：此券为榆林村向北胡家堡村晋源泉借发，属于跨村间借发。

编　　号：527
票　　面：文水榆林村维持金融券
面　　额：贰角
票面年份：民国二十五年（1936年）
图　　案：轮船
背　　面：盖"文水县第三区榆林村公所"章
图　　色：蓝色
规　　格：11.2×6.1cm
稀缺度：★★★

编　　　号：528
票　　　面：文水榆林村维持金融券
面　　　额：伍角
票面年份：民国二十五年（1936年）
图　　　案：火车、楼房
背　　　面：盖"文水县第三区榆林村公所"章
图　　　色：绿色
规　　　格：11.4×6.2cm
稀　缺　度：★★★

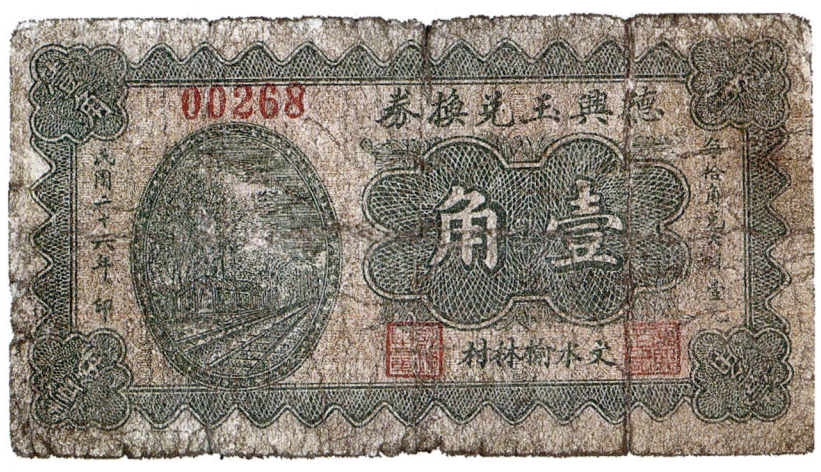

编　　　号：529
票　　　面：德兴玉兑换券
面　　　额：壹角
票面地名：印"文水榆林村"
票面年份：民国二十六年（1937年）
图　　　案：火车
图　　　色：绿色
规　　　格：10.5×5.9cm
稀　缺　度：★★★

编　　　号：530
票　　　面：文水县杨落堡信用合作券
面　　　额：伍角
票面年份：民国二十二年（1933年）
图　　　案：轮船
背　　　面：盖"杨落堡三和合同记"章、手书"果"
图　　　色：蓝色
规　　　格：11.2×6.5cm
稀　缺　度：★★★

编　　　号：531
票　　　面：杨落堡兑换券
面　　　额：伍角
票面地名：加盖"文水县杨落堡"
票面年份：民国二十二年（1933年）
图　　　案：轮船
背　　　面：盖"文水县杨落堡图记"章
图　　　色：紫红色
规　　　格：11×6.2cm
稀缺度：★★★
　　　注：此券为杨落堡村向西社镇永和源借发，属于跨村间借发。

九、刘胡兰镇（原大象镇）：包括原上曲乡

刘胡兰镇：刘胡兰村、新崖底村（该村原坐落在文峪河出口处，名崖底村。1959年因修建文峪河水库，搬迁到云周西村定居，村名未变，后因与苍儿会乡崖底村同名，1982年经县人民政府批准更名为新崖底村）、保贤村、保贤庄村、贾家堡村、邢家堡村、云周村、南胡（家堡）村、王家堡村、城子村、大象村、东堡村、北贤村、赵村、索家堡村。

原上曲乡：上曲村、上段村、水寨村、伯鱼村、门世村、炮守堡村、新堡村、段城村。

编　　　号：	532	印　　　刷：	文水和合石印局
票　　　面：	文水义同和兑换券	背　　　面：	盖"伯鱼村图记"章
面　　　额：	伍角	图　　　色：	蓝色
票面地名：	加盖"文水伯鱼村公所借发"章、"农田壹亩担保伍角"	规　　　格：	11.8×6.4cm
		稀缺度：	★★★
票面年份：	民国十五年（1926年）	注：	此券为伯鱼村向文水义同和借发，属于跨村间借发。
图　　　案：	楼阁		

编　　　号：533
票　　　面：文水北贤村农民救济券
面　　　额：贰角
票面年份：民国二十六年（1937年）
图　　　案：火车
背　　　面：盖"文水县二区北贤村公所发"章
图　　　色：蓝色
规　　　格：11.8×6.4cm
稀　缺　度：★★★

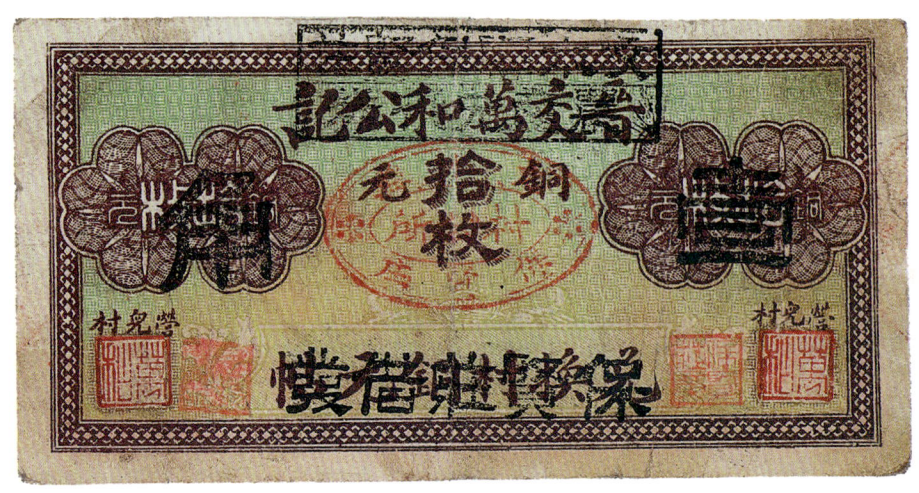

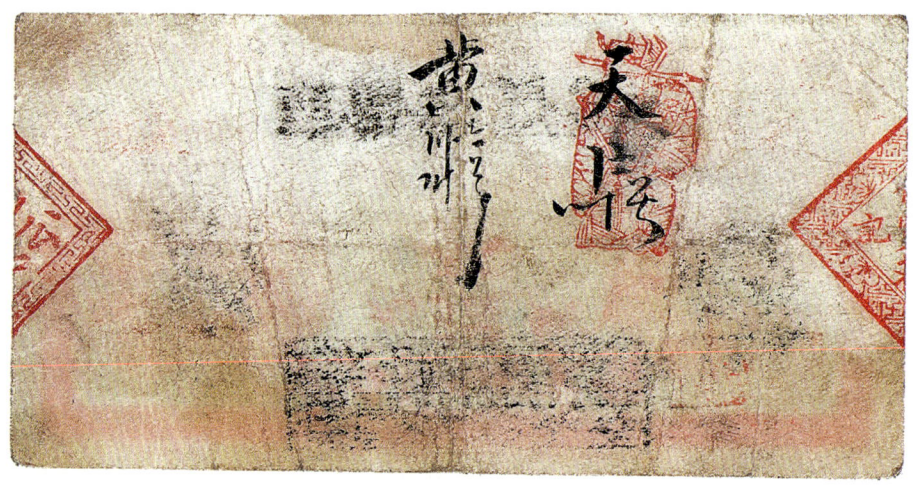

编　　号：534
票　　面：晋交万和公记
面　　额：壹角
票面地名：加盖"文水县保贤庄农产兑换券"、"保贤庄借发"
　　　　　盖"文水县保贤庄村公所"章
票面年份：无
图　　案：面额
图　　色：棕色
规　　格：11.7×6.2cm
稀 缺 度：★★★★
　　　注：此券为保贤庄村向交城县营儿村万和公记借发。属于跨县间的借发。

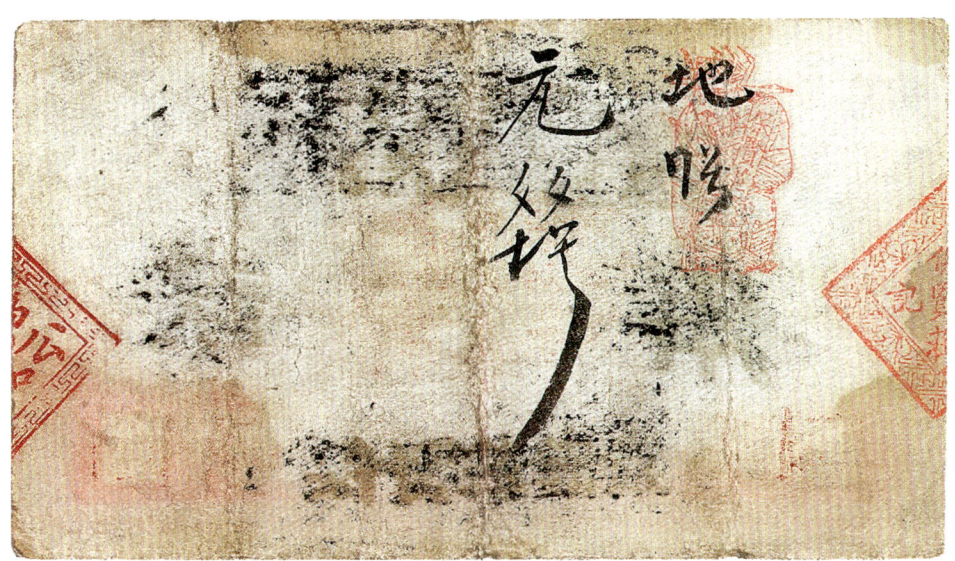

编 号：535
票 面：晋交万和公记
面 额：贰角
票面地名：加盖"文水县保贤庄农产兑换券"、"保贤庄借发"
票面年份：无
图 案：面额
图 色：蓝色
规 格：12.2×7.2cm
稀缺度：★★★★
注：此券为保贤庄村向交城县营儿村万和公记借发，属于跨县间的借发。

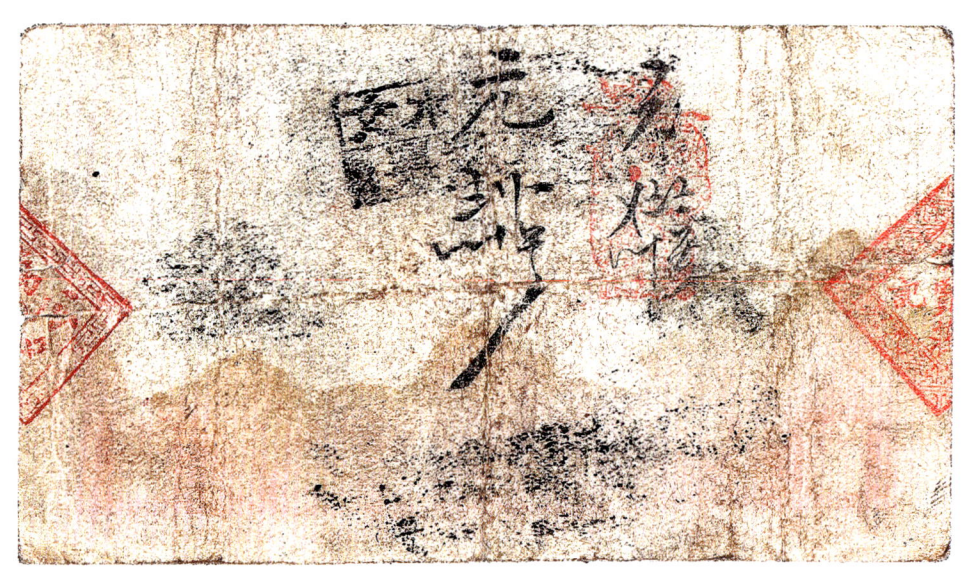

编　　　号：536
票　　　面：晋交万和公记
面　　　额：叁角（铜元贰拾枚）
票面地名：加盖"文水县保贤庄农产兑换券"、"保贤庄借发"
票面年份：无
图　　　案：面额

图　　　色：蓝色
规　　　格：12.2×7.2cm
稀 缺 度：★★★★
注：此券为保贤庄村向交城县营儿村万和公记借发，属于跨县间的借发。

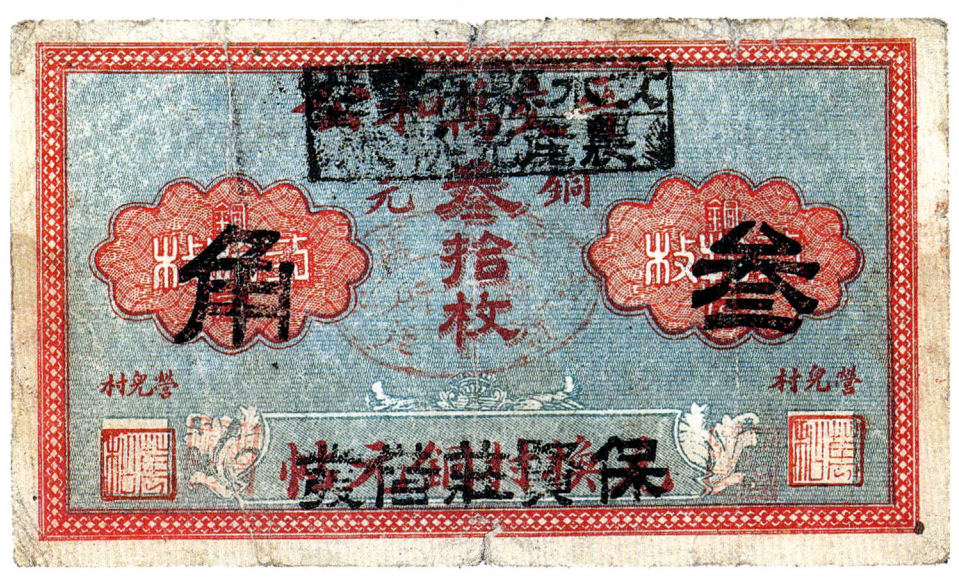

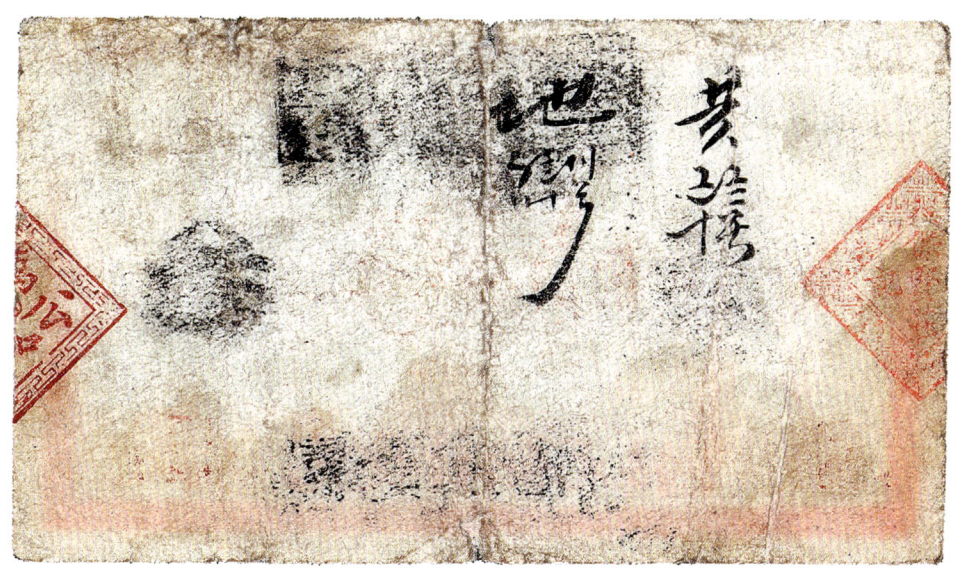

编　　号：537
票　　面：晋交万和公
面　　额：叁角（铜元叁拾枚）
票面地名：加盖"文水县保贤庄农产兑换券"、"保贤庄借发"、盖"文水县保贤庄村公所"章
票面年份：无

图　　案：面额
图　　色：红色
规　　格：12.2×7.3cm
稀 缺 度：★★★★
注：此券为保贤庄村向交城县营儿村万和公记借发，属于跨县间的借发。

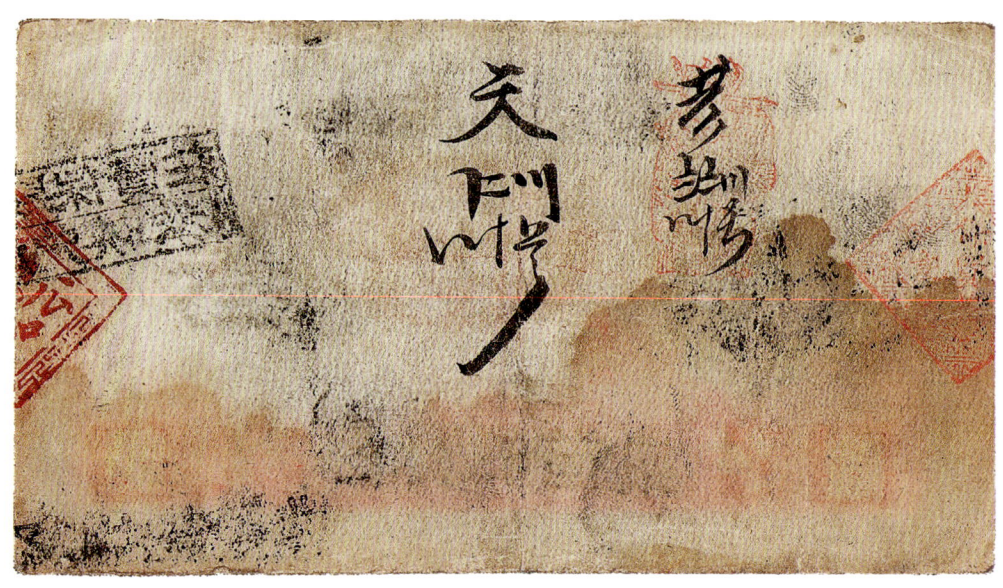

编　　号：538
票　　面：晋交万和公记
面　　额：叁角（铜元伍拾枚）
票面地名：加盖"文水县保贤庄农产兑换券"、"保贤庄借发"、盖"文水县保贤庄村公所"章
票面年份：无

图　　案：面额
图　　色：蓝色
规　　格：12.8×7.4cm
稀 缺 度：★★★★
注：此券为保贤庄村向交城县营儿村万和公记借发，属于跨县间的借发。

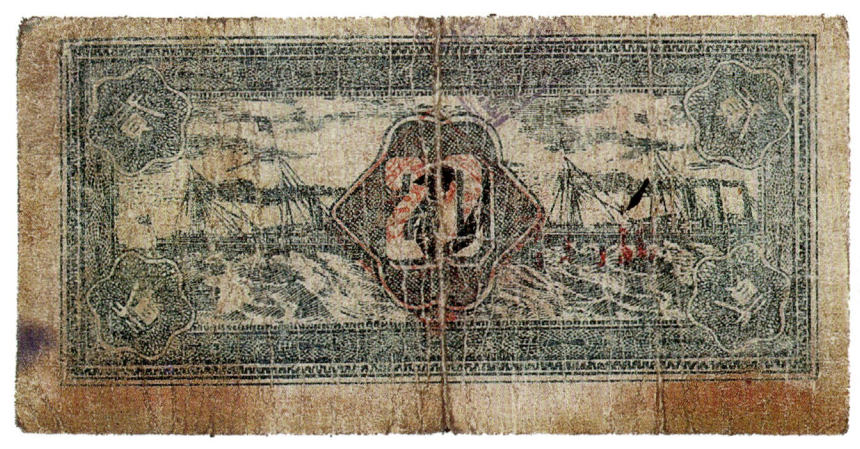

编　　　号：539
票　　　面：万兴源兑换券
面　　　额：贰角
票面地名：加盖"文水县保贤庄"
票面年份：民国二十六年（1937年）
图　　　案：火车
图　　　色：紫色
规　　　格：10.9×5.6cm
稀　缺　度：★★★

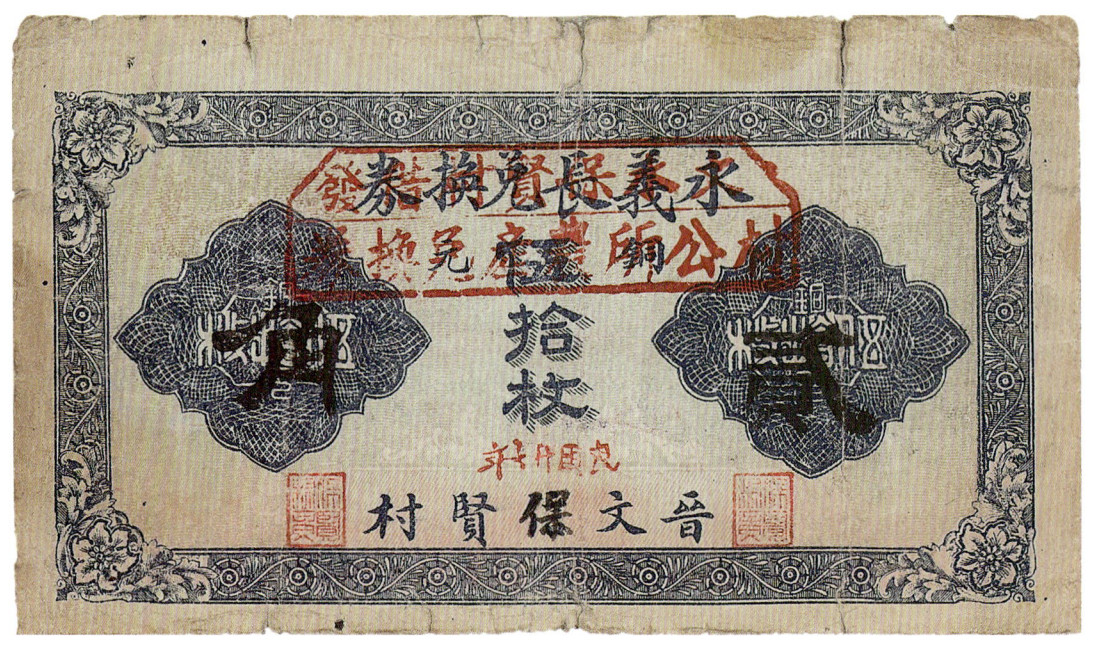

编　　号：540
票　　面：永义长兑换券
面　　额：贰角
票面地名：印"晋文保贤村"
　　　　　盖"文水县保贤村借发村公所农产兑换券"
票面年份：民国二十七年（1938年）
图　　案：面额

背　　面：盖"文水保贤村农产兑换券借发"
图　　色：蓝色
规　　格：13.9×8.2cm
稀缺度：★★★★
注：此券为保贤村向信贤村永义长借发，属于跨村间借发。

编　　号：541
票　　面：文水城子村兑换金融券
面　　额：壹角
票面年份：民国二十六年（1937年）
图　　案：火车
背　　面：盖"文水县第二区城子村公所"章
图　　色：蓝色
规　　格：11.6×6cm
稀缺度：★★★

编　　　号：542
票　　　面：文水城子村兑换金融券
面　　　额：贰角
票面年份：民国二十六年（1937年）
图　　　案：火车
背　　　面：盖"文水县第二区城子村公所"章
图　　　色：蓝色
规　　　格：11.6×5.8cm
稀　缺　度：★★★

编　　　号：543
票　　　面：文水城子村兑换金融券
面　　　额：伍角
票面年份：民国二十六年（1937年）
图　　　案：火车
背　　　面：盖"文水县第二区城子村公所"章
图　　　色：蓝色
规　　　格：11.6×5.9cm
稀　缺　度：★★★

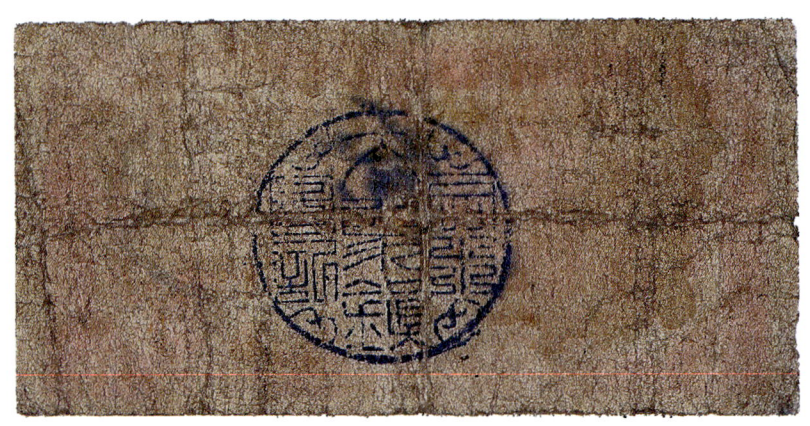

编　　　号：544
票　　　面：大象镇信和堂兑换券
面　　　额：贰分
票面地名：盖"文水县大象镇公所借发"章
票面年份：民国二十五年（1936年）
图　　　案：轮船
背　　　面：盖"文水县大象镇图记"章
图　　　色：棕色
规　　　格：10.2×5.3cm
稀缺度：★★★★
注：此券为大象镇公所向大象镇信和堂借发，属于同镇间借发。

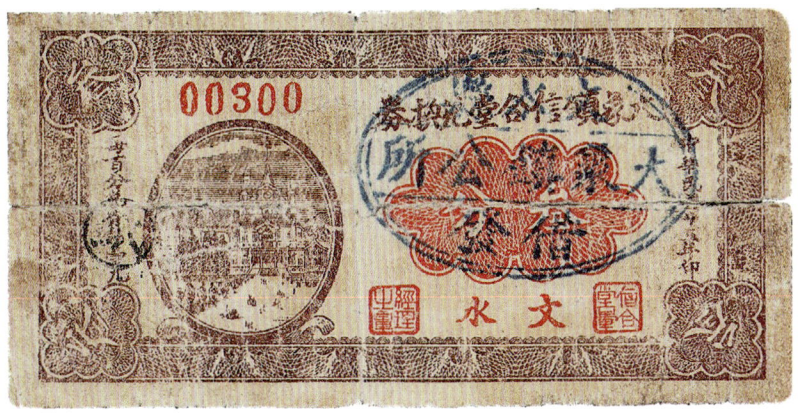

编　　　号：545
票　　　面：大象镇信和堂兑换券
面　　　额：叁分
票面地名：盖"文水县大象镇公所借发"章
票面年份：民国二十五年（1936年）
图　　　案：洋楼
背　　　面：盖"文水县大象镇图记"章
图　　　色：棕色
规　　　格：10.2×5.3cm
稀 缺 度：★★★★
　　　注：此券为大象镇公所向大象镇信和堂借发，属于同镇间借发。

编　　　号：546
票　　　面：云集号兑换券
面　　　额：壹角
票面地名：印"文水县大象镇"
票面年份：民国二十一年（1932年）
图　　　案：洋楼
图　　　色：棕色
规　　　格：10.5×5.4cm
稀　缺　度：★★★★
　　　　注：此券为王堡川村公所借发

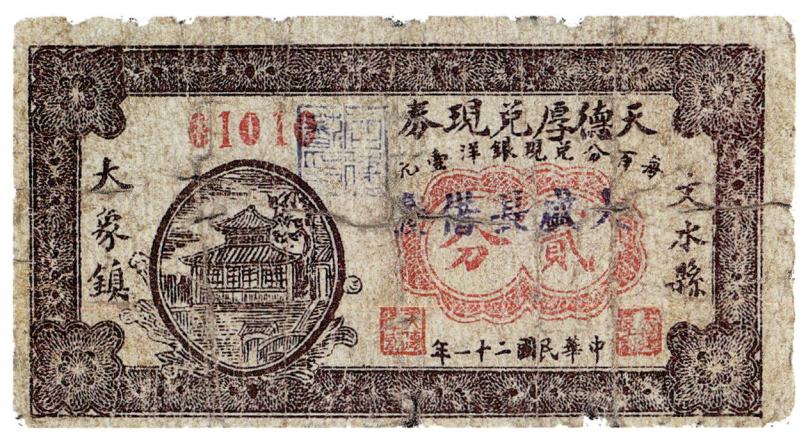

编　　号：547
票　　面：天德厚兑现券
面　　额：贰分
票面地名：印"文水县大象镇"、盖"大盛长借发"
票面年份：民国二十一年（1932年）
图　　案：楼阁
背　　面：盖"大盛长借发"章
图　　色：棕色
规　　格：10.2×5.5cm
稀 缺 度：★★★★
　　　注：此券为大象镇大盛长向大象镇天德厚借发，属于同镇间借发。

编　　　号：548
票　　　面：大盛长兑换券
面　　　额：叁分
票面地名：盖"文水县大象镇"
票面年份：民国二十五年（1936年）
图　　　案：楼阁
图　　　色：蓝色
规　　　格：10×5.5cm
稀 缺 度：★★★★

编　　　号：549
票　　　面：大盛长兑换券（改版）
面　　　额：伍分
票面地名：盖"文水县大象镇"
票面年份：民国二十五年（1936年）
图　　　案：火车
图　　　色：紫红色
规　　　格：10×5.7cm
稀　缺　度：★★★★

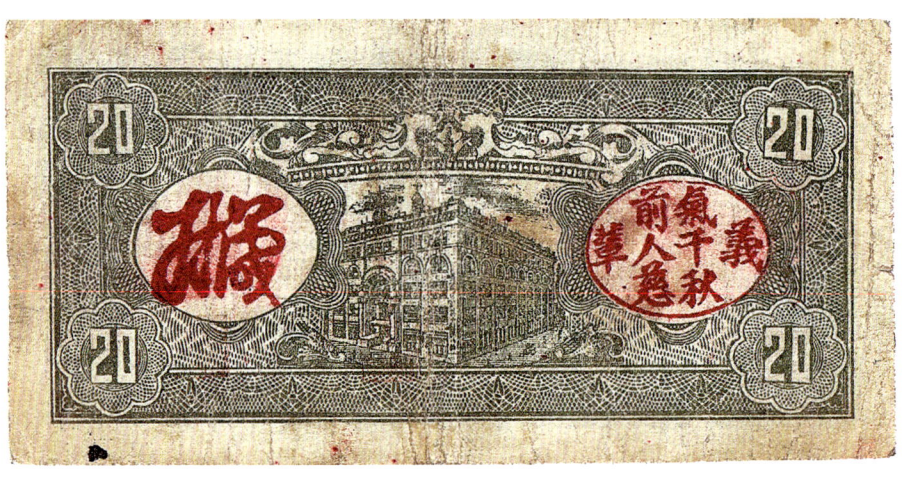

编　　　号：550
票　　　面：文水大象镇大盛长兑换券
面　　　额：贰角
票面年份：民国二十六年（1937年）
图　　　案：火车
图　　　色：蓝色
规　　　格：11.6×5.9cm
稀　缺　度：★★★★

编　　　号：551
票　　　面：裕丰源粮庄兑换券
面　　　额：壹角
票面地名：印"文水大象镇"、盖"兑换城票"
票面年份：民国二十五年（1936年）
图　　　案：洋楼
图　　　色：绿色
规　　　格：10.9×6cm
稀缺度：★★★★

编　　号：552
票　　面：裕丰源兑换券
面　　额：伍角
票面地名：印"文水县大象镇"
票面年份：民国二十六年（1937年）
图　　案：古楼
图　　色：蓝色
规　　格：11.4×6.3cm
稀 缺 度：★★★★

编　　号：553
票　　面：文水大象镇维持金融券
面　　额：壹角
票　　面：盖"宝"
票面年份：民国二十六年（1937年）
图　　案：火车
背　　面：盖"文水大象镇图记"章
图　　色：蓝色
规　　格：11.6×6cm
稀　缺　度：★★★

编　　　号：554
票　　　面：文水大象镇维持金融券
面　　　额：贰角
票　　　面：盖"富"
票面年份：民国二十六年（1937年）
图　　　案：火车
背　　　面：盖"文水大象镇图记"章
图　　　色：蓝色
规　　　格：11.7×6cm
稀　缺　度：★★★

编　　　号：555
票　　　面：文水大象镇维持金融券
面　　　额：伍角
票　　　面：盖"民"
票面年份：民国二十六年（1937年）
图　　　案：火车
背　　　面：盖"文水大象镇图记"章
图　　　色：蓝色
规　　　格：11.7×6cm
稀　缺　度：★★★

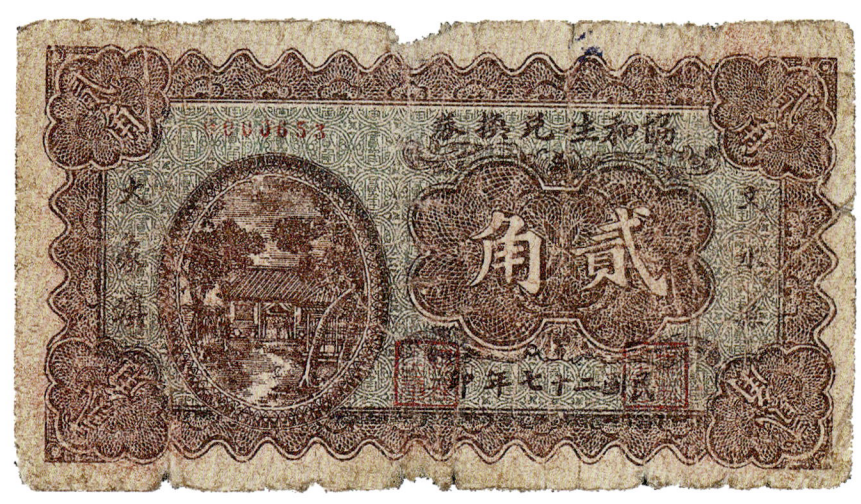

编　　　号：556
票　　　面：协和生兑换券
面　　　额：贰角
票面地名：印"文水县大象镇"
票面年份：民国二十七年（1938年）
图　　　案：房屋
图　　　色：棕色
规　　　格：11×6.3cm
稀　缺　度：★★★★

编　　　号：557
票　　　面：文水东堡村维持金融券
面　　　额：壹角
票　　　面：盖"和合二仙"章
票面年份：民国二十六年（1937年）
图　　　案：火车
图　　　色：蓝色
规　　　格：10.5×5.8cm
稀　缺　度：★★★

编　　号：558
票　　面：文水东堡村维持金融券
面　　额：贰角
票　　面：盖"和合二仙"章
票面年份：民国二十六年（1937年）
图　　案：火车
图　　色：蓝色
规　　格：11.5×5.8cm
稀　缺　度：★★★

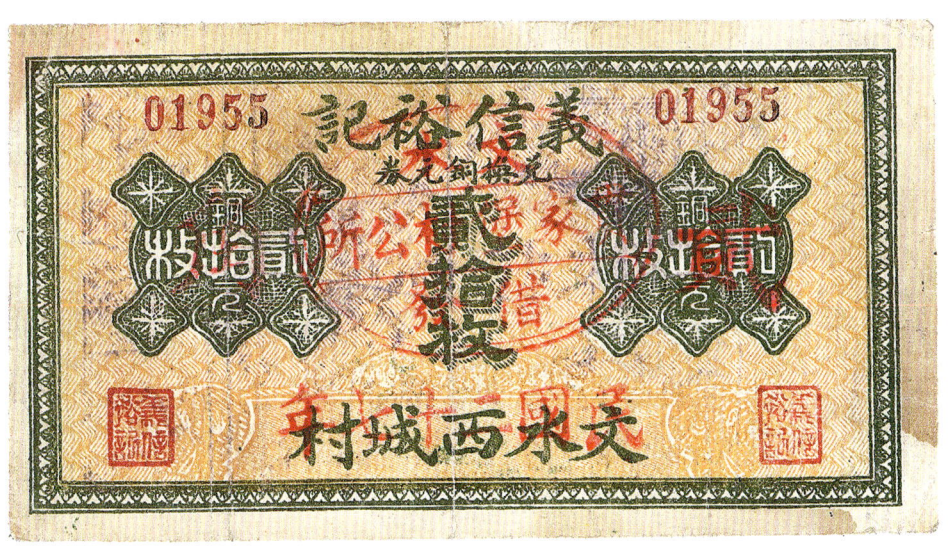

编　　号：559
票　　面：义信裕记
面　　额：贰角
票面地名：盖"文水贯家堡村公所借发"章
票面年份：民国二十七年（1938年）
背　　面：盖"文水贯家堡村公所借发"章

图　　案：面额
印　　刷：晋文和合书局
图　　色：绿色
规　　格：12.1×6.9cm
稀 缺 度：★★★★
注：此券为贯家堡村公所向西城村义信裕记借发，属于跨村间借发。

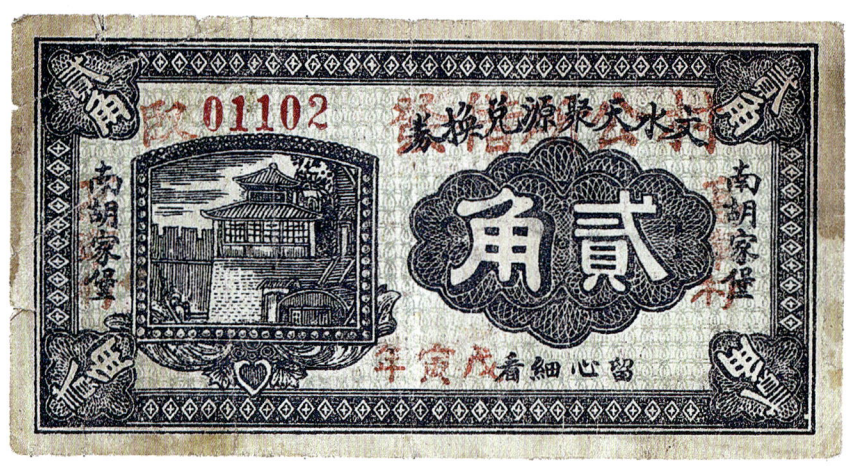

编　　　号：560
票　　　面：文水天聚源兑换券
面　　　额：贰角
票面地名：印"南胡家堡"
票面年份：民国十五年（1926年）
图　　　案：楼阁
图　　　色：蓝色
规　　　格：10.9×5.9cm
稀缺度：★★★
注：此券为高车村公所加盖借发

编　　号：561
票　　面：文水福德源兑换券
面　　额：壹角
票面地名：盖"文水南胡家堡村镇公所兑换券"章
票面年份：民国十六年（1927年）
图　　案：楼阁
背　　面：盖"文水南胡家堡通和号代兑"章
图　　色：蓝色
规　　格：10.6×5.9cm
稀缺度：★★★
注：此券为南胡家堡村镇公所向里村福德源加盖借发，属于跨村间借发。

编　　号：562
票　　面：福德源兑换券
面　　额：壹角
票面地名：盖"南胡家堡村镇公所兑换券"章
票面年份：民国二十一年（1932年）
图　　案：村景
背　　面：盖"文水南胡家堡通和号代兑"章
印　　刷：太原文华印刷厂
图　　色：棕色
规　　格：11.4×6.6cm
稀 缺 度：★★★
　　注：此券为南胡家堡村镇公所向里村福德源加盖借发，属于跨村间借发。

编　　　号：563
票　　　面：文水义同和兑换券
面　　　额：贰角
票面地名：盖"文水县水寨村公所借发"章
票面年份：民国二十七年（1938年）
图　　　案：楼阁
印　　　刷：文水和合石印局
图　　　色：蓝色
规　　　格：10.7×5.9cm
稀 缺 度：★★★
注：此券为水寨村公所向文水义同和加盖借发，属于跨村间借发。

编　　号：564
票　　面：文水义同和兑换券
面　　额：伍角
票面地名：盖"文水县水寨村公所借发"
票面年份：民国二十七年（1938年）
图　　案：楼阁
印　　刷：文水和合石印局
图　　色：蓝色
规　　格：11.6×6.3cm
稀 缺 度：★★★
注：此券为水寨村公所向文水义同和加盖借发，属于跨村间借发。

编　　　号：565
票　　　面：复盛川兑换券
面　　　额：贰角
票面地名：印"文水县王家堡"
票面年份：民国二十三年（1934年）
图　　　案：楼阁
背　　　面：英文蓝签
印　　　刷：祁邑文和斋
图　　　色：蓝色
规　　　格：11.3×6.4cm
稀　缺　度：★★★★

编　　　号：566
票　　　面：文水王家堡兑换券
面　　　额：贰角
票面年份：民国二十六年（1937年）
图　　　案：火车
背　　　面：盖"文水县王家堡村公所发"章
图　　　色：绿色
规　　　格：11.8×5.7cm
稀　缺　度：★★★

编　　　号：567
票　　　面：至诚久兑换券
面　　　额：伍角
票面地名：盖"文水县云周村公所借发"章
票面年份：民国二十五年（1936年）
图　　　案：洋楼
图　　　色：绿色
规　　　格：11.3×6.2cm
稀　缺　度：★★★
注：此券为云周村公所向信贤村至诚久加盖借发，属于跨村间借发。

编　　号：568
票　　面：下曲镇兴盛通兑换券
面　　额：壹角
票面地名：盖"云周西聚义恒借发"章
票面年份：民国二十六年（1937年）
图　　案：火车
背　　面：盖"文水县云周西聚义恒记"章
图　　色：棕色
规　　格：11.6×5.8cm
稀缺度：★★★
　　注：此券为云周西聚义恒向下曲镇兴盛通加盖借发，属于跨村间借发。

编　　　号：569
票　　　面：文水云周村公所发
面　　　额：伍角
票面年份：民国二十六年（1937年）
图　　　案：楼阁
背　　　面：盖"云周村大社"章
图　　　色：蓝色
规　　　格：11.5×6.5cm
稀　缺　度：★★★

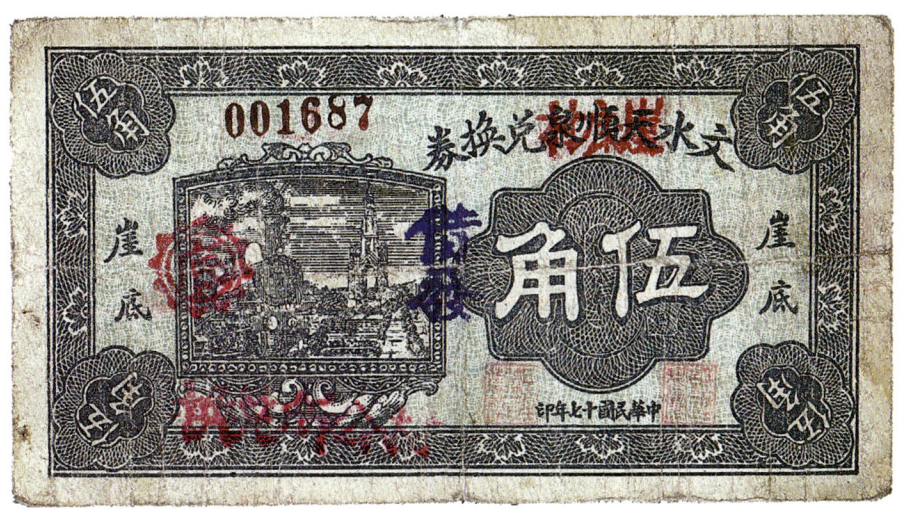

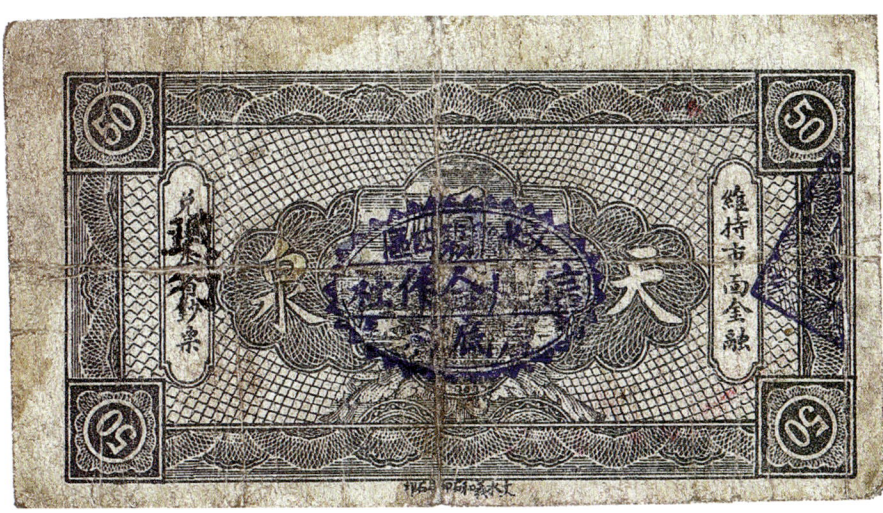

编　　　号：570
票　　　面：文水崖底村兑换券
面　　　额：伍角
票面地名：印"崖底"
票面年份：民国十七年（1928年）
图　　　案：火车、西洋塔楼
背　　　面：盖"文水县第四区崖底村信用合作社"章
印　　　刷：文水义和石印局
图　　　色：蓝色
规　　　格：11.5×6.5cm
稀　缺　度：★★★
注：此券为崖底村公所向崖底村天顺泉加盖借发，属于同村间借发。

编　　　号：571
票　　　面：文水天顺泉兑换券
面　　　额：伍角
票面地名：印"崖底"
票面年份：民国十七年（1928年）
图　　　案：火车、西洋塔楼
背　　　面：盖"文水县第四区崖底村信用合作社"章
印　　　刷：文水义和石印局
图　　　色：蓝色
规　　　格：11.5×6.5cm
稀　缺　度：★★★

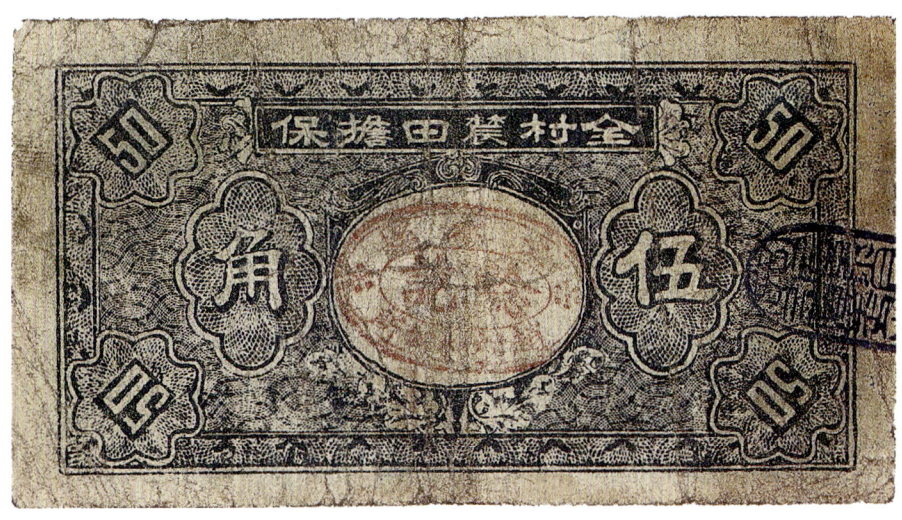

编　　号：572
票　　面：赵村公所农民救济券
面　　额：伍角
票面地名：印"文水县赵村"
票面年份：民国二十五年（1936年）
图　　案：楼阁
背　　面：盖"文水县赵村公所验讫"章
图　　色：蓝色
规　　格：11.5×6.5cm
稀 缺 度：★★★★

编　　　号：573
票　　　面：隆记兑换券
面　　　额：贰角
票面地名：盖"文水县赵村"
票面年份：民国二十六年（1937年）
图　　　案：轮船
背　　　面：盖"文水县赵村公所验讫"章
图　　　色：棕色
规　　　格：10.8×6cm
稀 缺 度：★★★★
注：此券为赵村公所向下曲镇隆记加盖借发，属于跨村间借发。

十、下曲镇(包括原南齐乡)

原下曲镇：下曲村、下曲庄村、梁家堡村、南贤村、青高村、朱家堡村、寄谷庄村、武家庄村、石永村、永乐村、苏家庄村、田家堡村、忠义村。

原南齐乡：南齐村、北齐村、南辛店村、北辛店村、徐家镇村、石家堡村、杜村、杜村庄。

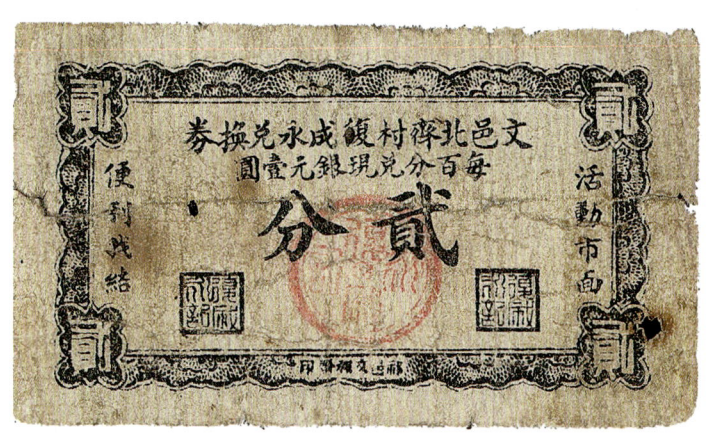

编　　　号：574
票　　　面：文邑北齐村复成永兑换券
面　　　额：贰分
票面地名：盖"复成永记"章
票面年份：无
图　　　案：面额
背　　　面：盖"复成永记"章
印　　　刷：祁邑文和斋
图　　　色：蓝色
规　　　格：8.9×5.4cm
稀　缺　度：★★★★

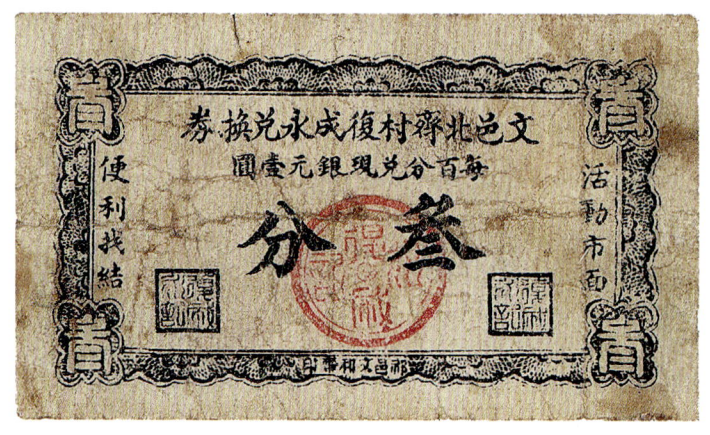

编　　　号：575
票　　　面：文邑北齐村复成永兑换券
面　　　额：叁分
票面地名：盖"复成永记"章
票面年份：无
图　　　案：面额
背　　　面：盖"复成永记"章
印　　　刷：祁邑文和斋
图　　　色：蓝色
规　　　格：8.9×5.4cm
稀　缺　度：★★★★

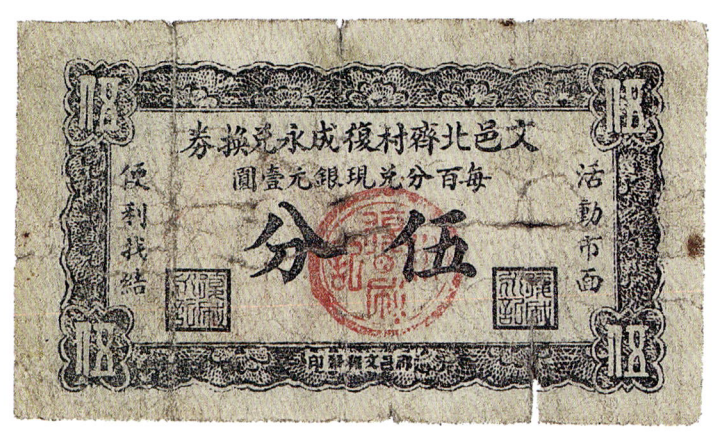

编　　　号：576
票　　　面：文邑北齐村复成永兑换券
面　　　额：伍分
票面地名：盖"复成永记"章
票面年份：无
图　　　案：面额
背　　　面：盖"复成永记"章
印　　　刷：祁邑文和斋
图　　　色：蓝色
规　　　格：9×5.4cm
稀　缺　度：★★★★

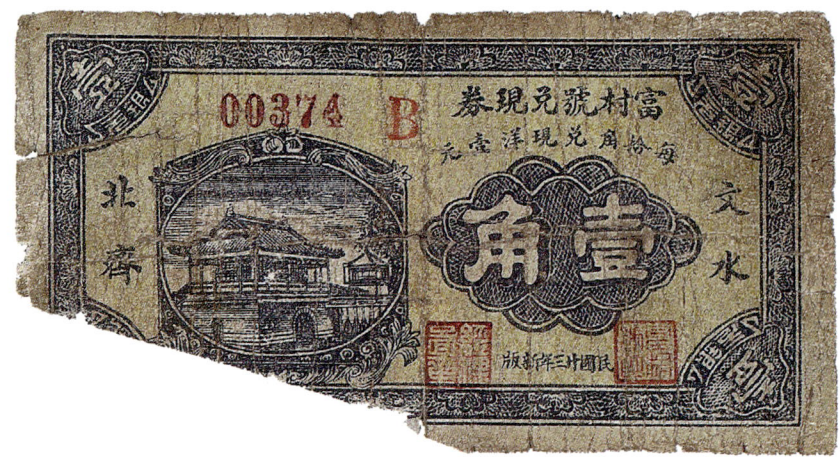

编　　　号：577
票　　　面：富村号兑换券
面　　　额：壹角
票面地名：印"文水北齐"、盖"B"
票面年份：民国二十三年（1934年）
图　　　案：楼阁
背　　　面：盖"富村号记"章
印　　　刷：祁邑文和斋
图　　　色：蓝色
规　　　格：10.7×5.9cm
稀 缺 度：★★★★

编　　　号：578
票　　　面：富村号兑换券
面　　　额：贰角
票面地名：印"文水北齐"、盖"J"
票面年份：民国二十三年（1934年）
图　　　案：洋楼
背　　　面：盖"富村号记"章
印　　　刷：祁邑文和斋
图　　　色：蓝色
规　　　格：10.7×5.9cm
稀　缺　度：★★★★

编　　　号：579
票　　　面：聚义川兑换券
面　　　额：壹角
票面地名：印"文水县梁家堡"、盖"信"
票面年份：民国二十五年（1936年）
图　　　案：楼阁
图　　　色：蓝色
规　　　格：10.7×5.6cm
稀　缺　度：★★★

编　　号：580
票　　面：文水梁家堡农民救济券
面　　额：壹角
票　　面：盖"义"、"面"
票面年份：民国二十七年（1938年）
图　　案：铁路
背　　面：盖"梁家堡村公所之图记"章
图　　色：紫红色
规　　格：10.7×5.6cm
稀　缺　度：★★★

编　　号：581
票　　面：文水梁家堡农民救济券
面　　额：贰角
票　　面：盖"持"、"梁"、"聚"
票面年份：民国二十七年（1938年）
图　　案：铁路
背　　面：盖"梁家堡村公所之图记"章
图　　色：蓝色
规　　格：10.8×5.9cm
稀缺度：★★★

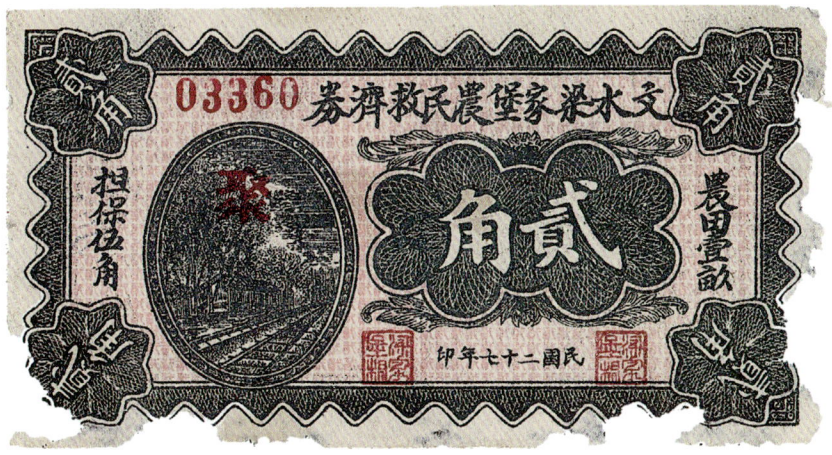

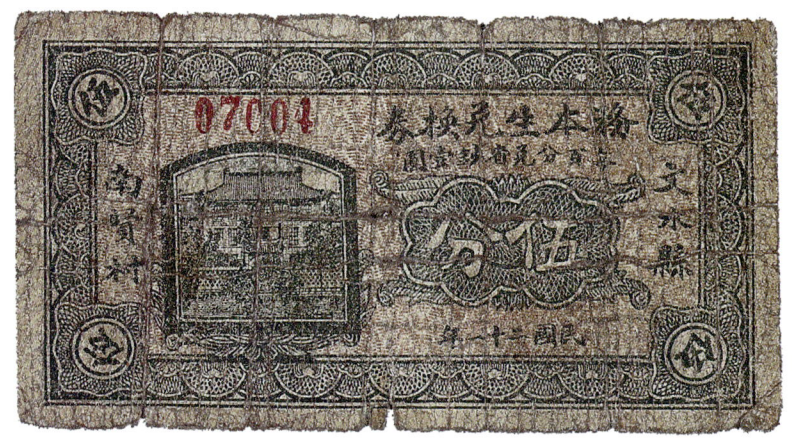

编　　　号：582
票　　　面：务本生兑换券
面　　　额：伍分
票面地名：印"文水县南贤村"
票面年份：民国二十一年（1932年）
图　　　案：楼阁
图　　　色：绿色
规　　　格：10×5.6cm
稀　缺　度：★★★

编　　　号：583
票　　　面：中和永金融券
面　　　额：壹角
票面地名：印"文水县南贤村"
票面年份：民国二十六年（1937年）
图　　　案：火车
背　　　面：盖"中和永记"
图　　　色：蓝色
规　　　格：10.6×5.6cm
稀　缺　度：★★★

编　　　号：584
票　　　面：中和永金融券
面　　　额：贰角
票面地名：印"文水县南贤村"、盖"中"
票面年份：民国二十六年（1937年）
图　　　案：火车
图　　　色：蓝色
规　　　格：11.5×5.8cm
稀　缺　度：★★★

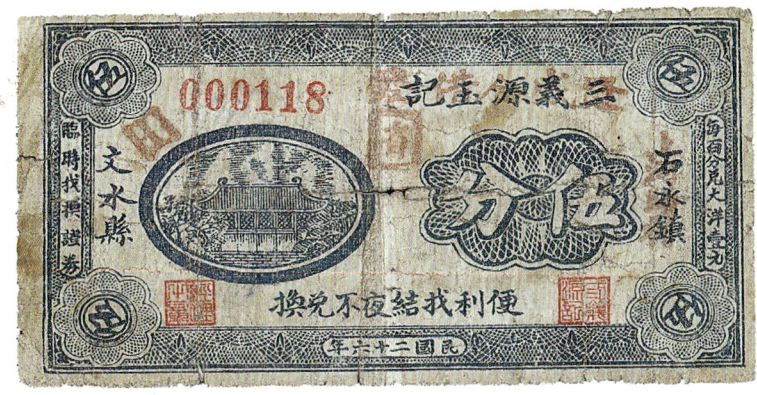

编　　号：585
票　　面：三义源玉记
面　　额：伍分
票面地名：印"文水县石永镇"、盖"省"
票面年份：民国二十六年（1937年）
图　　案：楼阁
图　　色：蓝色
规　　格：9.6×5cm
稀 缺 度：★★★
　　　注：此券为上河头村隆盛合借发

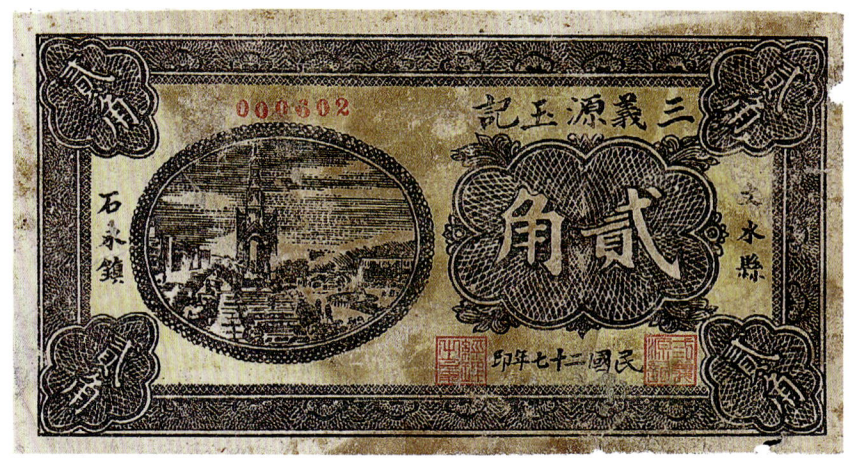

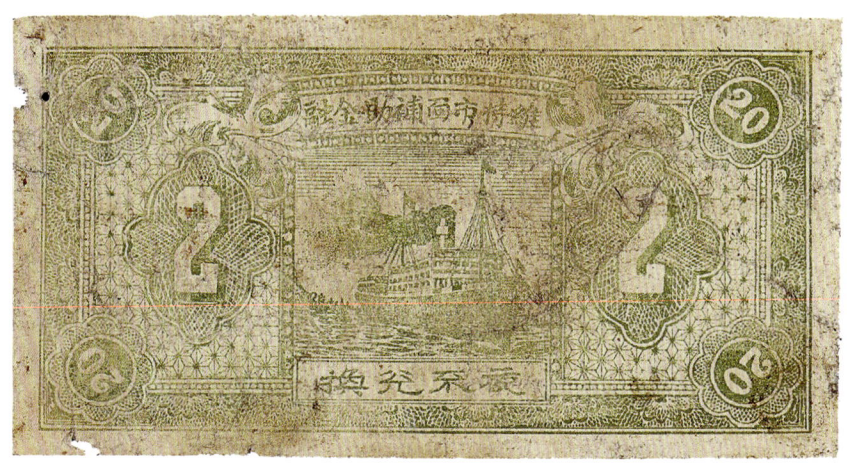

编　　　号：586
票　　　面：三义源玉记
面　　　额：贰角
票面地名：印"文水县石永镇"
票面年份：民国二十七年（1938年）
图　　　案：西洋塔楼
图　　　色：蓝色
规　　　格：10.8×5.9cm
稀　缺　度：★★★

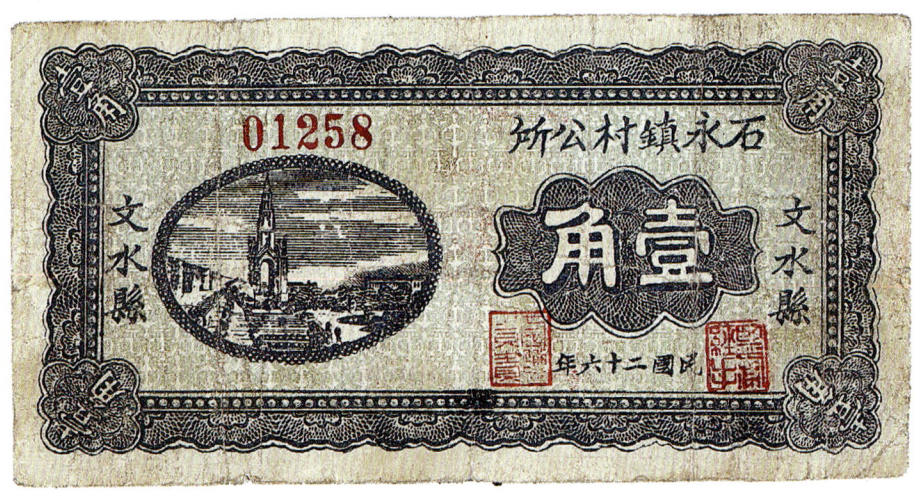

编　　　号：587
票　　　面：石永镇村公所
面　　　额：壹角
票面地名：印"文水县"
票面年份：民国二十六年（1937年）
图　　　案：西洋塔楼
背　　　面：盖"《朱子家训》"章
图　　　色：蓝色
规　　　格：11.7×6.3cm
稀　缺　度：★★★★

编　　　号：588
票　　　面：石永镇村公所
面　　　额：伍角
票面地名：印"文水县"
票面年份：民国二十六年（1937年）
图　　　案：西洋塔楼
背　　　面：盖"《朱子家训》"章
图　　　色：蓝色
规　　　格：11.7×6.3cm
稀　缺　度：★★★★

编　　　号：589
票　　　面：积义楼兑换券
面　　　额：贰角
票面地名：印"文水县石永镇"
票面年份：民国二十七年（1938年）
图　　　案：火车
背　　　面：盖"积义楼记"章、手书"星"
图　　　色：蓝色
规　　　格：11.7×5.8cm
稀缺度：★★★

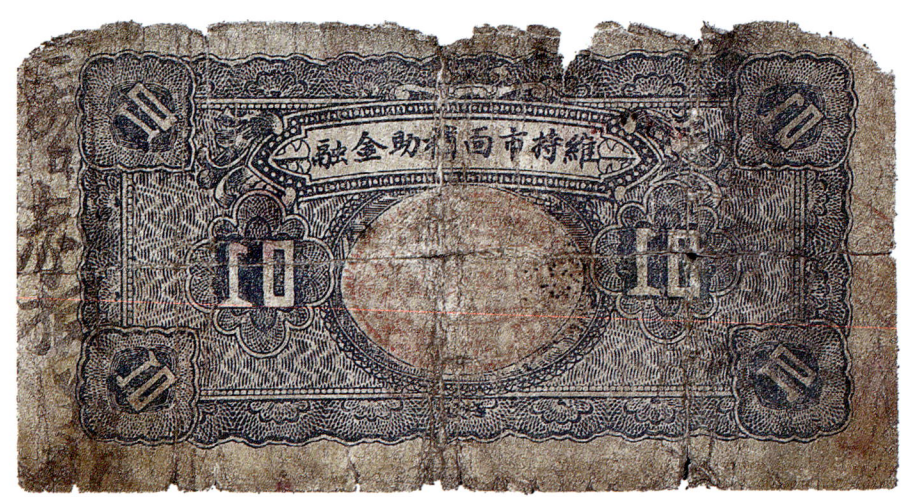

编　　　号：590
票　　　面：同心长兑换券
面　　　额：壹角
票面地名：印"文水县石永镇"
票面年份：民国二十七年（1938年）
图　　　案：西洋塔楼
图　　　色：蓝色
规　　　格：11.5×6.3cm
稀　缺　度：★★★

编　　　号：591
票　　　面：同心长兑换券
面　　　额：贰角
票面地名：印"文水县石永镇"
票面年份：民国二十七年（1938年）
图　　　案：洋楼
图　　　色：蓝色
规　　　格：11.5×6.3cm
稀　缺　度：★★★

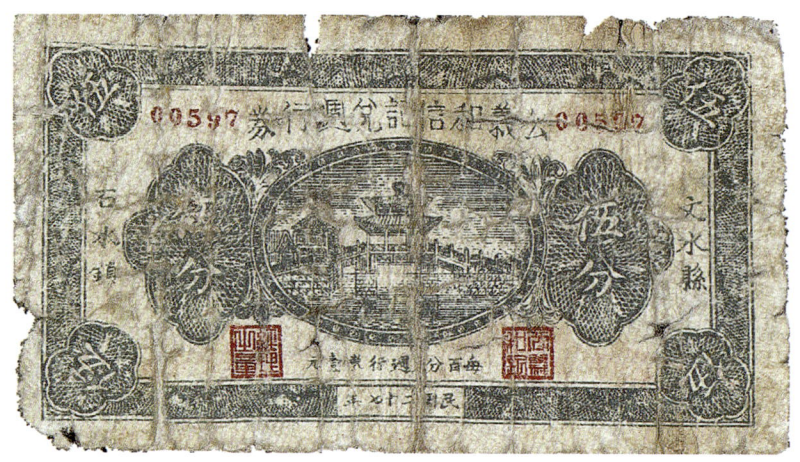

编　　　号：592
票　　　面：公义和信记兑週行券
面　　　额：伍分
票面地名：印"文水县石永镇"
票面年份：民国二十七年（1938年）
图　　　案：楼阁
图　　　色：绿色
规　　　格：10.1×5.8cm
稀　缺　度：★★★

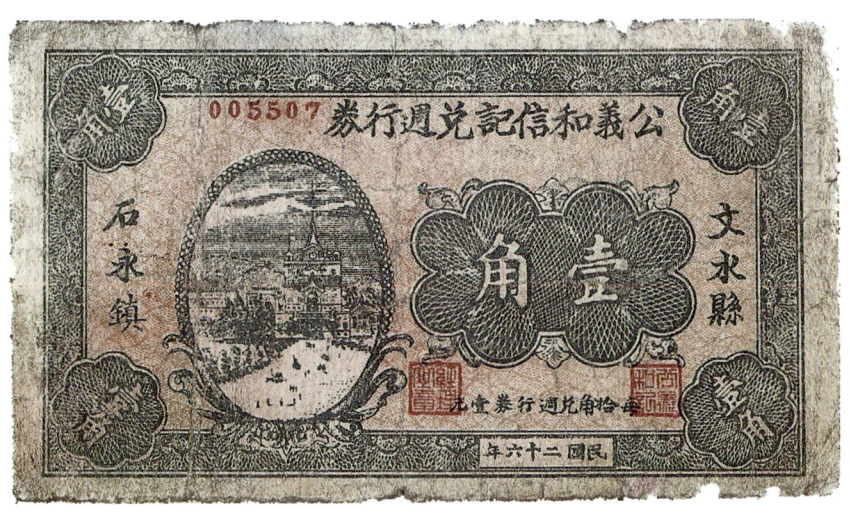

编　　　号：593
票　　　面：公义和信记兑週行券
面　　　额：壹角
票面地名：印"文水县石永镇"
票面年份：民国二十六年（1937年）
图　　　案：洋楼
背　　　面：盖"公义和记"章
图　　　色：蓝色
规　　　格：10.8×6.4cm
稀　缺　度：★★★

编　　　号：594
票　　　面：公义和週行兑换券
面　　　额：贰角
票面地名：印"文水县石永镇"
票面年份：民国二十六年（1937年）
图　　　案：西洋塔楼
图　　　色：蓝色
规　　　格：10.8×6.2cm
稀 缺 度：★★★

编　　　号：595
票　　　面：瑞庆祥兑换券
面　　　额：壹角
票面地名：印"文水县石永镇"、盖"庚"
票面年份：民国二十一年（1932年）
图　　　案：山景
背　　　面：盖"文水县商会验讫"章
印　　　刷：和合石印局
图　　　色：紫红色
规　　　格：10.8×5.9cm
稀　缺　度：★★★★

编　　　号：596
票　　　面：苏家庄村公所
面　　　额：伍角
票面地名：印"文水县苏家庄"、盖"文水石永镇成代兑"章
票面年份：民国二十七年（1938年）
图　　　案：轮船
背　　　面：盖"文水第二区苏家庄村公所"章
图　　　色：蓝色
规　　　格：10.8×6.2cm
稀　缺　度：★★★★

编　　　号：597
票　　　面：益和义兑换券
面　　　额：贰角
票面地名：印"文水县田家堡"、盖"诚"
票面年份：民国二十六年（1937年）
图　　　案：火车
背　　　面：盖"文水县田家堡益和义记"章
图　　　色：蓝色
规　　　格：11.6×5.8cm
稀　缺　度：★★★

编　　　号：598
票　　　面：协泰魁城记兑换券
面　　　额：伍分
票面地名：盖"文水县下曲镇"
票面年份：民国十七年（1928年）
图　　　案：火车
背　　　面：无图案
图　　　色：绿色
规　　　格：9.6×5.6cm
稀缺度：★★★

编　　　号：599
票　　　面：下曲镇村政公所
面　　　额：贰角
票面地名：印"文水县"、盖"源"
票面年份：民国十七年（1928年）
图　　　案：火车
背　　　面：盖"文水下曲镇三义和借发"章
印　　　刷：文水义和石印局
图　　　色：蓝色
规　　　格：11.2×6.4cm
稀缺度：★★★
注：此券为下曲镇三义和向下曲镇村政公所加盖借发，属于同镇间借发。

编　　　号：600
票　　　面：文水下曲镇农民救济合作券
面　　　额：壹角
票　　　面：盖"同义长代兑"、"信"
票面年份：民国二十四年（1935年）
图　　　案：西洋塔楼
图　　　色：蓝色
规　　　格：10.7×6.3cm
稀　缺　度：★★★

编　　号：601
票　　面：文水下曲镇农民救济合作券
面　　额：贰角
票面地名：盖"万镒庆代兑"、"庆"
票面年份：民国二十四年（1935年）
图　　案：铁路
背　　面：盖"文水下曲镇万镒庆"章
图　　色：绿色
规　　格：11.2×6.5cm
稀 缺 度：★★★

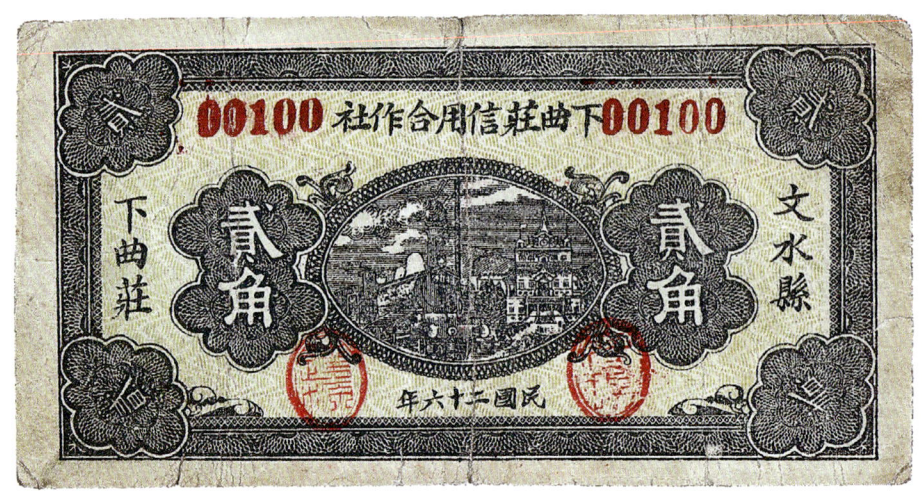

编　　　号：602
票　　　面：下曲庄信用合作社
面　　　额：贰角
票面地名：印"文水县下曲庄"
票面年份：民国二十六年（1937年）
图　　　案：火车、洋楼
背　　　面：盖"文水县下曲庄合作社验讫"章
　　　　　　盖"每拾角兑换大洋壹元"
图　　　色：蓝色
规　　　格：11.7×6.3cm
稀缺度：★★★★

编　　号：603
票　　面：宝信成兑换券
面　　额：贰角
票面地名：印"文水县下曲庄"
票面年份：民国二十七年（1938年）
图　　案：西洋塔楼
图　　色：紫红色
规　　格：10.8×5.9cm
稀缺度：★★★★
　　注：此券为上河头村加盖借发

编　　　号：604
票　　　面：万镒庆兑换券
面　　　额：伍分
票面地名：盖"文水县下曲镇"
票面年份：民国二十五年（1936年）
图　　　案：洋楼
图　　　色：绿色
规　　　格：9.9×5.6cm
稀　缺　度：★★★

编　　　号：605
票　　　面：下曲镇兴盛通兑换券
面　　　额：壹角
票面地名：印"文水县下曲镇"
票面年份：民国二十六年（1937年）
图　　　案：火车
图　　　色：棕色
规　　　格：11.4×5.9cm
稀 缺 度：★★★
　　　注：此券为云周西聚义恒借发

编　　　号：606
票　　　面：隆记兑换券
面　　　额：贰角
票面地名：印"文水县下曲镇"
票面年份：民国二十六年（1937年）
图　　　案：轮船
图　　　色：棕色
规　　　格：10.9×6cm
稀　缺　度：★★★★
　　　　注：此券为赵村村公所借发

编　　号：607
票　　面：达记兑换券
面　　额：贰角
票面地名：印"文水县下曲镇"、盖"合"
票面年份：民国二十六年（1937年）
图　　案：火车
图　　色：棕色
规　　格：11.4×5.8cm
稀 缺 度：★★★

编　　　号：608
票　　　面：卫生医馆兑换券
面　　　额：壹角
票面地名：盖"文水县下曲镇"
票面年份：民国二十七年（1938年）
图　　　案：古桥亭
图　　　色：棕色
规　　　格：10.7×5.8cm
稀　缺　度：★★★★

编　　　号：609
票　　　面：卫生医馆兑换券
面　　　额：贰角
票面地名：盖"文水县下曲镇"
票面年份：民国二十六年（1937年）
图　　　案：西洋塔楼
图　　　色：棕色
规　　　格：10.9×6cm
稀　缺　度：★★★★

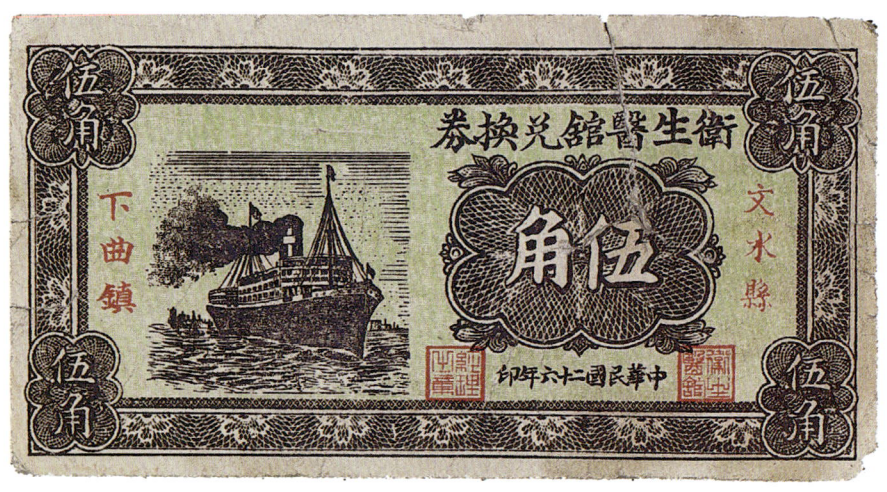

编　　　号：610
票　　　面：卫生医馆兑换券
面　　　额：伍角
票面地名：盖"文水县下曲镇"
票面年份：民国二十六年（1937年）
图　　　案：轮船
图　　　色：棕色
规　　　格：11.3×6.2cm
稀 缺 度：★★★★

编　　　号：611	图　　　案：楼阁
票　　　面：义和恒宏记兑换券	背　　　面：无图
面　　　额：贰分	图　　　色：绿色
票面地名：印"文水县永乐村"	规　　　格：10.4×5.4cm
票面年份：民国二十一年（1932年）	稀　缺　度：★★★★

编　　　号：612	图　　　案：楼阁
票　　　面：义和恒宏记兑换券	背　　　面：无图
面　　　额：叁分	图　　　色：绿色
票面地名：印"文水县永乐村"	规　　　格：10.4×5.4cm
票面年份：民国二十一年（1932年）	稀　缺　度：★★★★

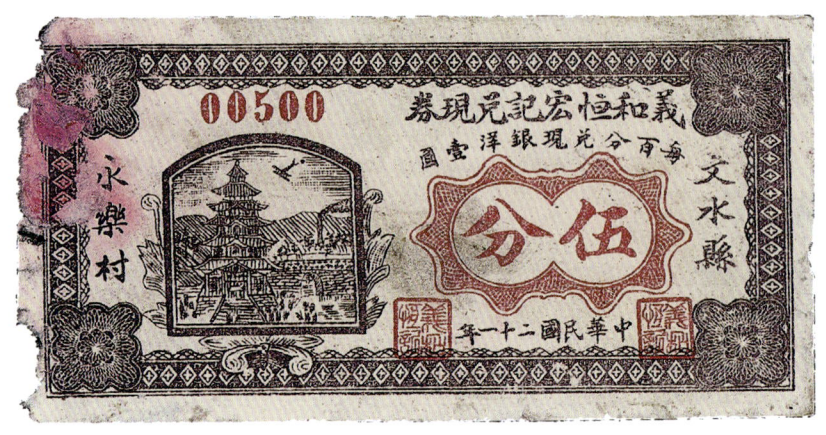

编　　　号：613　　　　　　　　　图　　案：楼阁
票　　　面：义和恒宏记兑换券　　　背　　面：无图
面　　　额：伍分　　　　　　　　　图　　色：紫红色
票面地名：印"文水县永乐村"　　　规　　格：10.4×5.4cm
票面年份：民国二十一年（1932年）　稀缺度：★★★★

编　　　号：614　　　　　　　　　图　　案：楼阁
票　　　面：义和恒宏记兑换券　　　背　　面：无图
面　　　额：柒分　　　　　　　　　图　　色：蓝色
票面地名：印"文水县永乐村"　　　规　　格：10.2×5.3cm
票面年份：民国二十一年（1932年）　稀缺度：★★★★

编　　　号：615
票　　　面：仪和长兑换券
面　　　额：伍分
票面地名：印"文水县永乐村"
票面年份：民国二十五年（1936年）
图　　　案：火车
图　　　色：绿色
规　　　格：9.9×5.4cm
稀　缺　度：★★★

编　　　号：616
票　　　面：自成永兑换券
面　　　额：贰角
票面地名：印"文水县永乐村"
票面年份：民国二十五年（1936年）
图　　　案：洋楼
图　　　色：紫红色
规　　　格：11.4×6.3cm
稀　缺　度：★★★

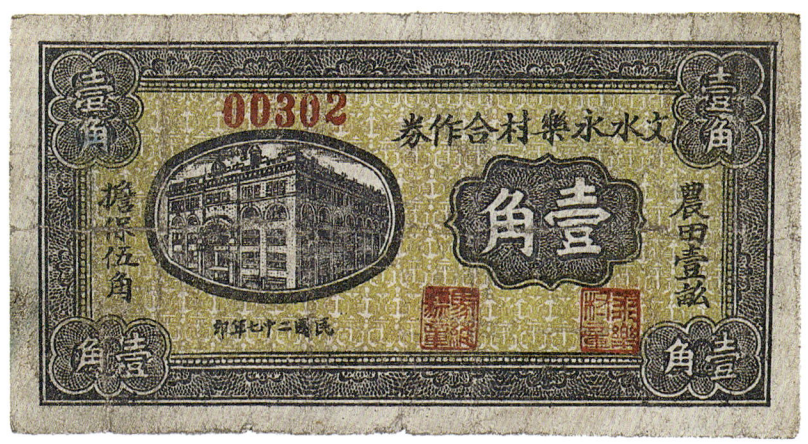

编　　号：617
票　　面：文水永乐村合作券
面　　额：壹角
票面年份：民国二十七年（1938年）
图　　案：洋楼
背　　面：盖"文邑永乐村记"章、手书"乐"
图　　色：蓝色
规　　格：10.3×5.7cm
稀缺度：★★★

编　　　号：618
票　　　面：文水永乐村合作券
面　　　额：伍角
票面年份：民国二十七年（1938年）
图　　　案：西洋塔楼
背　　　面：盖"文邑永乐村记"章、手书"永"
图　　　色：蓝色
规　　　格：11.9×6.2cm
稀　缺　度：★★★

编　　　号：619
票　　　面：文水忠义村合作券
面　　　额：壹角
票面年份：民国二十七年（1938年）
图　　　案：火车
图　　　色：蓝色
规　　　格：10.6×5.7cm
稀 缺 度：★★★

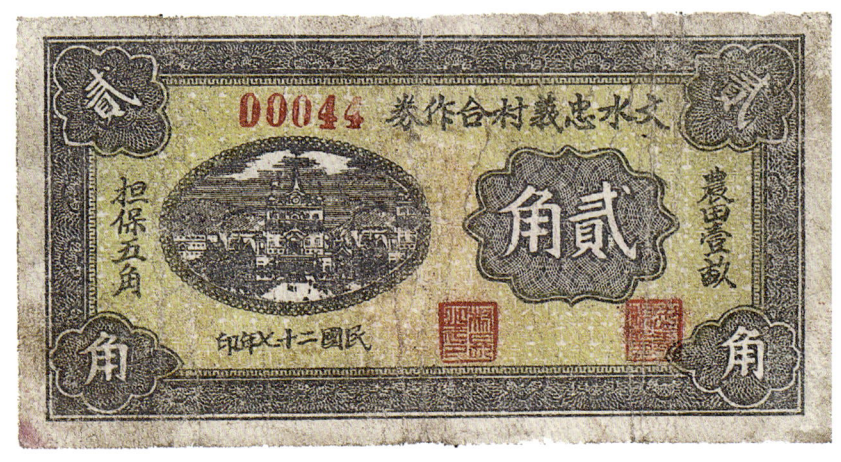

编　　　号：620
票　　　面：文水忠义村合作券
面　　　额：贰角
票面年份：民国二十七年（1938年）
图　　　案：洋楼
背　　　面：盖"忠义村公所"章
图　　　色：蓝色
规　　　格：10.6×5.8cm
稀　缺　度：★★★

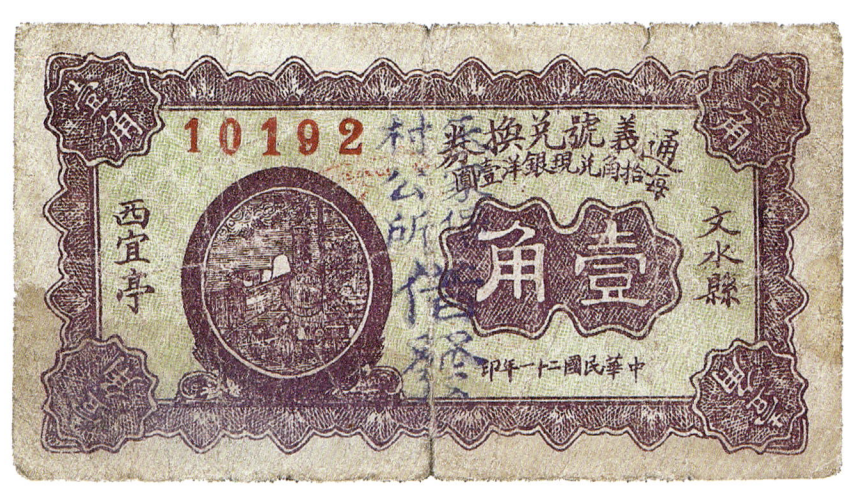

编　　号：621
票　　面：通义号兑换券
面　　额：壹角
票面地名：盖"朱家堡村公所借发"章
票面年份：民国二十一年（1932年）
图　　案：火车
背　　面：盖"文水县朱家堡村公所借发"章
印　　刷：文水文华书局
图　　色：紫红色
规　　格：10.8×6.1cm
稀缺度：★★★
　　注：此券为朱家堡村公所向西宜亭村通义号加盖借发，属于跨村间借发。

编　　号：622
票　　面：上河头村四义元兑换券
面　　额：伍角
票面地名：盖"文水县朱家堡村公所借发"
票面年份：民国二十六年（1937年）
图　　案：火车
背　　面：盖"朱家堡村公所借发"章
图　　色：蓝色
规　　格：11.7×5.9cm
稀缺度：★★★
注：此券为朱家堡村公所向上河头村四义元加盖借发，属于跨村间借发。

十一、北张乡

北张（家庄）村、南张（家庄）村、上河头村、武村、东宜亭村、西宜亭村、南武涝村、北武涝村、苏家堡村、郑家庄村。

编　　　号：623
票　　　面：农民救济合作券
面　　　额：贰角
票面地名：印"文水县北张家庄"、盖"消费合作社代兑"
票面年份：民国二十五年（1936年）
图　　　案：树
图　　　色：蓝色
规　　　格：11.5×6.4cm
稀缺度：★★★★

编　　　号：624
票　　　面：恒源茂花厂
面　　　额：贰分
票面地名：印"文水县北张家庄"
票面年份：无
图　　　案：楼阁
印　　　刷：天津北马路华东石印局
图　　　色：绿色
规　　　格：10.1×5.5cm
稀　缺　度：★★★★

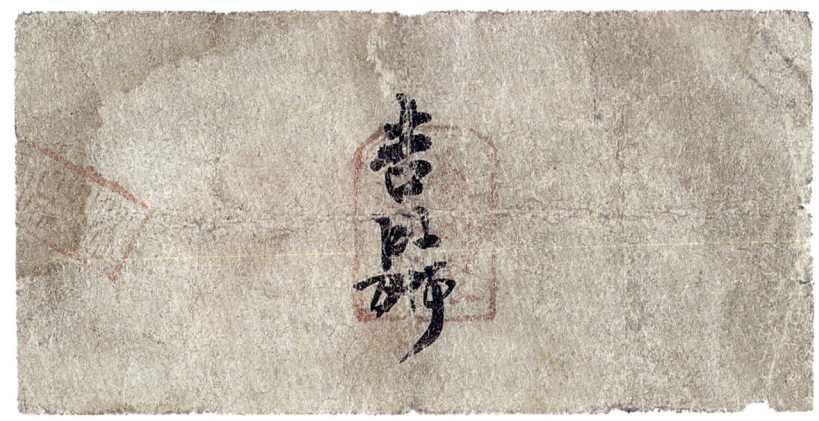

编　　　号：625
票　　　面：万聚永兑换券
面　　　额：伍分
票面地名：印"文水县北张家庄"
票面年份：民国二十六年（1937年）
图　　　案：楼阁
图　　　色：绿色
规　　　格：10.4×5.4cm
稀　缺　度：★★★★

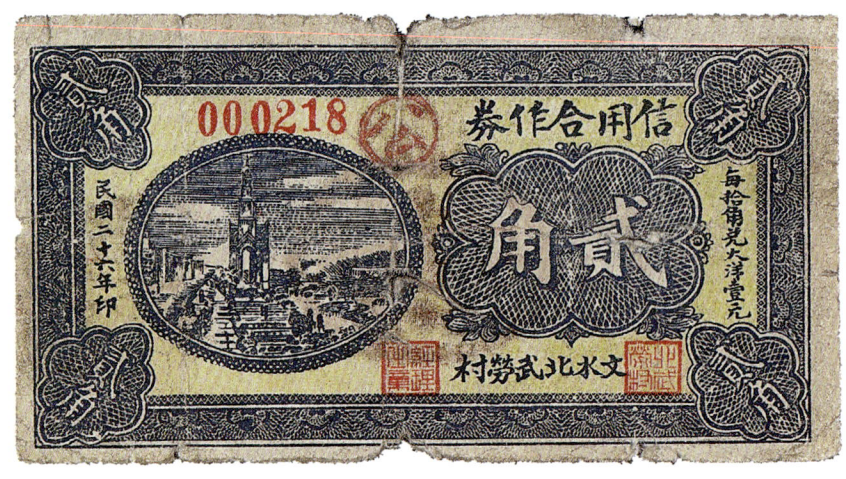

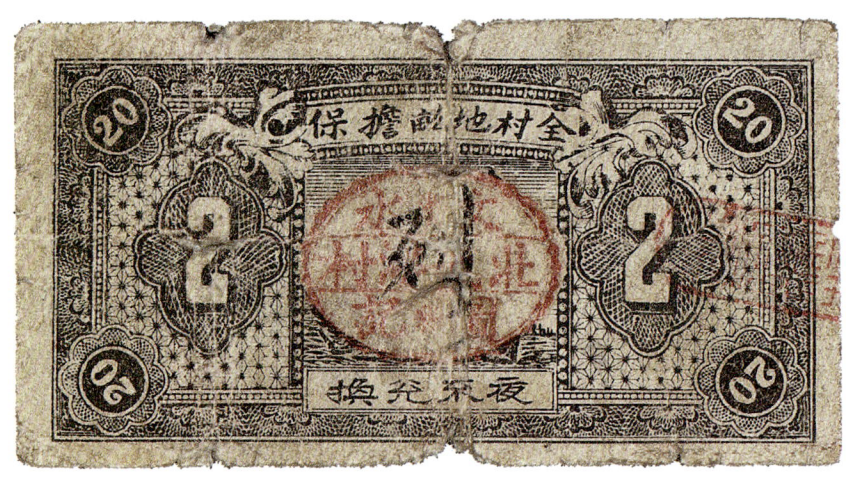

编　　　号：626
票　　　面：信用合作券
面　　　额：贰角
票面地名：印"文水北武劳村"、盖"公"
票面年份：民国二十六年（1937年）
图　　　案：西洋塔楼
背　　　面：盖"文水北武劳村图记"章、手书"列"
图　　　色：蓝色
规　　　格：10.8×6cm
稀　缺　度：★★★

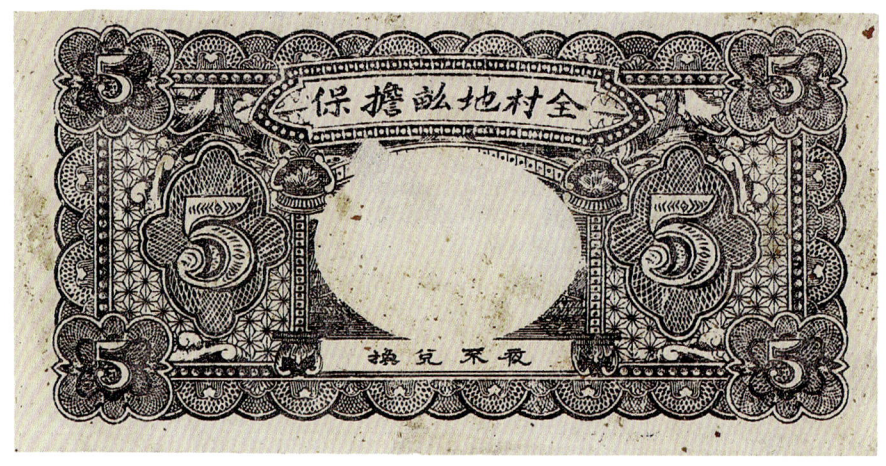

编　　　号：627
票　　　面：信用合作券
面　　　额：伍角
票面地名：印"文水北武劳村"
票面年份：民国二十六年（1937年）
图　　　案：轮船
图　　　色：蓝色
规　　　格：11.3×5.9cm
稀 缺 度：★★★

编　　　号：628
票　　　面：杏林春兑换券
面　　　额：贰分
票面地名：印"文水县东宜停村"、盖"泉顺长借发"章
票面年份：无
图　　　案：人像
印　　　刷：文惠石印局
背　　　面：盖"文水县东宜停村泉顺长"章
图　　　色：蓝色
规　　　格：10.3×5.5cm
稀　缺　度：★★★
注：此券为东宜停村泉顺长向东宜停村杏林春加盖借发，属于同村间借发。

编　　　号：629
票　　　面：文水县东宜停村信用合作社
面　　　额：壹角
票面年份：民国二十五年（1936年）
图　　　案：洋楼
背　　　面：盖"文水县东宜停村信用合作社图记"章
　　　　　　手书"覆"
图　　　色：蓝色
规　　　格：10.7×5.9cm
稀　缺　度：★★★

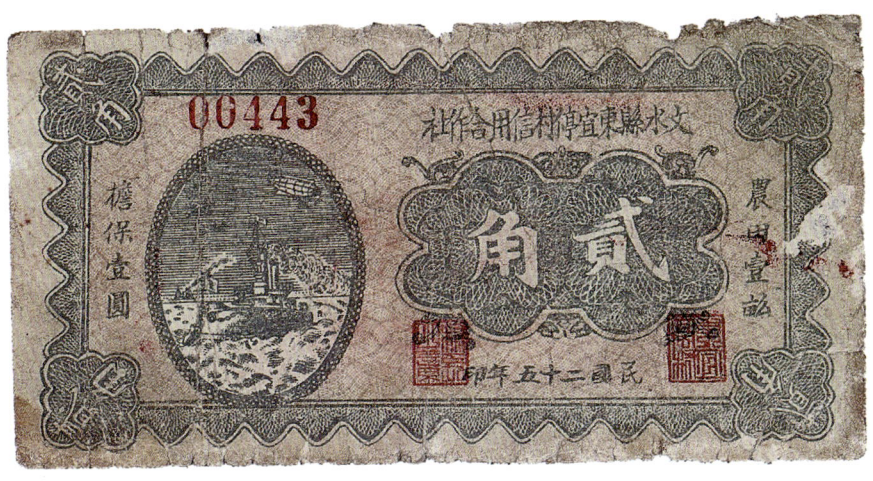

编　　　号：630
票　　　面：文水县东宜停村信用合作社
面　　　额：贰角
票面年份：民国二十五年（1936年）
图　　　案：轮船
背　　　面：盖"文水县东宜停村信用合作社图记"章
　　　　　　手书"人"
图　　　色：绿色
规　　　格：11.2×6cm
稀　缺　度：★★★

编　　　号：631
票　　　面：东兴川兑换券
面　　　额：贰角
票面地名：印"文水县东宜停村"
票面年份：民国二十六年（1937年）
图　　　案：洋楼
图　　　色：绿色
规　　　格：10.7×5.8cm
稀 缺 度：★★★

编　　　号：632
票　　　面：瑞昌隆兑换券
面　　　额：伍角
票面地名：印"文水县南张家庄"
票面年份：民国二十七年（1938年）
图　　　案：洋楼
图　　　色：绿色
规　　　格：11.5×6.2cm
稀　缺　度：★★★★

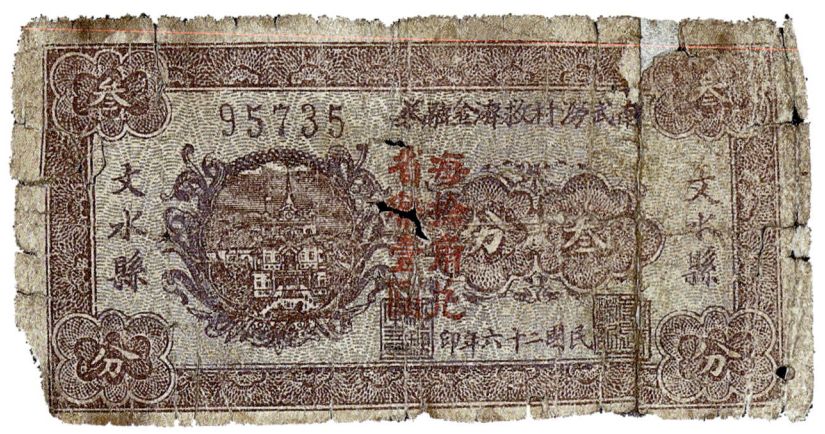

编　　　号：633
票　　　面：南武涝村救济金融券
面　　　额：叁分
票面地名：印"文水县"、盖"每拾角兑省币一元"
票面年份：民国二十六年（1937年）
图　　　案：洋楼
背　　　面：盖"南武涝村章"
图　　　色：棕色
规　　　格：10.5×5.5cm
稀 缺 度：★★★

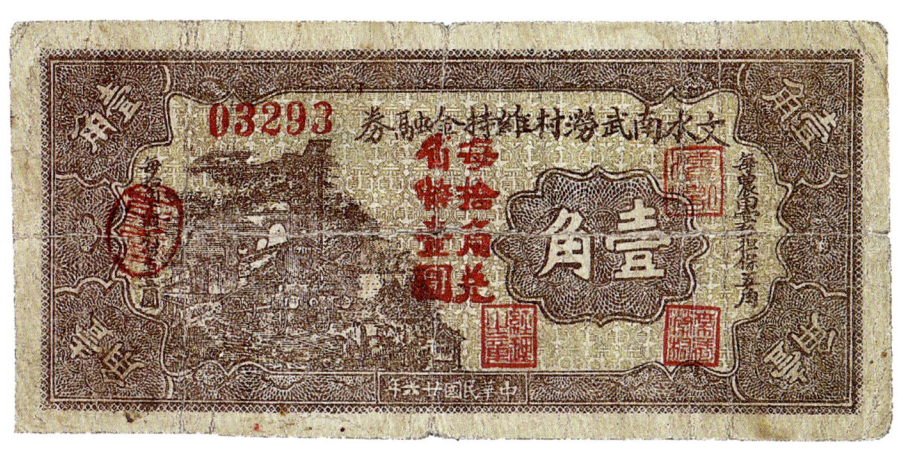

编　　　号：634
票　　　面：文水南武涝村维持金融券
面　　　额：壹角
票　　　面：盖"每拾角兑省币壹圆"、盖"天王成"
票面年份：民国二十六年（1937年）
图　　　案：火车
背　　　面：盖"文水县南武涝村公所图记"章、盖"天王成记"章
　　　　　　手书"直"
图　　　色：棕色
规　　　格：11.5×5.6cm
稀 缺 度：★★★

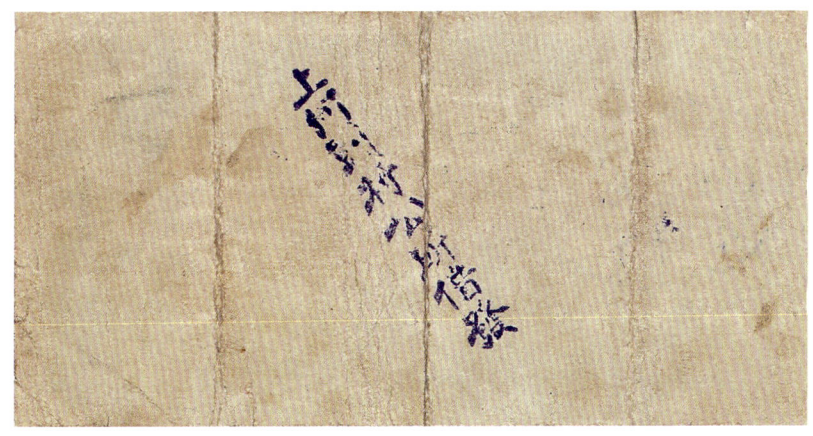

编　　　号：635
票　　　面：义和盛茂记兑换券
面　　　额：贰分
票面地名：盖"文水县上河头村公所"章
票面年份：民国十八年（1929年）
图　　　案：火车
背　　　面：盖"上河头村公所借发"
印　　　刷：文水义和恒石印局
图　　　色：绿色
规　　　格：10.3×5.5cm
稀　缺　度：★★★★
　　　注：此券为上河头村公所向宜儿村义和盛
　　　　　茂记加盖借发，属于跨村间借发。

编　　号：636
票　　面：义和盛茂记兑换券
面　　额：贰角
票面地名：盖"上河头村公所借发"章
票面年份：民国十七年（1928年）
图　　案：楼阁
背　　面：盖"上河头村公所借发"章
印　　刷：文水义和恒石印局
图　　色：棕色
规　　格：10.8×5.8cm
稀缺度：★★★★
注：此券为上河头村公所向宜儿村义和盛茂记加盖借发，属于跨村间借发。

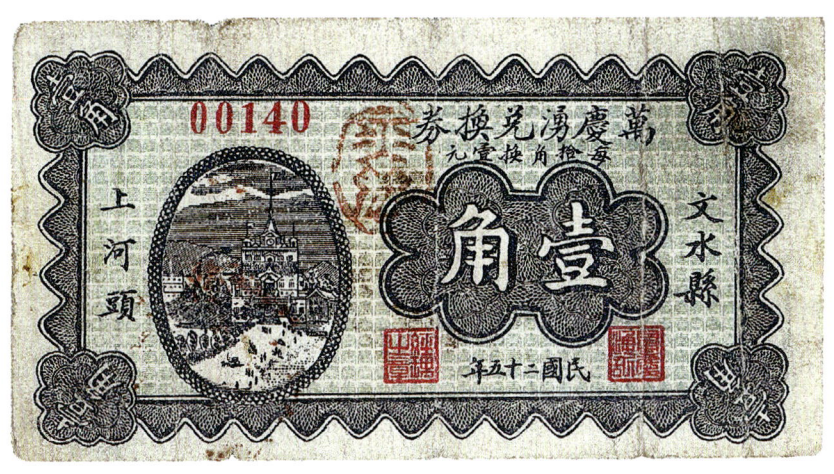

编　　　号：637
票　　　面：万庆涌兑换券
面　　　额：壹角
票面地名：印"文水县上河头"
票面年份：民国二十五年（1936年）
图　　　案：洋楼
图　　　色：蓝色
规　　　格：10.6×5.9cm
稀　缺　度：★★★

编　　　号：638
票　　　面：隆盛合兑换券
面　　　额：壹角
票面地名：盖"文水上河头"
票面年份：民国二十六年（1937年）
图　　　案：铁路
背　　　面：手书"天"
图　　　色：棕色
规　　　格：10.5×5.9cm
稀 缺 度：★★★★

编　　　号：639
票　　　面：隆盛合兑换券
面　　　额：贰角
票面地名：盖"文水上河头"、盖"嘉"
票面年份：民国二十六年（1937年）
图　　　案：铁路
背　　　面：手书"永"
图　　　色：棕色
规　　　格：11×6.2cm
稀 缺 度：★★★★

编　　　号：640
票　　　面：三义源玉记
面　　　额：伍分
票面地名：盖"上河头村隆盛合借发"、"省"
票面年份：民国二十六年（1937年）
图　　　案：楼阁
图　　　色：蓝色
规　　　格：9.7×5.5cm
稀　缺　度：★★★★
注：此券为上河头村隆盛合向石永镇三义源玉记加盖借发，属于跨村间借发。

编　　号：641
票　　面：文水县上河头村信用合作社
面　　额：壹角
票面年份：民国二十三年（1934年）
图　　案：亭阁
印　　刷：西北印刷厂
图　　色：棕色
规　　格：9.8×5.8cm
稀　缺　度：★★★★

编　　　号：642
票　　　面：上河头信用合作券
面　　　额：贰角
票面地名：印"文水县"
票面年份：民国二十六年（1937年）
图　　　案：火车
图　　　色：蓝色
规　　　格：11×5.4cm
稀　缺　度：★★★

编　　　号：643
票　　　面：上河头信用合作券
面　　　额：伍角
票面地名：印"文水县"
票面年份：民国二十六年（1937年）
图　　　案：火车
图　　　色：紫色
规　　　格：11.9×6.2cm
稀　缺　度：★★★

编　　　号：644
票　　　面：上河头维持金融兑换券
面　　　额：伍角
票面地名：印"文水县"
票面年份：民国二十六年（1937年）
图　　　案：轮船
背　　　面：盖"文水县上河头村公所"章
图　　　色：紫色
规　　　格：12.2×6.8cm
稀　缺　度：★★★

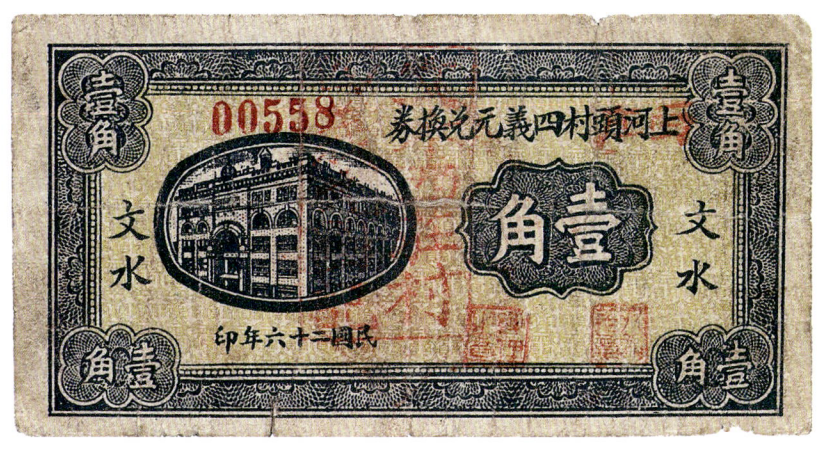

编　　　号：645
票　　　面：上河头村四义元兑换券
面　　　额：壹角
票面地名：印"文水"
票面年份：民国二十六年（1937年）
图　　　案：楼房
背　　　面：手书"赵"
图　　　色：蓝色
规　　　格：10.4×5.6cm
稀　缺　度：★★★
　　　　注：此券为西庄村借发

编　　　号：646
票　　　面：上河头村四义元兑换券
面　　　额：伍角
票面地名：印"文水"
票面年份：民国二十六年（1937年）
图　　　案：火车
图　　　色：蓝色
规　　　格：11.8×5.8cm
稀　缺　度：★★★
　　　注：此券为朱家堡村借发

编　　号：647
票　　面：宝信成兑换券
面　　额：贰角
票面地名：加盖"文水县上河头村"
票面年份：民国二十七年（1938年）
图　　案：楼房
图　　色：紫红色
规　　格：10.8×5.9cm
稀缺度：★★★★
注：此券为上河头村向下曲庄宝信成加盖借发，属于跨村间借发。

编　　　号：648
票　　　面：农民合作救济券
面　　　额：伍分
票面地名：印"文水县苏家堡"
票面年份：民国二十五年（1936年）
图　　　案：楼阁
图　　　色：绿色
规　　　格：10.2×5.4cm
稀缺度：★★★★

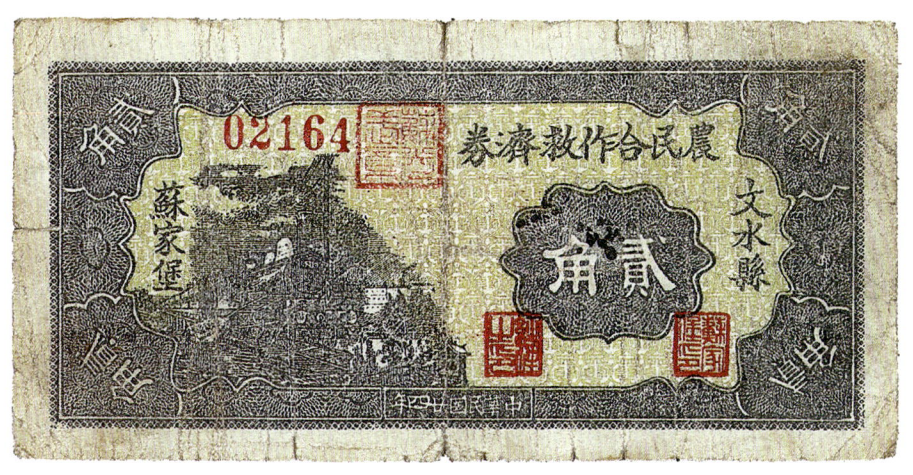

编　　　号：649
票　　　面：农民合作救济券
面　　　额：贰角
票面地名：印"文水县苏家堡"
票面年份：民国二十四年（1935年）
图　　　案：火车
背　　　面：手书"济"
图　　　色：蓝色
规　　　格：11.6×5.9cm
稀　缺　度：★★★

编　　　号：650
票　　　面：香云生记兑换券
面　　　额：贰角
票面地名：印"文水县苏家堡"
票面年份：民国二十六年（1937年）
图　　　案：洋楼
背　　　面：盖"香云生"章、手书"气"
图　　　色：绿色
规　　　格：10.5×5.9cm
稀　缺　度：★★★★

编　　　号：651
票　　　面：香云生记兑换券
面　　　额：伍角
票面地名：印"文水县苏家堡"
票面年份：民国二十六年（1937年）
图　　　案：西洋塔楼
背　　　面：盖"香云生"章、手书"生"
图　　　色：绿色
规　　　格：11.8×6.3cm
稀　缺　度：★★★★

编　　　号：652
票　　　面：文水武村维持金融券
面　　　额：壹角
票面年份：民国二十五年（1936年）
图　　　案：火车
背　　　面：盖"武村公立斗局代兑"章
　　　　　　手书"和衷"
图　　　色：蓝色
规　　　格：11.5×5.7cm
稀　缺　度：★★★

编　　　号：653
票　　　面：文水武村维持金融券
面　　　额：贰角
票面年份：民国二十五年（1936年）
图　　　案：火车
背　　　面：盖"武村公立斗局代兑"章
　　　　　　手书"共济"
图　　　色：蓝色
规　　　格：11.5×5.7cm
稀　缺　度：★★★

编　　　号：654
票　　　面：文水武村维持金融券
面　　　额：伍角
票面年份：民国二十五年（1936年）
图　　　案：火车
背　　　面：盖"武村公立斗局代兑"章
　　　　　　手书"信用"
图　　　色：蓝色
规　　　格：11.7×5.9cm
稀　缺　度：★★★

编　　　号：655
票　　　面：文水县武村信用合作社
面　　　额：壹角
票　　　面：印"文水和盛裕代兑"
票面年份：民国二十六年（1937年）
图　　　案：火车
图　　　色：绿色
规　　　格：11.3×6.3cm
稀　缺　度：★★★

编　　　号：656

票　　　面：文水县武村信用合作社

面　　　额：贰角

票　　　面：印"文水和盛裕代兑"、盖"兑"

票面年份：民国二十六年（1937年）

图　　　案：火车

图　　　色：紫色

规　　　格：11.3×6.3cm

稀　缺　度：★★★

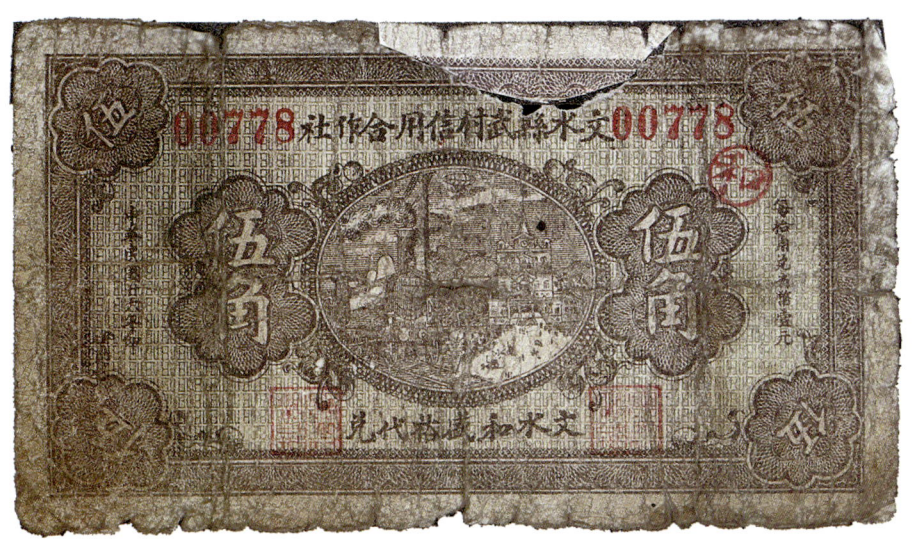

编　　　号：657
票　　　面：文水县武村信用合作社
面　　　额：伍角
票　　　面：印"文水和盛裕代兑"、盖"和"
票面年份：民国二十六年（1937年）
图　　　案：火车、洋楼
图　　　色：棕色
规　　　格：11.6×6.9cm
稀　缺　度：★★★

编　　　号：658
票　　　面：聚和长兑换券
面　　　额：壹角
票面地名：印"文水武村"
票面年份：民国二十六年（1937年）
图　　　案：火车
背　　　面：盖"聚和长记"章、手书"长"
图　　　色：蓝色
规　　　格：10.4×5.7cm
稀　缺　度：★★★★

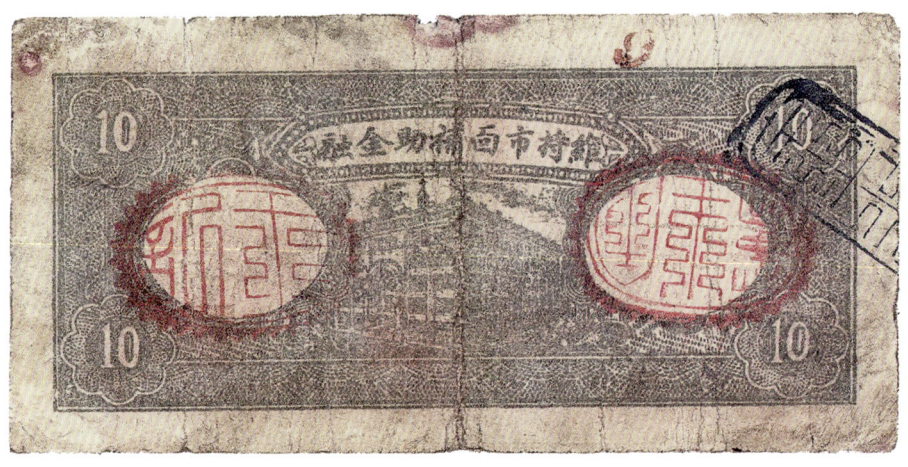

编　　号：659
票　　面：金生丽玉记兑换券
面　　额：壹角
票面地名：印"文水武村"
票面年份：民国二十六年（1937年）
图　　案：火车
背　　面：盖"金生丽玉记"章
图　　色：蓝色
规　　格：11.6×5.9cm
稀缺度：★★★

编　　　号：660
票　　　面：金生丽玉记兑换券
面　　　额：贰角
票面地名：印"文水武村"
票面年份：民国二十六年（1937年）
图　　　案：火车
背　　　面：盖"金生丽玉记"章
图　　　色：蓝色
规　　　格：11.5×5.9cm
稀 缺 度：★★★

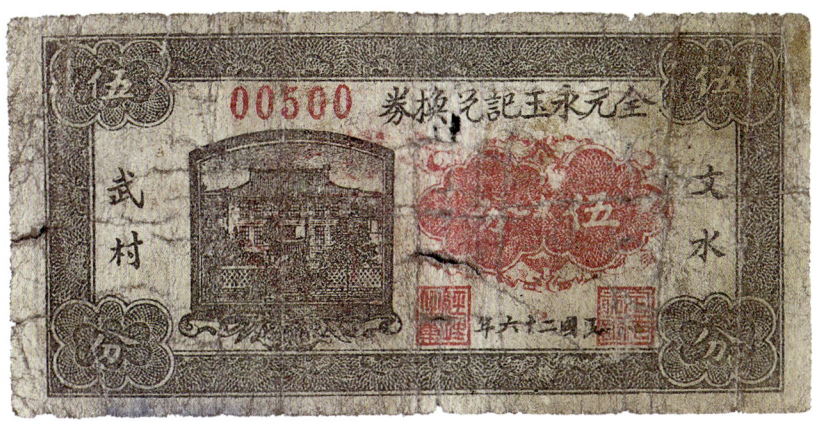

编　　　号：661
票　　　面：全元永玉记兑换券
面　　　额：伍分
票面地名：印"文水武村"
票面年份：民国二十六年（1937年）
图　　　案：楼阁
背　　　面：盖"全元永玉记"章
　　　　　　手书"号"
图　　　色：棕色
规　　　格：10.5×5.4cm
稀　缺　度：★★★★

编　　　号：662
票　　　面：忠良恒记
面　　　额：伍分
票面地名：印"文水县武村"、盖"省"
票面年份：民国二十五年（1936年）
图　　　案：火车
背　　　面：盖"忠良恒记"章
图　　　色：紫色
规　　　格：10.1×5.3cm
稀　缺　度：★★★★

编　　　号：663
票　　　面：忠良恒记
面　　　额：伍角
票面地名：印"文水武村"、盖"水"
票面年份：民国二十六年（1937年）
图　　　案：铁路
背　　　面：盖"忠良恒记"章
图　　　色：绿色
规　　　格：11×6cm
稀　缺　度：★★★★

编　　　号：664
票　　　面：忠良恒记兑换券
面　　　额：叁分
票面地名：印"文水武村"
票面年份：民国二十六年（1937年）
图　　　案：洋楼
图　　　色：绿色
规　　　格：9.3×5.4cm
稀　缺　度：★★★★

编　　　号：665
票　　　面：武村广和裕兑换券
面　　　额：伍分
票面地名：印"文水"
票面年份：民国二十六年（1937年）
图　　　案：轮船
背　　　面：盖"广和裕记"章
图　　　色：绿色
规　　　格：10.4×5.6cm
稀　缺　度：★★★★

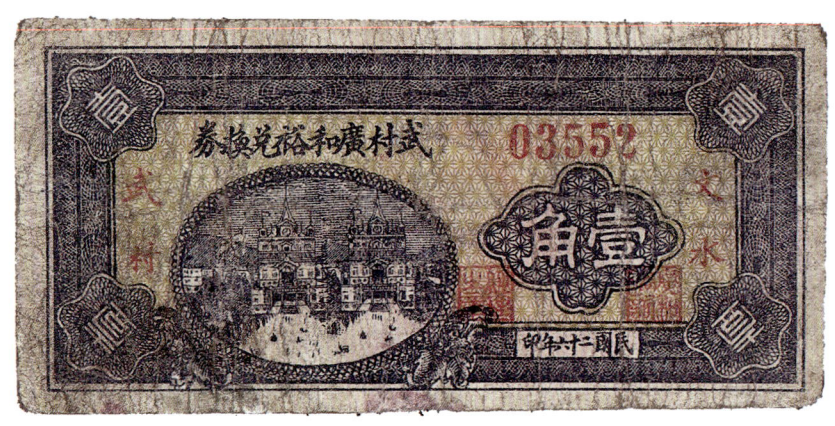

编　　　号：666
票　　　面：武村广和裕兑换券
面　　　额：壹角
票面地名：印"文水武村"
票面年份：民国二十六年（1937年）
图　　　案：洋楼
背　　　面：盖"广和裕记"章
图　　　色：蓝色
规　　　格：10.6×5.3cm
稀缺度：★★★

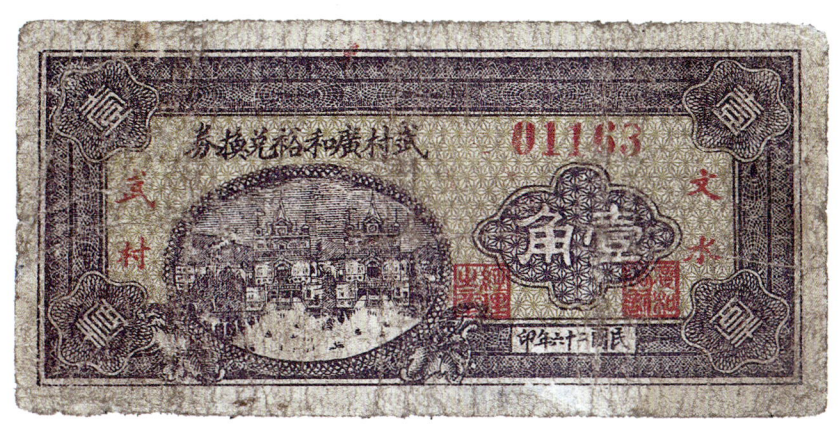

编　　　号：667
票　　　面：武村广和裕兑换券
面　　　额：壹角
票面地名：印"文水武村"
票面年份：民国二十六年（1937年）
图　　　案：洋楼
背　　　面：盖"广和裕记"章
图　　　色：紫色
规　　　格：10.6×5.3cm
稀 缺 度：★★★

编　　　号：668
票　　　面：通义号兑换券
面　　　额：壹角
票面地名：印"文水县西宜亭"
票面年份：民国二十一年（1932年）
图　　　案：火车
印　　　刷：文水文兴书局
图　　　色：紫色
规　　　格：10.7×6.1cm
稀缺度：★★★
　　　注：此券为朱家堡村借发

编　　　号：669
票　　　面：西宜亭村信用合作券
面　　　额：壹角
票面地名：印"文水县"
票面年份：民国二十六年（1937年）
图　　　案：洋楼
图　　　色：紫色
规　　　格：10.8×5.4cm
稀　缺　度：★★★

编　　　号：670
票　　　面：西宜亭村信用合作券
面　　　额：贰角
票面地名：印"文水县"
票面年份：民国二十六年（1937年）
图　　　案：火车
图　　　色：蓝色
规　　　格：11×5.4cm
稀　缺　度：★★★

编　　　号：671
票　　　面：天良亨兑换券
面　　　额：壹角
票面地名：印"文水县西宜亭村"
票面年份：民国二十六年（1937年）
图　　　案：楼阁
图　　　色：蓝色
规　　　格：10.9×5.5cm
稀 缺 度：★★★★

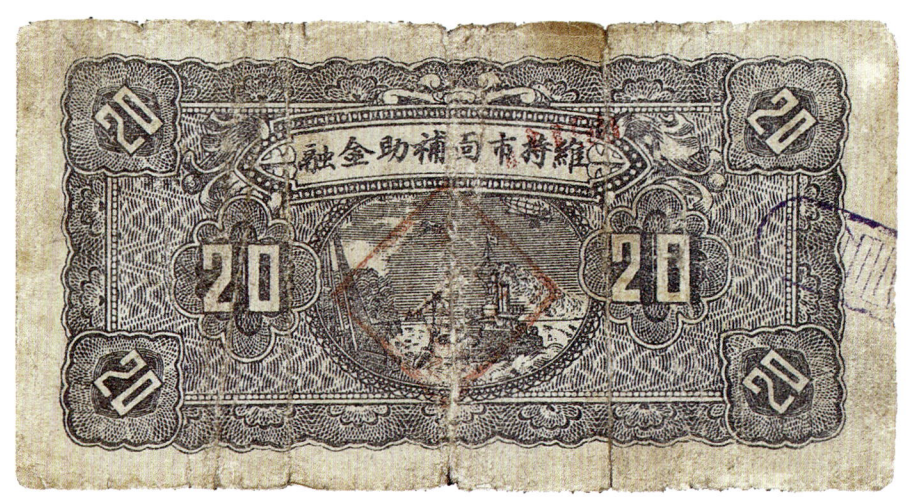

编　　　号：672
票　　　面：天良亨兑换券
面　　　额：贰角
票面地名：印"文水县西宜亭村"
票面年份：民国二十六年（1937年）
图　　　案：洋楼
背　　　面：盖"天良亨记"章
图　　　色：蓝色
规　　　格：11.5×6.3cm
稀 缺 度：★★★★

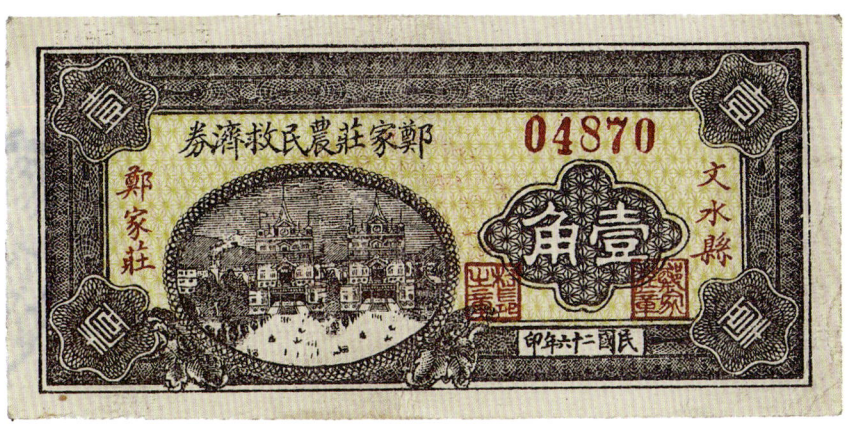

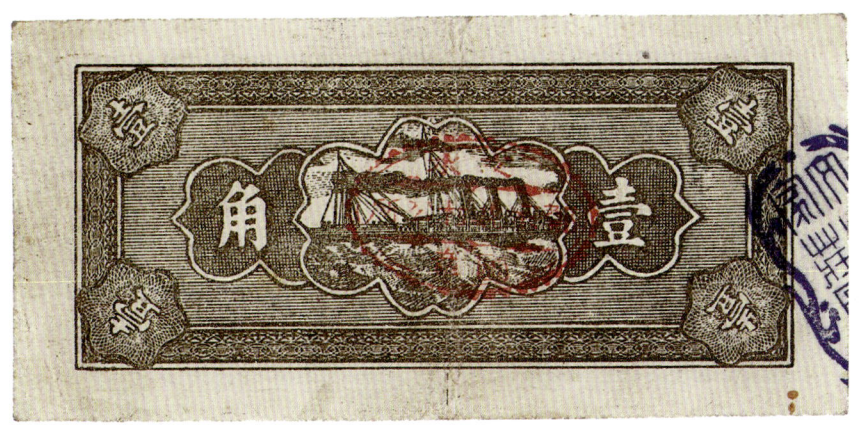

编　　　号：673
票　　　面：郑家庄农民救济券
面　　　额：壹角
票面地名：印"文水县郑家庄"
票面年份：民国二十六年（1937年）
图　　　案：洋楼
背　　　面：盖"文水县郑家庄村公所图章"章
图　　　色：蓝色
规　　　格：10.9×5.4cm
稀 缺 度：★★★

编　　　号：674
票　　　面：郑家庄农民救济券
面　　　额：贰角
票面地名：印"文水县郑家庄"
票面年份：民国二十六年（1937年）
图　　　案：火车
背　　　面：盖"文水县郑家庄村公所图章"章
图　　　色：紫色
规　　　格：11.2×5.5cm
稀　缺　度：★★★

编　　　号：675
票　　　面：仁义信兑换券
面　　　额：贰角
票面地名：盖"文水县郑家庄"
票面年份：民国二十六年（1937年）
图　　　案：火车
背　　　面：盖"文水县郑家庄图记"章
图　　　色：紫色
规　　　格：11×5.5cm
稀　缺　度：★★★

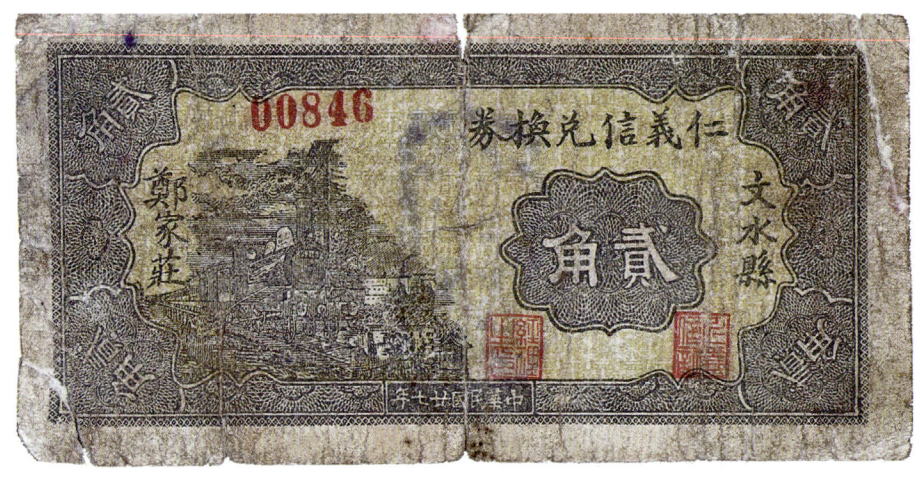

编　　号：676
票　　面：仁义信兑换券
面　　额：贰角
票面地名：印"文水县郑家庄"
票面年份：民国二十七年（1938年）
图　　案：火车
背　　面：盖"文水县郑家庄图记"章
图　　色：蓝色
规　　格：11.7×6cm
稀缺度：★★★

十二、文水县其他村发行的纸币；

文水县乡镇、村境变更：一九五四年，将文水的原东、原西、固邑、里村、思贤、苗家堡、马家堡划归祁县。将大陵庄划归交城。将韩武、韩武堡、冀家堡划归清徐县。一九五六年将平遥县门世划归文水，将祁县炮守堡、上段、段村、新堡划归文水，同年将文水小徐家镇划归平遥县。一九五九年，将文水西石候划归交城县，将交城的庄头、苏家岩划归文水。一九七一年，将汾阳的苍儿会公社和冀村公社的百金堡、西槽头、东槽头、裴会、王家社、阎家社、狄家社、尹家社八个村划归文水。

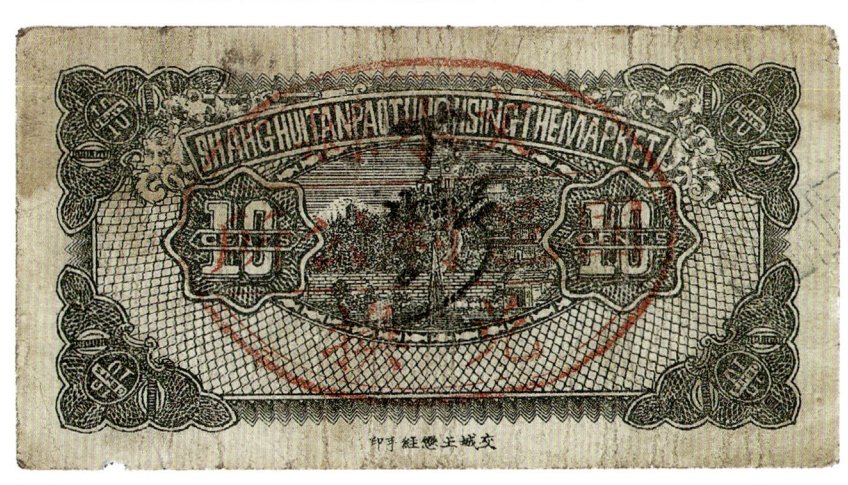

编　　号：	677	印　　刷：	票面印"敦化印刷社"
票　　面：	交城利增祥兑换券	背　　面：	印"交城王懋经手印"
面　　额：	壹角	图　　色：	蓝色
票面地名：	盖"固邑村借发"	规　　格：	10.7×5.9cm
票面年份：	民国二十一年（1932年）	稀缺度：	★★★
图　　案：	房屋	注：	此券为文水县固邑村向交城东关利增祥加盖借发，属于跨县间的借发。
背　　面：	盖"文水县固邑村公所兑换"章、手书"下"		

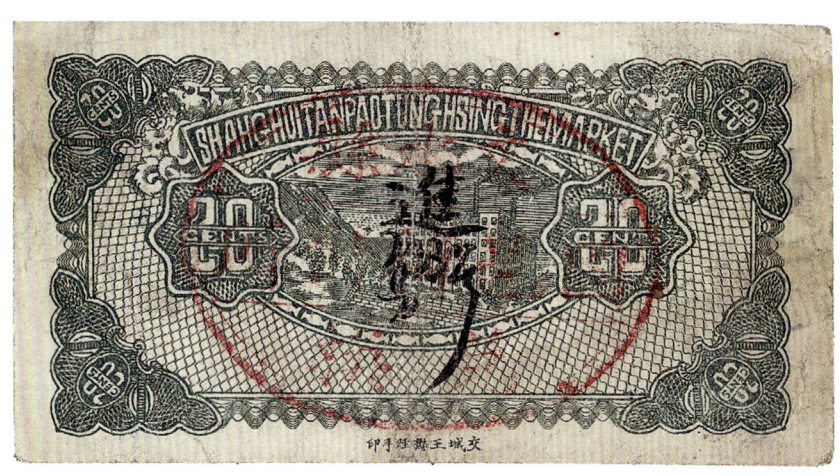

编　　　号：678
票　　　面：交城利增祥兑换券
面　　　额：贰角
票面地名：盖"固邑村借发"
票面年份：民国二十一年（1932年）
图　　　案：楼阁
背　　　面：盖"文水县固邑村公所兑换"章；手书"进"
印　　　刷：票面印"敦化印刷社"
背　　　面：印"交城王懋经手印"
图　　　色：蓝色
规　　　格：10.7×5.9cm
稀缺度：★★★
注：此券为文水县固邑村向交城东关利增祥加盖借发，属于跨县间的借发。

编　　号：679
票　　面：裕宏粮庄兑换券
面　　额：伍分
票面地名：印"文水县东固邑乡"、盖"固邑村借发"
票面年份：民国二十一年（1932年）
图　　案：楼阁
背　　面：盖"农田壹亩担保壹圆"章
印　　刷：祁邑文和石印局
图　　色：蓝色
规　　格：9.4×6.1cm
稀　缺　度：★★★★
注：此券为固邑村向东固邑乡裕宏粮庄加盖借发，属于跨村间借发。

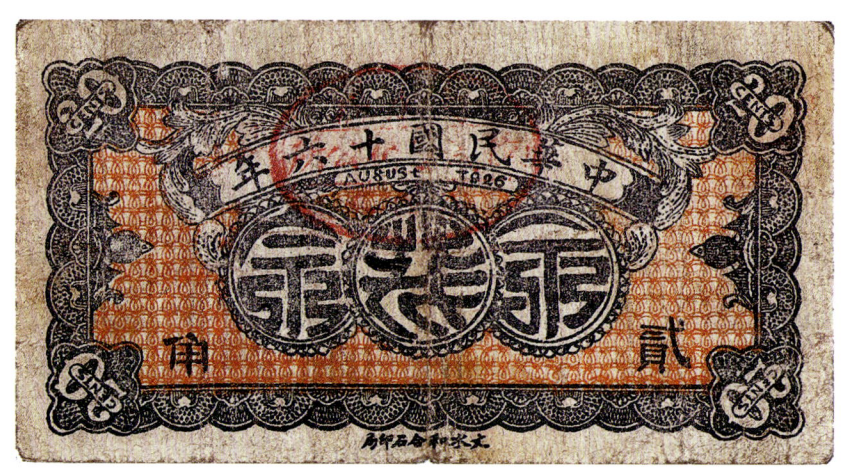

编　　号：680
票　　面：韩武堡（永茂泉）兑换券
面　　额：贰角
票面地名：盖"文水韩武堡"、"山"
票面年份：民国十六年（1927年）
图　　案：火车
印　　刷：文水和合石印局
图　　色：紫色
规　　格：10.7×5.9cm
稀 缺 度：★★★
　　　注：此券为韩武堡村向石侯村永茂泉加盖借发，属于跨村间借发。

编　　　号：681
票　　　面：文水福德源兑换券
面　　　额：壹角
票面地名：印"里村"
票面年份：民国十六年（1927年）
图　　　案：楼阁
图　　　色：蓝色
规　　　格：10.6×6cm
稀　缺　度：★★★
　　　　注：此券为南胡家堡村加盖借发

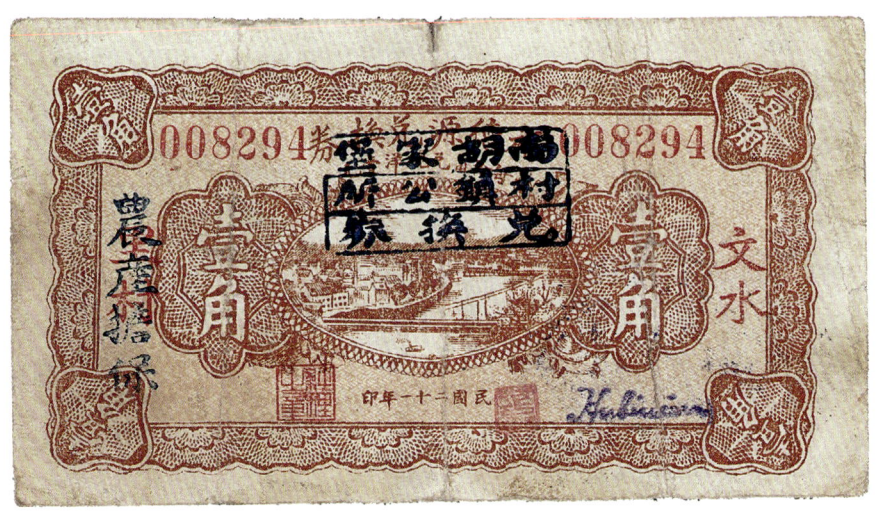

编　　　号：682
票　　　面：福德源兑换券
面　　　额：壹角
票面地名：印"文水里村"
票面年份：民国二十一年（1932年）
图　　　案：村景
印　　　刷：太原文华印刷厂
图　　　色：棕色
规　　　格：11.2×6.5cm
稀缺度：★★★
　　　注：此券为南胡家堡村加盖借发

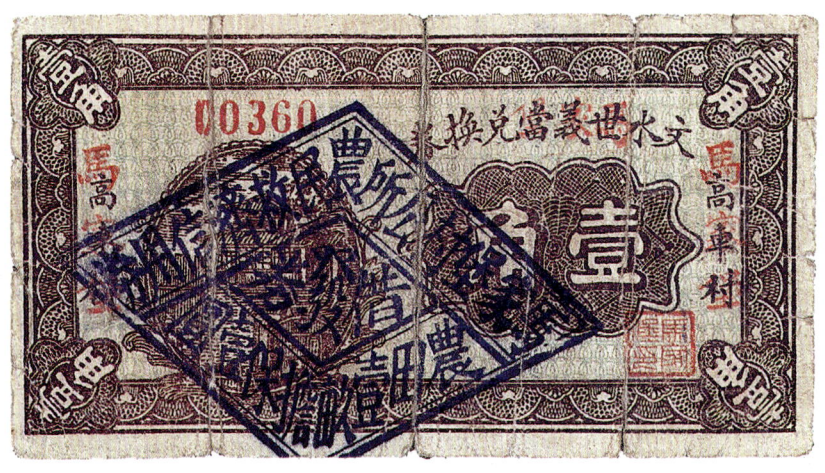

编　　号：683
票　　面：文水马家堡（世义当）兑换券
面　　额：壹角
票面地名：盖"马家堡村公所农民救济信用券借发券"章
票面年份：民国十五年（1926年）
图　　案：房屋
印　　刷：文水和合石印局
图　　色：紫色
规　　格：10.5×5.9cm
稀 缺 度：★★★★
注：此券为马家堡村向高车村世义当加盖借发，属于跨村间借发。

编　　号：**684**
票　　面：文水马家堡（世义当）兑换券
面　　额：伍角
票面地名：盖"马家堡村公所农民救济信用券借发券"章
票面年份：民国十五年（1926年）
图　　案：楼房
印　　刷：文水和合石印局
图　　色：蓝色
规　　格：11.8×6.3cm
稀 缺 度：★★★★
注：此券为马家堡村向高车村世义当加盖借发，属于跨村间借发。

编　　　号：685
票　　　面：文水苗家堡村公所发
面　　　额：壹角
票面年份：民国二十六年（1937年）
图　　　案：西洋塔楼
背　　　面：盖"文邑苗家堡图章"章
图　　　色：蓝色
规　　　格：11.6×6.3cm
稀　缺　度：★★★

编　　号：686
票　　面：文水苗家堡村公所发
面　　额：贰角
票面年份：民国二十六年（1937年）
图　　案：洋楼
背　　面：盖"文邑苗家堡图章"章
图　　色：棕色
规　　格：11.6×6.4cm
稀 缺 度：★★★

编　　　号：687
票　　　面：文水苗家堡村公所发
面　　　额：伍角
票面年份：民国二十六年（1937年）
图　　　案：火车
背　　　面：盖"文邑苗家堡图章"章
图　　　色：蓝色
规　　　格：11.6×5.9cm
稀　缺　度：★★★

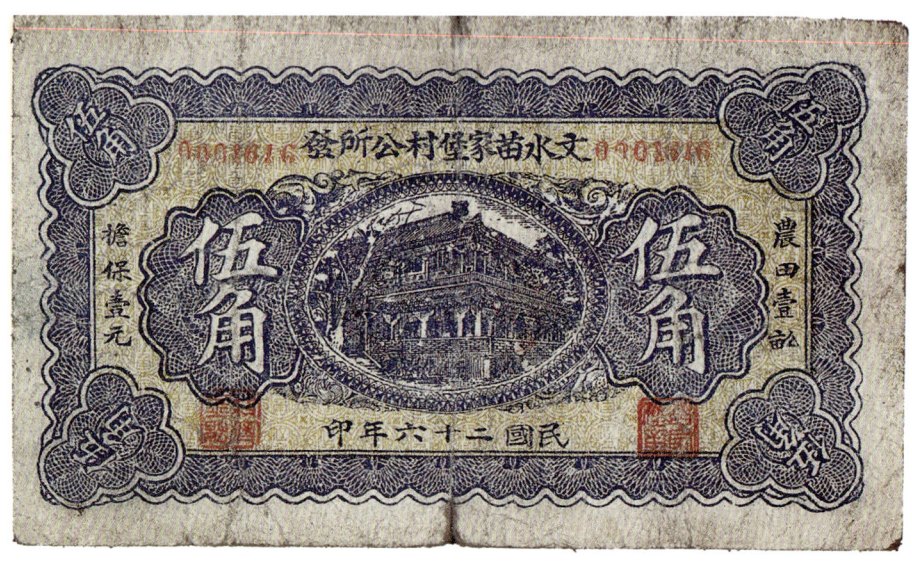

编　　　号：688
票　　　面：文水苗家堡村公所发
面　　　额：伍角
票面年份：民国二十六年（1937年）
图　　　案：古楼
背　　　面：盖"苗家堡记"章、手书"寒"
图　　　色：蓝色
规　　　格：11.7×7.1cm
稀　缺　度：★★★

编　　　号：689
票　　　面：文水思贤村和合春
面　　　额：壹角
票面年份：民国二十二年（1933年）
图　　　案：楼阁
图　　　色：棕色
规　　　格：10.7×6.1cm
稀　缺　度：★★★

编　　号：690	**印　　刷**：文水和合石印局
票　　面：文水思贤村兑换券	**图　　色**：紫色
面　　额：壹角	**规　　格**：10.8×5.8cm
票面地名：盖"文水思贤村信用合作社图记"章、盖"广"、"穷"	**稀缺度**：★★★
票面年份：民国二十七年（1938年）	**注**：此券为思贤村向原西村汇川账庄加盖借发，属于跨村间借发。
图　　案：楼阁	

编　　号：691
票　　面：文水思贤村兑换券
面　　额：贰角
票面地名：盖"思贤村"章、盖"达"、"川"
票面年份：民国二十七年（1938年）
图　　案：楼阁
印　　刷：文水和合石印局
背　　面：盖"文水思贤村信用合作社图记"章
图　　色：蓝色
规　　格：10.8×5.8cm
稀缺度：★★★
注：此券为思贤村向原西村汇川账庄加盖借发，属于跨村间借发。

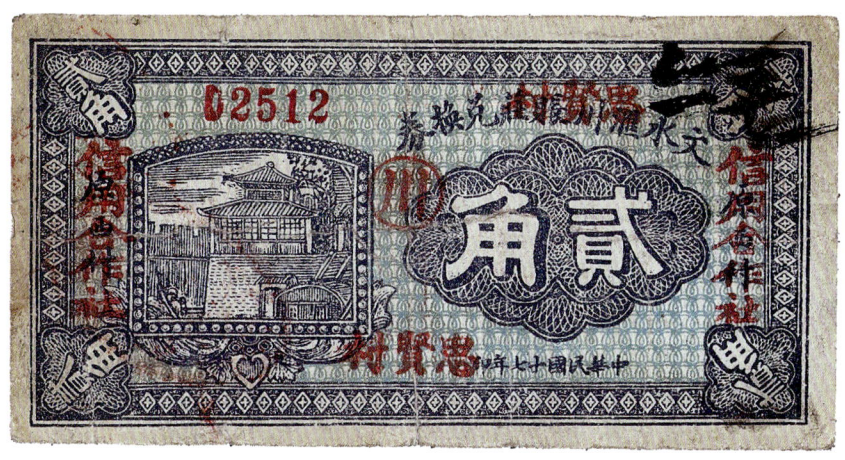

编　　　号：692
票　　　面：文水思贤村兑换券
面　　　额：伍角
票面地名：盖"思贤村"章、盖"广"
票面年份：民国二十七年（1938年）
图　　　案：楼阁
印　　　刷：文水和合石印局
背　　　面：盖"文水思贤村信用合作社图记"章
图　　　色：蓝色
规　　　格：11.6×6.3cm
稀缺度：★★★
注：此券为思贤村向原西村汇川账庄加盖借发，属于跨村间借发。

编　　　号：693
票　　　面：文水原东镇维持金融券
面　　　额：壹角
票面地名：印"文水县原东镇"
票面年份：民国二十六年（1937年）
图　　　案：火车
背　　　面：盖"文水原东镇公所图记"章
图　　　色：蓝色
规　　　格：10.7×5.5cm
稀　缺　度：★★★★

编　　　号：694
票　　　面：文水原东镇维持金融券
面　　　额：伍角
票面地名：印"文水县原东镇"
票面年份：民国二十六年（1937年）
图　　　案：火车
背　　　面：盖"文水原东镇图记"章
图　　　色：蓝色
规　　　格：11.5×5.8cm
稀 缺 度：★★★★

编　　　号：695
票　　　面：德馨原兑换券
面　　　额：叁分
票面地名：印"文水县原东镇"
票面年份：民国二十三年（1934年）
图　　　案：楼阁
图　　　色：绿色
背　　　面：无图
规　　　格：9.9×5.3cm
稀　缺　度：★★★★

编　　　号：696
票　　　面：世合昌兑换券
面　　　额：伍分
票面地名：印"文水县原东镇"
票面年份：民国二十二年（1933年）
图　　　案：西洋塔楼
图　　　色：棕色
规　　　格：9.5×5.7cm
稀　缺　度：★★★★

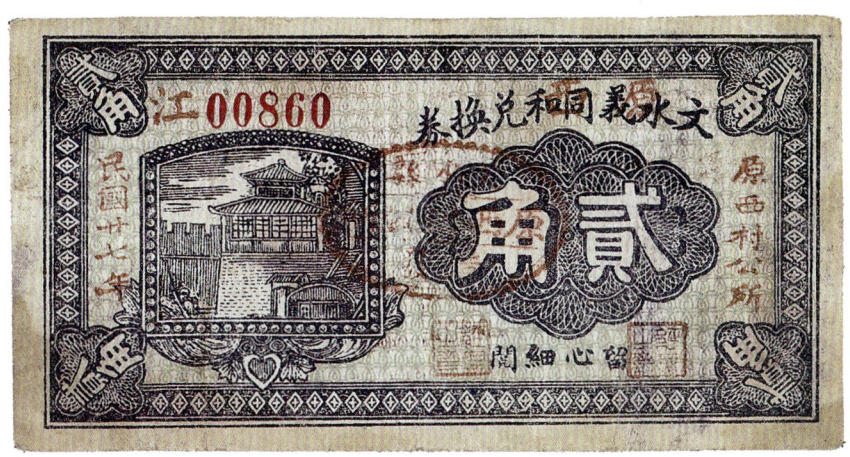

编　　号：**697**
票　　面：文水原西（义同和）兑换券
面　　额：贰角
票面地名：盖"原西村公所"
票面年份：民国二十七年（1938年）
图　　案：楼阁
印　　刷：文水和合石印局
图　　色：蓝色
规　　格：10.9×5.8cm
稀 缺 度：★★★

编　　　号：698
票　　　面：文水汇川账庄兑换券
面　　　额：壹角
票面地名：印"原西村"
票面年份：民国十七年（1928年）
图　　　案：楼阁

印　　　刷：文水和合石印局
图　　　色：紫色
规　　　格：10.8×5.8cm
稀　缺　度：★★★
注：此券为思贤村加盖借发

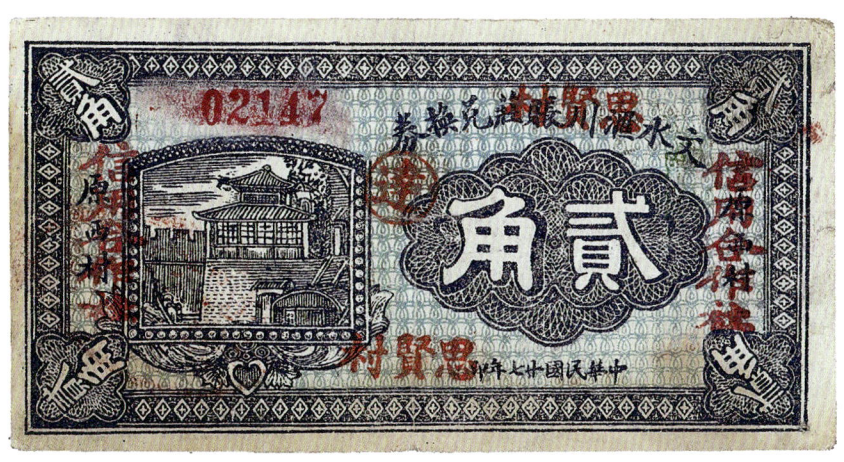

编　　号：699
票　　面：文水汇川账庄兑换券
面　　额：贰角
票面地名：印"原西村"
票面年份：民国十七年（1928年）
图　　案：楼阁
印　　刷：文水和合石印局
图　　色：蓝色
规　　格：10.8×5.8cm
稀 缺 度：★★★
　　　注：此券为思贤村加盖借发

编　　号：700
票　　面：文水汇川账庄兑换券
面　　额：伍角
票面地名：印"原西村"
票面年份：民国十七年（1928年）
图　　案：楼阁
印　　刷：文水和合石印局
图　　色：蓝色
规　　格：11.6×6.3cm
稀 缺 度：★★★
　　　注：此券为思贤村加盖借发。

编　　　号：701
票　　　面：晋义源兑换券
面　　　额：贰分
票面地名：印"文水"
票面年份：民国十七年（1928年）
图　　　案：楼阁
背　　　面：手书"长"
图　　　色：绿色
规　　　格：10.2×5.4cm
稀缺度：★★★

索 引

第一部分：山西省银行发行在文水县流通的纸币 …………… 1
- 001 山西省银行（壹角，民国19年）
- 002 山西省银行（贰角，民国19年）
- 003 山西省银行（壹圆，民国19年）

第二部分：文水县政权发行的纸币 ……………… 5

一、文水县银号兑换券 ……………………………… 5
- 004 文水县银号兑换券（壹角，民国23年）
- 005 文水县银号兑换券（贰角，民国23年）
- 006 文水县银号兑换券（壹圆，民国23年）
- 007 文水县银号兑换券（壹角，民国24年）
- 008 文水县银号兑换券（贰角，民国24年）
- 009 文水县银号兑换券（壹角，财务局 民国23年）
- 010 文水县银号兑换券（贰角，财务局 民国23年）
- 011 文水县银号兑换券（壹圆，财务局 民国23年）
- 012 文水县银号兑换券（壹角，财务局 民国24年）
- 013 文水县银号兑换券（贰角，财务局 民国24年）
- 014 文水县银号兑换券（壹角，合聚永 民国24年）
- 015 文水县银号兑换券（壹圆，合聚永 民国23年）

二、财政局维持金融券 ……………………………… 18
- 016 财政局维持金融券（壹角，民国26年）
- 017 财政局维持金融券（贰角，民国26年）
- 018 财政局维持金融券（壹圆，窄形 民国26年）
- 019 财政局维持金融券（壹圆，宽形 民国26年）

三、文水县农村经济维持会 ………………………… 24
- 020 文水县农村经济维持会（壹角，民国21年）
- 021 文水县农村经济维持会（贰角，民国21年）
- 022 文水县农村经济维持会（壹角，钜源泰 民国21年）
- 023 文水县农村经济维持会（贰角，钜源泰 民国21年）
- 024 文水县农村经济维持会（壹圆，钜源泰 民国21年）
- 025 文水县农村经济维持会（壹角，长慎和 民国21年）
- 026 文水县农村经济维持会（伍角，长慎和 民国21年）
- 027 文水县农村经济维持会（壹圆，长慎和 民国21年）
- 028 文水县农村经济维持会（壹角，兴华银号 民国21年）
- 029 文水县农村经济维持会（伍角，兴华银号 民国21年）
- 030 文水县农村经济维持会（壹圆，兴华银号 民国21年）
- 031 文水县农村经济维持会（壹角，文水农工 民国21年）
- 032 文水县农村经济维持会（贰角，文水农工 民国21年）
- 033 文水县农村经济维持会（伍角，文水农工 民国21年）
- 034 文水县农村经济维持会（壹圆，文水农工 民国21年）
- 035 文水县农村经济维持会（壹角，兴泰花栈 民国21年）
- 036 文水县农村经济维持会（壹角，信源永 民国21年）
- 037 文水县农村经济维持会（贰角，瑞和银号 民国21年）
- 038 文水县农村经济维持会（贰角，德和公 民国21年）
- 039 文水县农村经济维持会（伍角，保兴号 民国21年）
- 040 文水县农村经济维持会（伍角，乾一钰 民国21年）

四、文水农工银行 …………………………………… 45
- 041 文水农工银行（铜元拾枚）
- 042 文水农工银行（铜元伍拾枚）
- 043 文水农工银行（壹圆，民国13年）
- 044 文水农工银行（壹圆，民国27年）

五、文水县信用合作社 ………………………………
- 045 文水县北安庄村信用合作社（壹角，民国24年）
- 046 文水县北安庄村信用合作社（贰角，民国24年）
- 047 文水县北胡家堡信用合作社（伍分，民国24年）
- 048 文水县北胡家堡信用合作社（壹角，民国24年）
- 049 文水县北胡家堡信用合作社（贰角，民国24年）
- 050 文水县北胡家堡村信用合作社（伍分，民国24年）
- 051 文水县堡子村信用合作社（伍分，民国24年）
- 052 文水县堡子村信用合作社（壹角，民国24年）
- 053 文水县堡子村信用合作社（贰角，民国24年）
- 054 文水县东宜亭村信用合作社（伍分，民国24年）
- 055 文水县东宜亭村信用合作社（壹角，民国24年）
- 056 文水县东宜亭村信用合作社（贰角，民国24年）
- 057 文水县乐村信用合作社（伍分，民国24年）
- 058 文水县乐村信用合作社（壹角，民国24年）
- 059 文水县乐村信用合作社（贰角，民国24年）
- 060 文水县韩村信用合作社（伍分，民国24年）
- 061 文水县韩村信用合作社（壹角，民国24年）
- 062 文水县韩村信用合作社（贰角，民国24年）
- 063 文水县马村信用合作社（伍分，民国24年）
- 064 文水县马村信用合作社（壹角，民国24年）
- 065 文水县马村信用合作社（贰角，民国24年）
- 066 文水县马村信用合作社（伍分，民国24年）
- 067 文水县马东村信用合作社（伍分，民国24年）
- 068 文水县马东村信用合作社（壹角，民国24年）
- 069 文水县南庄镇村信用合作社（伍分，民国24年）
- 070 文水县南庄镇村信用合作社（壹角，民国24年）
- 071 文水县南庄镇村信用合作社（贰角，民国24年）
- 072 文水县南武度村信用合作社（伍分，民国24年）
- 073 文水县南武度村信用合作社（壹角，民国24年）
- 074 文水县南武度村信用合作社（贰角，民国24年）
- 075 文水县南武度村信用合作社（伍分，民国24年）
- 076 文水县南安村信用合作社（伍分，民国24年）
- 077 文水县南安村信用合作社（壹角，民国24年）
- 078 文水县南安村信用合作社（贰角，民国24年）
- 079 文水县南安村信用合作社（伍分，民国24年）
- 080 文水县南关村信用合作社（贰角，民国24年）
- 081 文水县私评村信用合作社（贰角，民国24年）
- 082 文水县桑村信用合作社（伍分，民国24年）
- 083 文水县桑村信用合作社（壹角，民国24年）
- 084 文水县武家寨村信用合作社（伍分，民国24年）
- 085 文水县武家寨村信用合作社（壹角，民国24年）
- 086 文水县武家寨村信用合作社（贰角，民国24年）
- 087 文水县信贤村信用合作社（伍分，民国24年）

文水县信贤村信用合作社（壹角，民国24年）
文水县西宜亭村信用合作社（伍分，民国24年）
文水县西宜亭村信用合作社（壹角，民国24年）
文水县西宜亭村信用合作社（贰角，民国24年）
文水县西社镇村信用合作社（伍分，民国24年）
文水县西社镇村信用合作社（壹角，民国24年）
文水县温云村信用合作社（壹角，民国24年）
文水县温云村信用合作社（贰角，民国24年）
文水县温云村信用合作社（伍角，民国24年）
文水县岳村信用合作社（伍分，民国24年）
文水县岳村信用合作社（壹角，民国24年）
文水县岳村信用合作社（贰角，民国24年）
文水县杨家寨村信用合作社（伍分，民国24年）
文水县杨家寨村信用合作社（壹角，民国24年）
文水县杨家寨村信用合作社（贰角，民国24年）

第三部分：文水县地方银号、商号发行的纸币 **107**

文水商业公会 **108**
　文水商业公会兑换券（叁分，民国21年）
　文水商业公会兑换券（壹角，民国21年）
　文水县商业兑换券（贰角，民国21年）

文水县酒业公会（民国22年）................ **111**
　文水县酒业公会兑换券（壹角，北胡家堡晋源泉）
　文水县酒业公会兑换券（贰角，北胡家堡晋源泉）
　文水县酒业公会兑换券（伍角，北胡家堡晋源泉）
　文水县酒业公会兑换券（壹角，南关永泉长）
　文水县酒业公会兑换券（贰角，南关永泉长）
　文水县酒业公会兑换券（伍角，里村宝庆泉）
　文水县酒业公会兑换券（壹角，孝义镇丰源裕）
　文水县酒业公会兑换券（贰角，孝义镇丰源裕）
　文水县酒业公会兑换券（壹圆，孝义镇丰源裕）
　文水县酒业公会兑换券（壹角，孝义镇广顺源）
　文水县酒业公会兑换券（贰角，孝义镇广顺源）
　文水县酒业公会兑换券（壹圆，孝义镇广顺源）
　文水县酒业公会兑换券（壹角，石侯镇义源通）
　文水县酒业公会兑换券（贰角，石侯镇义源通）
　文水县酒业公会兑换券（壹圆，石侯镇义源通）

文水裕商银号 **126**
　文水裕商银号（壹百枚）
　文水裕商银号兑换券（叁角，民国15年）
　文水裕商银号兑换券（伍角，民国15年）
　文水裕商银号兑换券（伍角，民国17年）

文水兴华银号 **133**
　文水兴华兑换券（壹百枚）
　文水兴华银号兑换券（伍角，民国16年）
　文水兴华银号（壹角，民国21年）

协成久银号 **136**
　协成久银号（铜元壹百枚）

六、文水天盛永银号 137
129　文水天盛永银号（铜元壹百枚）

七、文水信义亨银号 138
130　文水信义亨银号（铜元贰拾枚）
131　文水信义亨银号（铜元壹百枚）
132　文水信义亨兑换券（贰角，民国17年）
133　文水信义亨银号（伍角，民国17年）

八、文水万生利钱庄 142
134　文水万生利钱庄（铜元伍拾枚，民国14年）

九、汇源银号 143
135　汇源银号（壹角，民国20年）
136　汇源银号（壹圆，民国20年）
137　文水汇源号（铜元贰拾枚）

十、文水义同和兑换券 146
138　文水义同和兑换券（贰角，民国17年）
139　文水义同和兑换券（伍角，民国17年）

十一、钜兴当 148
140　钜兴当（壹角，民国23年）
141　钜兴当（壹圆，民国23年）

十二、裕同泰记 150
142　裕同泰记（铜元壹百枚）

十三、合聚永钱庄 151
143　合聚永兑换券（壹百枚）
144　文水县银号兑换券（壹角，合聚永　民国24年）
145　文水县银号兑换券（壹圆，合聚永　民国23年）

第四部分：文水县抗日政府发行的纸币；............ **154**
146　文水地方金融流通券（壹角，民国27年）
147　文水地方金融流通券（贰角，民国27年）
148　文水地方金融流通券（壹圆，民国27年）

第五部分：文水县各个乡镇、村发行的纸币；........ **158**
一、凤城镇（原城关镇）...................... 159
149　天顺义兑换券（伍分，北街　民国18年）
150　晋一允兑换券（叁分，大北街　民国21年）
151　文水县堡子村维持金融券（壹角，民国25年）
152　文水县堡子村维持金融券（贰角，民国25年）
153　文水县堡子村维持金融券（伍角，民国25年）
154　裕隆实业商行（伍分，堡子村　民国26年）
155　半峪四村维持金融券（壹角，民国26年）
156　半峪四村维持金融券（贰角，民国26年）
157　半峪四村维持金融券（伍角，民国26年）
158　北关金融维持券（伍分，北关　民国26年）
159　文水县北关金融维持券（壹角，民国26年）
160　文水县北关金融维持券（贰角，民国26年）
161　永达允桐记兑换券（伍分，北关　民国26年）
162　永达允桐记兑换券（壹角，北关　民国26年）
163　晋生裕兑换券（壹角，城内　民国25年）
164　文水东街德和永兑换券（铜元叁枚，民国15年）

165	文水东街德和永兑换券（铜元伍枚，民国15年）	212	德和泰兑换券（叁分，南街 民国17年）
166	瑞山玉义记（叁分，东街 民国21年）	213	德和泰兑换券（伍分，南街 民国17年）
167	意兴隆兑换券（贰分，东旧城村 民国22年）	214	天利和长记（壹角，南街 民国22年）
168	意兴隆兑换券（叁分，东旧城村 民国22年）	215	天遇心记（伍分，南关 民国25年）
169	文水永义新（壹角，东旧城村 民国25年）	216	自成永兑换券（伍分，南关 民国26年）
170	永义新兑换券（贰角，东旧城村 民国25年）	217	兴盛公兑换券（壹角，南关 民国26年）
171	文水德兴茂记（壹角，东旧城村 民国25年）	218	文水南关救济金融券（壹角，南关 民国26年）
172	文水东旧城村维持金融券（壹角，民国26年）	219	文水南关救济金融券（壹角，南关五盛长记）
173	文水东旧城村维持金融券（贰角，民国26年）	220	文水桑村金融兑换券（壹角，民国25年）
174	文水东旧城村维持金融券（伍角，民国26年）	221	文水桑村金融兑换券（贰角，民国25年）
175	宝庆瑞（铜元壹百枚，大城南村）	222	裕成厚兑换券（壹角，桑村 民国26年）
176	四盛堂兑换券（伍分，大城南村 民国25年）	223	文水义生庆（铜元壹百枚，武午村）
177	山泰魁维持金融券（贰角，大城南村 民国26年）	224	文水武午村金融兑换券（壹角，民国26年）
178	大城南村金融兑换券（壹角，大城南村 民国26年）	225	文水武午村金融兑换券（贰角，民国26年）
179	大城南村金融兑换券（贰角，火车，民国26年）	226	文水武午村金融兑换券（伍角，民国26年）
180	大城南村金融兑换券（贰角，楼房，民国26年）	227	庆长久兑换券（贰分，西街 民国17年）
181	靛头五村维持金融券（壹角，民国26年）	228	文水西街庆长久兑换券（伍分，民国17年）
182	靛头五村维持金融券（贰角，民国26年）	229	协同心兑换券（伍拾文，西旧城村）
183	靛头五村维持金融券（伍角，民国26年）	230	协同心兑换券（捌拾文，西旧城村）
184	方圆村维持金融券（壹角，民国26年）	231	岳村救济兑换券（壹角，民国26年）
185	方圆村维持金融券（贰角，民国26年）	232	岳村救济兑换券（贰角，民国26年）
186	长顺源兑换券（壹角，方圆村 民国26年）	233	岳村救济兑换券（伍角，民国26年）
187	长顺源兑换券（伍角，方圆村 民国26年）	234	宜儿村维持金融券（壹角，民国25年）
188	保和成维持金融券（伍分，方圆村 民国26年）	235	宜儿村维持金融券（贰角，民国25年）
189	保和成维持金融券（壹角，方圆村 民国26年）	236	义和盛茂记兑换券（贰分，宜儿村 民国18年）
190	冀周村信用合作券（壹角，民国26年）	237	义和盛茂记兑换券（贰角，宜儿村 民国17年）
191	冀周村信用合作券（贰角，民国26年）	238	章多村信用合作社兑换券（贰角，民国24年）
192	冀周村信用合作券（伍角，民国26年）	239	章多村信用合作社兑换券（伍角，民国24年）
193	复兴恒记（贰角，旧城庄 民国26年）	240	长顺源兑换券（壹角，章多村 民国26年）
194	韩村信用合作券（伍角，民国26年）	241	长顺源兑换券（贰角，章多村 民国26年）
195	文水义记兑换券（壹角，龙泉 民国18年）	242	长顺源兑换券（伍角，章多村 民国26年）
196	文水义记兑换券（贰角，龙泉 民国18年）	243	永源长兑换券（壹角，章多村 民国27年）
197	西龙泉村永和长兑换券（伍分，民国26年）	244	永源长兑换券（贰角，章多村 民国27年）
198	文水里洪村维持金融券（壹角，民国25年）	二、开栅镇
199	文水里洪村维持金融券（贰角，民国25年）	245	三盛永兑换券（壹角，开栅镇 民国23年）
200	文水里洪村维持金融券（伍角，民国25年）	246	自积成兑换券（贰角，开栅镇）
201	公义信兑换券（叁分，里洪村 民国25年）	247	北徐村金融兑换券（壹角，北徐村 民国25年）
202	公义信兑换券（伍分，里洪村 民国25年）	248	宝峰义信用兑换券（壹角，北徐村 民国26年）
203	谦和裕兑换券（贰分，里洪村 民国25年）	249	宝峰义信用兑换券（贰角，北徐村 民国26年）
204	义生源信用兑换券（壹角，里洪村 民国26年）	250	双合意信用兑换券（壹角，北徐村 民国26年）
205	义生源信用兑换券（贰角，里洪村 民国26年）	251	双合意信用兑换券（贰角，北徐村 民国26年）
206	文水南峪口维持金融券（壹角，民国26年）	252	北峪口村维持金融券（壹角，民国26年）
207	文水南峪口维持金融券（贰角，民国26年）	253	北峪口村维持金融券（贰角，民国26年）
208	文水南峪口维持金融券（伍角，民国26年）	254	德盛长兑换券（贰分，武陵乡 民国21年）
209	南徐村金融合作兑换券（壹角，民国26年）	255	德盛长兑换券（叁分，武陵乡 民国21年）
210	南徐村金融合作兑换券（贰角，民国26年）	256	德盛长兑换券（伍分，武陵乡 民国21年）
211	德和泰兑换券（贰分，南街 民国17年）	257	武陵村公所维持金融券（壹角，民国26年）

268	武陵村公所维持金融券（贰角，民国26年）		四、马西乡 ………………………………………… 322	
269	文倚村公所金融兑换券（伍分，民国26年）	304	文水赤峪村维持金融券（贰角，民国26年）	
260	文倚村公所金融兑换券（壹角，民国26年）	305	文水河西村维持金融券（壹角，民国26年）	
261	文倚村公所金融兑换券（贰角，民国26年）	306	文水河西村维持金融券（贰角，民国26年）	
262	德合全兑换券（柒拾文，文倚村 民国15年）	307	文水河西村维持金融券（伍角，民国26年）	
263	西盛永兑换券（贰角，西峪口村 民国25年）	308	康家庄村金融兑换券（壹角，民国26年）	
264	中舍村维持金融券（壹角，民国25年）	309	康家庄村金融兑换券（贰角，民国26年）	
265	中舍村维持金融券（贰角，民国25年）	310	康家庄村金融兑换券（伍角，民国26年）	
三、孝义镇 ………………………………………… 282		311	德聚兴兑换券（贰角，马西村 民国26年）	
266	文水孝义镇辅助金融券（壹角，民国26年）	312	义成涌兑换券（壹角，马西村 民国25年）	
267	文水孝义镇辅助金融券（贰角，民国26年）	313	文水马西村维持金融券（壹角，民国26年）	
268	文水孝义镇辅助金融券（伍角，民国26年）	314	文水马西村维持金融券（贰角，民国26年）	
269	文水北武度村金融救济券（贰角，民国26年）	315	马西村维持金融券（伍角，民国26年）	
270	农民信用合作券（贰角，北夏祠 民国26年）	316	神堂村信用合作券（伍角，民国25年）	
271	农民信用合作券（伍角，北夏祠 民国26年）	317	文水县孝子渠村维持金融券（贰角，民国26年）	
272	通义公兑换券（壹角，北夏祠 民国26年）	318	孝子渠村信用救济券（壹角，民国26年）	
273	通义公兑换券（贰角，北夏祠 民国26年）	319	孝子渠信用合作社（伍角，民国26年）	
274	文水东夏祠村维持金融券（壹角，民国26年）	320	中渠三村维持金融券（壹角，民国26年）	
275	文水东夏祠村维持金融券（贰角，民国26年）	321	中渠三村维持金融券（贰角，民国26年）	
276	文水乐村维持金融券（壹角，民国26年）	322	中庄村辅助金融券（伍分，民国26年）	
277	文水乐村维持金融券（贰角，民国26年）	323	中庄村辅助金融券（壹角，民国26年）	
278	文水乐村维持金融券（伍角，民国26年）	324	中庄村辅助金融券（贰角，民国26年）	
279	文水马村金融券（壹角，民国26年）	325	中庄村辅助金融券（伍角，民国26年）	
280	文水马村金融券（贰角，民国26年）	五、西城乡 ………………………………………… 345		
281	文水马村金融券（伍角，民国26年）	326	庆年久兑换券（壹角，东城村 民国25年）	
282	积聚长兑换券（壹角，马村 民国22年）	327	东城镇农村救济券（壹角，民国26年）	
283	瑞庆永兑换券（壹角，马村 民国26年）	328	东城镇农村救济券（贰角，民国26年）	
284	长盛永兑换券（壹角，马村 民国26年）	329	东城镇农村救济券（伍角，民国26年）	
285	长盛永兑换券（贰角，马村 民国26年）	330	源通五长记兑换券（贰角，杭城村 民国27年）	
286	南武度村农民救济券（贰角，民国26年）	331	文水三合永兑换券（贰角，杭城村 民国17年）	
287	聚合永兑换券（叁分，武度村 民国22年）	332	文水三盛玉兑换券（壹角，东石侯 民国16年）	
288	文水平陶村维持金融券（壹角，民国25年）	333	文水三盛玉兑换券（贰角，东石侯 民国16年）	
289	文水桥头村永长信用合作券（壹角，祥瑞来）	334	文水三盛玉兑换券（伍角，东石侯 民国16年）	
290	文水桥头村永长信用合作券（壹角，景和长）	335	文水玉盛泉兑换券（壹角，东石侯 民国16年）	
291	恒和长信用兑换券（壹角，桥头村 民国25年）	336	涌胜泉兑换券（伍分，东石侯 民国21年）	
292	祥瑞永兑换券（壹角，桥头村 民国25年）	337	涌胜泉兑换券（壹角，东石侯 民国21年）	
293	祥瑞永兑换券（贰角，桥头村 民国25年）	338	涌胜泉兑换券（贰角，东石侯 民国21年）	
294	文水县桥头村信用合作券（壹角，民国26年）	339	裕盛泉兑换券（贰分，东石侯四盛长记 民国21年）	
295	桥头村信用合作券（贰角，民国26年）	340	裕盛泉兑换券（伍分，东石侯四盛长记 民国21年）	
296	桥头村信用合作券（伍角，民国26年）	341	裕盛泉兑换券（贰角，石侯镇万丰源 民国20年）	
297	文水桥头村救济金融券（伍角，民国27年）	342	永茂泉兑换券（贰角，石侯镇 民国15年）	
298	景和长兑换券（壹角，桥头村 民国26年）	343	合聚永记（壹百枚，石侯镇）	
299	新生义兑换券（壹角，桥头村 民国26年）	344	大道生银号兑换券（壹百枚，石侯镇）	
300	汇源银号（壹圆，上贤村 民国20年）	345	文水兴华兑换券（壹百枚，石侯镇）	
301	文水上贤村辅助金融券（壹角，民国26年）	346	文水信义亨兑换券（贰角，石侯镇 民国17年）	
302	文水上贤村辅助金融券（伍角，民国26年）	347	文水信义亨兑换券（伍角，石侯镇 民国17年）	
303	西夏祠村维持金融券（伍角，民国26年）	348	文水信义亨兑换券（伍角，石侯镇 民国17年）	

349	裕同泰记（伍角，石侯镇）	395	文水武家寨信用合作社（伍角，民国25年）
350	文水天盛永银号（贰角，石侯镇永兴泉）	396	祥记货庄（伍角，寨子村）
351	福贵烟店（柒拾文，石侯镇）	397	文水玉盛泉兑换券（壹角，寨子村　民国26年）
352	广济当（贰角，石侯镇　民国22年）	398	德元永兑换券（伍分，西庄村　民国22年）
353	广济当（壹圆，石侯镇　民国22年）	399	上河头村四义元兑换券（壹角，西庄村　民国26年）
354	村公所临时救济券（贰角，武良村　民国25年）	400	裕盛和兑换券（壹角，西庄村　民国26年）
355	武良村兑换券（壹角，民国26年）	401	裕盛和兑换券（贰角，西庄村　民国26年）
356	武良村兑换券（贰角，民国26年）	402	杨家寨村信用合作券（伍角，民国24年）
357	义和成兑换券（贰分，武良村　民国26年）	403	自成永兑换券（壹角，杨家寨　民国26年）

七、南庄镇 ……………………………………………… 43

358	义和成兑换券（伍分，武良村　民国26年）	404	天合成兑换券（贰角，汾曲村　民国25年）
359	义和成兑换券（壹角，武良村　民国26年）	405	文水汾曲村兑换金融券（贰角，民国27年）
360	西城村维持金融券（壹角，民国25年）	406	文水三盛玉兑换券（壹角，横沟村　民国16年）
361	西城村维持金融券（贰角，民国25年）	407	文水三盛玉兑换券（贰角，横沟村　民国16年）
362	西城村维持金融券（伍角，民国25年）	408	文水三盛玉兑换券（伍角，横沟村　民国16年）
363	文水县西城村维持金融券（壹圆，民国25年）	409	会友昌现券（贰分，韩弓乡　民国21年）
364	志积城兑换券（伍分，西城村　民国25年）	410	农产兑换券（贰角，麻家堡　民国26年）
365	德盛长兑换券（壹角，西城村　民国25年）	411	农产兑换券（伍角，麻家堡　民国26年）
366	崇宝号兑换券（壹角，西城村　民国26年）	412	积义恒兑换券（壹角，南庄镇　民国15年）
367	义信裕记（铜元贰拾枚，西城村）	413	积义恒兑换券（贰角，南庄镇　民国15年）
368	文水裕商银号（壹百枚　西城村）	414	积义恒兑换券（伍角，南庄镇　民国15年）

六、南武乡 ……………………………………………… 389

369	东庄村维持金融券（壹角，民国26年）	415	裕民银号兑换券（伍角，南庄镇　民国17年）
370	东庄村维持金融券（贰角，民国26年）	416	文水南庄镇聚和永（壹角，民国23年）
371	东庄村维持金融券（伍角，民国26年）	417	文水南庄镇聚和永（贰角，民国23年）
372	麻家寨公所救济券（贰分，民国23年）	418	文水南庄镇五福生（贰分，民国25年）
373	广济堂兑换券（伍分，明阳村　民国22年）	419	文水复恒瑞兑换券（壹角，南庄镇　民国25年）
374	晋文德合永记（壹角，明阳村　民国21年）	420	通记账庄兑换券（伍分，南庄镇　民国26年）
375	晋文德合永记（贰角，明阳村　民国21年）	421	农产兑换券（壹角，南庄镇　民国26年）
376	信记斗局兑换券（伍分，明阳村　民国25年）	422	农产兑换券（伍角，南庄镇　民国26年）
377	文水明阳村河南维持金融券（壹角，民国25年）	423	复源长兑换券（壹角，南庄镇　民国27年）
378	文水明阳村河南维持金融券（贰角，民国25年）	424	宝裕泉（铜元贰拾枚，南庄镇　民国27年）
379	文水明阳村河南维持金融券（伍角，民国25年）	425	宝裕泉记（铜元伍拾枚，南庄镇　民国27年）
380	义恒号（伍分，明阳河南　民国26年）	426	恒记货庄兑换券（贰角，南庄镇　民国27年）
381	文水明阳村河西维持金融券（壹角，民国25年）	427	文水吴村农产兑换券（壹角，民国26年）
382	文水明阳村河西维持金融券（贰角，民国25年）	428	文水吴村农产兑换券（贰角，民国26年）
383	文水明阳村河西维持金融券（伍角，民国25年）	429	三成德兑换券（壹角，温云村　民国15年）
384	维持金融券（伍角，明阳河西村　民国26年）	430	德兴钰兑换券（壹角，温云村　民国17年）
385	农产合作社（贰分，明阳河西村　民国27年）	431	德兴钰兑换券（贰角，温云村　民国17年）
386	农产合作社（叁分，明阳河西村　民国27年）	432	文水温云村复顺祥（叁分，民国20年）
387	宏业号兑换券（壹角，南武镇　民国26年）	433	文水温云乡复顺祥（壹角，民国21年）
388	谦成永广记兑换券（叁分，南武镇　民国23年）	434	文水温云乡复顺祥（贰角，民国21年）
389	恒盛魁兑换券（壹角，南武镇　民国25年）	435	文水温云村义和永（伍分，民国21年）
390	文水南武镇信用合作券（壹角，民国26年）	436	文水温云村义和永（贰角，民国21年）
391	文水南武镇信用合作券（伍角，民国26年）	437	瑞庆祥兑换券（壹角，温云村　民国25年）
392	文水南武镇意兴集记（壹角，民国26年）	438	协裕和兑换券（贰角，温云村　民国27年）
393	文水南武镇意兴集记（贰角，民国26年）	439	永义长兑换券（铜元伍拾枚，信贤村）
394	文水武家寨信用合作社（壹角，民国25年）	440	天聚源兑换券（叁角，信贤村　民国15年）

1	天聚源兑换券（伍角，信贤村　民国16年）	487	文水中发源（伍分，王川堡村　民国21年）
2	至诚久兑换券（伍角，信贤村　民国15年）	488	云集号兑换券（壹角，王川堡村　民国21年）
3	瑞成久账庄（伍角，信贤乡　民国20年）	489	大同永兑换券（贰角，王川堡村　民国21年）
4	义生永兑换券（伍角，信贤村　民国21年）	490	文水温云村复顺祥（叁分，西南社村　民国20年）
5	文水瑞成玉兑换券（壹角，信贤村　民国25年）	491	文水温云村义和永（贰角，西南社村　民国21年）
6	文水瑞成玉兑换券（贰角，信贤村　民国25年）	492	文水县西南社村（贰角，民国26年）

八、南安镇 ·· 474

7	复盛钱粮庄兑换券（壹角，北白家庄　民国16年）	493	天懿和（通记账庄）兑换券（伍分，西南社村民国26年）
8	复盛钱粮庄兑换券（贰角，绿色，北白家庄　民国16年）	494	复盛钱粮庄兑换券（壹角，西韩村　民国16年）
9	复盛钱粮庄兑换券（贰角，西韩、北白家庄　民国16年）	495	复盛钱粮庄兑换券（贰角，西韩村　民国16年）
10	复盛钱粮庄兑换券（贰角，棕色，北白家庄　民国16年）	496	复盛钱粮庄兑换券（贰角，西韩村　民国16年）
11	复盛钱粮庄兑换券（伍角，北白家庄　民国16年）	497	复盛钱粮庄兑换券（伍角，西韩村　民国16年）
12	文水温云乡复顺祥（壹角，北白家庄　民国21年）	498	西韩村公所信用券（贰角，民国25年）
13	文水温云乡复顺祥（贰角，北白家庄　民国21年）	499	协成久银号（贰角，小南安村　民国27年）
14	晋源泉（铜元贰拾枚，北胡家堡　民国13年）	500	湧泉泉兑换券（伍分改壹角，西北安村　民国21年）
15	晋源泉（铜元叁拾枚，北胡家堡　民国13年）	501	湧胜泉兑换券（壹角，西北安村　民国21年）
16	文水晋源泉（铜元伍拾枚，北胡家堡）	502	湧胜泉兑换券（贰角，西北安村　民国21年）
17	文水谦心玉兑换券（贰角，北胡家堡　民国16年）	503	崇盛德兑换券（贰角，西北安村　民国21年）
18	文水谦心玉兑换券（叁角，北胡家堡　民国16年）	504	大长永银号（壹角，西北安村）
19	晋文万生利（1）（柒拾文【壹分】北胡家堡）	505	大长永银号（壹角，西北安村公所兑省钞）
20	晋文万生利（2）（柒拾文【贰分】北胡家堡）	506	大长永银号（贰角，西北安村）
21	晋文万生利（捌拾文【伍分】北胡家堡）	507	晋文万生利（1）（壹分，西北安村）
22	当业恒和生仁记（壹角，北胡家堡　民国21年）	508	晋文万生利（2）（贰分，西北安村）
23	当业恒和生仁记（壹角，北胡家堡　民国21年）	509	晋文万生利（伍分，西北安村）
24	当业恒和生仁记（贰角，北胡家堡　民国21年）	510	交城义和公（伍角，西北安村）
25	文水晋宏德昌记（壹角，北胡家堡　民国24年）	511	交城义和公（壹圆，西北安村）
26	德生泉兑换券（壹角，北胡家堡　民国27年）	512	瑞昌银号（铜元伍拾枚，西社镇　民国15年）
27	德生泉兑换券（壹圆，北胡家堡　民国27年）	513	永和源兑换券（壹角，西社镇　民国22年）
28	瑞成久账庄（伍角，北安庄　民国20年）	514	永和源兑换券（贰角，西社镇　民国22年）
29	文水德发和（壹角，北安庄　民国21年）	515	永和源兑换券（伍角，西社镇　民国22年）
30	文水德发和（贰角，北安庄　民国21年）	516	东兴裕兑换券（贰角，西社镇　民国22年）
31	集义生兑换券（壹角，北安庄　民国25年）	517	东兴裕兑换券（伍角，西社镇　民国22年）
32	文水万生利钱庄（伍角，东北安村　民国14年）	518	文水西社镇大顺源（贰角，民国24年）
33	裕民银号兑换券（伍角，东北安村　民国17年）	519	文水西社镇广义栈（壹圆，民国25年）
34	文水天聚源兑换券（贰角，高车村　戊寅年）	520	文水庆丰成（伍角，谢家寨）
35	文水世义当兑换券（壹角，高车村　民国15年）	521	文水信义亨银号（叁角，谢家寨）
36	文水世义当兑换券（伍角，高车村　民国15年）	522	宝裕泉（贰角，蔚家堡　民国27年）
37	文水谦心玉兑换券（贰角，孟家庄　民国16年）	523	宝裕泉记（伍角，蔚家堡　民国27年）
38	文水谦心玉兑换券（叁角，孟家庄　民国16年）	524	晋源泉（贰角，榆林村　民国23年）
39	文水温云村义合永（伍分，孟家庄　民国21年）	525	晋源泉（叁角，榆林村　民国23年）
40	文水中发源（伍分，南白家庄　民国21年）	526	文水晋源泉（伍角，榆林村　民国27年）
41	文水庆丰成（铜元伍拾枚，南安村）	527	文水榆林村维持金融券（贰角，民国25年）
42	文水双和永（壹角，南安村　民国16年）	528	文水榆林村维持金融券（伍角，民国25年）
43	文水商业公会兑换券（叁分，南安村　民国21年）	529	德兴玉兑换券（壹角，榆林村　民国26年）
44	村公所信用券（贰角，南安村　民国25年）	530	文水县杨落堡信用合作券（伍角，民国22年）
45	村公所信用券（伍角，南安村　民国25年）	531	杨落堡兑换券（伍角，杨落堡　民国22年）

九、刘胡兰镇 ·· 560

46	三合和兑换券（贰分，南安村）	532	文水义同和兑换券（伍角，伯鱼村　民国15年）

533　文水北贤村农民救济券（贰角，民国26年）
534　晋交万和公记（壹角，保贤庄）
535　晋交万和公记（贰角，保贤庄）
536　晋交万和公记（叁角（铜元贰拾枚），保贤庄）
537　晋交万和公（叁角（铜元叁拾枚），保贤庄）
538　晋交万和公记（叁角（铜元伍拾枚），保贤庄）
539　万兴源兑换券（贰角，保贤庄　民国26年）
540　永义长兑换券（贰角，保贤村　民国27年）
541　文水城子村兑换金融券（壹角，民国26年）
542　文水城子村兑换金融券（贰角，民国26年）
543　文水城子村兑换金融券（伍角，民国26年）
544　大象镇信和堂兑换券（贰分，民国25年）
545　大象镇信和堂兑换券（叁分，民国25年）
546　云集号兑换券（壹角，大象镇　民国21年）
547　天德厚兑换券（贰分，大象镇　民国21年）
548　大盛长兑换券（叁分，大象镇　民国25年）
549　大盛长兑换券（伍分，大象镇　民国25年）
550　文水大象镇大盛长兑换券（贰角，民国26年）
551　裕丰源粮庄兑换券（壹角，大象镇　民国25年）
552　裕丰源兑换券（伍角，大象镇　民国26年）
553　文水大象镇维持金融券（壹角，民国26年）
554　文水大象镇维持金融券（贰角，民国26年）
555　文水大象镇维持金融券（伍角，民国26年）
556　协和生兑换券（贰角，大象镇　民国27年）
557　文水东堡村维持金融券（壹角，民国26年）
558　文水东堡村维持金融券（贰角，民国26年）
559　义信裕记（贰角，贯家堡村　民国27年）
560　文水天聚源兑换券（贰角，南胡家堡村　民国15年）
561　文水福德源兑换券（壹角，南胡家堡村　民国16年）
562　福德源兑换券（壹角，南胡家堡村　民国21年）
563　文水义同兑换券（贰角，水寨村　民国27年）
564　文水义同兑换券（伍角，水寨村　民国27年）
565　复盛川兑换券（贰角，王家堡　民国23年）
566　文水王家堡兑换券（贰角，民国26年）
567　至诚久兑换券（伍角，云周村　民国25年）
568　下曲镇兴盛通兑换券（壹角，云周西聚义恒）
569　文水云周村公所发（伍角，民国26年）
570　文水崖底村兑换券（伍角，民国17年）
571　文水天顺泉兑换券（伍角，崖底村　民国17年）
572　赵村公所农民救济券（伍角，民国25年）
573　隆记兑换券（贰角，赵村　民国26年）

十、下曲镇 ··· 603
574　文邑北齐村复成永兑换券（贰分，）
575　文邑北齐村复成永兑换券（叁分，）
576　文邑北齐村复成永兑换券（伍分，）
577　富村号兑换券（壹角，北齐　民国23年）
578　富村号兑换券（贰角，北齐　民国23年）

579　聚义川兑换券（壹角，梁家堡　民国25年）
580　文水梁家堡农民救济券（壹角，民国27年）
581　文水梁家堡农民救济券（贰角，民国27年）
582　务本生兑换券（伍分，南贤村　民国21年）
583　中和永金融券（壹角，南贤村　民国26年）
584　中和永金融券（贰角，南贤村　民国26年）
585　三义源玉记（伍分，石永镇　民国26年）
586　三义源玉记（贰角，石永镇　民国27年）
587　石永镇村公所（壹角，民国26年）
588　石永镇村公所（伍角，民国26年）
589　积义楼兑换券（贰角，石永镇　民国27年）
590　同心长兑换券（壹角，石永镇　民国27年）
591　同心长兑换券（贰角，石永镇　民国27年）
592　公义和信记兑週行券（伍分，石永镇　民国27年）
593　公义和信记兑週行券（壹角，石永镇　民国26年）
594　公义和週行兑换券（贰角，石永镇　民国26年）
595　瑞庆祥兑换券（壹角，石永镇　民国21年）
596　苏家庄村公所（伍分，民国27年）
597　益和义兑换券（贰角，田家堡　民国26年）
598　协泰魁城记兑换券（伍分，下曲镇　民国17年）
599　下曲镇村政公所（贰角，民国17年）
600　文水下曲镇农民救济合作券（壹角，民国24年）
601　文水下曲镇农民救济合作券（贰角，民国24年）
602　下曲庄信用合作社（贰角，民国26年）
603　宝信成兑换券（贰角，下曲庄　民国27年）
604　万镒庆兑换券（伍分，下曲镇　民国25年）
605　下曲镇兴盛通兑换券（壹角，民国26年）
606　隆记兑换券（贰角，下曲镇　民国26年）
607　达记兑换券（贰角，下曲镇　民国26年）
608　卫生医馆兑换券（壹角，下曲镇　民国27年）
609　卫生医馆兑换券（贰角，下曲镇　民国26年）
610　卫生医馆兑换券（伍角，下曲镇　民国26年）
611　义和恒宏记兑换券（贰分，永乐村　民国21年）
612　义和恒宏记兑换券（叁分，永乐村　民国21年）
613　义和恒宏记兑换券（伍分，永乐村　民国21年）
614　义和恒宏记兑换券（柒分，永乐村　民国21年）
615　仪和长兑换券（伍分，永乐村　民国25年）
616　自成永兑换券（贰角，永乐村　民国25年）
617　文水永乐村合作券（壹角，民国27年）
618　文水永乐村合作券（贰角，民国27年）
619　文水忠义村合作券（壹角，民国27年）
620　文水忠义村合作券（贰角，民国27年）
621　通义号兑换券（壹角，朱家堡村　民国21年）
622　上河头村四义元兑换券（伍角，朱家堡村　民国26年）

十一、北张乡 ··· 65
623　农民救济合作券（贰角，北张家庄　民国25年）
624　恒源茂花厂（贰分，北张家庄）

655	万聚永兑换券（伍分，北张家庄　民国26年）	664	忠良恒记兑换券（叁分，武村　民国26年）
656	信用合作券（贰角，北武劳村　民国26年）	665	武村广和裕兑换券（伍分，民国26年）
657	信用合作券（伍角，北武劳村　民国26年）	666	武村广和裕兑换券（壹角，蓝色，民国26年）
658	杏林春兑换券（贰分，东宜停村）	667	武村广和裕兑换券（壹角，紫色，民国26年）
659	文水县东宜停村信用合作社（壹角，民国25年）	668	通义号兑换券（壹角，西宜亭村　民国21年）
660	文水县东宜停村信用合作社（贰角，民国25年）	669	西宜亭村信用合作券（壹角，民国26年）
661	东兴川兑换券（贰角，东宜停村　民国26年）	670	西宜亭村信用合作券（贰角，民国26年）
662	瑞昌隆兑换券（伍角，南张家庄　民国27年）	671	天良亨兑换券（壹角，西宜亭村　民国26年）
663	南武涝村救济金融券（叁分，民国26年）	672	天良亨兑换券（贰角，西宜亭村　民国26年）
664	文水南武涝村维持金融券（壹角，民国26年）	673	郑家庄农民救济券（壹角，民国26年）
665	义和盛茂记兑换券（贰分，上河头村　民国18年）	674	郑家庄农民救济券（贰角，民国26年）
666	义和盛茂记兑换券（贰角，上河头村　民国17年）	675	仁义信兑换券（贰角，郑家庄　民国26年）
667	万庆涌兑换券（壹角，上河头村　民国25年）	676	仁义信兑换券（贰角，郑家庄　民国27年）
668	隆盛合兑换券（壹角，上河头村　民国26年）	十二、文水县其它村发行的纸币……………………707	
669	隆盛合兑换券（贰角，上河头村　民国26年）	677	交城利增祥兑换券（壹角，固邑村　民国21年）
670	三义源玉记（伍分，上河头村隆盛合　民国26年）	678	交城利增祥兑换券（贰角，固邑村　民国21年）
671	文水县上河头村信用合作社（壹角，民国23年）	679	欲宏粮庄兑换券（伍分，东固邑乡　民国21年）
672	上河头信用合作券（贰角，民国26年）	680	韩武堡（永茂泉）兑换券（贰角，韩武堡）
673	上河头信用合作券（伍角，民国26年）	681	文水福德源兑换券（壹角，里村　民国16年）
674	上河头维持金融兑换券（伍角，民国26年）	682	福德源兑换券（壹角，里村　民国21年）
675	上河头村四义元兑换券（壹角，民国26年）	683	文水马家堡（世义当）兑换券（壹角，马家堡）
676	上河头村四义元兑换券（伍角，民国26年）	684	文水马家堡（世义当）兑换券（伍角，马家堡）
677	宝信成兑换券（贰角，上河头村　民国27年）	685	文水苗家堡村公所发（壹角，民国26年）
678	农民合作救济券（伍分，苏家堡　民国25年）	686	文水苗家堡村公所发（贰角，民国26年）
679	农民合作救济券（贰角，苏家堡　民国24年）	687	文水苗家堡村公所发（伍角，窄，民国26年）
680	香云生记兑换券（壹角，苏家堡　民国26年）	688	文水苗家堡村公所发（伍角，宽，民国26年）
681	香云生记兑换券（伍角，苏家堡　民国26年）	689	文水思贤村和合春（壹角，民国22年）
682	文水武村维持金融券（壹角，民国25年）	690	文水思贤村兑换券（壹角，思贤村　民国27年）
683	文水武村维持金融券（贰角，民国25年）	691	文水思贤村兑换券（贰角，思贤村　民国27年）
684	文水武村维持金融券（伍角，民国25年）	692	文水思贤村兑换券（伍角，思贤村　民国27年）
685	文水县武村信用合作社（壹角，民国26年）	693	文水原东镇维持金融券（壹角，民国26年）
686	文水县武村信用合作社（贰角，民国26年）	694	文水原东镇维持金融券（伍角，民国26年）
687	文水县武村信用合作社（伍角，民国26年）	695	德馨原兑换券（叁分，原东镇　民国23年）
688	聚和长兑换券（壹角，武村　民国26年）	696	世合昌兑换券（伍分，原东镇　民国22年）
689	金生丽玉记兑换券（壹角，武村　民国26年）	697	文水原西（义同和）兑换券（贰角，原西村　民国27年）
690	金生丽玉记兑换券（贰角，武村　民国26年）	698	文水汇川账庄兑换券（壹角，原西村　民国17年）
691	全元永玉记兑换券（伍分，武村　民国26年）	699	文水汇川账庄兑换券（贰角，原西村　民国17年）
692	忠良恒记（伍分，武村　民国25年）	700	文水汇川账庄兑换券（伍角，原西村　民国17年）
693	忠良恒记（伍角，武村　民国26年）	701	晋义源兑换券（贰分，文水　民国17年）

后 记

《山西文水县民国纸币》一书就要与读者见面了。丑媳妇总是要见公婆，权当是一本图片的展示。拙著《山西文水县民国纸币》一书的出版，既是对我二十多年收藏成果的一次展示，也是对我研究"文水纸币现象"一点粗浅认识的汇总，本书中也包含了一些专家、藏家的研究成果。是否能经得起历史的推敲，是否能真实的反映当年文水金融发展的史实，还有待于时间的检验和读者的评判。对于"文水现象"的形成，在本书的《考略》中也论述了不少，但总是觉得有些问题还没有写透。在编辑出版这本书的过程中，一直以来有个问题在困扰者我，让我不得其解。这也是好多文水纸币收藏爱好者在收藏中存在的的疑惑，这就是"文水县在民国时期为什么会发行那么多的纸币？为什么其他县不会出现这种现象"？这本书杀青时让我顿时领悟到一点，就是文水县的这种纸币现象的出现并非偶然，除了我在《考略》中分析的大环境、大背景外，这就是文水人本身所特有的勤劳、诚实、守信的品德所决定的。举一例就可说明：一天，一位同乡给我送来一些文水民国纸币，有一百多张，而且品种就有七八十个，品相很差。涉及五六个乡镇，二十多个村。同乡告诉我，这些纸币是他从一个村已经废弃了几十年的一个破煤窑中发现的，它们是被一捆一捆绑好放在一个小瓷罐中。这件事可以说明在当时文水县的这些私票、村票是可以在县内随意流通的，而且这些纸币的信誉度是非常高的。设想，如果没有了人与人之间的信任，及做人的诚实守信，这些私票、村票还怎么流通？同样是在这样的大环境、大背景下，为什么其他的县就不会出现这种"文水现象"？所以事实告诉我们，出现这种"文水现象"的关键还是在人。所以文水县在民国时期之所以发行了如此多的纸币，而且流通频繁，是与文水人自古以来就勤劳俭朴，思维敏捷，精于计算，善于经商，诚实守信的品德分不开的。找到了问题的根结，就不难解释这种

"文水现象"了。

《山西文水县民国纸币》一书就要出版了，在本书的编辑出版过程中，得到了许多藏友、金融专家的支持和关注。本书的出版也凝聚了山西出版集团、山西人民出版社有关同志们的心血。特别是责任编辑刘文哲先生为本书的编辑出版提出了很好的建议。在本书即将出版之际，我再次表示深深的谢意。

《山西文水县民国纸币》一书，现在看来还存在很多的不足和遗憾，一些有关史料无法查到，一些纸币品种无法求全，还不能完整的、详细的反映这段历史，有待我们继续去整理和研究。但是拿出一个县发行的这么多纸币编辑出版一本专著也实属不易。在此，我还要感谢那些长期以来为我提供了大量收藏品、默默无闻的文水同乡和农民朋友们，是他们的大力支持成就了我的愿望。

本书的出版，由于是第一次将文水县的民国纸币单独汇编成册，所以必将会在金融界、收藏界引起人们对"文水纸币现象"的重视和研究。

作 者

二〇一二年二月